普通高等院校"十三五"规划教材

证券投资理论与实务

第二版

芦 梅　管 迪 ◎ 主 编
李素萍　李雅琼　李 贺　宋民冬 ◎ 副主编
康微婧　张发民　秦 军

清华大学出版社
北 京

内 容 简 介

本书系统地阐述了证券投资的理论基础和分析方法,分11个项目,包括证券投资概述、证券投资工具、证券市场、证券投资基本分析、上市公司分析、技术分析理论、技术分析指标、证券交易、证券投资的策略与技巧、金融衍生工具、证券市场监管等内容。本书立足高等教育的特色和要求,力求实现理论联系实际,突出实践操作,并具有一定的前瞻性。

本书可作为普通高等院校金融学专业、财经类专业的教材,也可作为金融证券从业人员和证券投资者系统学习相关理论知识的参考用书。

本书封面贴有清华大学出版社防伪标签,无标签者不得销售。
版权所有,侵权必究。举报:010-62782989,beiqinquan@tup.tsinghua.edu.cn。

图书在版编目(CIP)数据

证券投资理论与实务 / 芦梅,管迪主编. —2版. —北京:清华大学出版社,2019(2023.7重印)
(普通高等院校"十三五"规划教材)
ISBN 978-7-302-52706-0

Ⅰ.①证… Ⅱ.①芦… ②管… Ⅲ.①证券投资-高等学校-教材 Ⅳ.①F830.91

中国版本图书馆 CIP 数据核字(2019)第 062357 号

责任编辑:刘志彬
封面设计:汉风唐韵
责任校对:宋玉莲
责任印制:朱雨萌

出版发行:清华大学出版社
网　　址:http://www.tup.com.cn, http://www.wqbook.com
地　　址:北京清华大学学研大厦A座　　邮　编:100084
社 总 机:010-83470000　　邮　购:010-62786544
投稿与读者服务:010-62776969, c-service@tup.tsinghua.edu.cn
质量反馈:010-62772015, zhiliang@tup.tsinghua.edu.cn

印 装 者:大厂回族自治县彩虹印刷有限公司
经　　销:全国新华书店
开　　本:185mm×260mm　　印　张:18.5　　字　数:463千字
版　　次:2016年7月第1版　2019年5月第2版　　印　次:2023年7月第11次印刷
定　　价:49.80元

产品编号:083076-01

Preface 前言

从上海交易所成立之日算起，我国证券市场已经有二十余年的发展历程。在此过程中，中国证券市场规模不断扩大，制度建设不断完善。伴随着国有企业混合所有制改革的稳步推进和沪港通的顺利完成，投资者对中国股市的信心逐渐增强，资本市场市值迅速增加，对我国资本市场的完善产生了深远的影响。

在高校进行证券投资理论知识的传播和教学，有利于培养大学生投资理财方面的能力，树立经济活动的风险意识，提高学生的综合素质，也有利于培养证券投资方面的专业人才。因此，本书在编写过程中，立足高等教育的特色和要求，力求实现理论联系实际，突出实践操作，并具有一定的前瞻性，以满足社会需要。

全书共分11个项目，主要包括证券投资的基本概念、各类证券投资工具、证券市场、证券投资分析、风险防范和市场监管等内容，主要有以下几方面的特色。

（1）本书以证券投资业务流程为依据进行了内容整合。

（2）实用性强，书中引入大量的教学案例，通过对我国证券市场实际案例的学习，激发学生对证券投资技术应用的兴趣，以达到理论与实践相结合的教学效果。

（3）本书处处体现"以学生为中心"，有较强的可读性，方便自学，每个项目开篇有情景写实，引导学生置身于教学内容相应的情境中；正文中穿插知识链接，对正文内容进行拓展，介绍国内外证券投资的经验总结和经典案例；在每个项目后面配有闯关考验，便于学生自我检验。

（4）本书内容依据现行的证券相关法规、条例、制度编写，与时俱进，例如，加入2016年1月实施的股市熔断机制相关内容等。

本书由芦梅、管迪任主编，李素萍、李雅琼、李贺、宋民冬、康微婧、秦军、张发民任副主编。张发民编写项目一和项目五；管迪编写项目二～四；芦梅编写项目六和项目七；李雅琼编写项目八和项目九；李贺编写项目十；宋民东编写项目十一；秦军、康微婧负责全书的案例收集和课件制作工作；李素萍负责校对编审工作。

本书在编写过程中，参阅了目前已经出版的国内外的优秀教材、专著和相关资料，引用了其中一些有关的内容和研究成果，也得到了企业界相关人士的大力支持和帮助，在此，谨向有关作者致以衷心的感谢！同时，也向对本书编写和出版工作给予大力支持的各界人士表示最真挚的谢意！

鉴于作者水平有限，书中难免有疏漏和不足之处，请各位读者不吝赐教！

编　者

Contents 目　录

项目一　证券投资概述

学习目标 …………………………………………………………………… 1
问题导入 …………………………………………………………………… 1
情景写实 …………………………………………………………………… 1
任务一　投资概述 ………………………………………………………… 2
任务二　证券投资的内涵、动机和运行过程 …………………………… 7
闯关考验 …………………………………………………………………… 15

项目二　证券投资工具

学习目标 …………………………………………………………………… 17
问题导入 …………………………………………………………………… 17
情景写实 …………………………………………………………………… 17
任务一　证券 ……………………………………………………………… 18
任务二　股票 ……………………………………………………………… 20
任务三　债券 ……………………………………………………………… 29
任务四　证券投资基金 …………………………………………………… 37
任务五　金融衍生工具 …………………………………………………… 43
闯关考验 …………………………………………………………………… 45

项目三　证券市场

学习目标 …………………………………………………………………… 47
问题导入 …………………………………………………………………… 47
情景写实 …………………………………………………………………… 47
任务一　证券市场概述 …………………………………………………… 48
任务二　证券发行市场 …………………………………………………… 55
任务三　证券交易市场 …………………………………………………… 60

| 任务四　证券价格指数 | 69 |
| 闯关考验 | 80 |

项目四　证券投资基本分析

学习目标	81
问题导入	81
情景写实	81
任务一　证券投资基本分析概述	82
任务二　宏观经济分析	84
任务三　行业分析	90
闯关考验	94

项目五　上市公司分析

学习目标	95
问题导入	95
情景写实	95
任务一　公司基本面分析	95
任务二　资产负债表分析	100
任务三　利润及利润分配表	112
任务四　现金流量表	115
闯关考验	117

项目六　技术分析理论

学习目标	119
情景写实	119
任务一　证券投资技术分析概述	120
任务二　证券投资分析的主要理论	123
闯关考验	142

项目七　技术分析指标

| 学习目标 | 144 |
| 问题导入 | 144 |

情景写实	144
任务一 趋向指标	145
任务二 超买超卖指标	153
任务三 强弱指标	157
任务四 停损指标	160
任务五 压力支撑指标	162
任务六 大盘专用指标	164
闯关考验	169

项目八 证券交易

学习目标	171
问题导入	171
情景写实	171
任务一 分时图基础	172
任务二 分时图盘面	177
任务三 分时图常见形态	192
任务四 看盘要点和技巧	198
闯关考验	204

项目九 证券投资的策略与技巧

学习目标	205
问题导入	205
情景写实	205
任务一 证券投资的策略	206
任务二 证券投资的技巧	212
闯关考验	220

项目十 金融衍生工具

学习目标	221
问题导入	221
情景写实	221
任务一 金融衍生工具概述	222
任务二 金融远期合约	226
任务三 期货交易	231

任务四　期权交易 …………………………………………………………… 243
任务五　金融互换 …………………………………………………………… 248
任务六　其他衍生工具 ……………………………………………………… 252
闯关考验 ……………………………………………………………………… 259

项目十一　证券市场监管

学习目标 ………………………………………………………………………… 261
问题导入 ………………………………………………………………………… 261
情景写实 ………………………………………………………………………… 261
任务一　证券市场监管概述 …………………………………………………… 262
任务二　证券市场监管法律法规 ……………………………………………… 271
任务三　证券市场监管的内容 ………………………………………………… 280
闯关考验 ………………………………………………………………………… 285

参考文献 ……………………………………………………………………… 287

项目一 证券投资概述
Chapter 1

>>> **学习目标**

1. 掌握投资的定义和分类。
2. 掌握证券投资的概念及其要素。
3. 了解证券投资的形成和发展过程。
4. 了解证券投资理论的发展历程。
5. 理解证券投资学的性质和研究对象。
6. 熟悉证券投资的要素和投资过程。

>>> **问题导入**

如何认识证券投资与投机?

>>> **情景写实**

牛市和熊市

股市为什么有的时候叫"熊市",有的时候叫"牛市"?就目前所有的资料来看,在1785年的英国,一本叫《小街交易所指引》的书上,已经出现"牛"和"熊"这两个名词。但是,当时"牛""熊"的意义跟现在不同,当时的伦敦证券交易所叫作小街交易所,简称小街。从这本书作者的说法,可以看出200多年前"牛""熊"的意义比现在明确多了。"牛"不是指希望股市上涨的人,而是相当于今天靠保证金买进股票却遭到亏损的人。

荷兰的郁金香交易所早在17世纪中叶就已经采用了保证金制度,但是1785年的伦敦,买股票似乎不用保证金,"牛"可以身无分文就买进股票,希望在必须缴款前卖出获利。根据当时的做法,一个人即使全部财产不到10英镑,也可以在伦敦的证券交易所大买股票,例如,这个人可以在3月时购买价值4万英镑、在5月交割股款的股票,融资倍数高达四五千倍。这个人在结算前,可以想尽办法,把自己买进的股票卖出去,如果整个市场"牛"群聚集,他找不到接手的人,就会遭到重大亏损,因此在付款之前,他必须跑遍整个交易所,从一家号子逛到另一家号子,找人接手,他心中充满希望和恐惧,表情阴晴不定,情绪低落、满脸不高兴、脾气不好,跟牛的行为差不多,因此这种作手被人称为

"牛"。

在 200 多年前,"熊"不只是抱持悲观看法的作手,还是实际放空的人,也就是卖出一批股票或公债,同意在未来的某一个时间交出他实际上没有的东西,因此他要不断地找人,希望低价买进他未来必须交出来的证券。他对所有不幸的新闻、坏消息、能够压低证券价格的谣言等,都会感到高兴,表现出幸灾乐祸的样子。

因此,当时要分辨"牛"和"熊"很容易,表情沉重、忧郁的人一定是"牛",拿坏消息吓人的人一定是"熊"。"牛"希望股价上涨,"熊"希望股价下跌。后来人们就把上涨的股市叫作"牛市",下跌的股市叫作"熊市"。

后来有人说因为牛是往上攻击(牛角往上顶),所以代表多头市场,代表利多和股价往上走;熊是往下攻击(熊掌向下挥)代表空头市场,代表利空和股价下跌。

何为牛市?何为熊市?"牛市"也称多头市场,指证券市场行情普遍看涨,延续时间较长的升市。"熊市"也称空头市场,指证券市场行情普遍看淡,延续时间较长的大跌市。

任务一 投资概述

一、投资的定义

投资是人们在经济活动中最常用的概念之一,也是商品经济社会中普遍存在的现象。

投资在不同的学科领域有不同的定义,但基本内容却大同小异。在经济学领域中,投资是指投资主体寄希望于不确定的未来收益,而将货币或其他形式的资产投入经济活动的一种经济行为。在财务学领域中,投资是指投资主体将从有关渠道取得的资金,投入自身经营活动或他人经济活动,以期取得未来收益的行为。在金融学领域中,投资是指投资主体以金融工具为投资对象,以期将来取得一定投资收益的行为。美国著名的投资学家威廉·夏普(William F. Sharpe)在其著作《投资学》中指出,投资是为获得可能的不确定性的未来值而做出的确定的现值牺牲。

可见,投资的内涵十分丰富,外延也十分宽泛。所谓投资,就是投资主体为获取未来收益或经营、实施某项事业,预先垫付货币或其他资源,以形成资产的经济行为。简言之,投资就是投入某种资源,获得某种资产及收益的过程。显然,这里是广义的投资概念,其内涵包括以下几方面。

(1) 投资目的明确,即为了获取未来收益或经营、实施某项事业。未来收益既可以是投资的资产收益、差价收益,也可以是其他非经济的个人或社会效益。

(2) 投资获取某种资产,是实现目的的手段。某种资产可以是有形资产,也可以是无形资产,如专利权、商业信誉等。只有先获得某种资产,才能最终获取未来收益或经营,实施某项事业。

(3) 投资的前提是预付,即预先垫付或投入货币或其他资源的投资品。投资是以人力、物力和财力的投入为先决条件的。

(4) 投资既可指资源或经济要素的投入,又可指投资主体形成资产的经济行为。

(5) 投资是一个动态的概念。它既受到历史背景、经济水平、经济体制等诸多方面的制约,又随着社会经济的发展而发展,随着人们投资实践的丰富而丰富。投资是社会经济历史发展到一定阶段才产生的，但随着社会的不断发展和进步，人们所依赖的生产与生活越来越丰富多彩，投资范畴的内涵与外延也越来越丰富多彩。

二、投资的原因

人们为什么进行投资？这个问题看起来似乎太简单了，我们通过前面对投资含义的分析已经了解到，人们将钱用于投资的主要原因就是增加他们未来的财富。

其实，从现实生活看，人们进行投资可能还有一些更具体的原因，包括攒钱买房子、供子女上学、攒钱使退休后的生活更有保障，以及作为防备意外之需（例如暂时的失业、重大疾病），但还是有一些人是因为它带来的挑战乐趣而进行投资的。另外，从宏观角度看，投资还有益于社会和经济的发展。显然，投资可以促进个人财富的增长，也可以促进整个经济的更快发展和繁荣。例如，若投资提高了某个人养老基金的价值，退休后他就会有更多的收入可支配，生活水平也就会提高，这对整个经济来说也是有益的。此外，投资的过程有助于金融市场的创建，企业可以通过金融市场进行融资活动，这种功能也会促进经济增长与繁荣。

每种特定的投资工具都会给社会带来一些其他的好处，如股票，它为股东提供了一个监控公司管理层业绩的机制；政府债券对支付高比例所得税的个人有利，因为政府债券的利息收入一般免缴利息所得税。此外，政府债券还为一些耗资巨大的公共设施项目提供资金，如修建学校和公路等。

三、投资的分类

投资是一个多层次、多侧面、多角度、内容极其丰富的概念，因而可按许多方式进行归纳与分类。

（一）实物投资与金融投资

实物投资就是投资主体为获取未来收益或经营，实施某种事业，预先垫付货币或其他资源，以形成实物资产的经济行为。实物投资可分为稀有资产投资、固定资产投资和流动资产投资。其中，稀有资产投资是指投资主体为获取预期收益，预先垫付货币以形成稀缺性资产的经济行为。稀有资产包括贵金属、宝石、文物古董、书画、邮票和其他艺术品。稀有资产投资是一种分门别类的、专业性、技术性很强的大众投资方式，其知识较为分散，且可操作性、实用性很强。

金融投资是投资主体为获取预期收益，预先垫付货币以形成金融资产，并借以获取收益的经济行为。金融投资包括股票投资、债券投资、期货投资等有价证券的投资。个人在银行储蓄的行为也是一种金融投资，其获得的存款凭证能使投资者获得一定的未来收益。

本书主要讲述金融投资（证券投资）的基本内容和规律，而金融投资与实体投资具有不可分割的内在联系，因此，下面对两者的关系加以简要介绍。

▶ 1. 实体投资与金融投资具有不可分割的联系，又有着明显的区别

（1）实体投资的运行必须依赖于金融投资为其提供巨大的资本资源。实体投资是经济社会赖以生存和发展的基础。人类社会得以生存的基本条件是维持简单再生产，要维持简单再生产就必须不断地更新已耗费的生产资料，这种更新必须依赖于实体投资。而社会的发展则必须依赖于扩大再生产，这个过程需要更大规模的实体投资才有可能实现。然而，现代经济已经发展到单个项目的投资规模远远超过一般自然人（或企业）所能积累的财富规模，这种投资门槛意味着投资者个人（或企业）无法依靠自我积累完成项目的投资，而必须

依靠社会财富的积累。这种借用社会积累来完成投资项目的投资形式主要通过资本市场来实现。金融资产的投资者通过购买有价证券将资金使用权转让给实体投资者用于实体投资，这个过程就是通过资本市场由实体投资者发行证券、金融投资者购买证券的方式加以实现的。可见，现代投资活动离不开发达的资本市场。

（2）金融投资加快了实体投资的筹资速度。由于现代资本市场具有发达、规范、专业、信息透明、投资者多元化的特点，在这样的市场内筹资，不论实体投资者的具体条件如何，均能很快地找到相应的金融投资者提供资金，其速度和效率要远远高于实体投资者完全靠自己寻找投资合伙人的过程。

（3）金融投资者为实体投资者提供了分散风险的屏障。如果实体投资的资金来源于直接投资者个人的积累，一旦投资失败其损失则完全由直接投资者个人承担。有了金融投资者的间接投资，直接投资者的失败就由不同的金融投资者按比例承担损失。

▶ 2. 实体投资与金融投资又有着明显的区别

实体投资是投资者把资金直接投向实体资产，金融投资是投资者先用资金购买金融资产，资金转移到实体投资者或委托人手中，再由实体投资者或委托人用于实体投资。这中间多了一个购买金融资产的环节，即资金转换的环节。投资者持有的金融资产可以在金融市场中买卖，这与直接投资中的投资者与实体资产的一一对应关系是不同的。实体投资的过程是实物资产的购置过程，投资者最关注的是新的资本品能否形成；金融投资的过程是金融资产的买卖过程，投资者最关注的是持有的金融资产能否保值和增值。实体投资的最终结果是新的资本品，它的转让是不可分割的；而金融投资的最终结果就是分割得很小的资本证券，其转让非常方便。

（二）直接投资与间接投资

从经济学的意义上说，投资形成新的资本，用于生产事业上，如建设厂房设施、购置设备、购买原材料等，通过生产流动，可以直接增加社会的物质财富，或提供社会所必需的劳务，所以称为直接投资。直接投资是和实物投资相联系的。

从金融学的意义上说，投资是指把资金用于购买金融资产，主要是有价证券，以期获得收益。这些资金通过股票、债券等金融工具的发行，转移到企业后再投入生产活动，这种投资一般称为间接投资。就投资于金融资产而言，投资于银行储蓄、金融机构债券及各种投资基金为间接投资；而从证券市场上直接购买股票、企业债券等有价证券为直接投资。

在实践中，人们经常将间接投资等同于证券投资，其实这种理解并不准确。关于两者的区分，理论界有一种观点认为，证券投资的本质是金融资产投资，是与实物资产投资相对应的。如果投资人对其相应的实物资产既具有实际上的所有权又具有经营权的证券投资就属于直接投资，否则就是间接投资。从理论上区分证券投资到底是直接投资还是间接投资的依据是有无资产控制权。例如，持有51%以上的股份就是绝对控股，可视为直接投资。但两者的界限在现实生活中并不很明确，持有多少股份算作拥有资产控制权呢？一些国家为了明确划分两者的界限，对持股比例规定了具体的数量标准。例如，美国商务部以持有25%的股份作为划分的标准；日本在统计中把在外国企业中日方出资比例占25%以上的投资作为对外直接投资。

（三）短期投资与长期投资

一般来说，投资时间在一年以下的为短期投资，一年以上的为长期投资。严格地说，一至五年或七年为中期投资，五年或七年以上的投资才是真正意义上的长期投资。选择短期投资还是长期投资，是很重要的事，它直接关系到投资者的收益、资金周转速度及机会成本等问题。一般情况下，短期投资相对于长期投资来说收益率相对低些，如投资于短期国库券（一年以下）比投资于长期债券收益要低。但短期投资风险相对较小，资金周转快，也许会从再投资中获取新的收益。进行短期投资还是长期投资，一般取决于投资者的投资偏好。另外，长期投资和短期投资是可以转化的。购买股票是一种长期投资，无偿还期，但股票持有者可以在二级市场进行短线操作，卖出股票，这又变成短期投资。

（四）固定收入投资与不固定收入投资

证券投资的目的是获取收益。证券种类繁多，其投资性质、期限各不相同，收入高低和支付方式也不一样。证券投资按其收入是否固定可分为两类，即固定收入投资和不固定收入投资。固定收入投资，是指该种证券预先规定应得的收入，用百分比表示，按期支付，在整个证券投资期限内不变。不固定收入投资是指证券的投资收入不预先规定，收入不固定。债券和优先股的收入都是预先规定的，而普通股的收入则是不固定的。一般地说，固定收入投资风险小，但收益也小；不固定投资风险大，但可能获得较高的收益。

（五）其他分类

投资还可以从投资主体、手段、目的和行为过程等方面进行分类。

按投资主体划分，有个人投资、企业投资、政府投资和外国投资。其中，个人投资与企业投资合称民间投资，与政府投资相对应。

按投资的空间划分，有地区投资、国内投资、国外投资及全球投资。

按投资的产业划分，有第一产业投资、第二产业投资和第三产业投资等。

按投资运作划分，有消费投资、生产投资、建设投资，其中按项目的建设性质划分，又可分为新建、扩建、改建与迁建等投资。

按投资效果划分，有无效投资与有效投资、显效投资与隐效投资、近效投资与远效投资等。

按投资的形式划分，有货币投资以及物品、土地、劳动力、知识产权、债权、股权等投资。

按投资的范围划分，有宏观投资、中观投资和微观投资等。

按投资的口径划分，可以分为狭义投资与广义投资。狭义投资仅为证券投资或实物投资，广义投资包括我们列举的全部投资。

知识链接

机构投资者一定比个人投资者更有优势吗？

机构投资者一定比个人投资者更有优势吗？答案是未必。个人投资者可以自己去做调查研究，不放过每个细节。由于是用自己的钱做投资，因而会更加用心、专注，更容易成为某个行业或领域的专家，决策会更加快捷、灵活，且更加具有隐蔽性。

不可否认，一个以机构投资者为主导的股票市场的投资行为会趋于正规和专业化，至少大家都在使用同样的游戏规则，都是以研究公司基本面、发掘公司价值为主要投资思路，股票市场也因此会变得更有效率，将资源配置到那些真正值得支持的领域。对于绝大多数老百姓来说，他们分享股市回报最稳妥的办法就是去购买共同基金或其他与股市关联的理财产品。但是，市场的机构化并不会出现所谓"消灭散户"的情况，中国人在传统上习惯于自己打理钱财，在中国这样的新兴市场里，个人投资者依旧会是股市里不容忽视的一支力量，而且那些有能力掌握专业投资知识的个人投资者的数量也正在不断扩大，他们与机构投资者相比，有着自身独特的优势。许多投资者可能仅仅只看到机构的基金经理们所拥有的种种优势，比如他们获取市场信息的资源和工具之丰富是普通投资者所不具备的。机构可以每年花费几十万元订购各个行业的数据库，及时了解各主要产品的价格、产量、出货、进出口变化；他们可以在第一时间里得到可能影响市场变化的国内外财经信息；他们拥有完善的财务预测、估值和财务及市场分析软件和模型；此外还有内部和外部研究员的支持，以及圈内的交流机会；由于有资金保障，基金经理可以随时走访感兴趣的上市公司，了解第一手资料；他们还可以花钱邀请行业专家甚至政策制定者来讲解行业发展趋势。难道这一切就能保证基金经理人都能创造优于市场或高于个人投资者的投资回报吗？答案是否定的。

事实上，不论是在国内还是全球市场，能够打败基金经理的优秀个人投资者大有人在。为什么？

（1）机构投资者们由于管理的资金数额庞大，需要做大量分散化投资，可能持有几十只甚至上百只股票，而不会把资金押在几只表现最好的股票上。他们追求的是"有效边际"，是在风险可控的前提下获取尽可能大的回报。为投资者创造稳定可持续的回报是他们的首要目标，因此他们不能承受过大的风险，业绩表现往往很难超越市场的平均水平。

（2）机构投资者，即多数基金经理的智力并不超常，他们的分析水平和决策依据通常也是很平庸的。从某种程度上讲，因为他们顶着给投资者业绩回报的长期压力，比普通投资者更容易犯错误，智商不是确保投资成功的关键要素。

（3）基金经理缺少责任感。因为基金经理实际上是"代理人"的角色，即他们运作的钱不是自己的钱，他们的收入与给投资者的回报多少没有直接的关系。

（4）基金的决策流程决定其很难先知且先动。基金经理自己不会直接去做研究、做模型、写报告，他们依赖于内部和外部研究员的支持。研究员从发现一个好的公司苗头、开始搞调研、做模型到完成报告至少需要一个月的时间，然后基金经理开始制订相应的投资策略至少又需要一个星期，提交基金投资决策委员会通过又至少需要一个星期，获得批准开始建仓时这只股票的价格恐怕已不再诱人了。

（5）基金经理无法做到专注。尽管受过良好教育和严格训练的基金经理们较普通投资人在思考时更有效率，在获取信息后可以很快做出判断，但投资的复杂性在于每项投资背后所需的行业知识背景都不相同，而国内还没有出现以行业投资划分的基金品种，很难要求基金经理们都是所投资行业和公司的专家。投资组合决定了他们不能专注于单一或有限的行业，其结果往往是无法对行业和公司信息做出更加全面准确的判断。

（6）其他内外因素的限制。除了投资决策过程长外，基金赎回和申购的波动会导致基金经理投资时进退维谷。影响他们心绪的一小半原因来自股票价格的变动，一多半原因则来自基金份额的涨落。

我们分析机构投资者的上述劣势正是优秀个人投资者和部分私募基金的优势所在，他们可以自己去做调查研究，不放过每个细节；他们是在用自己的钱做投资，因而会更加用心；他们可以更加专注于自己熟悉的行业或在有兴趣的领域投资，更容易成为某个行业的专家；他们可以自我决策，制定更加及时、灵活的交易策略；而且由于资金有限，进进出出通常不会被其他市场参与者察觉。尤其是互联网技术的广泛运用，个人投资者在获取市场信息的渠道和时间上，已与基金经理没有太大的差别，关键还是要看能否对这些信息进行正确的解读，做出准确的判断。

要提高正确解读信息的能力,作为个人投资者,唯一需要加强的就是对投资知识的学习和对投资常识的掌握。哪些市场信息需要关注,这些市场信息意味着什么,以及什么股票在什么阶段值多少钱等,对此进行判断所依据的理论基础和逻辑基础应该说是全球通用的,真正掌握了它们,个人投资者战胜基金经理并不是难以做到的。

任务二　证券投资的内涵、动机和运行过程

一、证券投资的内涵

(一)证券投资的定义

证券投资是一种金融投资或间接投资,它是个人、企业、银行及其他社会团体积累起来的资金购买股票、债券等有价证券,借以获取收益的行为。具体来说,就是各类投资者购买股票、债券、证券投资基金及衍生金融工具等金融产品,以获取红利、利息及资本利得的投资行为,证券投资的主要目的是获得投资收益、获取公司控制权、提高资产的流动性和分散投资风险等。随着证券市场的发展,证券投资已成为现代社会中的重要投资方式,为社会提供了筹集资金的重要渠道;有利于调节资金投向,提高资金使用效率,从而引导资源合理流动,实现资源的优化配置;有利于促进企业的行为合理化,改善企业经营管理,提高企业经济效益;为中央银行进行金融宏观调控提供重要手段,对国民经济的持续、稳定发展具有重要意义。

证券投资又可分为直接投资和间接投资两种。直接证券投资是指投资者直接到证券市场上去购买证券;间接证券投资是指投资者购买有关金融机构本身发行的证券,而这些金融机构本身是专门用发行证券吸收的资金从事证券交易来获利的,如各种投资基金。

证券投资虽然不直接增加社会资本存量,但它使社会上闲置的货币资金转化为长期投资资金,最终用于对实物资产的投资。所以,证券投资是促进资本积聚、集中,扩大再生产能力的重要形式。人们通过证券投资活动,间接地参与了资本的积累,他们所获得的利息、股息等投资收益正是来源于他们所投资本在再生产过程中增值的利润,即剩余价值。因此,证券投资又是社会财富增值的一种方法,利息、股息收益是剩余价值的一种转化形态。

(二)证券投资的要素

证券投资的要素主要包括时间要素、收益要素和风险要素。其中,时间要素是决定证券价格的基础,而收益和风险又是影响证券价格高低的重要因素。

▶ 1. 时间要素

证券投资的时间要素是指对具体投资对象持有时间的长短。一般来说,投资期限越长,所能够获取的投资收益也会越高,当然所面临的风险也会越大。按照持有时间的长短,可以将证券投资分为长期证券投资和短期证券投资。长期证券投资是指购入证券后长期持有,以获取股息、利息或其他收益为目的的投资方式。长期证券投资者遵循价值投资理念,注重所投资对象的成长性,致力于通过公开信息研究行业和个股的投资价值。短期证券投资是指在证券市场上进行频繁的证券买卖活动,以赚取证券价格的买卖差价为主要目的的投资方式。

▶ 2. 收益要素

证券投资的收益要素主要是指初始投资的价值增值。证券投资的收益一般由两部分构成，一部分是由于投资证券而以利息、红利或股息的形式获得的收益，也称为所得利得；另一部分是由于所投资证券的价格涨跌所带来的差价收益，即资本利得。投资于不同的证券品种，其收益存在一定的差异。一般来说，投资风险较低的证券，如债券、货币型基金、债券型基金等，预期的投资收益也较低；而投资风险较高的证券，如股票、期货、期权等，预期的投资收益也较高。

▶ 3. 风险要素

"风险"一词的由来，最为普遍的一种说法是，在远古时期，以打鱼捕捞为生的渔民们，每次出海前都要祈祷，祈求神灵保佑自己能够平安归来。其中，主要的祈祷内容就是让神灵保佑自己在出海时能够风平浪静且满载而归；他们在长期的捕捞实践中，深深地体会到"风"给他们带来的无法预测、无法确定的危险，他们认识到，在出海捕捞打鱼的生活中，"风"即意味着"险"，因此有了"风险"一词的由来。

证券投资的风险要素是指由于多种不确定因素的影响而导致的预期收益不能实现或本金损失的可能性，包括系统性风险与非系统性风险。系统性风险是指某种因素的发生对证券市场上所有证券都会带来损失的可能性，如货币政策的调整等，都会影响到证券市场上所有证券的价格。非系统性风险是指某种因素的发生对证券市场上单个证券或部分证券带来损失的可能性，如某公司重大投资失误等，只会影响到该公司的证券价格的变化，但不会对市场上其他公司的证券价格产生影响。

（三）证券投资的原则

证券投资的主要目的在于获取收益，但在获取收益的同时，不可避免地存在一定程度的风险。不同投资者对证券投资的不同态度以及所采取的不同对策，实际上就是人们对收益与风险大小的不同权衡。有些人倾向于高收益、高风险的投资，有些人却宁愿选择低风险、低收益的投资，还有些人则介于两者之间。但无论哪一种投资者，其共同点都是在预期收益一定的前提下，尽可能地利用各种方法和手段降低甚至避免投资风险或者早在投资风险预期一定的前提下，尽可能提高投资收益率。为了达到上述目的，必须遵循以下几个原则。

▶ 1. 收益与风险最佳组合原则

在证券投资中，收益与风险形影相随，是一对相伴而生的矛盾，要想获得收益，就必须冒风险。解决这一矛盾的办法是：在已定的风险条件下，尽可能使投资收益最优化；在已定的收益条件下，尽可能使风险减小到最低限度。这是投资者必须遵循的基本原则，它要求投资者首先必须明确自己的目标，恰当地把握自己的投资能力，不断培养自己驾驭和承受风险的能力及应付各种情况的基本素质；其次，要求投资者在证券投资的过程中，尽力保护本金，增加收益，减少损失。必须看到，证券投资是一项非常复杂的经济活动，预测失误的事屡见不鲜，这就要求投资者不断总结经验，分析失败的原因，才能获得最后的成功。

▶ 2. 分散投资原则

证券投资是风险投资，它可能给投资者带来很高的收益，也可能使投资者遭受巨大的损失。为了尽量减少风险，必须进行分散投资。

分散投资可以从两个方面着手：一是对多种证券进行投资。这样，即使其中的一种或几种证券得不到收益，而其他的证券收益好，也可以得到补偿，不至于血本无归。二是在进行多种证券投资时,应把握投资方向,将投资分为进攻性和防御性两部分,前者主要指普通股票,后者主要指债券和优先股。因为投资普通股收益高但风险大,而债券和优先股相对较安全。对于普通股的投资,也可以在公司、行业和时间等方面加以分散。

▶ 3. 理智投资原则

证券市场由于受到各方面因素的影响而处于不断变化之中,谁也无法准确预测到行情的变化。这就要求投资者在进行投资时,不能感情用事,应该冷静而慎重,善于控制自己的情绪,不要过多地受各种传言的影响,要对各种证券加以细心地比较,最后才决定投资的对象。投资者应随时保持冷静和理智的头脑,进行理智投资。理智投资是建立在对证券的客观认识基础上的,要经过细致、冷静的分析比较后采取行动。理智投资具有客观性、周密性和可控性等特点。

▶ 4. 责任自负原则

在进行证券投资时,适当借助于他人的力量,如接受他人的建议或劝告是必要的,但不能完全依赖别人,而必须坚持独立思考、自主判断的原则。这是因为证券投资是一种自觉的、主动的行为,所有投资的赔赚都要由自己承担。尽管有的证券公司业务员对客户保证"绝对赚钱",从职业道德上讲,他们也是希望投资者能获取收益,但他们的主要目的是扩大财源,增加委托手续费,为其公司赚钱。另外,在证券市场上,任何人都不会比自己更认真地去考虑自己的事情,证券投资的成败完全是投资者自己的责任,不具备这一认识的人,可以说就不具备投资者的资格。

▶ 5. 剩余资金投资原则

储蓄是证券投资的先决条件,没有可供运用的资金,证券投资便无从说起。对大多数人来说,证券投资的资金必须是家庭较长时间闲置不用的剩余资金,不能借钱来进行投资。这是因为证券投资是一种风险较大的经济活动,意味着赚钱和亏本的机会同时存在,如果把全部资金都投入证券,一旦发生亏损,就会危及家庭收支计划,从而给正常的生活带来极大的困难。妥善可靠的做法是把全部资金进行合理分配,留足家庭生活的必备资金,利用长时间闲置的资金用来进行证券投资。当然,有些投资者也可用借款的方式来买卖证券,但要考虑自己的承受能力,一旦投资失利,必须有偿还借款的财产。投资者应该在估计全部资产和风险承受能力的基础上,决定是否进行证券投资和用多少资金进行证券投资。

▶ 6. 时间充裕原则

证券交易尤其是股票交易主要是在证券交易所进行的,而交易所的交易活动是有严格时间限制的。如果进行长期投资,时间因素似乎不成问题,但如果进行短期投资,就必须经常花费时间来研究投资事务,因此时间因素就十分重要了。职业投资者自然有充裕的时间来进行证券买卖活动,而大部分投资者是业余从事证券投资的,他们有自己的本职工作,想买卖证券时,也许是工作最繁忙的时候,这样,经常会失去许多很好的获利机会。同时,在工作时间买卖证券,很难抓住最佳的投资时机,因此,业余投资者进行短期投资是比较困难的。现在,越来越多的退休者和家庭妇女参与证券投资,一个重要原因就是他们拥有较充裕的时间。投资者如果自己没有时间或能力,可以委托专门的机构或人员来管理自己的投资,也可以参与各种基金的投资。

▶ 7. 能力充实原则

每个投资者都应该不断培养自己的证券投资能力,而这种能力的基础就是投资知识和经验。掌握投资知识是从事投资的重要条件，没有知识的投资是盲目的投资，十有八九是要失败。证券投资知识包括各类证券的基本特征、证券市场的构成、证券交易的程序、分析证券行情的方法，证券投资的法律法规等。投资者要获得证券投资知识，主要有两条渠道：一是通过向书本学习、向别人请教以获得间接经验；二是通过自己的实践以获得直接经验。证券投资经验包括成功的经验和失败的经验，投资者要不断积累经验，尤其是要准确地把握证券行情，需要长期的经验积累。

（四）证券投资与投机关系

许多人通常会认为投资和投机是两个完全不同的概念，认为投资是一种正当的活动，而投机则是一种不光彩的行为。其实，在西方的投资理论中，投资与投机并没有本质上的差别，一般将短期的投资称为投机，是一种承担特殊风险获取特殊收益的行为，是投资的一种特殊形式。证券投资是投资主体通过购买、持有或转让证券，以期获得收益的行为，而证券投机是利用证券价格的波动，短期内频繁地买卖以赚取差价收益为目的的行为。可见，证券投资与投机既有区别，又有联系。

▶ 1. 证券投资与投机的区别

（1）投资收益和风险不同。证券投资的收益一般由利息、红利或股息等形式的经常性收入和资本利得两部分构成，尤其是经常性收入是投资收益的重点。因此，投资者的投资收益相对较低，但比较稳定，承担的风险相对较小。投机者在证券收益方面，只追求短期的证券资产的升值，获取的是短期证券剧烈波动的差价利润。因此，投机者的收益相对较高，但不稳定，承担的风险较大。

（2）持有时间不同。投资者在证券投资时间策略的选择上，倾向于中长期持有证券，一般在几个月以上，中途不会轻易卖出。投资者注重证券的内在价值，选择有发展潜力的证券进行中长期投资，以期获得预期的高收益。而投机者在投资时间策略的选择上，倾向于短期持有证券，注重短线操作。投机者注重证券价格短期的波动，持有证券时间一般只有几天。投机者只参与短期内能带来较大收益的证券，通过频繁的买进和卖出证券，以获取短期买卖差价利润。可见，投机者更看重证券价格的短期涨跌，只要有买卖差价利润，就进行操作。因此，证券投机活动是活跃证券市场的主要动力。

（3）投资理念不同。证券投资的理念是"价值决定价格的理论"，投资者重视证券的内在价值（理论价值），追求的是证券的实际价值，投资的目的是资本的长期增值。而证券投机的理念是"供求关系决定市场价格的理论"，投机者重视证券的市场价格，对证券的内在价值不够重视，更注重市场价格的波动幅度和波动方向，投机者追求的是证券价格的买卖价差，投机的目的是资本的短期增值。

（4）分析方法不同。一般来说，投资者注重证券的实际价值与市场价格的关系，因而买卖证券时注重基本面分析方法，即根据宏观经济与政策背景、行业发展前景、公司的经营状况、财务状况等基本因素的分析，以做出相应的投资决策。而投机者往往是以获取证券价格的差价为目的，更侧重于技术分析方法，即着重研究市场价格的变化规律，主要通过分析证券的技术形态、技术指标等，以寻求买进与卖出的时机。对于证券投机，既要用法律手段坚决打击和取缔非法投机行为，又要用行政手段和经济手段有效地抑制过度投机，允许适度投机的存在，从而达到既能实现证券市场与社会经济的基本稳定，又能活跃证券市场的目的。为了加强对证券的控制和管理，一方面，要加强证券法制建设，把对证券投机的控制和管理纳入法律控制的轨道，做到有法可依、有章可循；另一方面，要健全证券管理机构，这是加强对证券投机控制和管理的组织和人员方面的保证。

二、证券投资的动机及目的

投资者参与证券投资的动机与目的是多种多样的。例如，有些投资者参与投资活动仅仅是为了积累财富，而无其他动机；有些投资者是想为子女提供教育的资金；还有些投资者是为了获得老年生活费用和满足其他方面的财务需要；而另外一些投资者则是为了参与公司的经营决策等。不仅如此，个人投资者和机构投资者的投资动机也往往是不同的：个人投资者将投资作为资产增值的手段，以便能够为家庭增加未来资金来源；机构投资者则往往是为了积累资金，更好地为其对象服务，或是为了控制某一企业的生产经营。归纳起来，证券投资的动机与目的主要有以下几种。

▶ 1. 获取收益

绝大多数投资者参与证券投资活动，主要是为了获取收益，通俗地说，就是为了赚钱。具体又分为以下两种类型。

（1）获取投资收益。许多人参与投资活动最主要的动机是获取利息和股息等收益。特别是那些谨慎的着眼于长期投资的人，更是注意比较各种证券收益的差别，进行细致的计算和选择，尽量把资金投放在市场价格比较稳定且收益较高的证券上。他们大多选择债券、优先股和那些赢利能力强的公司股票，长期持有，以获得较稳定的利息和股息收入。这实际上就是我们前面所说的证券投资。

（2）获取投机收益。有些人参与证券投机活动，主要是为了从证券价格波动中获取差价收益。这些证券投机者认为，证券低进高出获得的收益远高于利息或股息收入。因此，他们时刻关注着证券市场的供求关系和证券行市的变动趋势，频繁地买卖证券，他们愿意承担较大的风险以期获取较大的收益。

▶ 2. 参与经营决策

有些投资者参与证券投资，主要是为了参与发行公司的经营决策，也就是通过参加股东大会来行使投票表决权。少数资金雄厚的投资者有时会通过大量购买某一公司股票来达到控制这家公司的目的。

随着股权人不断分散，股份公司尤其是规模大的股份公司，其股东众多，不可能都参与公司的经营决策，只有极少数大股东才有参与公司决策的实际权利。这种情况使得绝大多数小股东不大关心公司的经营决策，而是关心股票的收益。在股票流通市场日益发达的今天，股票作为公司所有权象征的意义越来越弱，而作为一种"金融商品"的意义越来越突出。

▶ 3. 规避风险

所谓风险，就是指对未来投资收益的不确定性，投资者在投资中可能会遭受收益损失至本金损失的危险。证券投资本身就存在一定的风险性，但同时证券市场又为人们提供了风险和收益各异的丰富投资工具，可以通过多样化的投资组合分散风险，从而达到规避和降低风险的目的。

▶ 4. 保持资产流动性

金融资产的流动性是指投资者在尽可能避免损失的条件下，将投资迅速转化成现金的能力。以现金形式持有资产的流动性最大，但却无法实现资本的增值，银行活期存款一般收益率较低。固定资产投资虽然有时可以获得较高收益，但投资者将其转化成现金往往需要较高的交易成本，而且交易时间也比较长。证券投资却可以将流动性与收益性结合起来,有价证券既能较快地转化成现金,又能长期持有为投资者带来收益。因此,在保证资本增值的前提下,为了提高资产流动性,投资者往往选择证券投资。

▶ 5. 其他动机

投资者参与证券投资的动机除以上几种外,还有以下一些动机。

(1) 安全动机。有些人参与证券投资,是认为用现金购买证券比把现金放在家里安全,可以防止遗失、被盗和因意外灾害造成的损失。这些投资者也重视投资收益问题,他们认为把钱存入银行和购买证券的安全程度差不多,但证券投资的流动性较高,而且能获得更高的收益,所以就采取证券投资的方式。他们大多购买价格波动小且收益比较稳定的证券。在交割时,他们往往把证券寄存在银行或证券经营机构,以提高安全程度。

(2) 自我表现的动机。有些人参与证券投资是为了显示自己,以获得心理的满足。他们或者以拥有巨额证券资产来显示自己的富有、地位和威望;或者通过证券投资赚取比别人多的收益来表明自己有着不同凡响的能力;或者通过证券投资来获得社会的承认或表明自己已长大成人。有些人尽管持股比例极小,对公司决策实际上没有什么影响,但他们热衷于参加股东大会,在股东大会上积极发言、质疑、抛头露面,出尽风头。

(3) 情绪动机。还有些人是因为喜欢、好奇、好胜、嫉妒等情绪方面的原因而从事证券投资的。比如,有人看到别人买卖证券,自己也想体验一下;有人看到别人炒股赚了钱,自己不甘示弱,也加入炒股行列,希望比别人赚得更多些等。因情绪影响而引发的证券投资行为,具有冲动性、不稳定性等特点。

(4) 习惯原因。还有一类人因长期从事证券投资活动,已成为习惯,证券投资成为他们生活中不可缺少的组成部分。有些人甚至证券投资成癖,异乎寻常地关心证券行市的变化,一天不买卖,就会吃不下饭、睡不着觉。这种行为已超出正常的证券投资行为,属于不理智的投资行为。

总之,人们从事证券投资活动的原因是多种多样的。一个投资者可以在一种动机和目的的驱使下进行证券投资,也可能在多种动机和目的的合力下参与证券投资。在种种动机和目的中,获取收益是最基本、最主要的动机。

三、证券投资的运行过程

证券投资过程包括一系列活动,其中心是证券的买卖。因为只有进行证券买卖,投资者才能获得足以补偿其所承受风险的收益。证券投资的过程一般包括以下几个环节。

(一) 收集资料和信息

投资者应尽可能多地收集有关证券市场的各种资料,对证券投资者有用的资料信息主要包括以下几个方面:①证券发行公司的各种资料,如公司的招股说明书、上市公告书、中期报告、年度报告等财务资料,以及与公司有关的各种重大事件的公告消息等;②证券行情变动情况;③国民经济的发展状况,如国民生产总值增长率、通货膨胀率、利率水平等;④政府的经济政策,如财政政策、金融政策、产业政策、外贸政策等;⑤政局和社会的稳定状况;⑥国际经贸动态,这对有进出口贸易和产品受国际市场影响的企业尤为重要。

一般来说,资料信息的来源主要有以下四个渠道。

▶ 1. 公开渠道

公开渠道是指通过各种书籍、报纸、杂志、其他出版物以及电视、广播、互联网等媒体获得公开发布的资料信息。按照不同的标准，可以对这一来源的资料信息进行以下几种分类。

（1）从资料信息所涉及的内容范围来看，有关于世界政治经济形势，本国政治经济形势，某个行业发展状况，产业政策，某个公司的生产、销售、管理、财务、股票状况，某种产品生产与销售状况等方面的资料信息。

（2）按资料信息的发布方式，可分为实时信息和历史信息两种。实时信息发布的是与市场同步的资料信息，如证券交易所发布的各种股价信息；历史信息发布的是落后于市场的资料信息。

（3）按资料信息发布的时间与频度，可分为定期信息和不定期信息。定期信息如按每天、每周、每月、半年、每年等固定的时间频度发布的资料信息。

（4）按资料信息的表现形式，可分为文字信息、声音信息、数据信息等。

（5）按资料是否支付费用，可分为无偿使用信息和有偿使用信息。

▶ 2. 商业渠道

一些商业性机构如证券投资咨询公司，有偿提供经过其整理、加工、分类的信息和分析报告及其他资料信息，这对个人投资者来说是一个非常重要的资料信息来源。

▶ 3. 实地调查

实地调查指投资者直接到有关的上市公司、证券公司、交易所、政府部门等机构实地了解所需的资料信息。这种资料信息来源的特点是具有较强的针对性，资料信息的真实性也较高，但所花费的时间、精力比较多，成本比较高，而且具有一定的难度。因此，通常将这一渠道作为上述两种资料信息来源的补充。

▶ 4. 其他渠道

其他渠道如通过家庭成员、朋友、邻居等的介绍等。证券市场的资料信息十分丰富，任何人都不可能全部掌握，投资者必须学会从浩繁的资料中选择对自己有用的资料。

（二）研究分析

投资者把从各个渠道得来的资料信息进行比较分析，研究了解各类证券交易所和证券经营机构的状况，了解证券发行者与投资者的心态，预测形势，从而为投资决策提供依据。证券投资采用基本分析和技术分析等证券投资分析方面的专业分析方法通过对影响证券回报率和风险的各种因素进行客观、全面和系统的分析，揭示出其作用以及带有规律性的东西，用于指导投资决策，从而保证在降低投资风险的同时获取较高的投资回报率。

（三）做出决策

证券投资主要是为了获取收益，对于投资者来说，当然是收益越高越好。然而，收益高的证券，其风险往往也大。因此，投资者必须在风险和收益之间进行权衡。投资者必须在各种股票和各种债券之间进行选择，以便对投资对象以及怎样分配投资资金做出决策。

另外，证券市场可分为一级市场和二级市场，在一级市场购买的是新发行的证券，在二级市场购买的是其他投资者转让的二手证券，因此，投资者还必须在一级市场和二级市场之间进行选择，当然也可以对两个市场都进行投资。只是一级市场的证券发行是有时间性的，并非时刻都有新证券发行；而二级市场是一个连续性的市场，投资者随时都可以进行证券投资。

(四) 购买证券

购买证券是证券投资的实质性阶段，如果不购买证券、不把投资决策付诸实施，一切只能是纸上谈兵。无论是在一级市场还是在二级市场购买证券，无论是柜台交易还是证券交易所的集中交易，无论是上市证券还是不上市证券，一般都要通过证券经营机构来买卖。

证券一级市场与二级市场之间存在着密切的联系，如果二级市场行情火爆，则一级市场就会有极大的吸引力；如果二级市场低迷不振，一级市场就会失去吸引力。因此，投资者在一级市场投资时，要充分注意二级市场的状况。投资者要在二级市场购买证券，可以选择一家信誉好的证券经营机构，委托其办理买卖业务。

(五) 证券管理

买进证券并不意味着证券投资的结束，完整的证券投资过程还包括证券资产的管理。投资者买进证券后，应随时根据证券市场的变动情况，对自己购买的证券进行分析和检验，判断购买这些证券是否合适，是否明智。如果投资效果达到了预期目标，说明此项投资是成功的，否则就是不成功的。投资者应根据证券行情、上市公司经营状况和国民经济形势等情况适时地进行证券调整，使整个证券投资过程更趋完善。

知识链接

1929 年美国股市大崩盘

1929 年，华尔街的崩盘结束了历史上一幕最大的疯狂投机。

1924 年前，美国道琼斯工业指数一直在相对狭小的价格区间内窄幅波动，每当它超过 110 点，就会遭受强烈卖压。到了 1924 年底，股指终于突破这个界限。1925 年，股指跃升到 150 点以上。股指的上升标志着多头好日子的到来。

从股市非常萧条的 1921—1928 年，工业产值每年平均增加 4%，而 1928—1929 年则增加了 15%，通货膨胀率很低，新兴工业四处萌芽。

乐观主义越来越流行，再加上资金成本很低，大大刺激了股票投资者的投资活动，经过 1926 年短暂的反转下跌后，股市月月创新高，由此诞生了一代炒股致富的人，这又煽动了更多的人通过经纪人现金贷款以买进更多的股票。随着股民的增多，信托投资公司也随之增加。1921 年，大概只有 40 家信托公司，而到 1927 年初，这个数目上升到 160 家，同年底又达到 300 家。从 1927 年年初到 1929 年秋，信托投资公司的总资产增加了 10 倍，人们基本上毫不怀疑这些公司的信用。

其中最著名的是高盛公司，它于 1928 年出资成立高盛贸易公司，这个公司很快就发行了 1 亿美元的股票，以 100 美元面值价格卖给母公司。母公司再以 104 美元的价格卖给普通投资者，由此获利 400 万美元。1929 年 2 月 7 日，股票价格是每股 222.5 美元，买家中就有高盛贸易公司，它在 3 月 14 日共持有 5 700 万美元自己公司的股票，当然可以支持这么高的股价。投资者一点也不担心前面等待他们的是什么。

崩盘并不是突然发生的。但是，当巴布森于 1929 年 9 月 5 日发表股市要跌 60～80 点的著名预言后，市场开始对巴布森的警告有了第一次反应。当天，道琼斯指数就下跌了 10 点，很快就有了"巴布森突变"的说法。几天后，受到利好谈话的刺激，买家重新入市，这其中有耶鲁大学教授欧文·费雪的著名论断："即使以现在的价格来衡量，股价也还远远没有达到其内在实际价值。"许多报纸也刊登正面股评，以抵消负面批评。证券交易杂志

《巴伦》周刊更是如此，它在9月9日那一期封面公开取笑巴布森，将他描述为"来自韦尔斯利山的预言家"。

但是，股票价格却没有回到过去的高点，到了9月底，新的大跌开始出现，这次股份跌到上一年夏天的高点。市场再次反弹，但是没有创新高，而且成交量与前次下跌比较大幅萎缩。10月15日，国家城市银行总裁查尔斯·米切尔发表谈话指出，综观全国，股市是正常的、健康的。他的谈话很快得到费雪教授的支持，费雪教授说："我预期股市在几个月内就会看好，并创新高。"

但是，1929年10月21日，《巴伦》的读者可以看到图学家威廉·彼得哈密尔顿的文章，他警告指数图形走势很不好，指数已经跌破密集成交区。按照哈密尔顿的说法，如果工业指数跌破325.17点，那将是一个"强烈的熊市信号"。就在那一天，工业指数跌破了哈密尔顿的临界值，两天后铁路指数也步其后尘。市场垂直跳水，成交量也达到历史第三位，高达600万股，崩盘拉开序幕。

10月24日，成交量放大到1 200万股，人们聚集在大街上，流露出明显的恐慌气氛。事态已经明显失去控制，10月25日，胡佛总统发表讲话："国家的经济基本面，即商品的生产和销售，是建立在踏实和繁荣的基础上的。"胡佛的讲话与宇航员宣布发动机没有着火具有同样的保证作用。恐慌迅速蔓延，随后几天股价连续跳水，市场似乎永远无底。10月29日，在强烈的卖压下，恐慌达到极点，1 600万股股票不惜血本逃了出来。有这么一个传说，交易所的一个送信员突然间想到一个主意，出价每股1美元购买一块无人问津的地皮，他居然做成了这笔生意。直到11月13日，指数跌到224点才稳住阵脚。那些以为股票已经很便宜而冒险买进的投资者又犯了个严重错误。罗斯福想利用他的"新政"化解这个危机，其结果只是范围更大、更严重的衰退。1930年价格进一步下跌，直到1932年7月8日跌至58点才真正见底。工业股票跌去原市值的85%，而高盛公司的投资证书不到2美元就可买到。

闯关考验

一、名词解释

证券投资　　投资　　实物投资　　金融投资　　长期投资

二、选择题

1. 下列不属于证券市场显著特征的选项是（　　）。
   A. 证券市场是价值直接交换的场所
   B. 证券市场是财产权利直接交换的场所
   C. 证券市场是价值实现增值的场所
   D. 证券市场是风险直接交换的场所
2. 证券的流动性不能通过以下（　　）方式实现。
   A. 贴现　　　　B. 记账　　　　C. 交易　　　　D. 承兑
3. 按募集方式分类，有价证券可以分为（　　）。
   A. 公募证券和私募证券　　　　B. 政府证券、政府机构证券、公司证券
   C. 上市证券与非上市证券　　　D. 股票、债券和其他证券
4. 证券市场按层次结构关系，可以分为（　　）。
   A. 发行市场和流通市场　　　　B. 集中市场和场外市场
   C. 股票市场和债券市场　　　　D. 国内市场和国际市场

5. 狭义的有价证券是指(　　)。
A. 商品证券　　　B. 资本证券　　　C. 货币证券　　　D. 上市证券

三、简答题

1. 简述证券投资的含义及要素。
2. 简述证券投资学的研究对象。
3. 简述证券投资理论的形成与发展。

项目二 Chapter 2 证券投资工具

>>> **学习目标**

1. 掌握证券的含义、分类和基本特征。
2. 掌握股票、债券、基金的含义和特征。
3. 了解金融衍生工具的相关知识。
4. 了解影响各种投资工具价格的主要因素。

>>> **问题导入**

除了股票,你还听说有哪些证券投资工具?不同的证券投资工具有哪些不同?

>>> **情景写实**

正确认识投资理财

有两个和尚,分别住在相邻的两座山上的庙里。这两座山之间有一条溪,于是这两个和尚每天都会在同一时间下山去溪边挑水,久而久之他们便成了好朋友。就这样,时间在每天挑水中不知不觉已经过了五年。突然有一天,左边这座山的和尚没有下山挑水,右边那座山的和尚心想:"他大概睡过头了。"便不以为意。哪知道第二天左边这座山的和尚还是没有下山挑水,第三天也一样。过了一个星期还是一样,直到过了一个月,右边那座山的和尚终于受不了,他心想:"我的朋友可能生病了,我要过去拜访他,看看能帮上什么忙。"于是他便爬上了左边这座山,去探望他的老朋友。等他到了左边这座山的庙,看到他的老友之后大吃一惊,因为他的老友正在庙前打太极拳,一点也不像一个月没喝水的人。他很好奇地问:"你已经一个月没有下山挑水了,难道你可以不用喝水吗?"左边这座山的和尚说:"来来来,我带你去看。"于是他带着右边那座山的和尚走到庙的后院,指着一口井说:"这五年来,我每天做完功课后都会抽空挖这口井,即使有时很忙,能挖多少就算多少。如今终于让我挖出井水,我就不用再下山挑水,我可以有更多时间练我喜欢的太极拳。"

我们的生活又何尝不是呢?我们在公司领的薪水再多,那都是挑水。怎么把我们的收入变成一口属于自己的井,未来当我们年纪大了,体力拼不过年轻人了,依然还是有水喝，而且还能喝得很悠闲。

除了我们的薪水，我们还有哪些生财之道呢？投资理财是指将我们的资金合理安排，通过诸如储蓄、银行理财产品、债券、基金、股票、期货、外汇、房地产、黄金等投资工具，对我们的资产进行管理，达到保值、增值的目的。

任务一 证 券

一、证券的含义

证券是各类财产所有权或债权凭证的通称，是用来证明证券持有人有权取得相应权益的凭证。证券是商品经济和信用经济发展的产物，证券本质上是一种信用凭证。证券的一般表现形式有两种，一是作为信用凭证的资本证券，主要包括股票、债券和证券投资基金；二是作为商业票据的货币证券，主要包括汇票、支票及本票等。

证券票面有四个基本要素，即持有人、标的物、标的物的价值和持有人的权利。证券为谁所拥有，证券持有人权利所指向的特定对象是什么，证券所载明的标的物价值有多大，证券持有人持有该证券拥有什么权利，这些都是证券票面要素必须包括的内容。

二、证券的分类

证券按照性质不同，可以分为有价证券和无价证券两类。证券的分类如图2-1所示。

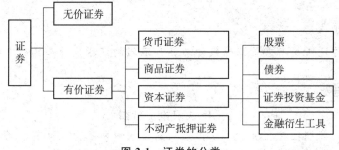

图2-1 证券的分类

（一）无价证券

无价证券又称为凭证证券，是指认定持有人是某种合法权利者，证明对持证人所履行义务的有效凭证，如存款单、借据、收据、定期存款存折以及计划经济时代的布票、粮票等。无价证券的特征是政府或国家法律限制它在市场上流通，并不得通过转让来增加持券人的收益。

无价证券可以分为证据证券和凭证证券。证据证券是指单纯证明事实的文件，它包括信用证、证照、资格证书、学历证书等。凭证证券是指认定持有人是某种私权的合法权利者，证明持有人所履行的义务有效的文件，如存款单、借据、收据及定期存款存折等。

（二）有价证券

▶ 1. 有价证券的定义

有价证券是一种具有一定票面金额，证明其持有人有权按期取得一定收入，并可自由转让和买卖的所有权或债权证书。有价证券是证券的最常见形式，其最显著的特征是持券人可以凭其拥有的所有权或债权，按期取得一定的收入。从性质上讲，有价证券本身没有价值，但由于它代表着一定量的财产权利，持有人可凭该证券直接取得一定量如股息、红利或利息等财产收入的权利。有价证券的价格受到很多因素的影响，但主要是预期利息收入和市场利率。所以，有价证券属于虚拟资本的范畴，通常用于筹措资金。

2. 有价证券的分类

一般情况下，有价证券可以分为货币证券、商品证券和资本证券。

（1）货币证券。货币证券是可以代替货币使用的有价证券。货币证券是一种属于商业信用工具，主要用于单位之间的商品交易、劳务报酬的支付以及债权债务的清算等经济往来，主要包括汇票、本票、支票等。

（2）商品证券。商品证券是对货物有提取权的凭证，证明其持有人可以凭提取单据上所列明的货物，主要包括提货单、运货单和栈单等。

（3）资本证券。资本证券是指把资本投入企业或把资本贷给企业和国家的一种合法凭证，是有价证券的主要形式，包括股票、债券、证券投资基金、金融衍生工具等。资本证券是脱离了实体经济活动过程虚拟资本，虽然有价格，但本身没有价值，其价格只是资本化的收入。作为独立于实际资本外的一种资本存在形式，资本证券能够间接地反映实际资本的运动状况，是证券投资学的主要研究范围。

3. 有价证券和实物资产的区别

有价证券作为一种金融资产，与实物资产有很多不同之处，主要表现在如下几点。

（1）产权性。拥有证券就意味着拥有了这部分证券所代表的财产的占有权、使用权、收益权和处置权。

（2）可分性。多数实物资产不具有可分性，有价证券则十分容易分割。

（3）流动性。亦即流通性，指一种资产兑换成现金的快慢难易程度。

（4）信息可获得性。证券市场上通常存在大量信息，其中相当大一部分是相关法规要求披露的，这些信息几乎是免费提供的，有利于投资决策。

（5）风险性。持有人可能面临预期收益不能完全实现的危险，但作为一种补偿，它也可能是高收益的。因此，有人称证券投资是一种高风险、高收益的投资方式。

4. 有价证券的作用和功能

在现代社会，有价证券的使用和交易能都起到自发地分配货币资金的作用。通过有价证券，可以吸收闲置社会资金并转化为国民经济各部门的长期资金，有助于推动经济发展，优化资源配置。当然，有价证券在一定条件下，往往会产生一些消极的影响。这是因为受多种因素的影响，有价证券的价格经常出现起伏不定、暴涨暴跌的现象，从而引起投资活动造成资本市场的虚假供求和混乱，造成社会资源的浪费。有价证券的基本功能包括筹资功能、分散功能和告示功能。

（1）筹资功能。有价证券的首要功能就是为筹资人筹措资金。现代经济的信用性决定了筹资人对外源资金有着很大的依赖性。而外源资金的来源主要有两个：一是向银行借款；二是通过证券市场用发行证券的方式筹资。用第一种方法筹集资金除了资金使用期限较短外，往往还要受银行种种条件的限制。而用发行证券这种方法筹集资金除了较主动外，更具有稳定性和长期性。

（2）风险分散功能。有价证券的风险分散功能一方面表现为分散筹资人的风险；另一方面表现为分散投资人的风险。在证券投资中，证券购买人在分享筹资人投资获得一部分收益的同时，也有条件分担一部分筹资人所面临的投资风险，这样，证券购买人本身也变成了风险投资人，使经济活动中风险承担者的数量大大增加，从而减少了每个筹资人所承担的风险量,这意味着整个经济抗风险能力的增加。对证券投资者而言,一旦预期公司前景不很理想,可以及时出售证券,换取货币,以避免或减少损失,使风险分散。不仅如此,由于各种证券有不同风险,如果在购买证券时能预先注意持有证券的分散化,那么,就可以通过有效的证券组合,分散投资风险。

(3)告示功能。有价证券的告示功能表现为证券数量、证券价格均和国民经济运行的状况密切相关,对经济走向反应十分灵敏。证券价格的变化往往是经济周期变动的先期指标,这是因为证券交易中必须对经济活动有预见能力。在有效的证券市场上,不管从个别证券还是从整个证券市场看,证券价格上升,是经济发展前景看好的反映,证券价格下降,则是经济发展前景较差的反映,证券有着极强的告示功能。

任务二 股 票

一、股票的定义和性质

(一)股票的定义

股票是股份证书的简称,是股份公司为筹集长期资金公开发行的一种有价证券,是股份公司发给股东的持股凭证。股份公司发行股票进行融资,所筹集到的资金称为股本。公司的股本按相等金额划分成若干单位,称为股份,然后以股票的形式为各股东所有。投资者在认购了股份公司的股票后,就成为该公司的股东,股东按照其持有股票的多少,对公司的经营管理、重大投资事项的决定、红利分配等享有相应的权利,股票是股东对股份公司享有权利的依据。股票是证券市场上投资者进行投资的主要证券品种。截至2015年8月24日,沪市上市公司为1 096家,深市上市公司为1 682家,两市上市公司合计已经达到2 778家,使投资者有了更多的选择。股票样票如图2-2所示。

图2-2 股票样票

（二）股票的性质

股票作为一种所有权凭证，与其他证券相比，具有如下性质。

▶ 1. 股票是一种有价证券

有价证券主要是指其所代表的权利是一种具有财产价值的权利，同时行使这种权利必须以持有该证券作为必要条件。所以，股票是有价证券的一种。

▶ 2. 股票是一种要式证券

股票应记载一定的事项，其内容要全面、真实，记载的这些事项都必须符合法律规定和公司章程的规定。如果股票记载的内容欠缺或不真实，缺少规定的要件，股票就无法律效力。另外，股票的制作和发行都必须经过证券主管机关的审核和批准，并受到国家的严格控制和监督，任何个人或团体不得擅自印制、发行股票。

▶ 3. 股票是一种资本证券

股份公司将发行股票作为吸引认购者投资以筹措公司自有资本的手段，对认购者而言，购买股票就是投资行为。股票可以作为买卖或抵押的对象，是金融市场上主要的、长期的信用工具。因此，股票是投入股份公司的资本份额的证券化，属于资本证券。但股票不是现实的财富，股票独立于真实资本之外，是一种虚拟资本，在股票市场上进行着独立的价值运动。

▶ 4. 股票是一种证权证券

证券可以分为设权证券和证权证券。设权证券是指证券所代表的权利本来不存在，而是随着证券的制作而产生的，即权利的产生是以证券的制作和存在为条件的。证权证券是权利的一种物化的外在形式，其是已经存在的权利的载体。股票代表股东权利，它的发行是以股份的存在为条件的，股票只是把已经存在的股东权利表现为证券的形式，股票证明了股东的权利。股东权利可以不随股票的损毁或遗失而消失，股东可以依照法定程序要求公司补发新的股票。因此，股票是证权证券。

▶ 5. 股票是一种综合权利证券

股票不是物权证券，也不是债券证券。股东权是一种综合权利，包括出席股东大会、投票表决、分配股息和红利等权利。股东虽然是公司财产的所有者，享有种种权利，但对公司的财产不能直接支配处理，而对公司的财产直接支配处理是物权证券的特征，所以股票不属于物权证券。此外，投资者一旦购买了股票，他就成为公司部分财产的所有人，但该所有人在性质上是公司内部的一分子，而不是与公司对立的债权人，所以股票也不是债权证券。

知识链接

股票的历史

股票至今已有将近400年的历史，它伴随着股份公司的出现而出现。随着企业经营规模的扩大与资本要求不足，要求通过一种方式来让公司获得大量的资本金，于是产生了以股份公司形态出现的、股东共同出资经营的企业组织。股份公司的变化和发展产生了股票形态的融资活动；股票融资的发展产生了股票交易的需求；股票的交易需求促成了股票市场的形成和发展；而股票市场的发展最终又促进了股票融资活动和股份公司的完善及发展。

股票最早出现于资本主义国家。由于股票能够有效积聚社会闲散资金，从而成为早期资本主义国家殖民扩张的工具。世界上最早的股份有限公司诞生于1602年在荷兰成立的东印度公司。股份公司以企业组织形式出现以后,很快为资本主义国家广泛利用,成为资本主义国家企业组织的重要形式之一。伴随着股份公司的诞生和发展,以股票形式集资入股的方式也得到发展,并且产生了买卖交易、转让股票的需求。这样,就带动了股票市场的出现和形成,并促使股票市场得到完善和发展。1611年,东印度公司的股东在阿姆斯特丹股票交易市场就进行了股票交易,并且后来有了专门的经纪人撮合交易。阿姆斯特丹股票交易市场成为世界上第一个股票市场。目前,股份有限公司已成为最基本的企业组织形式之一;股票已成为大企业筹资的重要渠道和方式,也是投资者投资的基本选择方式;股票市场(包括股票的发行和交易)与债券市场成为证券市场的重要组成部分。

二、股票的特征

股票作为一种投资工具,具有以下几个基本特征。

1. 收益性

收益性是指股票可以为持有人带来收益的特性,是股票最基本的特征。股票投资的最终目的是获利。股票投资者的投资收益来自于两个方面:一是公司派发的股息和红利,股息或红利的大小主要取决于公司的盈利水平和公司的盈利分配政策;二是股票流通,在公司业绩上升后,股票持有者可以到市场上进行交易,卖出股票的价格高于买入股票的价格,两者之间的差价就是股票收益。

2. 风险性

风险性是持有股票可能产生经济利益与损失的特性。股票投资的相对高收益也带来了相对高风险。股东从股份有限公司获得的股息和红利不是一成不变的,与股份有限公司的盈利息息相关。股份有限公司可能会经营管理不善,股票本身具有的市场价值也会受到股票交易市场的影响,投资者往往不能获得预期的回报或者造成资本金的损失;也会因系统性风险等,使二级市场的投资者因股市波动而造成投资失误。

3. 不可返还性(永久性)

投资股票后,持有者就不能向公司要求退还股本。因为股票反映的不是债权债务关系,而是所有权关系,这种所有权的有效性是始终不变的,是一种无期限的法律凭证。股票持有者可以到二级市场出售给第三者,股票的转让只意味着公司股东的改变,并不减少公司资本。从期限上看,只要公司存在,它所发行的股票就存在,股票的期限等于公司存续的期限。

4. 参与性

股东有权出席股东大会,选举公司董事会,参与公司重大决策。股票持有者享有的经济利益,通常是通过行使股东参与权来实现的。股东参与公司决策的权力大小,取决于其所持有股份的多少。一般情况下,只要股东持有的股票数量达到左右决策结果所需的实际多数时,就能够掌握公司的决策控制权。

5. 流通性

股票的流通性是指股票在不同投资者之间的可交易性。流通性通常以可流通的股票数量、股票成交量以及股价对交易量的敏感程度来衡量。可流通股数越多,成交量越大,价格对成交量越不敏感,股票的流通性就越好,反之就越差。

6. 波动性

波动性是指股票票面价值经常不一致,或者说股票实际交易价格经常性的变化。股票在交易市场上作为交易对象，同其他商品一样，有自己的市场行情和市场价格。股票的交易价格除了与股份公司的经营状况和盈利水平有关外，还受到国内外经济、政治、社会及投资者心理等影响。因此股票的市场价格是不断波动的。

三、股票的分类

股票的品种很多，分类方法亦有差异，常见的股票类型如下。

（一）按股东权益分类

按股东享有权利的不同，股票可分为普通股和优先股，这是一种最常见的分类方法。

▶ 1. 普通股

普通股是指不对股东加以特别限制，持有者享有股东的基本权利和义务，完全随着公司经营业绩的优劣而取得相应收益的股票。普通股股票是公司发行的最基本、最重要的股票种类，也是风险最大的股票，其股利分配的多少不固定，随着公司经营业绩波动而波动。公司盈利较多时，普通股股东可以获得较高的收益，但公司盈利和剩余财产的分配顺序在债权人和优先股股东之后。

普通股票的持有者是股份公司的基本股东。普通股股东在股份公司的存续期间内享有的权利如下。

（1）公司盈余分配权。经过董事会决定后，普通股股东有权在优先股股利分配之后从公司的净利润中分取红利。公司经营业绩好，股利就分得多，反之，经营业绩差股利就分得少，甚至没有股利。当然，公司为了维护信誉，也会从以前年度累积的留存收益中拿出一部分用于股利分配。

（2）经营决策投票权。普通股股东是公司的所有者，他们理应对公司经营决策拥有最终控制权。在股份公司中，这种权力是通过股东大会来行使的。普通股股东有权出席或委托代理人出席股东大会，对公司的重大事务进行投票表决。

（3）剩余资产分配权。股份有限公司破产后，在公司资产满足了债权人的清偿权以及优先股股东剩余财产分配权后，普通股股东有权参与公司剩余资产的分配。

（4）其他权利。普通股股东除了享有以上权利外，还享有法律和公司章程所规定的其他权利，如了解公司经营状况的权利、转让股票的权利和优先认股权等。公司在增发新股时会给予普通股股东优先认股权。优先股认股权是指当股份公司为增加公司资本而决定增加发行新的股票时，原普通股股东享有按其持股比例、以低于市价的某一特定价格优先认购一定数量新发行股票的权利。

当然，作为普通股股东也有一些应尽的义务。

▶ 2. 优先股

优先股是指在公司盈利分配上和剩余财产分配上的权利优先于普通股的股票。相对于普通股票，优先股领取股息优先，且股息率一般事先确定，不随公司经营情况波动。优先股还在公司剩余资产分配时优先于普通股，但必须排在债权人之后。优先股的权利优先，但是其权利又受到某种限制。通常情况下，优先股的表决权会被加以限制甚至被剥夺，对公司的经营决策不起实际作用。优先股的股利固定，当公司经营情况良好时股利不会因此而提高，优先股一般没有优先认股权。

优先股票是一种特殊股票，虽然不是主要的股票品种，但是其存在对股份公司和投资者来说，仍有一定的意义。对股份公司而言，发行优先股票可以筹集长期稳定的公司股本，由于其股息率固定，还可以减轻公司利润的分派负担；优先股股东无表决权，可以避免公司经营决策权的改变和分散。对投资者而言，优先股票的股息收益稳定可靠，在财产清偿时也先于普通股股东，所以其风险相对较小，不失为一种有特色的投资对象。不过，在公司经营有方而获高额利润的情况下，优先股票的收益可能会大大低于普通股票。

各国的公司章程对优先股票的具体优先条件规定不同，一般包括优先股票分配股息的顺序和定额，优先股票分配公司剩余资产的顺序和定额，优先股票股东行使表决权的条件、顺序和限制，优先股票股东的权利和义务，优先股票股东转让股份的条件等。

优先股的特征包括股息率固定、股息分派优先、剩余资产分配优先和一般无表决权。普通股票的股息是不固定的，它取决于股份公司的经营状况和盈利水平。优先股票与此不同，在发行之时就约定了固定的股息率，无论公司的经营状况和盈利水平如何变化，该股息率不变。在股份公司盈利分配顺序上，优先股票排在普通股票之前。各国公司法对此一般都规定，公司盈利首先应支付债权人的本金和利息，其次是支付优先股股息，最后才分配普通股股利。从风险角度看，优先股票的风险小于普通股票的风险。当股份公司因破产或解散进行清算时，在对公司剩余财产的分配上，优先股股东排在债权人之后、普通股股东之前。优先股股东权利也有受限制的，最主要的是优先股股东一般无表决权。普通股股东参与股份公司的经营管理主要通过参加股东大会行使表决权，而优先股股东通常不享有公司的经营参与权。在一般情况下，他们没有投票表决权，因此就无法参与公司的经营管理。只有在特殊情况下，在讨论涉及优先股股东权益的议案时，他们才能行使表决权。

▶ 3. 优先股票的种类

根据不同的附加条件，大致可以把优先股分成以下几类。

1）累积优先股票和非累积优先股票

根据股息在当年未能足额分派时能否在以后年度补发，优先股可以分为累积优先股票和非累积优先股票。

所谓累积优先股票，是指历年股息累积发放的优先股票。优先股票的特点之一是股息分派优先。在股份公司获得盈利的情况下，优先股股东可以按固定股息率比普通股股东优先取得股息，但在公司亏损或者盈利不足的情况下，则不能保证优先股票股东能获取当年公司应支付的全部股息额。若这部分未付的股息额在以后得不到补偿，优先股的收益就会失去稳定性。所以，有些公司为了吸引投资者入股，在发行优先股票时附加了优惠条件，即公司在任何营业年度内未支付的优先股的股息可以累积起来，由以后营业年度的盈利一起付清。有些国家的公司法规定，公司分派当年盈利时，必须先将当年和往年累积所欠的优先股股息付清。在累积未发的优先股股息尚未补足之前，公司不得分派普通股利。在实践中，有时累积优先股股息也并不一定必然补足，如果公司已经积累了优先股股息，现又打算发放普通股股息，则也可以不付清优先股股息，而允许优先股票转换成普通股票。股份公司发行累积优先股的目的，主要是为了保障优先股股东的收益不致因公司盈利状况的波动而减少。由于规定未发放的股息可以累积起来，待以后年度一起支付，所以，对于优先股股东来说，股息收入只是时间迟早的问题，从而保护了优先股投资者的利益。

所谓非累积优先股票，是指股息当年结清不能累积发放的优先股票。相对于累积优先股票而言的，非累积优先股票的特点是股息分派以每个营业年度为界，当年结清。如果本年度公司的盈利不足以支付全部优先股股息，公司将不予累积计算其所欠部分，优先股股东也不得要求公司在以后的营业年度中予以补发。公司不论以往年度的优先股股息是否派足，都可以按当年的盈利状况按顺序分派当年的优先股股息和普通股股利。股份公司发行非累积优先股票，不承担以往未付足优先股股息的补偿责任，所以不会加重公司付息分红的负担。但对于投资者来说，股息收入的稳定性差，即公司盈利多时只能获取固定的股息，而公司盈利少时则可能得不到规定的股息，故不如累积优先股有吸引力。大多数优先股是累积优先股，只有极少数优先股是非累积优先股。

2) 参与优先股票和非参与优先股票

根据优先股票在公司盈利较多的年份里，除了获得固定的股息以外，能否参与或部分参与本期剩余盈利的分享，优先股票可以分为参与优先股票和非参与优先股票。

所谓参与优先股票，是指除了能按规定分得本期固定股息，还有权与普通股股东一起参与本期剩余盈利分配的优先股票。所谓非参与优先股票，是指只能按规定分得本期的固定股息，而无权再参与对本期剩余盈利分配的优先股票。非参与优先股票是一般意义上的优先股票，其股息的收入仅以事先规定的股息率为限，即使公司在本期内盈利很高，普通股票股东获取股利再多，它也不能与普通股票一起再次分享公司的剩余盈利。

3) 可转换优先股票和不可转换优先股票

根据优先股票在一定的条件下能否转换成其他品种，优先股票可以分为可转换优先股票和不可转换优先股票。

所谓可转换优先股票，是指发行后在一定条件下允许持有者将它转换成其他种类股票的优先股票。所谓不可转换优先股票，是指发行后不允许其持有者将它转换成其他种类股票的优先股票。不可转换优先股票与可转换优先股票相对应，它没有给投资者提供改变股票种类的机会。

4) 可赎回优先股票和不可赎回优先股票

根据优先股票一定条件下能否由原发行的股份公司出价赎回，优先股票分为可赎回优先股票和不可赎回优先股票。

所谓可赎回优先股票，是指在发行后一定时期可按特定的赎买价格由发行公司收回的优先股票。所谓不可赎回优先股票，是指发行后根据规定不能赎回的优先股票。不可赎回优先股票一经投资者认购，在任何条件下都不能由股份公司赎回。由于股票投资者不能再从公司抽回股本，从而保证了公司资本的长期稳定。

5) 股息率可调整优先股票和股息率固定优先股票

根据股息率是否允许变动，优先股票分为股息率可调整优先股票和股息率固定优先股票。

所谓股息率可调整优先股票，是指股票发行后股息率可以根据情况按规定进行调整的优先股票。这种股票与事先固定的一般优先股票股息不同，它的特点在于股息率是可变动的。但是，股息率的变化主要是随市场上其他证券价格或者银行存款利率的变化做调整，一般与公司经营状况没有关系。所谓股息率固定优先股票，是指发行后股息率不再变动的优先股票。不过，大多数优先股的股息率是固定的。

(二) 按照上市地区分类

按照上市地区，股票可以分为 A 股、B 股、H 股、N 股和 S 股等。

▶ 1. A 股

A 股的正式名称是人民币普通股票。它是由中国境内的公司发行的，供中国境内机构、组织或个人以人民币认购和交易的普通股票。A 股不是实物股票，以无纸化电子记账，实行"T+1"交割制度，有涨跌幅限制，参与投资者为中国大陆机构或个人（2014 年 4

月 10 日，上海证券交易所和香港联合交易所允许两地投资者通过当地证券公司或经纪商买卖规定范围内的对方交易所上市的股票）。

2. B 股

B 股的正式名称是人民币特种股票。它是以人民币标明面值，以外币认购和买卖，在中国境内（上海、深圳）证券交易所上市交易的外资股。B 股公司的注册地和上市地都在境内，2001 年前投资者限制为境外人士，2001 年之后，开放境内个人居民投资 B 股。

3. H 股

H 股也称国企股，指注册地在内地、上市地在中国香港的外资股，香港英文为 HongKong，因而称其为 H 股。H 股为实物股票，实行"T+0"交割制度，无涨跌幅限制。中国地区机构投资者可以投资于 H 股，大陆地区个人目前尚不能直接投资于 H 股。在天津，个人投资者可以在中国银行各银行网点开办"港股直通车"业务而直接投资于 H 股。但是，国务院目前尚未对此项业务放开，个人直接投资于 H 股尚需时日，国际资本投资者可以投资 H 股。

4. N 股

N 股，是指那些在美国纽约（New York）的证券交易所上市的外资股票，取纽约字首的第一个字母 N 作为名称。

5. S 股

S 股是指在新加坡交易所上市挂牌的大陆公司股票。

（三）按照是否记载股东姓名分类

按是否记载股东姓名，股票可以分为记名股票和不记名股票。

1. 记名股票

所谓记名股票，是指在股票票面和股份公司的股东名册上记载股东姓名的股票。记名股票的有关事项在很多国家的公司法中都有具体的规定。一般来说，如果股票是归某人单独所有，应记载持有人的姓名，如果股票持有者因故改换姓名或者名称就应到公司办理变更姓名或者名称的手续。我国《公司法》规定，股份有限公司向发起人、国家授权投资的机构、法人发行的股票，应当是记名股票，并应当记载该发起人、机构或者法人的名称，不得另立户名或者以代表人姓名记名。对社会公众发行的股票，可以是记名股票，也可以是无记名股票。发行记名股票的，应当置备股东名册，记载股东的姓名或者名称及住所、各股东所持股份数、各股东所持股票的编号、各股东取得股份的日期等事项。

2. 不记名股票

所谓不记名股票，也称无记名股票，是指在股票票面和股份公司股东名册上均不记载股东姓名的投票。不记名股票与记名股票比较，差别不是在股东权利等方面，而是在股票记载方式上。不记名股票发行时一般留有存根联，它在形式上分为股票的主体和股息票两部分。股票的主体记载了有关公司的事项，如公司名称、股票所代表的股数等；股息票用于进行股息结算和行使增资权利。我国《公司法》在这方面的规定是：股份有限公司对社会公众发行的股票，可以为记名股票，也可以为无记名股票。发行无记名股票的，公司应当记载其股票数量、编号及发行日期。

（四）按照是否用票面金额加以表示分类

根据是否用票面金额加以表示，股票可以分为有面额股票和无面额股票。

1. 有面额股票

所谓有面额股票，是指在股票票面上记载一定金额的股票。股票票面上记载的金额也称为票面金额、票面价值或股票面值。股票票面金额的计算方法是用资本总额除以股份数，而实际上很多国家通过法规予以直接规定，而且一般限定股票最低票面金额。另外，同次发行的每张有面额股票的票面金额是相同的，票面金额一般是以国家的主币为单位。有面额股票有如下特点。

（1）有面额股票可以明确表示每一股所代表的股权比例。例如，某股份公司发行1 000万元的股票，每股面额为100元，那么每股代表着对公司拥有十万分之一的所有权。

（2）有面额股票为股票发行价格的确定提供了依据。我国《公司法》规定，股票发行价格可以和票面金额相等，也可以超过票面金额，但不得低于票面金额。这样，有面额股票的票面金额就成为股票发行价格的最低界限。

▶ 2. 无面额股票

所谓无面额股票，也称为比例股票或份额股票，是指在股票票面上不记载金额的股票。无面额股票并非没有价值，而是没有在票面上标明固定的金额，只记载其为几股或股本总额的若干分之几。所以，无面额股票的价值将随股份公司资产的增减而相应增减，公司资产增加，每股价值上升；反之，公司资产减少，每股价值下降。不过，无面额股票与有面额股票的差别仅在表现形式上，即无面额股票与有面额股票都代表股东对公司资本总额的投资比例，两者的股东享有同等的股东权利。在20世纪早期，美国纽约州最先通过法律，允许发行无面额股票，以后美国其他州和其他一些国家也相继仿效。无面额股票具有如下特点。

（1）无面额股票的发行或转让价格较灵活。无面额股票由于没有票面金额，故不受不得低于票面金额发行的限制。在转让时，投资者也不易被股票票面金额所困惑，而更注重分析每股的实际价值。

（2）无面额股票便于股票分割。如果股票有面额，分割时就需要办理面额变更手续。由于无面额股票不受票面金额的约束，发行该股票的公司就能比较容易地进行股票分割。

四、我国现行股票类型

▶ 1. 国家股

国家股是指有权代表国家投资的部门或机构以国有资产向公司投资形成的股份，包括公司现有国有资产折算成的股份。在我国企业股份制改造中，原来一些全民所有制企业改组为股份公司。从性质上讲，这些全民所有制企业的资产属于国家所有，因此在改组为股份公司时，就折成国家股。另外，国家对新组建的股份公司进行投资，也构成了国家股。国家股由国务院授权的部门或机构持有，或根据国务院的决定，由地方人民政府授权的部门或机构持有，并委派股权代表。

国家股从资金来源上看，主要有三个方面：一是现有国有企业整体改组为股份公司时所拥有的净资产；二是现阶段有权代表国家投资的政府部门向新组建的股份公司的投资；三是经授权代表国家投资的投资公司、资产经营公司、经济实体性总公司等机构向新组建股份公司的投资。

国有股权包括国家股和国有法人股两个组成部分。在我国，国有资产管理部门是国有股权行政管理的专职机构，国有股权由国家授权投资的机构持有；在国家授权投资的机构未明确前，则由国有资产管理部门持有或由国有资产管理部门代政府委托其他机构或部门持有。如国有股权委托持有的，国有资产管理部门一般要与被委托单位办理委托手续，订立委托协议；如国家授权投资的机构持有国有股权的，国有资产管理部门代授权方拟定有关协议。国有股红利收入由国有资产管理部门监督收缴，依法纳入国有资产经营预算，并根据国家有关规定安排使用。国家股权可以转让，但转让应符合国家制定的有关规定。国有资产管理部门应考核、监督国有股持股单位正确行使权利和履行义务，维护国家股的权益。

▶ 2. 法人股

法人股是指企业法人或具有法人资格的事业单位和社会团体以其依法可支配的资产投入公司形成的股份。法人股股票以法人记名，其中以具有法人资格的国有企业、事业及其他单位以其依法占用的法人资产向独立于自己的股份公司出资形成或以法定程序取得的股份，被称为国有法人股。作为发起人的企业法人或具有法人资格的事业单位和社会团体，在认购股份时，可以用货币出资，也可以用其他形式的资产，如实物、工业产权、非专利技术、土地使用权作价出资。但对其他形式的资产必须进行评估作价，核实财产，不得高估或者低估作价。

▶ 3. 社会公众股

社会公众股是指股份公司采用募集方式设立时向社会公众（非公司内部职工）募集的股份，也是指社会公众依法以其拥有的财产投入公司时形成的可上市流通的股份。股份公司在社会募集方式下发行的股份，除一部分由发起人认购外，其余部分应该向社会公众公开发行。我国《证券法》规定，社会募集公司申请股票上市的条件之一就是向社会公开发行的股份达到公司股份总数的25%以上。公司股本总额超过人民币4亿元的，向社会公开发行股份的比例为10%以上。

▶ 4. 外资股

外资股是指股份公司向外国和我国香港、澳门、台湾地区投资者发行的股票。外资股按上市地域，可以分为境内上市外资股和境外上市外资股。

境内上市外资股是指在中国境内注册的股份有限公司向境内外投资者发行并在中国境内证券交易所上市，以人民币标明其面值，以外币认购、交易和结算的股份。

境外上市外资股是指股份有限公司向境外投资者募集并在境外上市的股份。它也采取记名股票形式，以人民币标明面值，以外币认购。在境外上市时，可以采取境外存证形式或者股票的其他派生形式。在境外上市的外资股除了应符合我国的有关法规外，还须符合上市所在地国家或者地区证券交易所制定的上市条件。境外上市外资股主要由H股、N股、S股等构成。

知识链接

红筹股和蓝筹股

红筹股是指在中国境外注册、在中国香港上市，但主要业务在中国内地或大部分股东权益来自中国内地的股票。早期的红筹股，主要是一些中资公司收购中国香港的中小型上市公司后重组而形成的；此后出现的红筹股，主要是内地一些省市或中央部委将其在中国香港的窗口公司改组并在中国香港上市后形成的。红筹股已经成为内地企业进入国际资本市场筹资的一条重要渠道，但红筹股不属于外资股。

蓝筹股中的"蓝筹"缘于西方的赌场，蓝色的筹码最为值钱，投资者将那些在其所属的行业内占有重要支配地位、业绩优良、成交活跃、红利优厚的大公司股票称为蓝筹股。

任务三 债券

一、债券的定义和性质

(一)债券的定义

债券是债的证明书,是指债务人依照法律手续发行的,向债券持有人承诺按约定的利息和日期支付利息、偿还本金,从而明确债权债务关系的有价证券。由于债券在发行的时候已经约定期限和利息率,而且债券具有优先偿还权。因此,稳健的投资者多选择债券作为主要投资对象。

债券包含四个方面的含义:第一,债券的发行人是借入资金的经济主体;第二,投资者是出借资金的经济主体;第三,发行人需要在一定时期付息还本;第四,反映了债券发行者和债券买者之间的债权、债务关系。所以,债券是发行者和投资者之间的债权、债务关系的法律凭证。

(二)债券的基本性质

▶ 1. 债券是一种有价证券

债券反映和代表一定的价值。债券本身有一定的面值,通常它是债券投资者投入资金的量化表现。持有债券可按期取得利息,利息也是债券投资者收益的价值表现。债券与其代表的权利联系在一起,拥有债券也就拥有了债券所代表的权利,转让债券也就将债券代表的权利一并转移。

▶ 2. 债券是一种虚拟资本

债券虽然有面值,代表了一定的财产价值,但只是一种虚拟资本,而非真实资本。因为债券的本质是证明债权债务关系的证书,在债权债务关系建立时所投入的资金已被债务人占用。所以,债券是实际运用的真实资本的证书。债券的流动并不意味着它所代表的实际资本也同样流动,债券独立于实际资本之外。

▶ 3. 债券是债权证书

债券代表债券投资者的权利,这种权利不是直接支配财产,也不以资产所有权表现,而是一种债权。拥有债券的人是债权人,债权人不同于财产所有人。债权人除了按期取得本息外,对债务人不能进行其他干预。

(三)债券与股票的异同

▶ 1. 债券与股票的相同之处

债券与股票的相同之处如下。

(1)两者都属于有价证券。尽管债券和股票有各自的特点,但它们的性质都属于有价证券。作为虚拟资本,它们本身无价值,但又都是真实资本的代表。持有债券或股票,都有可能获取一定的收益,并能进行权利的行使和转让活动。债券和股票都在证券市场上交易,并构成了证券市场的两大支柱。

(2)两者都是筹措资金的手段。债券和股票都是有关的经济主体为筹措资金需要而发行的有价证券。经济主体在社会经济活动中会产生对资金的需求,可以通过发行债券和股票满足该需求。从资金融通角度看,都是筹资手段。

(3)两者的收益率相互影响。从单个债券和股票看,它们的收益率经常会发生差异,而且有时差距还很大。一个投资者如果以等量的资金分别购买债券和股票,所得的收益也可能不一样。但是从整个社会考察，在一个有效率的市场内，债券的平均利率和股票的平均收益率会大体上接近，或者其差异将反映两者的风险程度。这是因为，在市场规律作用下，证券市场上一种融资手段收益率的变动，会引起另一种融资手段收益率发生同向变动。

2. 债券与股票的不同

债券与股票的不同之处如下。

（1）两者权利不同。债券是一种债权凭证，债券持有者与债券发行人之间是债权债务关系，债券持有者只可按期获取利息及到期收回本金，无权参与公司的经营决策。股票则不同，股票是所有权凭证，股票所有者是发行股票公司的股东，股东一般拥有投票权，可以通过选举董事行使对公司的经营决策权和监督权。

（2）两者目的不同。发行债券是公司追加资金的需要，它属于公司的负债，不是资本金。股票发行则是股份公司为创办企业和增加资本的需要，筹措的资金列入公司资本。而且，有资格发行债券的经济主体很多，中央政府、地方政府、金融机构、公司组织等一般都可以发行债券，但能发行股票的经济主体只有股份公司。

（3）两者期限不同。债券一般有规定的偿还期，期满时债务人必须按时归还本金，债券是一种有期投资。股票通常是不能偿还的，一旦投资入股，股东便不能从股份公司抽回本金，因此股票是一种无期投资，或称永久投资。当然，股票持有者可以通过市场转让收回投资资金。

（4）两者收益不同。债券有规定的利率，可获固定的利息；股票的股息红利不固定，一般视公司经营情况而定。

（5）两者风险不同。股票风险较大，而债券风险相对较小。这是因为：第一，债券利息是公司的固定支出，属于费用范围；股票的股息红利是公司利润的一部分，公司有盈利才能支付，且在支付时，排在债券利息支付之后。第二，倘若公司破产，清理资产后有余额偿还时，债券偿付在前，股票偿付在后。第三，在二级市场上，债券因其利率固定、期限固定，市场价格也较稳定；而股票无固定的期限和利率，受各种宏观因素和微观因素的影响，市场价格波动频繁，涨跌幅度较大。

二、债券的特征

债券作为一种重要的融资手段和金融工具，具有以下特征。

1. 偿还性

偿还性是指债券有规定的偿还期限，债务人必须按期向债权人支付利息和偿还本金。债券的偿还性使得资金筹措者不能无限期地占用债券购买者的资金。债券发行人和购买者之间的借贷关系将随偿还期结束、还本付息手续完毕而消失。债券的偿还性特征与股票的永久性有很大的区别。在历史上，债券的偿还性也有例外，英、美等国政府发行过无期公债或永久性公债。这种公债无固定偿还期，持券者不能要求政府清偿，只可按期取息。当然，这只是个别现象，不能因此而否定债券具有偿还性的一般特性。

2. 流通性

流通性是指债券持有人可按自己的需要和市场的实际状况，灵活地转让债券提前收回本金。流通性首先取决于市场对债券转让所提供的便利程度；其次还表现为债券在迅速转变为货币时，是否在以货币计算的价值上蒙受损失。

3. 安全性

安全性是指债券持有人的收益相对固定，不随发行者经营收益的变动而变动，并且可按期收回本金。与股票相比，债券投资风险较小。一般来说，具有高度流通性的债券同时也是较安全的，因为可以按一个较稳定的价格迅速地转换为货币。债券投资不能收回有两种情况：第一，债务人不履行债务，即债务人不能充分和按时履行约定的利息支付或者偿还本金。不同的债务人不履行债务的风险程度是不同，一般情况下，政府债券的风险低于金融债券和公司债券。第二，流通市场风险，即债券在市场上转让时因价格下跌而承受的损失。许多因素会影响债券的转让价格，其中较重要的是市场利率水平。

▶ 4. 收益性

收益性是指债券能为投资者带来一定的收益。债券的收益主要表现为利息，即债权投资的报酬。在实际经济活动中，债券收益可以表现为两种：一种是债权人将债券一直保持至期满日为止，在持有债券的期限内，债权人可以按约定的条件分期分次取得利息或者到期一次取得利息；另一种是债权人在债券期满之前将债券转让，他有可能获得超过购入时债券价格的价差。从理论上讲，如果利率水平一直不变，这一价差就是其持有债券这段时间的利息收益转化形式，也称资本损益。但是，由于市场利率会不断变化，债券在市场上的转让价格将随市场利率的升降而上下波动。

由于债券的票面利率是相对固定的，一般当利率下跌时，债券的市场价格便上涨；当利率上升时，债券的市场价格则下降。所以，债券持有者能否获得以及获得多少资本利得要视市场情况而定。

三、债券的分类

在债券的发展过程中，出现过许多不同品种的债券。根据不同的标准，债券可以分为不同的种类。

(一) 按发行主体分类

根据发行主体的不同，债券可以分为政府债券、金融债券和公司债券。

▶ 1. 政府债券

政府债券的发行主体是政府。很多国家的政府债券又可分为中央政府债券和地方政府债券。中央政府发行的证券也叫国债，其主要目的是解决由政府投资的公共设施或重点项目的资金需要和弥补政府财政赤字。除了政府部门直接发行的债券外，有些国家把政府担保的债券也划归政府债券体系，称为政府保证债券。这种债券由一些与政府有直接关系的公司或金融机构发行，并由政府提供担保。

▶ 2. 金融债券

金融债券的发行主体是银行或非银行金融机构。金融机构一般拥有雄厚的资金实力，信用度较高。所以，金融债券往往也有良好的信誉。银行和非银行金融机构是社会信用的中介，它们发行债券的目的主要有两个：一是筹资用于某种特殊用途；二是改变本身的资产负债结构。对于金融机构来说，吸收存款和发行债券都是它的资金来源，都构成它的负债。由于存款的主动性在存款户，金融机构只能通过提供服务条件来吸引存款，而不能完全控制存款。而发行债券是金融机构的主动负债，金融机构有更大的主动权和机动权。金融债券的期限以中期较为多见。

▶ 3. 公司债券

公司债券是公司依照法定程序发行、约定在一定期限还本付息的有价证券。公司债券的发行主体是股份公司，但有些国家也允许非股份公司的企业发行债券。一般情况下，公司债券和企业发行的债券合在一起，可直接称之为公司(企业)债券。公司发行债券的目的主要是为了经营需要。公司的情况千差万别，有些经营有方、实力雄厚、信誉高，也有一些经营较差，甚至可能处于倒闭的边缘。因此，公司债券的风险性相对于政府债券和金融债券而言要大一些。公司债券有中长期的，也有短期的，视公司的需要而定。

（二）按计息方式分类

根据债券支付利息计算方式不同，债券可以分为单利债券、复利债券、贴现债券和累进利率债券等。在计算利息时，一般以年为时间单位。

▶ 1. 单利债券

单利债券是指在计算利息时，不论期限长短，仅按本金计息，所生利息不再加入本金而计算下期利息的债券。

▶ 2. 复利债券

复利债券与单利债券相对应，是指计算利息时，按一定期限将所生利息加入本金再计算利息，逐期滚动计算的债券。复利债券的利息包含了货币的时间价值。另外，在名义利率相同的情况下，复利债券的实得利息要多于单利债券。复利是假定每年的利息再投资，再投资的利率不变。

▶ 3. 贴现债券

贴现债券是指在票面上不规定利率，发行时按某一折扣率，以低于票面金额的价格发行，到期时仍按面额偿还本金的债券。贴现债券是属于折价方式发行的债券，其发行价格与票面金额（偿还价格）的差额，构成了实际的利息。贴现债券与上述单利债券或复利债券的区别在于，前者是在发行时将利息预先扣除，而后者是在债券发行后才按期支付利息的。

▶ 4. 累进利率债券

累进利率债券是指以利率逐年累进方法计息的债券。单利债券或复利债券的利率在偿付期内是固定不变的，而累进利率债券的利率随着时间的推移，后期利率将比前期利率更高，呈累进状态。这种债券的期限往往是浮动的，但一般会规定最短持有期限和最长持有期限。

（三）按利率是否固定分类

债券有不同的风险，债券风险主要来自利率的波动。根据利率波动的特点，债券可分为固定利率债券和浮动利率债券。

▶ 1. 固定利率债券

固定利率债券是指在偿还期内利率不变的债券。在该偿还期内，无论市场利率如何变化，债券持有人将按债券票面载明的利率获取债息。固定利率债券有可能为债券持有人带来风险。当偿还期内的市场利率上升且超过债券票面利率时，债券持有人就要承担相对利率较低或债券价格下降的风险。当然，在偿还期内如果市场利率下降且低于债券票面利率，债券持有人也就相当于获得了由于利率下降而带来的额外利益。

▶ 2. 浮动利率债券

浮动利率债券是指其利率可以变动的债券。这种债券利率的确定与市场利率挂钩，一般高于市场利率的一定百分比。当市场利率上升时，债券的利率也相应上浮；反之，当市场利率下降时，债券的利率就相应下调。这样，浮动利率债券就可以避开因市场利率波动而产生的风险。

（四）按债券券面形态分类

按照债券券面形态，可以把债券分为实物债券、凭证式债券和记账式债券。

1. 实物债券

实物债券是一种具有标准券面的格式债券。在标准格式的债券券面上，一般印有债券面额、债券利率、债券期限、债券发行人全称、还本付息方式等各种债券票面要素。在有些时候，债券利率、债券期限等要素也可以通过公告向社会公布，而不再在债券券面上注明。在我国现阶段的国债种类中，无记名国债就属于这种实物债券，它以实物券的形式记录债权、面值等，不记名，不挂失，可上市流通。实物债券是一般意义上的债券。

2. 凭证式债券

凭证式债券是一种债权人认购债券的收款凭证，而不是债券发行人制定的标准格式的债券。近年来，我国通过银行系统发行的凭证式国债，券面上不印制票面金额，而是根据认购者的认购额填写实际的缴款金额，是一种国家储蓄债，可记名、挂失，以"凭证式国债收款凭证"记录债权，不能上市流通，从购买之日起计息。在持有期内，持券人如果遇到特殊情况需要提取现金，可以到购买网点提前兑取。提前兑取时，除偿还本金外，利息按实际持有天数及相应的利率档次计算，经办机构按兑付本金的一定比例收取手续费。

3. 记账式债券

记账式债券是一种没有实物形态，而在电脑账户中做记录的票券。在我国，上海证券交易所和深圳证券交易所已为证券投资者建立电脑证券账户。所以，可以利用证券交易所的交易系统来发行债券。我国近年来通过沪、深交易所的交易系统发行和交易的记账式国债就是这方面的实例。如果投资者进行记账式债券的买卖，就必须在证券交易所设立账户。由于记账式债券的发行和交易均无纸化，所以效率高、成本低，交易安全。

（五）按债券是否有财产担保分类

按照是否有财产担保，债券可以分为抵押债券和信用债券。

1. 抵押债券

抵押债券是以企业财产作为担保而发行的债券，根据抵押品的不同又可以分为一般抵押债券、不动产抵押债券、动产抵押债券和证券信用抵押债券。抵押债券的价值取决于担保资产的价值。抵押品的价值一般超过它所提供担保债券价值的25%~35%。

2. 信用债券

信用债券是不以任何公司财产作为担保，完全凭信用发行的债券。信用债券持有人只对公司的非抵押资产具有追索权，企业的盈利能力是这些债券投资人的主要担保。因为信用债券没有财产担保，所以在债券契约中都要加入保护性条款，例如，不能将资产抵押给其他债权人，未经债权人同意不能出售资产，不能发行其他长期债券等。

（六）按债券是否能转换为公司股票分类

根据是否能转换为公司股票，可以把债券分为可转换债券、可交换债券和不可转换债券。

1. 可转换债券

可转换债券指在特定时期内可以按某一固定的比例转换成普通股的债券，具有债务与权益双重属性，属于一种混合性筹资方式。由于可转换债券赋予债券持有人将来成为公司股东的权利，因此，其利率通常低于不可转换债券。若将来转换成功，在转换前发行企业达到了低成本筹资的目的，转换后又可节省股票的发行成本。根据《公司法》的规定，发行可转换债券应由国务院证券管理部门批准，发行公司应具有发行股票的条件。

2. 可交换债券

可交换债券是成熟市场存在已久的固定收益类证券，其赋予债券投资人在一定期限内有权按照事先约定的条件将债券转化为其他公司的股票。可交换债券与可转换债券有相同之处，其要素与可转换债券类似，也包括票面利率、期限、换股价格和换股比率、换股期等；对投资者来说，与持有标的上市公司的可转换债券相同，投资价值与上市公司业绩相关，且在约定期限内可以以约定的价格交换为标的股票。可交换债券和可转换债券不同之处在于：一是发债主体和偿债主体不同，可交换债券的发债主体和偿债主体是上市公司的股东，可转换债券的发债主体和偿债主体是上市公司本身；二是所换股份的来源不同，可交换债券的所换股份是发行人持有的其他公司的股份，可转换债券是发行人本身未来发行的新股；三是可转换债券转股会使发行人的总股本扩大，摊薄每股收益，而可交换公司债券换股不会导致标的公司的总股本发生变化，也无摊薄收益的影响。

▶ 3. 不可转换债券

不可转换债券指不能转换为普通股的债券，又称为普通债券。由于其没有赋予债券持有人将来成为公司股东的权利，所以其利率一般高于可转换债券。本部分所讨论的债券的有关问题主要是针对普通债券的。

四、债券的偿还

债券的偿还按照不同的标准，可以分成多种类型。

（一）按照偿还期限分类

按照偿还期限，可以分为到期偿还、期中偿还和展期偿还。

▶ 1. 到期偿还

到期偿还也叫满期偿还，是指按发行债券时规定的还本时间，在债券到期时一次全部偿还本金的偿债方式。我国发行的许多企业债券和 3 年期国库券、5 年期国库券等，都是在期满后一次还本付息的，到期偿还、手续简便、计算方法简单。但是，如果债券发行人在发行债券时考虑不一定全部在到期日还本，就必须在发行前规定特殊的还本条款，采用期中偿还甚至延期偿还。

▶ 2. 期中偿还

期中偿还也叫中途偿还，是指在债券最终到期日之前，偿还部分或全部本金的偿债方式。它包括部分偿还和全额偿还两种形式，而且在偿还的具体时间上，又有定时偿还和随时偿还的区别。期中偿还的目的主要在于分散债务人到期一次还本的压力，同时在某些情况下也有利于增加对投资者的吸引力。此外，还要对债券的宽限期、偿还率等事先做出规定。债的宽限期是指债券发行后不允许提前偿还、转换的时间，它一般是根据债券偿还期的长短来确定的。偿还率是指每次偿还的债务金额占发行额的比例。例如，我国 1981—1984 年发行的国债，个人购买的部分其实际宽限期为 5 年，从发行后的第六年开始分 5 年作 5 次偿还，每次偿还发行额的 20%，也就是偿还率为 20%。

▶ 3. 展期偿还

展期偿还是指在债券期满后又延长原规定的还本付息日期的偿债方式，属于延期偿还的一种情况。它适用的场合通常是发行一种附设延期售回条款的债券，这种债券赋予投资者在债券到期后继续按原定利率持有债券，直到一个指定日期或者几个指定日期中的一个日期的权利。延期售回方式对发行者和投资人都有一定的吸引力，它使发行人在需要继续发行债券和投资者愿意继续购买时省去新发债券的麻烦，也使投资者可以据此灵活地调整投资组合的结构。延期偿还的另一种情况是由于债券到期时债务人无力偿还，也不能或者不便借新债还旧债，于是，征得债券持有者的同意，将到期债券予以延期。

（二）部分偿还和全额偿还

在期中偿还时，根据偿还本金的额度，有部分偿还和全额偿还两种。

▶1. 部分偿还

部分偿还是指从债券发行日起，经过一定宽限期后，按发行额的一定比例陆续偿还，到债券期满时全部还清。不同期限的债券，其宽限期可能不一样。例如，日本公司债的宽限期曾定为：15年债券的宽限期为8年，12年债券的宽限期为5年，10年债券的宽限期为3年，7年和6年债券的宽限期均为2年。这样设置的目的也是为了保证这类债券投资的长期性。采用部分偿还方式，减轻了债券发行人一次偿还的负担。

▶2. 全额偿还

全额偿还是指在债券到期之前，偿还全部本金。债券发行人采用全额偿还，主要有两个方面的目的：第一，债券发行后因各种原因，债务人拥有的资金过剩，而将债务本金全额偿还后，可以避免支付更多的利息。第二，债券发行后，市场利率下降，导致原发行的债券利率过高，如果提前偿还原来发行的全部债券，再发行较低利率的新债，可以降低筹资成本。

（三）定时偿还和随时偿还

▶1. 定时偿还

定时偿还也称定期偿还，是指债券宽限期过后，分次在规定的日期，按一定的偿还率偿还本金。一般的做法是在每次利息支付日，连同利息一并向投资者偿还一部分本金，到债券期满时全部还清。如日本曾发行的10年期国债，最初3年为宽限期，从发行后第四年起开始偿还本金，每年偿还发行额的利息，到债券期满时还清余额。定时偿还可以使债券有一个平均偿还年限。在定时偿还中，偿还日期、偿还率、具体偿还方式（加以什么办法决定各种债券的先后偿还次序）等，一般在发行债券时已确定，并在发行公告中说明。

▶2. 随时偿还

随时偿还又称任意偿还，是指债券宽限期过后，发行人可以自由决定偿还时间，任意偿还债券的一部分或全部。采用这种方式，债券发行人可以根据自己的情况，选择有利的时机偿还债务，因而对发行人较为有利。例如，当市场利率急剧降低并较大幅度地低于未到期债券的票面利率时，发行人便可以从市场上以低利率借入资金偿还原来的高利率债券，从而降低筹资成本。但反过来，在这种情况下，往往使债券投资者失去了将债券持有到期获得高利率的权利从而蒙受损失。因此，有的国家对采用随时偿还做了专门的规定，设立了一些限制性条款。

（四）抽签偿还和买入注销

▶1. 抽签偿还

抽签偿还是指在期满前偿还一部分债券时，通过抽签方式决定应偿还债券的号码。抽签偿还有一次性抽签和分次抽签两种，前者是对发行的债券在到期前的某个时间集中一次抽签以决定各次还本债券号码；后者是对发行的债券按分批还本次数定期抽签以确定还本债券号码。采用抽签还本方式，债券发行人在发行债券时要规定抽签方式，对中签债券则应按规定的偿还日期予以清偿。而债券持有者中签后，也要按规定接受偿还，未中签则不能得到清偿。

▶2. 买入注销

买入注销是指债券发行人在债券未到期前按照市场价格从二级市场中购回自己发行的

债券而注销债务。在二级市场上,债券价格会受很多因素的影响而波动。因此,债券发行人采用这种偿还方式要选择适当的时机,一般是在债券的市场价格较低的时候进行。买入注销方式使债券发行人在清偿债务方面有了主动性,而同时又不损害债券持有者的利益,因为市场上债券转让遵循买卖自愿的原则。在许多国家,买入注销成为政府债券的一种偿还方式,政府以结余的资金通过中央银行的公开市场业务,在二级市场上陆续收购国债,当这种国债到期时,大部分已被政府持有。

知识链接

公司债券融资案例分析——长江三峡

一、公司背景

中国长江三峡工程开发总公司是经国务院批准成立,计划在国家单列的自主经营、独立核算、自负盈亏的特大型国有企业,是三峡工程的项目法人,全面负责三峡工程的建设、资金的筹集以及项目建成后的经营管理。

三峡总公司拥有全国特大型的水力发电厂——葛洲坝水力发电厂,今后还将按照国家的要求,从事和参与长江中上游流域水力资源的滚动开发。

该公司财务状况较好,净利润的增长速度较快,资产负债率也较理想,最高也未超过50%(我国大多数企业的资产负债率在30%~40%)。

本期债券的基本事项:

(1) 债券名称:2001年中国长江三峡工程开发总公司企业债券。

(2) 发行规模:人民币50亿元整。

(3) 债券期限:按债券品种不同分为10年和15年。其中10年期浮动利率品种20亿元,15年期固定利率品种30亿元。(此点很有创意:第一,时间长,15年,创造了中国企业发行债券的年限纪录;第二,一批债券有两个期限,投资者可以有一定的选择区间;第三,一批债券有两种利率制度。所以,此案例很有代表性。)

(4) 发行价格:平价发行,以1 000元人民币为一个认购单位。

(5) 债券形式:实名制记账式企业债券,使用中央国债登记结算有限责任公司统一印制的企业债券托管凭证。

(6) 债券利率:本期债券分为10年期和15年期两个品种。10年期品种采用浮动利率的定价方式。15年期品种采用固定利率方式,票面利率为5.21%。

二、债券发行决策分析

三峡工程是目前在建的世界上最大的水电工程,具有世界先进水平。这样大的工程需要资金。三峡工程是经专家们反复论证后由全国人大批准通过,并由国家各级部门全力支持的具有巨大经济、社会、环境效益的工程。

2001年,三峡债的发行人"中国长江三峡工程开发总公司"是三峡工程的项目法人,全面负责三峡工程的建设、资金筹集以及项目建成后的经营管理。公司拥有三峡电厂和葛洲坝电厂两座世界级的特大型水电站。根据案例资料分析,三峡工程竣工后将为三峡总公司带来良好的经济效益。

本期债券所募集的资金将全部用于2001年度三峡水利枢纽工程的建设。1992年4月3日,第七届全国人大第五次会议通过了《关于兴建长江三峡工程的决议》,批准将兴建长江三峡工程列入国民经济和社会发展十年规划。三峡工程位于湖北宜昌三斗坪,由拦河大坝、左右岸发电厂、通航设施等组成,具有巨大的防洪、发电、航运等综合效益。

三峡工程所承担的防洪等巨大的社会、经济效益使国家对三峡工程给予了高度重视，在资金筹措方面出台了三项扶持政策。

(1) 将中国目前最大的水电站——葛洲坝水力发电厂划归三峡总公司，规定其发电利润用于三峡工程建设。此外，还适当提高葛洲坝电厂的上网电价。

(2) 在全国范围内，按不同地区不同标准，通过对用户用电适当加价的方法，征收三峡工程建设基金。以上两项在三峡工程建设期内可筹集资金约1 100亿元人民币，占三峡工程总投资的50%以上。而且这两项资金作为国家投入的资本金，意味着三峡工程一半以上的资金来源在建设期内不需要还本付息。

(3) 国家开发银行贷款。作为中国三大政策性银行之一，国家开发银行已承诺在1994—2003年每年向三峡工程提供贷款30亿元，共300亿元人民币。

以上三项政策共可为工程筹集建设资金1 400多亿元，约占工程投资的70%。这是三峡工程稳定可靠的资金来源，对整个工程建设起着重要的资金支撑作用。

除此之外，三峡工程从2003年起，机组将相继投产，从而为三峡工程增加新的现金流入，这部分迅速增长的资金将满足后期投资的需要。总之，三峡总公司未来将有巨大而稳定的现金流入，本期总额为50亿元的债券相对而言只是个较小的数目，因此到期本息的偿付有足够的保障。

三峡总公司目前资产负债率较低，且以长期负债为主，财务结构较为合理。截至2000年年底，公司总资产692.74亿元，净资产350.39亿元，负债342.10亿元，其中长期负债327.64亿元，占总负债的95.8%，资产负债率为49.38%。

2000年，公司实现销售收入15.65亿元，实现利润总额7.44亿元，实现净利润5.01亿元。

从三峡总公司的资产构成看，2000年年末流动资产和固定资产占资产总额的比重分别为4.7%和95.3%，固定资产中在建工程占绝对比例，这正反映出公司目前总体处于在建期的客观情况。

从公司的资本构成情况看，自有资本比率较大，自有资本充足，资本实力雄厚，债务主要由长期债务构成。

从今后的发展情况看，由于资本金有稳定的增长来源，建设期还将持续8年，因此，上述资产结构、资本结构及债务结构将不会发生根本性变化。由于三峡工程属于在建项目，所以我们在分析三峡总公司财务状况时，不宜只以各项财务指标为依据，尤其是公司利润部分。

三峡总公司的利润主要来自葛洲坝电厂，由于其上网电价偏低，有较大的提价空间，并且目前公司正在与国家有关主管部门协商提价事宜，因此未来这部分现金流入预期会有较大幅度的提高。

任务四　证券投资基金

一、证券投资基金的含义和性质

(一) 证券投资基金的含义

证券投资基金(以下简称"基金")是指一种利益共享、风险共担的集合证券投资方式，即通过公开发售基金份额募集资金，由基金托管人托管，由基金管理人管理和运用资金，为基金份额持有人的利益，以资产组合方式从事股票、债券等证券投资，并将投资收益按基金投资者的投资比例进行分配的一种间接投资方式。

基金是一种大众化的信托投资工具，各国对其称谓不尽相同，如美国称"共同基金"，英国和中国香港地区称"单位信托基金"，日本和中国台湾地区则称"证券投资信托基金"等。基金起源于英国，在18世纪末、19世纪初产业革命的推动下出现的。由于当时产业革命的成功，使英国生产力水平迅速提高，工商业都取得较大的发展，其殖民地和海外贸易遍及全球，大量的资金为追逐高额利润而涌向其他国家。但是，由于大多数投资者缺乏国际投资知识，又不了解外国的情况，难以直接参加海外投资。于是，人们便萌发了众人集资，委托专人经营和管理的想法，这一想法得到了英国政府的支持。1868年，英国政府出面组建了海外和殖民地政府信托组织，公开向社会发售受益凭证，它是被公认最早的基金机构，以分散投资于国外殖民地的公司债为主，其投资地区遍及南北美洲、中东、东南亚和意大利、葡萄牙、西班牙等国，当时的投资总额共达48万英镑。该基金类似股票，不能退股，亦不能兑现，认购者的权益仅限于分红和派息。随着社会经济的发展，世界基金产业从无到有，从小到大，尤其是20世纪70年代以来，随着世界投资规模的扩大，现代金融业的创新，品种繁多、名目各异的基金不断涌现，形成了一个庞大的产业。基金产业已经与银行业、证券业和保险业并驾齐驱，成为现代金融体系的四大支柱之一。

（二）证券投资基金的性质

投资基金与股票、债券不同，是一种间接投资工具。基金投资者、基金管理人和托管人是基金运作中的主要当事人。投资基金是一种受益证券，是通过发行单位基金证券，募集社会公众投资者资金，再分散投资于各种有价证券，所获收益按单位基金份额分配给公众投资者的一种投资工具。

▶ **1. 投资基金是一种金融市场的媒介物**

基金在于投资者与投资对象之间，起着把投资者的资金转换成金融资产，通过专门机构在金融市场上再投资，从而使投资者的投资得以增值的作用。投资者投资基金，就失去了直接参与证券以及其他投资品的机会。这种间接投资省去了操作中的许多麻烦，还可保证获得相对稳定的投资收益。投资基金的管理者把投资者的资金转换成股票、债券等金融资产，并对这些金融资产负有经营、管理的职责，投资基金必须按照基金合同的要求确定资金的投向，保证投资者的资金安全和投资收益的最大化。另外，投资者把资金交由基金管理者运用，基金运营的好坏、投资收益的高低取决于基金管理者的经营业绩，基金管理者按经营业绩好坏提取费用，投资者则必须承担投资风险。而储蓄则不同，储蓄是存款人将货币资金存入银行，在间隔一定期限后可将本金和利息收回（除非存款银行破产）的一种投资方式，存款人的收益比较固定而风险很低。银行要对吸收进来的资金进行有效的管理和运用，并对使用资金的盈亏负责。

▶ **2. 投资基金是一种金融信托形式**

投资基金主要当事人有基金管理人（基金管理有限公司）、基金托管人（一般为银行）、基金持有人（投资者）三个。投资者根据各种基金的章程（包括基金的基本情况、投资操作目标、投资范围、投资组合、投资策略及投资限制），选择适合自己投资的基金。

基金管理人把投资者的资金集合起来，形成一笔巨额资金进行投资。基金管理人可根据事先确定的投资原则进行投资组合，这样可大大减少投资风险，并能获取较高的收益，而基金管理人与基金托管人之间订有信托契约：基金管理人主要负责按照基金契约的规定，运用基金资产投资并管理资产，同时及时、足额地向基金持有人支付基金收益；基金托管人主要负责安全保管基金的全部资产，执行基金管理人的投资指令并办理基金名下的资金往来，监督基金管理人的投资运作，复核、审查基金管理人计算的基金资产净值及基金价格。

▶ 3. 投资基金本身属于有价证券的范畴

投资基金设立时发行的受益凭证（基金证券）与股票、债券一起构成了有价证券的三大品种，投资者都希望通过购买这些有价证券获得较大的投资收益，在这点上三者之间并无实质上的差别。

二、证券投资基金的特征

基金在许多国家受到投资者的广泛欢迎，发展迅速，与基金本身的特征有关。作为一种成效卓著的现代化投资工具，基金所具备的特征是十分明显的。

（一）集合投资

基金是将零散的资金巧妙地汇集起来，交给专业机构投资于各种金融工具，以谋取资产的增值。基金对投资的最低限额要求不高，投资者可以根据自己的经济能力决定购买数量，有些基金甚至不限制投资额大小。因此，基金可以最广泛地吸收社会闲散资金，汇成规模巨大的投资资金。在参与证券投资时，资本越雄厚，优势越明显，而且可能享有大额投资在降低成本上的相对优势，从而获得规模效益的好处。

（二）分散风险

以科学的投资组合降低风险、提高收益是基金的另一大特点。在投资活动中，风险和收益总是并存的。因此，"不能将所有的鸡蛋都放在一个篮子里"，成为证券投资的箴言。但是，要实现投资资产的多样化，需要一定的资金实力，对小额投资者而言，由于资金有限，很难做到这一点，而基金则可以帮助中小投资者解决这个困难。基金可以凭借其雄厚的资金，在法律规定的投资范围内进行科学的组合，分散投资于多种证券，实现资产组合多样化。这样，通过多元化的投资组合，一方面，借助于资金庞大和投资者众多的优势使每个投资者面临的投资风险变小；另一方面，又利用不同投资对象之间的互补性，达到分散投资风险的目的。

（三）专家管理

基金实行专家管理制度，这些专业管理人员都经过专门训练，具有丰富的证券投资经验。他们善于利用基金与金融市场的密切联系，运用先进的技术手段分析各种信息资料，能对金融市场上各种品种的价格变动趋势做出比较正确的预测，最大限度地避免投资决策的失误，提高投资成功率。对于那些没有时间，或者对市场不太熟悉的中小投资者来说，投资于基金，实际上就可以获得专家们在市场信息、投资经验、金融知识和操作技术等方面所拥有的优势，从而尽可能地避免盲目投资带来的失败。

三、证券投资基金的分类

投资基金内容丰富，种类繁多。按照不同的划分标准，投资基金可分为不同的类型。

（一）根据基金组织形态的不同划分

根据基金组织形态的不同，投资基金可分为契约型基金与公司型基金。

▶ 1. 契约型基金

契约型基金也称为信托型投资基金，是由基金投资者、基金管理人、基金托管人签署基金合同而设立的投资基金。契约型基金起源于英国,后在新加坡、印度尼西亚、中国香港等国家和地区广泛流行。契约型基金是基于契约原理而组织起来的代理投资行为,没有基金章程,也没有公司董事会,而是通过基金契约来规范三方当事人的行为。基金管理人负责基金的管理操作。基金托管人作为基金资产的名义持有人,负责基金资产的保管和处置,对基金管理人的运作实行监督。

▶ 2. 公司型基金

公司型基金依据基金公司章程设立,基金投资者是基金公司的股东,享有股东权,按所持有的股份承担有限责任,分享投资收益。基金公司设有董事会,代表投资者行使职权。公司型基金在形式上类似于一般股份公司,但不同于一般股份公司的是,委托基金管理公司作为专业的财务顾问或管理公司来经营与管理基金资产。

▶ 3. 契约型基金与公司型基金的区别

契约型基金与公司型基金相比,其不同点有以下几个方面。

(1) 资金的性质不同。契约型基金的资金是通过发行受益凭证筹集起来的信托资产;公司型基金的资金是通过发行普通股股票筹集起来的,是公司法人的资本。

(2) 投资者的地位不同。契约型基金的投资者购买基金份额后成为基金合同的当事人之一,投资者既是基金的委托人,即基于对基金管理人的信任,将自己的资金委托给基金管理人管理和运作,又是基金的受益人,即享有基金的受益权。公司型基金的投资者购买基金公司的股票后成为该公司的股东。因此,契约型基金的投资者没有管理基金资产的权力,而公司型基金的股东通过股东大会享有管理基金公司的权力。由此可见,公司型基金的投资者比契约型基金的投资者权力要大一些。

(3) 基金的运作依据不同。契约型基金依据基金合同运作基金,而公司型基金是根据基金公司的章程进行运作的。公司型基金的优点是法律关系明确清晰,监督约束机制较为完善,但契约型基金在设立上更为简单易行。由于两者之间的区别主要表现在法律形式的不同,实际上并无优劣之分。因此,为使证券投资制度更具灵活性,许多国家都允许公司型基金与契约型基金并存。

(二) 根据基金规模是否可变划分

根据基金规模是否可变划分,投资基金可分为开放式基金与封闭式基金。

▶ 1. 开放式基金

开放式基金是指基金的资本总额或股份总额可以随时变动,即可以根据市场供求情况,发行新基金份额或赎回股份的投资基金。开放式基金的交易价格可根据基金净资产价值加一定手续费来确定。由于投资基金总额是不封闭的,可以追加的,因此也称为追加型投资基金。

▶ 2. 封闭式基金

封闭式基金是指基金资本总额及发行份数在基金发行之前就已确定下来,在基金发行完毕后和规定的期限内,基金的资本总额及发行份数都保持固定不变的投资基金。由于基金的受益凭证不能被追加认购或赎回,投资者只能通过证券商在证券交易市场进行交易,因此又称封闭式基金为公开交易投资基金。基金收益以股利、红利的方式支付给投资者。基金的交易价格虽然以基金净资产价值为基础,但更多的是反映证券市场供求关系,通常情况下,基金交易价格或高于或低于基金净资产价值。从基金发展的历史看,封闭式基金的出现早于开放式基金,在投资基金的初创阶段,一般以封闭式基金为主,而在投资基金进入成熟期后,则以开放式基金为主。

3. 封闭式基金与开放式基金的区别

封闭式基金与开放式基金的不同表现在以下几方面。

（1）期限不同。封闭式基金一般有一个固定的存续期，而开放式基金一般是无期限的。我国《证券投资基金法》规定，封闭式基金的存续期应为5～15年，封闭式基金期满后可以通过一定的法定程序延期或进行清盘处理。目前，我国传统的封闭式基金存续期基本在15年，而创新的封闭式基金存续期基本在5年。

（2）规模限制不同。封闭式基金的规模是固定的，在封闭期限内未经法定程序认可不能增减。开放式基金没有规模限制，投资者可随时提出申购或赎回申请，基金规模也会随之增加或减少。

（3）交易场所不同。由于封闭式基金规模固定，在完成募集后，基金份额只能在证券交易所上市交易，投资者买卖封闭式基金份额，只能委托证券公司在证券交易所按市价买卖，交易是在投资者之间完成的。开放式基金因其规模不固定，投资者可以按照基金管理人确定的时间和地点向基金管理人或其销售代理人提出申购、赎回申请，交易是在投资者与基金管理人之间完成的。开放式基金作为一种场外交易品种，投资者既可以通过基金管理人设立的直销中心买卖开放式基金份额，也可以通过基金管理人委托的证券公司、商业银行等销售代理人进行开放式基金的申购、赎回；"上市型开放式基金"和"交易型开放式指数基金"则是可以在交易所和场外同时进行交易的基金。

（4）价格形成方式不同。封闭式基金的交易价格虽然是以基金单位净值为基础的，但受二级市场供求关系的影响很大。当投资需求旺盛时，封闭式基金二级市场的交易价格会超过基金单位净值而出现溢价交易现象；反之，当投资需求低迷时，交易价格会低于基金单位净值而出现折价交易现象。开放式基金的申购和赎回价格则完全以基金单位净值为基础，不受市场供求关系的影响。

（5）激励约束机制不同。封闭式基金由于其规模固定，即使基金运作的业绩突出，也无法扩大规模；即使表现得不尽如人意，但由于投资者无法赎回投资，基金经理也不会在经营上面临直接的压力。与此不同，如果开放式基金的业绩表现好，就会吸引到新的投资，基金管理人的管理费收入也会随之增加；如果开放式基金运作较差，就会面临来自投资者要求赎回投资的压力，因此，与封闭式基金相比，开放式基金向基金管理人提供了更好的激励约束机制。

（6）投资策略不同。由于开放式基金的规模不固定，其投资操作常常受到不可预测的资金流入、流出的影响与干扰，特别是为满足基金赎回的要求，开放式基金必须保留一定的现金资产，并高度重视基金资产的流动性，这在一定程度上会对基金的长期经营带来不利影响。相对而言，封闭式基金由于其基金规模固定，没有赎回压力，基金经理人完全可以根据预先设定的投资计划进行投资。当证券市场出现较大涨幅且具有一定泡沫时，他可以减仓操作；而当证券市场下跌严重，大多数股票具有投资价值时，他又可以重仓吃进。这种套利操作既可以让受益人的利益得到最大化，同时也起到了稳定市场的重要作用。单从这一点看，封闭式基金更有利于长期业绩的提高。

（三）按投资标的划分

按投资标的划分，基金可分为国债基金、股票基金、货币市场基金、指数基金等。

1. 国债基金

国债基金是一种以国债为主要投资对象的证券投资基金。由于国债的年利率固定，又有国家信用作为保证，因此，这类基金的风险较低，适合稳健型投资者。国债基金的收益会受货币市场利率的影响,当市场利率下调时,其收益就会上升;反之,若市场利率上调,基金收益率将下降。此外,汇率也会影响基金的收益,管理人在购买非本国货币的债券时,往往还在外汇市场上做套期保值。

2. 股票基金

股票基金是指以股票为主要投资对象的证券投资基金。股票基金的投资目标侧重于追求资本利得和长期资本增值。基金管理人拟定投资组合,将资金投放到一个或几个国家甚至全球的股票市场,以达到分散投资、降低风险的目的。投资者之所以钟爱股票基金,原因在于可以有不同的风险类型供选择,而且可以克服股票市场普遍存在的区域性投资限制的弱点。此外,还具有变现性强、流动性强等优点。由于股票投资基金聚集了巨额资金,几只甚至一只基金就可以引发股市动荡,所以各国政府对股票基金的监管都十分严格,不同程度地规定了基金购买某一家上市公司的股票总额不得超过基金资产净值的一定比例,防止基金过度投机和操纵股市。

3. 货币市场基金

货币市场基金是以货币市场为投资对象的一种基金,其投资工具期限在1年内,包括银行短期存款、国库券、公司债券、银行承兑票据及商业票据等。通常,货币基金的收益会随着市场利率的下降而降低,与国债基金正好相反。货币市场基金通常被认为是无风险或低风险的投资。

4. 指数基金

指数基金是20世纪70年代以来出现的新的基金品种。为了使投资者能获取与市场平均收益相接近的投资回报,产生了一种功能上近似或等于所编制的某种证券市场价格指数的基金。指数基金的投资组合等同于市场价格指数的权数比例,收益随着当期的价格指数上下波动。当价格指数上升时,基金收益增加;反之,收益减少。基金因始终保持当期的市场平均收益水平,因而收益不会太高,也不会太低。指数基金的优势如下。

(1) 费用低廉,指数基金的管理费较低,尤其交易费用较低。

(2) 风险较小。由于指数基金的投资非常分散,可以完全消除投资组合的非系统风险,而且可以避免由于基金持股集中带来的流动性风险。

(3) 以机构投资者为主的市场中,指数基金可获得市场平均收益率,可以为股票投资者提供更好的投资回报。

(4) 指数基金可以作为避险套利的工具。对于投资者尤其是机构投资者来说,指数基金是他们避险套利的重要工具。指数基金由于其收益率的稳定性和投资的分散性,特别适用于社保基金等数额较大、风险承受能力较低的资金投资。

(四) 按投资目标划分

按投资目标的不同,基金可分为成长型基金、收入型基金和平衡型基金等。

1. 成长型基金

成长型基金是基金中最常见的一种,它的目标是追求基金资产的长期增值。为了达到这一目标,基金管理人通常将基金资产投资于信誉度较高、有长期成长前景或长期盈余的所谓成长公司的股票。成长型基金又可分为稳健成长型基金和积极成长型基金。

2. 收入型基金

收入型基金主要投资于可带来现金收入的有价证券,以获取当期的最大收入为目的。收入型基金资产成长的潜力较小,损失本金的风险相对也较低,一般可分为固定收入型基金和股票收入型基金。固定收入型基金的主要投资对象是债券和优先股，因而尽管收益率较高，但长期成长的潜力很小，而且当市场利率波动时，基金净值容易受到影响。股票收入型基金的成长潜力比较大，但易受股市波动的影响。

▶ 3. 平衡型基金

平衡型基金将资产分别投资于两种不同特性的证券上，并在以取得收入为目的的债券及优先股和以资本增值为目的的普通股之间进行平衡。这种基金一般将25%～50%的资产投资于债券及优先股，其余的投资于普通股。平衡型基金的主要目的是从其投资组合的债券中得到适当的利息收益，与此同时又可以获得普通股的升值收益。投资者既可获得当期收入，又可得到资金的长期增值，通常是把资金分散投资于股票和债券。平衡型基金的特点是风险比较低，缺点是成长的潜力不大。

任务五　金融衍生工具

一、金融衍生工具的概念

金融衍生工具，又称金融衍生产品，是与基础金融产品相对应的一个概念。它是指建立在基础产品或基础变量之上，其价格取决于后者价格（或数值）变动的派生金融产品。基础金融产品不仅包括现货金融产品（如债券、股票），也包括金融衍生工具。作为金融衍生工具的基础变量则包括利率、各类价格指数，甚至天气指数。金融衍生工具通常是指从原生资产派生出来的金融工具。金融衍生工具的共同特征是保证金交易，即只要支付一定比例的保证金就可进行全额交易，因此，金融衍生工具所带来的交易具有杠杆效应。保证金越低，杠杆效应越大，风险也就越大。

20世纪80年代，金融衍生产品市场的快速崛起成为人类市场经济史中最引人注目的事件之一。过去，通常把市场区分为商品（劳务）市场和金融市场，进而根据金融市场工具的期限特征把金融市场分为货币市场和资本市场。金融衍生品连接起了传统的商品市场和金融市场，深刻地改变了金融市场与商品市场的划分，金融衍生产品的普及改变了整个市场的结构。金融衍生产品的期限可以从几天扩展至数十年，已经很难将其简单地归入货币市场或是资本市场；其杠杆交易特征撬动了巨大的交易量，其无穷的派生能力使所有的现货交易都相形见绌；金融衍生工具最令人着迷的地方还在于其强大的构造特性，不但可以用衍生工具合成新的衍生品，还可以复制出几乎所有的基础产品。它所具有的这种不可思议的能力已经改变了"基础产品决定衍生工具"的传统思维模式，使基础产品与衍生品之间的关系发生了很大的改变。

二、金融衍生工具的基本特征

由金融衍生工具的定义可以看出，它们具有以下四个显著特征。

▶ 1. 跨期性

金融衍生工具是交易双方通过对利率、汇率、股价等因素变动趋势的预测，约定在未来某一时间、按照一定条件进行交易或选择是否交易的合约。无论是哪一种金融衍生工具，都涉及未来某一时间金融资产的转移，跨期交易的特点十分突出，这就要求交易双方对利率、汇率、股价等价格因素的未来变动趋势作出判断，而其判断的准确与否直接决定了其在交易中的成败。

2. 杠杆性

金融衍生工具交易一般只需要支付少量的保证金或权利金就可签订远期大额合约或互换不同的金融工具。例如，期货交易保证金通常是合约金额的5%，也就是说，期货投资者可以控制20倍于所投资金额的合约资产，实现以小博大。因此，金融衍生工具交易具有杠杆效应，保证金越低，杠杆效应越大，风险也就越大。在收益可能成倍放大的同时，投资者所承担的风险与损失也会成倍放大，基础工具价格的轻微变动也许就会带来投资者的大悲大喜。

3. 联动性

联动性指金融衍生工具的价值与基础产品或基础变量紧密联系、规则联动。通常金融衍生工具与基础变量相联系的支付特征由衍生工具合约规定，其联动关系既可以是简单的线性关系，也可以表达为非线性函数或者分段函数。

4. 不确定性或高风险性

金融衍生工具的成败有赖于投资者对未来市场价格的预测和判断，金融工具价格的变幻莫测，决定了金融衍生工具交易盈亏的不稳定性，也成为金融衍生工具高风险性的重要诱因。金融衍生工具的风险性不仅仅在于金融工具的不确定性一个方面。国际证券交易组织在1994年7月公布的一份报告中指出，金融衍生工具还伴随着以下风险。

(1) 交易中对方违约，没有履行所作承诺而造成损失的信贷风险。

(2) 因资产或指数价格不利变动而可能带来损失的市场风险。

(3) 因市场缺乏交易对手而导致投资者不能平仓或变现所带来的流动性风险。

(4) 因交易对手无法按时付款或交割而可能带来的结算风险。

(5) 因交易或管理人员的人为错误或系统故障、控制失灵而造成的运作风险。

(6) 因合约不符合所在国法律，无法履行或合约条款遗漏及模糊而导致的法律风险。

三、金融衍生工具的分类

金融衍生工具按照不同的标准，可以划分成不同的类型。

(一) 按照基础工具种类划分

按照基础工具种类划分，金融衍生工具可以划分为股权式衍生工具、货币衍生工具和利率衍生工具。

1. 股权式衍生工具

股权式衍生工具是指以股票或股票指数为基础工具的金融衍生工具。主要包括股票期货、股票期权、股票指数期货、股票指数期权以及上述合约的混合交易合约。

2. 货币衍生工具

货币衍生工具是指以各种货币作为衍生工具的金融衍生工具，主要包括远期外汇合约、货币期权、货币互换以及上述合约的混合交易合约。

3. 利率衍生工具

利率衍生工具是指以利率或利率的载体为基础工具的金融衍生工具，主要包括远期利率协议、利率期货、利率期权、利率互换以及上述合约的混合交易合约。

(二) 按照基础工具的交易形式划分

按照基础工具的交易形式可以划分为两类。

(1) 交易双方的风险收益对称，都负有在将来某一日期按一定条件进行交易的义务。

属于这一类的有远期合约、期货合约、互换合约。

(2) 交易双方风险收益不对称,合约购买方有权选择履行合约与否。属于这一类的有期权合约、认股权证、可转换债券等。

(三) 按照金融衍生工具自身交易的方法及特点划分

按照金融衍生工具自身交易的方法及特点可以划分为金融远期、金融期货、金融期权、金融互换。

▶ 1. 金融远期

金融远期是一种合约,就是金融远期合约。它不是一种交易行为,是最基础的金融衍生产品。它是交易双方在场外市场上通过协商,按约定价格在约定的未来日期(交割日)买卖某种标的金融资产的合约。金融远期合约具有协议非标准化、场外交易、灵活性不强、无保证金要求和实物交割的特点,主要包括远期利率协议、远期外汇合约和远期股票合约。

▶ 2. 金融期货

金融期货是期货交易的一种。期货是指交易双方在集中性的市场以公开的竞价方式所进行的期货合约交易。金融期货是一种以金融商品合约为交易对象的期货,其标的物是各种金融商品如外汇、债券、股价指数等金融工具,也即指交易双方在金融市场上,以约定的时间和价格,买卖某种金融工具的具有约束力的标准化合约。金融期货的基本功能是套期保值。金融期货主要包括货币期货、利率期货和股票指数期货三种。

▶ 3. 金融期权

期权即是选择权,是指其持有者能在规定的期限内按交易双方商定的价格购买或出售一定数量的某种商品的权利。期权交易就是这种选择权的买卖。所谓金融期权是赋予其购买者在规定期限内按双方约定的价格或执行价格购买或出售一定数量某种金融资产的权利的合约。金融期权包括现货期权和期货期权两大类。

▶ 4. 金融互换

金融互换是约定两个或两个以上的当事人按照商定条件,在约定的时间内,交换一系列现金流的合约。金融互换主要有货币互换和利率互换两类。

闯关考验

一、名词解释

证券　　股票　　优先股　　债券

二、选择题

1. 有价证券是(　　)的一种形式。
   A. 真实资本　　　　　　　　B. 虚拟资本
   C. 货币资本　　　　　　　　D. 商品资本
2. 股票是一种(　　)。
   A. 有价证券　　B. 无价证券　　C. 公司基金　　D. 公司货币
3. 股票实质上代表了股东对股份公司的(　　)。
   A. 产权　　　　B. 债权　　　　C. 物权　　　　D. 所有权
4. 债券票面的基本要素不包括(　　)。
   A. 票面价值　　B. 期限　　　　C. 持有人名称　　D. 票面利率

5. 基金按（　　）分类，可以分为开放式基金和封闭式基金。
   A. 投资标的　　　　　　　　　　B. 管理人是否固定
   C. 单位价值　　　　　　　　　　D. 基金规模是否可变

三、简答题

1. 什么是证券？有价证券是如何分类的？
2. 简述债券的特征有哪些？
3. 股票具有哪些特征？
4. 简述普通股和优先股的区别有哪些？
5. 说明可转换债券与可交换公司债券的区别是什么？

项目三 证券市场
Chapter 3

>>> **学习目标**

1. 了解证券市场定义、功能,现代证券市场的特点。
2. 掌握证券发行市场、证券交易市场的概念和功能。
3. 掌握学习证券交易市场的定义、功能和结构及分类。
4. 了解股票的价值和价格,了解主要证券价格指数。
5. 能够熟练运用公式计算股价指数。

>>> **问题导入**

证券市场可以通过证券信用的方式融通资金吗?可以通过买卖活动引导资金流动吗?

>>> **情景写实**

雪银化纤股份有限公司股票发行定价案例

雪银化纤股份有限公司(以下简称雪银公司)拟发行股票3 500万股,面值1元,采取溢价发行,由蓝天证券公司(以下简称蓝天公司)包销。雪银公司在与蓝天公司确定股票的发行价格时,雪银公司提出,本公司盈利能力强,产品质量好,在市场上有较强的竞争实力,流通盘又小,因此认为应将股票发行价格定为7元/股为宜;蓝天公司认为,该股票所在行业前景不是很好,同类股票近期在二级市场上表现不很理想,而且大盘处于疲软状况,因此提出将发行价格定为4.5元/股较为合适。后经双方协商,在对雪银公司现状和前景以及二级市场分析的基础上,将股票发行价格定为5.2元/股,并上报中国证监会核准。

影响股票发行定价的因素很多,具体包括宏观经济因素、利率因素、公司盈利水平、公司持续增长能力、发行数量、行业因素和股市行情等。

任务一 证券市场概述

一、证券市场的定义和功能

（一）证券市场的定义

证券市场即股票、债券、证券投资基金等有价证券发行和交易的场所。证券市场是融通长期资金的市场，是各国资本市场的主体和基础。证券市场按照其运作的流程，可分为证券发行市场和证券交易市场，两者相互依存、相互制约，是不可分割的有机整体。证券市场是金融市场的重要组成部分，它和以银行为主体的货币市场一起，构成投资、融资的主要渠道。

证券市场与商品交易市场和资金借贷市场相比，证券市场具有自己的特点。首先，证券市场是价值直接交换的场所。股票、债券、投资基金等有价证券都是价值凭证，是价值的直接代表，是价值的表现形式。所以，证券市场上各种证券的交易本质上是价值的直接交换场所。其次，证券市场是财产权利直接交换的场所。证券市场中交易的股票、债券、投资基金等有价证券，其本身并无价值，但它们都代表着一定量的财产权利，表明持有者对一定数额财产的所有权、债权和相应的收益权。所以，证券市场实际上是财产权利直接交换的场所。最后，证券市场是风险直接交换的场所。证券，尤其是股票投资，受各种因素的影响，价格波动极大，投资者要承担极大的风险。证券通过交易，在收益权转让的同时，投资风险也随之转让。所以，证券市场也是风险直接交换的场所。这与货币市场不同，在货币市场上，投资者以存款形式，通过银行向筹资者投资，投资风险由银行承担。

（二）证券市场的功能

证券市场是金融市场的重要组成部分，它以其特有的运行方式对社会经济生活产生多方面的影响，在筹集资本、引导投资、配置资源等方面具有不可替代的功能。

▶ 1. 筹资与投资功能

证券市场的筹资功能是指证券市场为资金需求者筹集资金的功能。筹资功能是证券市场最基本、最重要的功能。证券市场以证券形式为资金需求者提供了良好的筹资场所，它不仅是企业筹措长期资金的手段，也是中央和地方政府通过发行债券筹集建设资金的重要途径。证券市场在为证券发行者筹措资金提供便利的同时，也为社会公众寻求理想的投资渠道提供了选择的空间。筹资者通过在证券市场发行各种证券达到筹资的目的，投资者也通过证券市场找到合适的投资对象。两者通过证券市场买卖证券形成资金供求的平衡，从而维持和推动社会经济的正常运行。

▶ 2. 资本价格发现功能

证券是资本的存在形式，证券价格是证券所代表的资本的价格。在证券市场上，证券的发行价格和交易价格是通过证券的供给者和需求者的竞争形成的。证券发行价格通常是由证券发行人和证券承销商在对该证券的市场供求情况进行调查研究和分析预测的基础上，通过协商、投标或在证券交易网络中由投资者竞价而产生的。因此，证券发行市场具有资本价格发现功能。同样，证券交易价格是在证券交易市场上形成的，证券买卖双方在同一市场上公开竞价，直到双方都认为满意合理的价格，买卖才能成交。所以，证券交易市场也具有发现和确认证券价格的功能。证券市场的价格发现功能为社会资金的合理流向和资源的优化配置起到了导向作用。

▶ 3. 资源配置功能

由于证券市场具有资本价格发现功能，通过证券价格的影响，可以引导社会资金的流向，进而实现资源的合理配置。证券市场的投资者为了投资资金的保值和增值，必然关注所投资证券的安全性、流动性和营利性。所以，投资者会把资金投向安全性好、流动性强、收益率高的证券上去，这样就促使社会资金流向经济效益高的行业、产业和企业；相反，若某种证券收益低下，安全性、流动性难以保证，投资者就会把资金撤出转而投向收益好的证券。投资者从自身利益考虑对投资证券的选择，客观上产生了良好的社会效益。一方面，通过资金的导向作用，使社会有限的资源得到了优化配置；另一方面，资金从效益差的企业转移到效益好的企业，也促进了社会整体经济效益的提高。

二、证券市场的结构

证券市场的结构是指证券市场的构成及其各部分之间的相互关系。证券市场的结构可以有许多种，最基本的证券市场的结构有以下几种。

（一）层次结构

层次结构又称为纵向结构，层次结构是一种按证券进入市场的顺序而形成的结构关系。按这种顺序关系划分，证券市场的构成可分为证券发行市场和证券交易市场。证券发行市场又称"一级市场"或"初级市场"，是发行人以筹集资金为目的，按照一定的法律规定和发行程序，向投资者出售新证券所形成的市场。证券交易市场又称"二级市场"或"次级市场"，是已发行的证券通过买卖交易实现流通转让的市场。证券发行市场和证券交易市场相互依存、相互制约，是一个不可分割的整体。证券发行市场是流通市场的基础和前提，有了发行市场的证券供应，才有交易市场的证券交易，证券发行的种类、数量和发行方式决定着交易市场的规模和运行。交易市场是证券得以持续扩大发行的必要条件，为证券的转让提供市场条件，使发行市场充满活力。此外，交易市场的交易价格制约和影响着证券的发行价格，是证券发行时需要考虑的重要因素。

（二）品种结构

品种结构又称为横向结构，品种结构是按照有价证券的品种而形成的结构关系。这种结构关系的构成主要有股票市场、债券市场、基金市场等。

股票市场是股票发行和买卖交易的场所。股票市场的发行人为股份公司。股份公司通过发行股票募集公司的股本，或是在公司营运过程中通过发行股票扩大公司的股本。股票市场交易的对象是股票，股票的市场价格除了与股份公司的经营状况和赢利水平有关外，还受到其他如政治、社会、经济等多方面因素的综合影响，股票价格经常处于波动之中。

债券市场是债券发行和买卖交易的场所。债券的发行人有中央政府、地方政府、金融机构、公司和企业。债券发行人通过发行债券筹集的资金一般都有期限，债券到期时，债务人必须按时归还本金并支付约定的利息。债券是债权凭证，债券持有者与债券发行人之间是债权债务关系。债券市场交易的对象是债券。债券因有固定的票面利率和期限，因此，相对于股票价格而言，债券市场价格比较稳定。

基金市场是基金证券发行和流通的市场。封闭式基金在证券交易所挂牌交易，开放式基金则通过投资者向基金管理公司申购和赎回实现流通转让。

（三）交易场所结构

按交易活动是否在固定场所进行，证券市场可分为有形市场和无形市场。通常人们也把有形市场称为"场内市场"，是指有固定场所的证券交易所市场。该市场是有组织制度化的市场。有形市场的诞生是证券市场走向集中化的重要标志之一。一般而言，证券必须达到证券交易所规定的上市标准才能够在场内交易。人们把无形市场称为"场外市场"，是指没有固定交易场所的市场。随着现代通信技术的发展和计算机网络的广泛应用，已有越来越多的证券交易不在有形的场内市场进行，而是通过经纪人或交易商的电传、电报、电话、网络等洽谈成交。

（四）交易方式结构

按照证券交易方式划分，证券市场可以分为现货交易市场、信用交易市场、期货交易市场、期权交易市场等。

1. 现货交易市场

现货市场是指证券买卖成交后，在当日或规定的时间内（一般是1~3天）进行钱货两清的交易方式。证券的买方必须有足够的资金，证券的卖方必须有相应数量的证券，即现款和现货。按照惯例，现货市场的交易一般是当天成交，当天结算交割。

2. 信用交易市场

信用交易又叫"垫头交易"。当投资者想要购买某种证券但是资金不足时，可以向证券经纪人融资，投资者只需要支付部分价款，其余不足部分由经纪人垫付，投资者要对借入的资金支付利息，这是融资交易方式。当投资者想要卖出某种证券但又缺少证券时，可以从经纪人处借入证券卖出，这是融券交易方式。信用交易可能加剧投机，因此许多国家对信用交易都做了一些限制性规定。

3. 期货交易市场

期货市场是指买卖双方就交易合约达成协议，规定交易证券的种类、数量、价格和交割的期限，到期履行交易合约的一种交易方式。期货交易成立时并不发生价款的支付，而是在约定日期进行交割。期货市场为套期保值和投机创造了条件。期货交易的对象既可以针对某种证券的价格，也可以针对所有证券价格的指数，其中使用最广泛的当属股票价格指数期货交易。

4. 期权交易市场

期权交易又称"选择权交易"，是指证券买卖双方签订协议，约定在一定时期内，购买者有权按双方商定的价格买入或卖出一定数量的某种证券。如果预期价格上涨，就买入"买权"，即"看涨期权"，如果经过一段时间后，市场价格高于协议价格，购买者以低于市价的协定价格买进证券，可取得收益；如果预期价格下跌，就买入"卖权"，即"看跌期权"，如果经过一段时间后，市场价格低于协议价格，购买者以高于市场价格的协议价卖出证券，可获得收益。

三、证券市场的参与者

证券市场的参与者由证券发行人、证券投资者、证券市场中介机构、证券行业自律性组织和证券监管机构五个部分组成。

（一）证券发行人

证券发行人是指为筹措资金而发行股票和债券的政府机构、金融机构、公司和企业，是证券发行的主体。证券发行人委托证券承销商将证券推销给证券投资者，从而构成了证券发行过程。所以,证券发行市场就是新发行的证券从发行者手中出售给投资者手中的市场,又称为初级市场或一级市场。证券发行市场不仅是发行主体筹措资金的市场,也是资本形成的市场。证券发行人可以分为债券发行人和股票发行人,主要包括以下组织或机构。

▶ 1. 公司(企业)

在我国,除股份公司和有限责任公司外,还存在非公司形式的企业。在证券市场上,只有股份公司才能发行股票,而有限责任公司和企业只能发行公司(企业)债券。股份公司发行股票筹集的资金属于公司的自有资本;公司(企业)发行债券所筹集的资金属于借入资本,到期需要归还。

▶ 2. 政府和政府机构

政府作为证券发行人,只能发行各种债券,包括短期债券和长期债券。短期政府债券筹集的资金主要解决短期性、临时性资金不足的问题;长期政府债券所筹集的资金则主要用于大型基础性项目建设的支出或者是用于弥补年度性的财政赤字。

▶ 3. 金融机构

金融机构作为证券市场的发行主体,如果该金融机构是股份公司,其发行证券的品种可以是股票,也可以是债券。如果该金融机构采取非股份制的组织形式,其所发行的证券称为金融债券。

(二) 证券投资者

证券投资者是证券发行市场发行证券的购买者和证券市场的资金供给者,证券投资者类型很多,投资目的也各不相同。证券投资者主要包括机构投资者和个人投资者。

▶ 1. 机构投资者

由于机构性质、资金来源、投资目的和投资方向的不同,机构投资者可分为以下几种类型。

(1)政府机构投资者。政府机构投资的主要目的不是为了取得利息、股息等投资收益,而是为了调剂资金余缺和对国家宏观经济进行调控。例如,各国中央银行作为国家金融监管机构,承担着发展经济、稳定币值的重要职责,它通过在证券市场买卖有价证券来控制货币供应量,进而实现经济增长和稳定币值、稳定物价的目的。

(2)企业和事业单位投资者。企业用自己闲置的短期资金或积累资金进行股票投资,既可以赚取股票收益,也可以对其他企业控股或参股,实现企业规模的低成本扩张;如果企业进行债券投资,将债券作为企业资产的一部分,有利于企业保持资产的流动性,同时又有稳定的利息收益。事业单位按国家规定有权将可自行支配的各种预算外资金进行证券投资,使预算外资金达到保值增值的目的,同时也有利于国家的经济建设。

(3)金融机构投资者。金融机构是证券市场上重要的机构投资者。参与证券投资的金融机构主要有商业银行、证券经营机构、保险公司和各类投资公司等。

商业银行是以经营存贷款为主要业务的金融企业。其经营的基本原则是安全性、流动性和营利性。在商业银行全部资产业务中,证券资产的流动性低于现金资产高于贷款资产,而营利性高于现金资产但低于贷款资产。商业银行投资证券的主要目的是保持资产的流动性和分散资产风险。商业银行的投资活动受法律法规的制约,只能投资于国债、地方政府债券和投资级企业债券,通常是投资于高质量的国家债券,而不允许购买普通股和投机性债券。

证券经营机构是以自有资本和营运资金以及少量质押贷款资金参与证券投资，是证券市场上最主要的机构投资者。证券经营机构的投资对象比较广泛，股票、政府债券、公司债券都是投资目标。证券投资的目的主要是为了取得赢利和保持一定的流动性。由于证券经营机构资金实力雄厚，运作金额巨大，是证券市场主力资金的持有者，对证券市场的影响巨大，是证券市场稳定的重要因素。

保险公司的证券投资主要是考虑投资本金的安全和获取一定的收益，而对流动性的要求不高，可以进行长期投资。从投资对象看，我国政策规定，保险公司可以通过购买证券投资基金进行间接的股票投资，但对国债投资不加限制，对地方政府债券和企业债券投资只限于高等级债券。

（4）各类基金投资者。基金主要有证券投资基金、社会保障基金和社会公益基金。证券投资基金是一种利益共享、风险共担、专家理财的集合证券投资方式，即由基金单位集中投资者的资金，由托管人托管，由基金管理人管理和运用资金从事股票、债券等金融工具投资，并将投资收益按投资者的投资比例进行分配的一种间接投资方式。证券投资基金主要从事各种股票和债券等有价证券的投资。

在我国，社会保障基金有两种形式：社会保障基金和社会保险基金。社会保障基金的资金来源是国有股减持划入的资金和股权资产、中央财政拨入资金、经国务院批准以其他方式筹集的资金及其投资收益等。社会保障基金的投资范围包括银行存款、国债、证券投资基金、股票、信用等级在投资级以上的企业债券、金融债券等。其中，银行存款和国债投资的比例不低于50%，企业债券、金融债券不高于10%，证券投资基金、股票投资比例不高于40%。社会保险基金是社会保险制度规定的用于支付劳动者或公民在患病、年老伤残、生育、死亡、失业等情况下所享受的各项保险待遇的基金，其资金来源一般由企业等用人单位和劳动者个人缴纳的社会保险费以及国家财政给予的补贴形成。社会保险基金的投资对象要依据劳动和社会保障部的有关条例和地方法规执行，大多投资于信用度高、安全且收益较高的有价证券。

▶ 2. 个人投资者

个人投资者是指从事证券投资的社会公众个人。由于社会公众是一个广泛的群体，因此个人投资者是证券市场上数量最多的投资者。个人投资者的投资资金来源是个人的闲置货币。在证券市场出现之前，个人暂时闲置的货币一般是存入银行，通过银行这个金融中介，间接投资于社会经济活动过程，取得利息收入。证券市场出现后，个人的这部分闲置货币可在证券市场上购买各种有价证券，直接参与企业投资，同企业建立起直接的经济利益关系，若购买上市公司的股票，则成为公司的股东，对公司拥有经营管理权。个人投资者投资的主要目的是追求赢利，谋求投资资金的保值和增值。个人投资者若购买债券，便能够取得比储蓄利率高的债券利息收入；个人投资者若购买股票，既可以获得股息和红利，又可以从股票买卖差价中赚取资本收益。所以，在证券市场比较发达的国家，证券收入成为个人收入的重要来源之一。个人投资者进行证券投资需要具备一定的条件，这些条件包括国家有关法律、法规关于个人投资资格的规定和个人投资者必须具备一定的经济实力等。

（三）证券市场中介机构

证券市场中介机构是指为证券的发行与交易提供服务的各类机构。证券市场是依靠中介机构沟通证券供应者和需求者之间的联系，从而起到证券投资者与筹资者的桥梁作用。证券市场中介机构不仅保证了证券的发行和交易活动的正常进行，而且还发挥了维持证券市场秩序的作用。

证券市场中介机构包括证券经营机构和证券服务机构两类机构组成。

▶ 1. 证券公司

证券公司，又称证券商，是指依照法律规定并经国务院证券监督管理机构批准从事证券经营业务的有限责任公司或股份公司。证券公司作为证券市场上的证券经营机构，它的主要业务有证券承销、经纪、自营、投资咨询以及购并、受托资产管理和基金管理等。过去我国证券监督管理部门将证券公司分为综合类证券公司和经纪类证券公司，并施行分类监管。随着我国资本市场的发展，分类监管的划分模式已不能适应我国资本市场的专业化和规模化的发展方向。2006年1月起施行的经修订的《中华人民共和国证券法》（以下简称《证券法》）将原有的分类管理的规定调整为按照证券经纪、证券投资咨询、财务顾问、证券承销和保荐、证券自营、其他证券业务等业务类型进行管理，并按照审慎监管的原则，按照各项业务风险程度，设定分类准入条件。

▶ 2. 证券登记结算机构

证券登记结算机构是指为证券的发行和交易活动办理证券登记、存管、结算业务的中介服务机构。根据《证券法》规定，证券登记结算机构是不以营利为目的的法人。

▶ 3. 证券服务机构

证券服务机构是指依法设立的从事证券服务的法人机构，它是证券市场上的中介性组织。证券服务机构主要包括证券投资咨询公司、律师事务所、证券信用评级机构、资产评估机构、会计师事务所、证券信息公司等。

（四）证券行业自律性组织

自律性组织是指通过自愿组织的行会、协会等形式，制定共同遵守的行业规则和管理制度，自我约束会员行为的一种管理组织。我国证券市场自律性管理组织有证券业协会和证券交易所。

▶ 1. 证券业协会

证券业协会是证券业自律性组织，是社会团体法人。证券业协会的权力机构为全体会员组成的会员大会。根据《证券法》规定，证券公司应当加入证券业协会。证券业协会应当履行协助证券监督管理机构组织会员执行有关法律；维护会员的合法权益，为会员提供信息服务；制定规则，组织培训和开展业务交流，调解纠纷，就证券业的发展开展研究，监督；检查会员行为及证券监督管理机构赋予的其他职责。

▶ 2. 证券交易所

我国《证券法》规定，证券交易所是为证券集中交易提供场所和设施，组织和监督证券交易，实行自律管理的法人。其主要职责是为投资者提供交易场所与设施；制定交易规则；监管在该交易所上市的证券以及会员交易行为的合规性、合法性，确保市场的公开、公平和公正。

（五）证券监管机构

证券监管机构是证券市场不可或缺的组成部分。它的主要职能是对证券发行、交易和证券经营机构实施全面的监管，以保护投资者的利益。证券监管机构主要有两种形式：独立机构监管和行政机构监管。独立机构监管是由隶属于立法机构的国家证券监管机构，对证券市场进行集中统一监管的模式，美国的证券监管机构——美国联邦证券交易委员会（隶属于美国国会）就属于这种模式。行政监管机构是由隶属于政府的行政机构对证券市场进行统一监管。

在我国,证券监督管理机构是指中国证券监督管理委员会(以下简称中国证监会)及其派出机构。中国证监会是国务院直属的证券监督管理机构,按照国务院授权和依照相关法律法规对证券市场进行集中、统一监管。中国证监会的主要职责是依法制定有关证券市场监督管理的规章、规则;负责监督有关法律法规的执行,保护投资者的合法权益;对全国的证券发行、证券交易、中介机构的行为等依法实施全面监管,维持公平而有序的证券市场。

四、现代证券市场的特点

筹资者通过证券市场发行证券筹集资金,投资者、投机者通过证券市场买卖证券谋求资金的保值增值,中介机构牵线搭桥并从中分取一定的收益,投资工具则在这里滋生、发展并不断地进行创新,政府管理机构要引导各类当事人的经济行为。从20世纪70年代开始,证券市场出现了高度繁荣的局面,证券市场的规模更加扩大,证券交易日趋活跃,并且逐渐形成了金融证券化、证券投资者法人化、证券市场自由化、证券市场国际化、证券市场网络化,以及金融创新不断深化的全新特征。

▶ 1. 金融证券化

在目前的整个国际金融市场中,证券的比率越来越大。以日本为例,在20世纪60年代,日本企业的资金主要依靠银行贷款,靠发行证券筹措的资金占筹资总额的比率不足20%;但到1978年,发行证券筹措的资金所占比率已上升至44%。同时,居民储蓄结构也出现了证券化倾向,储蓄存款转向证券投资。

▶ 2. 证券投资者法人化

第二次世界大战以后,法人证券投资的比重日益上升。尤其是20世纪70年代后,随着养老基金、保险基金、投资基金的大规模入市,证券投资者法人化、机构化速度进一步加快。据估计,法人投资在世界各国证券市场上占一半左右。

▶ 3. 证券市场自由化

20世纪70年代以后,随着金融自由化的发展,各国陆续废除了银行和证券业分业经营制、委托买卖股票手续费最低限额制等限制条例,实行证券市场自由化。

▶ 4. 证券市场国际化

科学技术的发展推动了社会生产的国际化,并引导资本投资国际化,世界各国主要的证券交易所相继成为国际性证券交易所,越来越多的股份公司到国外证券市场发行股票;越来越多的个人或法人投资者不仅在国内证券市场上认购外国证券,而且委托本国证券公司在国外证券市场买卖证券。各国证券交易所的联合、合并、上市成为证券市场国际化的重要表现。证券投资国际化已成为证券市场发展的一个主要趋势。尤其是20世纪80年代以来,发展中国家和地区的证券市场国际化速度显著加快,令人瞩目。

▶ 5. 证券市场网络化

从20世纪50年代后期,计算机系统开始应用于证券市场。1970年年初,伦敦证券交易所采用市场价格显示装置。1971年2月,美国建成"全国证券商协会自动报价系统"。1978年,纽约证券交易所创设"市场间交易系统",利用电子通信网络,把波士顿、纽约、费城、辛辛那提等交易所连接沟通,使各交易所每种股票的价格和成交量在荧屏上显示,经纪人和投资者可在任何一个证券市场上直接进行证券买卖。至今,世界上各主要证券市场基本上已实现了计算机化,从而大大提高了证券市场的运行效率。在以计算机为基础的网络技术的推动下,证券市场的网络化迅速发展,这主要体现在网上交易的突飞猛进上。与传统交易方式相比,网上交易突破了时空限制,投资者可以随时随地交易;网上交易直观方便,网上不但可以浏览实时交易行情和查阅历史资料(公告、年报、经营信息等),而且还可以进行在线咨询;网上交易成本低,无论是证券公司还是投资者,其成本都可以大大降低。毫无疑问,证券市场的网络化将是证券市场最基本的发展趋势之一。

▶ 6. 金融创新不断深化

在第二次世界大战之前,证券品种一般仅有股票、公司债券和政府债券,而在此后,西方发达国家的证券融资技术日新月异,证券品种不断创新。浮动利率债券、可转换债券、认股权证、分期债券、复合证券等新的证券品种陆续涌现,特别是在20世纪的后20年,金融创新获得了极大的发展,金融期货与期权交易等衍生品种的迅速发展使证券市场进入了一个全新的阶段。融资技术和证券种类的创新,增强了证券市场的活力和对投资者的吸引力,加速了证券市场的发展。证券品种和证券交易方式的创新是证券市场生命力的源泉。实际上,从20世纪70年代开始,金融创新就形成了加速发展的态势,并成为金融企业在激烈的竞争中求得生存和发展的关键因素。在世界经济一体化的推动下,随着证券市场物质技术基础的更新和投资需求多元化的进一步发展,21世纪将会形成新的证券创新浪潮。

经过不断的发展,证券市场在国民经济中发挥作用的范围不断扩大,其影响巨大,已成长为全世界最大的新兴市场。未来的中国证券市场发展将继续面临新的机遇和挑战,中国证券市场将逐渐向成熟市场过渡,迈入全面发展的时期。

任务二 证券发行市场

一、证券发行市场的功能和特征

证券发行市场是新证券首次向社会公众发行的市场,又称为一级市场或初级市场。证券发行市场是流通市场的基础和前提,正是有了发行市场的证券供应,才有流通市场的证券交易,证券发行的种类、数量和发行方式决定了流通市场的规模和运行。流通市场是发行市场得以持续扩大发行的必要条件,流通市场为证券的转让提供了方便,这才使发行市场对投资者充满吸引力。

▶ 1. 证券发行市场的功能

证券发行市场一方面为资金的需求者提供筹集融资资金的功能;另一方面为资金的供给者提供了投资获利的功能,通过新证券的发行创造出新的金融投资品种,增加了有价证券总量和社会投资总量,是实现资本职能转化的场所。证券发行市场还通过价格机制执行着引导资金流向、优化资源配置的重要功能。在价格信号的引导下,资金自动、迅速、合理地流向高效率的部门,从而推动国民经济持续快速发展。另外,在我国当前经济转型和体制转轨的特殊历史时期,证券发行市场还具有促进国有企业改革的独特功能。

▶ 2. 证券发行市场的特征

证券发行市场具有以下特征。

（1）无固定场所，新发行有价证券的认购和销售既可以在投资银行、信托投资公司和证券公司等中介机构指定的营业场所进行，也可以通过证券交易所的交易网络进行，甚至有的由发行者自行向投资者销售。

（2）没有统一的发行时间，由股票发行者根据自己的需要和市场行情走向自行决定何时发行，但每次具体的发行都有发行期限的限制，时间上较为集中。

（3）证券的发行价格确定十分复杂，往往由发行机构根据发行主体的资产净值情况及发展状况，在充分了解市场需求信息的基础上，采用一定的投标竞价方式来确定。证券发行价格一般与证券票面价格较为接近，尤其是债券，通常是按照其票面价值发行的。

二、证券发行市场的结构

证券发行市场的结构可以分为横向结构和纵向结构两种。

（一）证券发行市场的横向结构

横向结构指发行市场的品种结构。按照所发行证券的品种划分，证券发行市场主要由股票发行市场、债券发行市场和基金发行市场构成。

▶1. 股票发行市场

股票发行市场是新股票初次发行的市场，股票的发行人一般是股份有限公司。股份有限公司通过发行股票筹集公司的股本金，或者在营运过程中通过发行股票扩充公司的股本金。股票发行市场是将社会闲散资金转化成生产经营性资金的场所，而购买公开发行的股票是投资者在金融市场中最常见、也是最关心的投资方式，股票发行市场是实现这种投资方式的重要载体。

▶2. 债券发行市场

债券发行市场是各种债券发行人包括中央政府、地方政府、金融机构、公司和企业等初次发行新证券的市场。

▶3. 基金发行市场

基金发行市场是基金管理人发行基金证券募集基金资产的市场。开放式基金通常利用基金管理人及银行的柜台发行基金证券，封闭式基金可利用证券交易系统发行基金收益凭证。

（二）证券发行市场的纵向结构

纵向结构指发行市场的要素结构。按照所发行证券的要素划分，证券发行市场主要由证券发行市场的交易主体、证券发行市场的客体、证券发行市场的中介和证券监管机构构成。

▶1. 证券发行市场的交易主体

证券发行市场的交易主体包括证券发行人和投资人。

证券发行人是指符合发行条件并且正在从事发行或者准备进行证券发行的政府组织、金融机构或者商业组织。它是构成证券发行市场的首要因素，是证券的供应者和资金的需求者。证券发行人是证券权利和义务关系的当事人或证券发行后果和责任的主要承担者。因此，多数国家的证券法规都对证券发行人的主体资格、净资产额、经营业绩和发起人责任设有条件限制。《中华人民共和国证券法》对证券发行人也有严格的要求。

证券投资人是指根据发行人招募邀约，已经认购证券或者将要认购证券的个人或社团组织,是资金的供应者和证券的需求者。投资人的构成较为复杂,它可以是个人,也可以是金融机构、基金组织、企业组织或其他机构投资人;可以是未来享有股权的投资者,也可以是持股代理人,或仅以承销为目的的中介。投资人也是证券权利和义务关系的当事人,在法律上应当具备主体资格的确定性和合法性。证券发行中,投资人的认购行为具有承诺符合证券发行条件和相关法律文件(特别是发行人公司章程和招股说明书)的效力。

▶ 2. 证券发行市场的客体

证券发行市场的客体即筹融资的载体,主要包括股票、债券、基金以及其他证券化金融工具。

▶ 3. 证券发行市场的中介

证券发行市场的中介主要是指联系证券发行人与投资人交易的证券承销商,通常是负担承销义务的投资银行、证券公司或信托投资公司。证券承销商在证券发行市场发挥主导作用,在采用公募方式发行证券时,各国法律规定必须由证券专业机构承销;即使采用私募发行方式,往往也需要获得中介的协助。也就是说,证券发行首先是发行人与证券承销商之间进行的某种非标准化交易,在这一交易条件确定的基础上,再由证券承销商将标准化的证券分售给社会投资者。

我国现行法律规定,股票与企业债券的公开发行必须由具有承销资格的证券经营机构承销。我国证券承销业务资格分为承销商资格和主承销商资格。《中华人民共和国证券法》第三十二条规定,向不特定对象发行的证券票面总值超过5 000万元的,应当由承销团承销。承销团应当由承销商和参与承销的证券公司组成。

▶ 4. 证券监管机构

证券监管机构主要由政府监管机关和行业自律组织构成。在证券发行市场中,证券监管机构运用法律的、经济的和必要的行政手段对证券的发行进行审核、监督和管理,以维护证券发行市场的正常秩序和公开、公平、公正的原则。

三、证券发行的分类

证券发行方式可以按照发行对象、发行主体和发行次数等进行分类。

(一)按发行对象分类

政府、金融机构、工商企业等在发行证券时,可以选择不同的投资者作为发行对象。根据证券的发行对象,证券发行可分为公募发行和私募发行两种形式。

▶ 1. 公募发行

公募发行又称为公开发行,是指发行人向不特定的社会公众广泛地发售证券。在公募发行的情况下,所有合法的社会投资者都可以参加认购。为了保障广大投资者的利益,各国对公募发行都有严格的要求,如发行人要有较高的信用,并符合证券主管部门规定内各项发行条件,经批准后方可发行等。公募发行以众多的投资者为发行对象,筹集资金潜力大,适合证券发行数量较多、筹资额较大的发行人。公募发行的投资者范围大,可避免证券囤积或证券被少数人操纵等情况,只有公开发行的证券方可申请在交易所上市。因此,这种发行方式可以增强证券的流动性,有利于提高发行人的社会信誉。然而,公募方式也存在如发行过程比较复杂、登记核准所需时间较长、发行费用较高等缺点。

▶ 2. 私募发行

私募发行又称为不公开发行或内部发行,是指面向少数特定的投资者发行证券的方式。私募发行的对象大致有两类,一类是个人投资者,例如,公司老股东或发行机构自己的员工;另一类是机构投资者,如大的金融机构或与发行人有密切往来关系的企业等。私募方式发行面较小,而且有确定的投资人,因而各国对私募发行的管制都较为宽松,认为其投资者都具备较强的风险意识和风险承受能力。私募发行的优势是发行手续简单,可以节省发行时间和费用。不足之处是投资者数目有限,一般不允许上市流通,不利于提高发行人的社会信誉。

(二)按发行主体分类

按发行主体的不同,证券发行可分为直接发行和间接发行。

▶ 1. 直接发行

直接发行是指证券发行者不委托其他机构,而是自己组织认购、进行销售,直接向投资者发行证券筹措资金的行为。

直接发行有如下特点:发行量较小,筹资金额有限;社会影响面不大;不需向社会公众提供有关资料;由于筹资主体自己办理发售,可以省去委托证券公司发行的手续费等费用;投资者大多是与发行者有业务往来的机构。

直接发行方式缺点也比较明显,由于直接发行是由自己负担发行证券的责任和风险,得不到证券公司的帮助,若发售不成功,影响资金的筹集及生产经营的顺利进行。

▶ 2. 间接发行

间接发行又称为委托代理发行,是指证券发行人不直接参与证券的发行,而是委托一家或几家证券承销机构承销证券的发行方式。证券承销机构一般为投资银行、证券公司、信托投资公司等。间接发行可分为包销发行、代理发行和承销发行三种。

发行人通过间接发行虽然要支付一定的发行费用,但是可以得到证券承销机构的专业化服务,有利于提高发行人的知名度,缩短筹资时间,使整体发行风险降低。一般情况下,公募发行大多采用间接发行方式。

包销发行是指由代理证券发行的证券商一次性将所发行的证券全部买下,然后再转售给社会上众多投资者的发行方式。这种发行方式的特点为:发行风险全部由发行受托机构承担;发行单位可以及时、全额取得所筹资金;发行单位的信誉一般较高,社会影响比较大,可以进一步树立筹资主体的良好形象;因发行受托机构在向社会发行前,已将款项金额划给发行单位,构成先垫付资金,所以发行手续费较高。

代理发行,也称为代销,是指集资单位委托有权代理发行的金融机构发售证券的一种发行方式。发售到约定期满时,发售方要将收入的资金连同未销出去的证券全部交还给证券发行者。代理发行有如下特点:证券公司不承担任何风险,而由筹资主体自行负担风险;如果筹资主体知名度不高或信誉不够好,有可能发售不畅,筹资单位就不能及时筹足资金;由于证券公司不承担风险,因此发行手续费比其他方式都低;发行的社会影响较大。代理发行比较适合那些信誉好、知名度高的大中型企业,它们的证券容易为社会公众所接受,且发行成本低。

承销发行,亦称为促销或助销发行。它是指证券发行的受托机构,对在规定的发行期内不能全部销售的剩余部分由自己收购的一种发行方式。这种发行方式的发行单位的筹资金额有保证,不会因发行额不足而产生筹资不足的情况;证券发行风险由发行受托机构承担;社会影响大,有助于提高筹资主体的信誉;发行机构只有在社会公众购买后有多余部分时才可以购买剩余的证券,而不得预留部分证券自行购买;发行风险由发行受托机构承担,因此手续费较代理发行高。

(三)按发行次数分类

按发行次数的不同,证券发行可分为初次发行与增资发行。

▶ 1. 初次发行

初次发行是指新组建股份公司时或原非股份制企业改制为股份公司时或者原私人持股公司要转为公众持股公司时,公司首次发行股票。前两种情形又称为设立发行,后一种情况又称为首次公开发行(IPO)。

▶ 2. 增资发行

增资发行是指随着公司的发展和公司业务的扩大,为达到增加资本金的目的而发行股票的行为。按取得股票时是否缴纳股本金来划分,可分为有偿增资发行、无偿增资发行和有偿无偿混合增资发行。有偿增资发行是指股份公司通过增发股票吸收新股份的办法增资,认购者必须按股票的某种发行价格支付现款方能获得股票的发行方式。无偿增资发行是指公司原股东不必缴纳现金就可以无代价地获得新股票的发行方式,发行对象仅限于原股东。有偿和无偿混合增资发行是指公司对原股东发行股票时,按一定比例同时进行有偿、无偿增资。

四、证券发行制度

根据各国对证券发行审核的方式不同,证券发行审核一般分为注册制和核准制两种体制。

▶ 1. 注册制

证券发行的注册制,又叫作证券发行的登记制,是指采用证券发行的公开原则,证券发行人在准备发行证券时,必须将依法公开的各种资料完全、准确地向证券主管机关呈报并申请注册;证券主管机关依据信息公开原则,对申报文件的全面性、真实性、准确性和及时性进行审查。对于发行人的营业性质,发行人的财力、素质及发展前景,发行数量与价格等实质条件均不作为发行审核要件。注册制的理论依据是:"太阳是最好的防腐剂,灯光是最好的警察"。因此,注册制并不能禁止质量差、风险高的证券上市。证券主管机关不针对证券发行行为及证券本身做出价值判断,申报文件提交后,经过法定期间,主管机关若无异议,申请自动生效。在注册制下,发行人的发行权无须由国家授予。注册制以美国证券市场为代表,美国证券交易委员会在发行上市程序中扮演主要角色,它要求发行公司填报信息披露表格并登记,最后由美国证券交易委员会发布信息披露表格。

▶ 2. 核准制

证券发行的核准制,又称为证券发行的审批制,是以欧洲各国公司法为代表的一种证券发行审核方式,实行所谓的实质管理原则。在核准制下,发行人在发行股票时,不仅要充分公开企业的真实状况,还必须符合有关法律和证券管理机关规定的必备条件,证券管理机关有权否决不符合规定条件的股票的发行申请。证券主管机关既要对进行注册制所要求的形式审核,还要对发行人的营业性质,发行人的财力、素质及发展前景,发行数量与价格等条件进行实质审核,并由此做出发行人是否符合发行实质条件的价值判断。在核准制下,发行人的发行权由审核机构以法定方式授予。

综上,注册制适用于发达证券市场,而核准制则较为适用于证券市场发展历史不久、投资者素质不高的国家和地区。我国证券发行实行严格的核准制，也曾一度实行严格的配额制。我国于1988年颁布、2005年修订的《证券法》规定证券的发行采用核准制，证券的发行必须符合国家相关法规的规定条件，并需获得中国证监会的批准。

任务三　证券交易市场

一、证券交易市场的定义

证券交易市场也称证券流通市场、二级市场、次级市场，是指对已经发行的证券进行买卖、转让和流通的市场。证券交易市场具有非常重要的功能和作用，第一为证券持有者提供将证券变现的场所；第二为新的投资者提供投资机会的市场；第三为各类有价证券在二级市场上的顺利流通提供条件，有利于形成一个公平合理的价格，并实现货币资本与证券资本的相互转换。

二、证券交易市场的形式

证券交易市场有场内交易市场和场外交易市场两种形式。

（一）场内交易市场

场内交易市场又称证券交易所市场或集中交易市场，是指由证券交易所组织的集中交易市场，有固定的交易场所和交易活动时间，在多数国家它还是全国唯一的证券交易场所，因此是全国最重要、最集中的证券交易市场。证券交易所接受和办理符合有关法令规定的证券上市买卖，投资者则通过证券商在证券交易所进行证券买卖。

▶ 1. 证券交易所的定义

根据我国的《证券法》，证券交易所是为证券集中交易提供场所和设施，组织和监督证券交易，实行自律管理的法人。依法发行的股票、债券及其他证券应当在依法设立的证券交易所上市或者在国务院批准的其他证券交易场所转让。

证券交易所不仅是买卖双方公开交易的场所，而且为投资者提供了多种服务，交易所随时向投资者提供关于在交易所挂牌上市的证券交易情况，如成交价格和数量等；提供发行证券企业所公布的财务情况供投资者参考。交易所制定各种规则，对参加交易的经纪人和自营商进行严格管理，对证券交易活动进行监督，防止操纵市场、内幕交易、欺诈客户等违法犯罪行为的发生。交易所还要不断完善各种制度和设施，以保证正常交易活动持续、高效地进行。

▶ 2. 证券交易所的组织形式

证券交易所的组织形式可以分为会员制和公司制两种。会员制证券交易所是由会员自愿组成，不以营利为目的的社会法人团体。公司制证券交易所是以股份有限公司为组织形式，以营利为目的的法人团体。我国有两家证券交易所，分别是上海证券交易所和深圳证券交易所，均为会员制。上海证券交易所成立于1990年11月26日，于当年12月19日开始营业。深圳证券交易所成立于1991年4月11日，于当年7月3日正式营业。凡在证券交易所上市交易的股份公司称为上市公司；符合公开发行条件、但未在证券交易所上市交易的股份公司称为非上市公众公司，非上市公众公司的股票将在柜台市场转手交易。

3. 证券交易所的特征

证券交易所具有如下特征。

(1) 集中交易。场内交易市场集中在一个固定的地点(证券交易所),所有的买卖双方必须在证券交易所的管理之下进行证券买卖。

(2) 公开竞价。场内交易市场证券的买卖是通过公开竞价的方式形成的,即多个买者对多个卖者以拍卖的方式进行讨价还价。

(3) 经纪制度。在场内交易市场买卖证券活动必须通过专业的经纪人,这是多年形成的规矩。

(4) 市场监管严密。在场内按照公正、公平、公开的原则进行交易,证券监督部门及证券交易所对从事证券交易各种活动监管严密,以保证场内交易高效有序的运行。

4. 证券交易所的职能

我国《证券法》规定,证券交易所有如下职能:提供证券交易的场所和设施;制定交易所的业务规则;接受上市申请,安排证券上市;组织监督证券交易;对会员进行监督;对上市公司进行监管;设立证券登记结算机构;管理和公布市场信息;中国证监会许可的其他功能。

5. 证券交易所的交易原则和交易规则

(1) 证券交易所的交易原则是价格优先原则和时间优先原则。价格优先原则即价格较高的买入申报优先于价格较低的买入申报,价格较低的卖出申报优先于价格较高的卖出申报。时间优先原则即同价位申报,依照申报时序决定优先顺序,即买卖方向、价格相同的,先申报者优先于后申报者。先后顺序按证券交易所交易主体接受申报的时间确定。

(2) 证券交易所的交易规则包括以下几方面。

① 交易时间。交易所有严格的交易时间,在规定的时间开始和结束交易。

② 交易单位。交易所规定每次申报和成交的数量单位,一个单位为一手(100 股),委托买卖的数量通常为 100 股或者 100 股的整数倍。卖出股票、基金、权证时,余额不足 100 股(份)的部分,应当一次性申报卖出。股票、基金、权证交易单笔申报最大数量应当不超过 100 万股(份),债券交易和债券质押式回购交易单笔申报最大数量应当不超过 1 万手,债券买断式回购交易单笔申报最大数量应当不超过 5 万手。

③ 价位。交易所规定每次报价和成交的最小变动单位。我国 A 股、债券交易和债券买断式回购交易的申报价格最小变动单位为 0.01 元人民币,基金、权证交易为 0.001 元人民币,B 股交易为 0.001 美元,债券质押式回购交易为 0.005 元。

④ 报价方式。现代证券采用电脑报价方式,交易所规定报价规则。

⑤ 价格决定。交易所按照连续、公开竞价方式形成证券价格,当卖方和买方在价格和数量上取得一致时,便立即成交并形成价格。我国上海、深圳证券交易所的价格决定采取集合竞价和连续竞价方式。集合竞价是指在规定时间内接受的买卖申报一次性集中撮合的竞价方式。连续竞价是指对买卖申报逐笔连续撮合的竞价方式。证券竞价交易按价格优先、时间优先的原则撮合成交。

⑥ 涨跌幅限制。我国股票、基金交易实行价格涨跌幅限制,其涨跌幅比例为 10%,其中 ST 股票和 *ST 股票价格涨跌幅比例为 5%。股票、基金涨跌幅价格的计算公式为:

$$涨跌幅价格 = 前日收盘价 \times (1 \pm 涨跌幅比例)$$

计算结果按照四舍五入原则取至价格最小变动单位。其中,首次公开发行上市的股票和封闭式基金,增发上市的股票,暂停上市后恢复上市的股票等首个交易日没有价格涨跌幅限制。

⑦ 大宗交易。在交易所市场进行的单笔买卖证券达到交易所规定的最低限额，可以采取大宗交易方式。我国具体规定如下：A股单笔买卖申报数量应当不低于50万股，或者交易金额不低于300万元人民币；B股单笔买卖申报数量应当不低于50万股，或者交易金额不低于30万元美元；基金大宗交易的单笔买卖申报数量应当不低于300万份，或者交易金额不低于300万元；国债及债券回购大宗交易的单笔买卖申报数量应当不低于1万手，或者交易金额不低于1 000万元；其他债券单笔买卖申报数量应当不低于1 000手，或者交易金额不低于100万元。在上面几个条件下，可采用大宗交易。有涨跌幅限制证券的大宗交易成交价格，由买卖双方在当日涨跌幅价格限制范围内确定。无涨跌幅限制证券的大宗交易成交价格，由买卖双方在前日收盘价的上下30%或当日已成交的最高、最低价之间自行协商确定。大宗交易不纳入即时行情和指数的计算，成交量在大宗交易结束后计入该证券成交总量。

（二）场外交易市场

场外交易市场又称柜台交易或店头交易市场，是证券交易所以外的证券交易市场的总称。场外交易市场没有固定的场所，其交易主要利用电话、传真、计算机网络进行。场外交易市场交易的证券以不在交易所上市的证券为主，在某些情况下也对在证券交易所上市的证券进行场外交易。

场外交易市场与证券交易所的区别是不采取经纪制。投资者与证券商直接进行交易。证券商兼具证券自营商和代理商的双重身份。证券商先行垫入资金买进若干证券作为库存，挂牌对外交易，赚取差价。在场外交易市场上，证券采取一对一的交易方式，不存在公开竞价机制，而是买卖双方协商议价。即证券公司对自己所经营的证券同时挂出买入价和卖出价，并无条件地按买入价与卖出价分别买入、卖出相应证券，券商可随时调整所挂的牌价。

场外交易市场是证券发行的主要场所，为政府债券、金融债券、企业债券以及按规定公开发行又不能到二级市场交易的股票提供了流通场所，为投资者提供了兑现的机会，是证券市场场内交易市场的必要补充。

三、证券交易

（一）证券交易的定义

证券交易是指已发行的证券在证券市场上买卖或转让的活动。证券交易与证券发行有着密切的联系，两者相互促进、相互制约。一方面，证券发行为证券交易提供了对象，决定了证券交易的规模，是证券交易的前提；另一方面，证券交易又是证券发行的保证，因为证券交易使证券的流动性特征显示出来，从而有利于证券发行的顺利进行。证券交易的特征主要表现为证券的流动性、收益性和风险性。证券只有通过流动，才有变现能力；证券的流动能为其持有者带来一定收益，证券在流动中也存在因其价格的变化给持有者带来损失的风险。

（二）证券交易的原则

证券交易的原则是反映证券交易宗旨的一般法则，它贯穿于证券交易的全过程。为了保障证券交易功能的发挥，以利于证券交易的正常运行，证券交易必须遵循公开、公平和公正原则。

▶ 1. 公开原则

公开原则，又称为信息公开原则，指证券交易是一种面向社会的、公开的交易活动,其核心要求是实现市场信息的公开化。通常包括两个方面,证券信息的初期披露和持续披露。信息初期披露是指证券发行人在首次发行公开证券时,应当依法如实披露有可能影响投资者做出决策的所有信息。信息持续披露是指证券发行后,发行人应当依法定期向社会提供经营与财务状况的信息,以及不定期公告有可能影响公司经营活动的重大事项等。按照这个原则,投资者对于所购买的证券可以进行充分、真实、准确、完整的了解。

▶ 2. 公平原则

公平原则,是指参与交易的各方应当获得平等的机会。它要求证券交易活动中的所有参与者都有平等的法律地位,各自的合法权益都能得到合法保护。公平是指所有的市场参与者处于一个机会均等、平等竞争的环境。依照这一原则,对证券市场所有参与者来说,不能因其在市场中的职能差异、身份不同、资金数量不同、交易能力大小不同而给予不公平的待遇或者使其受到某些方面的歧视。否定一切大户操纵行为和其他一切不公平交易行为,有违法行为的必须承担相应责任。

▶ 3. 公正原则

公正原则是针对证券监督管理机构监管行为而言的,意指证券监督管理部门在公开、公平的基础上,应公正地对待证券交易的参与各方以及处理证券交易事务。实践中,公正原则体现在很多方面。例如,公正地办理证券交易中的各项手续,公正地处理证券交易中的违法、违规行为等。

(三)证券交易的种类

证券交易种类通常是根据交易对象的品种划分,主要包括股票交易、债券交易、可转换债券交易、认股权证交易、金融期货交易、金融期权交易和存托凭证交易等。

▶ 1. 股票交易

股票交易,是以股票为对象进行的流通转让活动,可以在证券交易所中进行,也可以在场外交易市场进行。前者称为上市交易,后者可称为柜台交易。目前,我国公开发行的股票均在证券交易所交易。在股票上市交易后,如果发现不符合上市条件或由于其他原因,可以暂停交易直至终止上市交易。股票交易的竞价方式有口头竞价、书面竞价与计算机竞价。目前,我国通过证券交易所进行的股票交易均采用计算机竞价方式。

▶ 2. 债券交易

债券交易,是以债券为对象进行的流通转让活动。债券主要有政府债券、公司债券和金融债券三大类,这三类债券都是债券市场上的交易品种。在19世纪70年代,股份公司未广泛成立之前,证券交易的主要对象是国家发行的债券。19世纪70年代到20世纪中叶,股份公司广泛发展,货币资本迅速集中,股票和债券成为证券交易所的主要交易对象。

▶ 3. 可转换债券交易

可转换债券交易是以可转换债券为对象进行的流通转让活动。可转换债券是一种介于股票与债券之间的混合证券,具有债权和股权的双重性质。正因为可转换债券附有股权的价值在内,所以可转换债券的利率一般要低于普通企业债券利率。根据我国《可转换债券管理暂行条例》,可转换债券的利率为同期银行存款的利率水平。一方面,债券持有者可在规定的转换期限内,选择有利时机请求发行公司按规定的价格和比例,将债券转换为股票;另一方面,也可继续持有直至偿还期满时收回本金和利息。对于上市流通的可转换债券,在发行公司的股票价格上扬时,债券持有者可以通过在债券市场上抛售债券来实现收益,并不一定要转换成股票。

▶ 4. 认股权证交易

认股权证本身不是股票,既不享受股利收益,也没有投资权,只是规定其持有者可按照特定的价格、在特定的时间内购买一定数量该公司股票的选择权凭证,其实质是一种普通股票的看涨期权。但与看涨期权相区别的是,认股权证的执行需要发行新股,公司总股本增加,并为公司带来了现金增量。认股权证的交易方式与股票交易类似,既可以在证券交易所内进行,也可以在场外交易市场上进行。

▶ 5. 金融期货交易

金融期货交易,是指以金融期货合约为对象进行的流通转让活动。金融期货合约是由交易双方订立的、约定在未来某日期按成交时所约定的价格交割一定数量的金融商品的标准化契约。金融期货的品种很多,目前世界上的金融期货主要包括利率期货、货币(外汇)期货和股票价格指数期货三种。

▶ 6. 金融期权交易

金融期权交易又称选择权交易,是指以金融期权合约为对象进行的流通转让活动。投资者在支付了期权费以后,就有权在合约所规定的某一特定时间或一段时期,以事先确定的价格向卖出者买进或卖出一定数量的某种金融商品或者金融期货合约的权利,但不是义务,也可以放弃期权,或把期权转卖给他人。

▶ 7. 存托凭证交易

存托凭证是一种在一国证券市场上流通的代表外国公司有价证券的可转让凭证,存托凭证交易是以存托凭证为对象进行的流通转让活动。存托凭证可以使投资者在本国市场上投资他国证券,并按本国标准进行清算和交割,免付国际托管费用。

(四) 证券交易的方式

证券交易的方式就是证券交易的买卖方法与形式。早期的证券交易跟商品交易方式相同,主要是现货交易,一手交钱一手交券。但随着证券市场的逐步成熟和证券交易规模的日益扩大,预防风险意识的加强和投资偏好的变化,期货交易、信用交易、期权交易、股指期货交易等交易方式不断产生,证券交易方式也不断从低级逐渐走向高级,从简单走向复杂,从单一交易方式发展成为复合交易方式。

根据不同的标准,证券交易方式可以进行不同分类。按证券交易完成的交割期限的不同,证券交易方式可分为现货交易、期货交易、信用交易和期权交易;按证券交易付款资金的来源,可分为现金交易、保证金交易;按交易价格形成方式的不同,可分为市商交易和竞价交易;按证券交易场所的不同,可分为场内交易和场外交易。

目前,市场常用的交易方式有以下几种。

▶ 1. 现货交易

现货交易又称现金现货交易,是指证券交易双方在成交后即时清算交割证券和价款的交易方式。现货交易的双方为持券待售者和持币待购者,这是证券交易最古老、最原始、最常见的一手交钱一手交券的钱券两清交易。但随着股票债券交易品种和交易量的增加,买卖成交后很难立即交割,现实中,证券的成交和证券的实际清算与交割之间通常有一定的时间间隔,以便给证券交易所和其他证券中介机构充足的时间进行账务处理,给大宗交易人一定时间准备款项调券。至于交割时间长短,依据各国证券法规和证券管理部门规定而定。在国际上,现货交易的成交与交割之间的时间一般不超过20日。例如,依照"T+1"交割规则,证券公司与投资者之间应在成交后的下一个营业日办理完毕交割事宜,如果下一个营业日正逢法定休假日,则交割日顺延至下一个营业日。若依照"T+0"交割规则,证券公司与投资者之间应在成交当日办理完毕交割事宜。

现货交易作为历史上最古老的证券交易方式,适应信用制度和交易规则相对简单的社会环境,并有助于减少交易风险,是一种比较安全的证券交易形式,也是目前场内交易和场外交易中广泛采用的证券交易形式。

▶ 2. 期货交易

期货交易,又称期货合约交易、定期清算交易,是指证券交易双方在将来某一特定时间以事先协定的价格进行证券清算和交割的交易方式。对于买者,它是预购;对于卖者,它是预销。成交时,必须签订合同(期货合同),并按约履行交货付款手续。订约时间为成交时间,履行时间为交割时间。因此买卖双方在达成期货合同时并无意等到指定日期到来时再进行实际交割证券资产,而是企盼在买进期货合约后的适当时机再行卖出,以谋取利益或减少损失,从而出现多头交易和空头交易。多头交易和空头交易是以对期货价格走势的不同判断为基础而进行的,但作为基本交易方式,均属低买高卖并借此牟利的行为。

▶ 3. 信用交易

信用交易,又称保证金交易、店头交易,即由经纪商给买进证券的客户贷款,或给委托卖出证券的客户贷款而进行的交易方式。信用交易使客户手头无现款或无证券时,凭借自己的信誉只需向经纪人交付一部分的保证金,仍然可以完成证券买卖。利用保证金信用交易,投资者要交一定数量的现款作为保证金。保证金与要买卖的证券总值之比称为保证金比率,一般情况下保证金比率约为50%。

信用交易是现货交易与期货交易的结合,即经纪商与证券交易所之间是现货交易,投资人与经纪商之间是一种期货交易。信用交易是一种委托买卖契约的关系,投资者在事后偿还经纪商的"贷款"与"贷券"。

▶ 4. 期权交易

期权交易,又称选择权交易、契约交易,指投资者在付出一定的费用(期权费)后,可以在一定期限内按约定价格向对方买进或卖出一定数量的债券的交易方式。期权买方通过支付期权费就可取得在一定期限内按约定价格买进或卖出一定数量的证券的权利。契约赋予期权买方的是权利,但不是义务,他可以在契约有效期内行使期权,买进或卖出,也可放弃期权,任其作废;而期权卖方则要承担在买方要求行使期权时履行期权契约的义务。

(五)证券交易的流程

证券经纪业务可以在交易所和场外市场进行,但一般交易所市场的规模较大,所以往往要讨论证券交易所的业务流程。目前我国证券市场上交易的品种主要有A股、B股、国债、基金等,不同品种的证券,交易程序也不尽相同。本书仅以A股为例来说明证券委托买卖的流程,其流程主要包括开设账户、委托买卖、竞价成交、证券结算与过户四个环节。

1. 开设账户

开设账户包括开设证券账户和开设资金账户。

（1）开设证券账户。证券账户是指中国结算公司为申请人开出的记载其证券持有基本功能的权利凭证。开立证券账户是投资者进行证券交易的先决条件。根据《证券账户管理规则》的规定，中国结算公司对证券账户实施统一管理，投资者证券账户由中国结算上海分公司、深圳分公司及中国结算公司委托的开户代理机构负责开立。其中，开户的代理机构是指中国结算公司委托代理证券账户开户业务的证券公司、商业银行及中国结算公司境外B股结算会员。

目前，我国证券账户的种类有两种划分依据：一是按交易场所划分为上海证券账户和深圳证券账户，分别用于记载在上海证券交易所和深圳证券交易所上市交易的证券以及中国结算公司认可的其他证券。二是按用途划分证券账户可以划分为人民币普通股票账户、人民币特种股票账户、证券投资基金账户和其他账户。上海证券账户当日开立，次交易日生效。深圳账户当日开立当日即可用于交易。

（2）开设资金账户。投资者委托买卖，必须在证券经纪商处开立证券交易结算资金账户。所谓证券交易结算资金账户，是指投资者用于证券交易资金清算的专用账户，投资者只要在证券经纪商处开立了证券交易结算资金账户并存入证券交易所需的资金，就具备了办理证券交易委托的条件。目前我国开立资金账户有两种类型，一是通过经纪商开户；二是直接在指定银行开户。资金账户主要分为现金账户和保证金账户两种。现金账户指客户通过证券商买入或卖出证券时，必须在清算日或清算日之前交清全部价款或将证券交割给证券商。一般情况下，清算日会注明在给客户的"成交通知单"上。开设现金账户的客户最为普遍，大部分个人和几乎所有大额投资者，如保险公司、企业或政府的退休基金、互助基金等，开设的都是现金账户。一般都用现金交易，只要能迅速付款和交付证券，客户就可以在这种账户下委托经纪商进行证券买卖。保证金账户是指客户按账户规定的保证金比例支付所购买证券的价款，余款由证券公司提供贷款垫付，贷款利息以证券公司的借款成本为基础折算。在这种账户下，客户可以用少量的资金买进大量的证券，所有的信用交易（如买空、卖空交易和大部分期权交易）都只能在这种保证金账户下进行。开户前，证券经纪商与客户都必须进行一定的调查，然后进行双向选择。经纪商需要了解客户的基本情况、客户的投资目的和客户的资信状况等，以便为客户提供个性化的服务，而非被动地接受客户指令，成熟市场条件下的信用交易，出于自身资产安全性的考虑，更需对客户的实力与资信等级进行了解。当然，客户也会审慎地选择证券商，一般会考虑经纪商的经营规模、资金实力、会员席位、业务水平、服务质量及服务设施、地理位置等。

2. 委托买卖

投资者在开设股票账户和资金账户后，就可以在证券营业部办理委托买卖，其整个过程是：投资人报单给证券商；证券商通过其场内交易员将委托人的买卖指令输入计算机终端；各证券商的场内交易员发出的指令一并输入交易所计算机主机，由主机撮合成交；成交后由证券代理投资人办理清算、交割和过户手续。

3. 竞价成交

我国的证券市场为竞价市场。交易的中心环节是竞价成交，在高度组织化的证券交易所内，会员经纪商代表众多的买方和卖方，按照一定规则和程序公开竞价，达成交易。

（1）竞价原则。证券交易按"价格优先、时间优先"的原则竞价成交。价格优先原则即价格较高的买进申报优于价格较低的买进申报，价格较低的卖出申报优先于价格较高的卖出申报。时间优先原则即同价位申报，依照申报时间顺序决定优先顺序。其关键是申报时间先后的确定：电脑申报竞价时按计算机主机接受的时间顺序排列；书面申报竞价时，按中介经纪人接到的书面凭证顺序排列；口头申报竞价时按经纪人听到的顺序排列；在无法区分时间的先后时，由中介经纪人组织抽签决定。目前，书面申报竞价和口头申报竞价已很少采用。在申报价格、时间都相同时，一般按申报的交易股份规模排序，规模越大，其次序就越靠前，这是因为大额交易所面临的风险较大，且为市场提供了较高的流动性。有人把这种现象归结为竞价交易方式的第三个原则，即"规模优先"原则。

（2）竞价方式。目前，证券交易一般采用两种竞价方式：集合竞价和连续竞价。这两种方式存在于不同的交易时段。集合竞价在每个交易日的开始用于产生第一笔交易，第一笔交易的价格称为开盘价。沪深股市交易日的9：15—9：25为集合竞价时间。其他正常交易时间采用连续竞价，沪深股市交易日的9：30—11：30，13：00—15：00（其中14：57—15：00为深市收盘集合竞价时间）为连续竞价时间，交易价格采用连续竞价方式进行。在集合竞价方式下，所有的交易订单不是在收到之后立刻予以竞价撮合，而是由交易中心（如证券交易所的电脑撮合中心）将在不同时点收到的订单积累起来，到一定的时刻再进行集中竞价成交。连续竞价是在集合竞价结束后，正式开始当天的交易，即开始连续竞价，直到收市。

（3）竞价结果。证券交易竞价的结果有三种可能：全部成交、部分成交和不成交。

▶ 4. 证券结算与过户

（1）证券清算。证券清算是指证券交易所的清算中心或所属的清算公司将各证券经纪商之间发生的证券买卖数量与价款分别予以轧抵，对证券和资金的应收或应付净额进行计算的处理过程。

在证券交易过程中，当买卖双方达成交易后，应根据证券清算的结果，在事先约定的时间内履行合约。买方需交付一定款项获得所购证券，卖方需交付一定证券获得相应价款。在钱货两清的过程中，证券的收付称为交割，资金的收付称为交收。证券的清算、交割、交收统称为证券结算。

证券结算主要有两种方式：逐笔结算和净额结算。各国的清算交割日规定不同。我国的A股、基金、债券都是在交易日的次日（T+1）交割，我国的B股和日本是在交易日起第4天（T+3）交割，美国和加拿大是在交易日起的第5天（T+4）交割。

（2）过户。证券过户是指股权（债权）在投资者之间转移。记名式证券在交易后，必须办理过户手续。不记名证券不存在过户问题。目前，在我国利用电脑的无纸交易中，股票成交后，证券公司要通过电脑在交易双方的股票上增加或减少股票数，并把有关所有权转移事项记入证券发行公司的账簿中。只有这样，买方才能正式成为公司股东，享有股东权利、领取公司派送的股息或红利等。

过户分为交易性过户、非交易性过户和账户挂失转户三种。交易性过户是指记名证券的交易使股权（债权）从出让人转移到受让人，从而完成股权（债权）的过户；非交易性过户是指由于继承、赠予、财产分割或法院判决等原因而发生的权益转移；账户挂失转户是指不进行财产转移即可直接办理过户。

四、我国的证券交易市场

我国的证券交易市场包括主板市场、中小企业板市场和创业板市场。

1. 主板市场

主板市场是一个国家或地区证券发行、上市及交易的主要场所。一般而言，各国主要的证券交易所即代表着国内主板市场。主板市场对发行人的经营期限、股本大小、盈利水平、最低市值等方面的要求标准较高，上市企业多为大型成熟企业，具有较大的资本规模以及稳定的盈利能力。相对创业板市场而言，主板市场是资本市场中最重要的组成部分，很大程度上能够反映经济发展状况，有"宏观经济晴雨表"之称。

2. 中小企业板市场

2004年5月，经国务院批准，中国证监会批复同意，深圳证券交易所在主板市场内设计中小企业板块市场。设立中小企业板块的宗旨是为主业突出、具有成长性和科技含量的中小企业提供直接融资平台，是我国多层次资本市场体系建设的一项重要内容，也是分步推进创业板市场建设的一个重要步骤。

中小企业板块的设计要点包括以下四个方面。

（1）暂不降低发行上市标准，而是在主板市场发行上市标准的框架下设立中小企业板块，这样可以避免因发行上市标准变化带来的风险。

（2）在考虑上市企业的成长性和科技含量的同时，尽可能扩大行业覆盖面，以增强上市公司行业结构的互补性。

（3）在现有主板市场内设了中小企业板块，可以依托主板市场形成初始规模，避免直接建立创业板市场初始规模过小带来的风险。

（4）在主板市场的制度框架内实行中小企业板块相对独立运行，目的在于有针对性地解决市场监管的特殊性问题，逐步推进制度创新，从而为建立创业板市场积累经验。

从制度安排看，中小企业板块以运行独立、监察独立、代码独立和指数独立与主板市场相区别，同时，中小企业板块又以其相对独立性与创业板市场相衔接。

中小企业板块市场在监管方面主要采取两项措施：一是改进交易制度，完善开盘集合竞价制度和收盘价的确定方式，在监控中引入涨跌幅、振幅及换手率的偏离值等指标，完善交易异常波动停牌制度；二是完善中小企业板块上市公司监管制度，推行募集资金使用定期审计制度、年度报告说明会制度和定期报告披露上市公司股东持股分布制度等措施。

3. 创业板市场

创业板市场又称为二板市场，是为具有高成长性的中小企业和高科技企业融资服务的资本市场。创业板市场是不同于主板市场的独特的资本市场，具有前瞻性、高风险、监管要求严格以及明显的高技术产业导向的特点。与主板市场相比，在创业板市场上市的企业规模较小、上市条件相对较低，中小企业更容易上市募集发展所需资金。创业板市场的功能主要表现在两个方面：一是在风险投资机制中的作用，即承担风险资本的推出窗口作用；二是作为资本市场所固有的功能，包括优化资源配置、促进产业升级等作用，而对企业来讲，上市除了融通资金外，还有提高企业知名度、分担投资风险、规范企业运作等作用。因而，建立创业板市场是完善风险投资体系，为中小高科技企业提供直接融资服务的重要一环，也是资本市场的重要组成部分。

经国务院同意、中国证监会批准，我国创业板市场于2009年10月23日在深圳证券交易所正式启动，主要面向成长型创业企业，重点支持自主创新企业，支持市场前景好、带动能力强、就业机会多的成长型创业企业，特别是支持新能源、新材料、电子信息、生物医药、环保节能、现代服务等新兴产业的发展。

我国创业板的推出和发展，将发挥对高科技、高成长创业企业的"助推器"功能，为各类风险投资和社会资本提供风险共担、利益共享的进入和退出机制，促进创业投资良性循环，逐步强化以市场为导向的资源配置、价格发现和资本约束机制，提高我国资本市场的运行效率和竞争力。

创业板是我国多层次资本市场体系的重要组成部分。创业板的开板，标志着我国交易所市场在经过20年发展后，已经逐步确立了由主板（含中小板）、创业板构成的多层次交易所市场体系框架。

任务四 证券价格指数

一、股票的价值和价格

（一）股票价值的表现形式

▶ 1. 票面价值

股票的票面价值又称面值，即在股票票面上标明的金额。股票的票面价值是股票初次发行时的定价。股票以面值发行，即平价发行，则公司发行股票募集资金等于股本总额，也等于股票面值的总和；如果股票以高于面值的价格发行，即溢价发行，则公司发行股票募集的资金中，等于面值总和的部分记入股东账户，超过面值总和的部分记入资本公积金账户。

股票面值的另一个作用是代表了每份股权占总股份的比例，为确定股东权益提供依据。然而，随着公司净资产的不断变化，股票的面值与其每股净资产逐渐背离，与其市场价格和投资价值也没有了必然联系。

▶ 2. 账面价值

股票的账面价值也称股票的净值或称每股净资产，是每股股票所代表的实际资产的价值。股票的账面价值越高，公司的运营资本基础就越雄厚，股票就越具有投资价值，所以账面价值是分析股票投资价值的重要指标。股票账面价值的计算公式为

$$账面价值 = \frac{资产总额 - 负债总额 - 优先股价值}{发行在外的普通股股数}$$

▶ 3. 清算价值

股票的清算价值是指在公司清算时，每一份股份所代表的实际价值。理论上，股票的清算价值应该等于其账面价值，但实际上并不是这样。因为在公司清算时，其资产只能低价出售，再加上必要的清算成本，大多数公司的实际清算价值往往都大大低于账面价值。

▶ 4. 内在价值

股票的内在价值即理论价值，也即股票未来收益的现值。股票的内在价值或者理论价值决定了股票的市场价格。通常股票的市场价格总是围绕着其内在价值上下波动，但由于受供求关系以及其他许多因素影响，股票的市场价格与其内在价值又不会绝对相等。股票的内在价值随着经济形势、宏观经济政策、市场利率的变化等而变化。研究和发现股票的内在价值，并将其与股票市场价格加以比较，是做出股票投资决策的重要环节。

(二)股票的价格

▶ 1. 股票价格的含义

股票价格又称股票行市,是指股票在证券市场上买卖的价格。从理论上讲,股票价格应由其价值来决定。实际上,股票本身没有价值,而只是一张资本凭证。但另一方面,股票本身又代表着价值,持有股票就能获取股息或资本利得,所以股票才具有价格。股票价格是对未来收益的评定,股票交易则是对未来收益权的转让买卖。

▶ 2. 股票的理论价格

股票的理论价格是指以一定利率计算出来的未来收益的现值。股票的现值就是股票的未来收益,即人们为了得到股票的未来收益,愿意现在支付的价格。

▶ 3. 股票的市场价格

股票的市场价格一般是指股票在二级市场上的买卖价格。股票的市场价格不仅取决于股票价值,还受到许多其他不确定因素的影响。其中,最直接、最主要的影响因素是供求关系。由于影响股票市场价格的因素是复杂多变的,所以股票的市场价格经常是高低起伏,上下波动幅度很大。

股票的市场价格包括开盘价、收盘价、最高价、最低价、买入价和卖出价等几种表现形式。

(三)股票的股息与红利

▶ 1. 分红

分红是公司对股东的投资回报。分红一般包括股息和红利两种基本形式。股息是股票持有者依据所持股票从发行公司分取的赢利,其来源是公司的税后净利润;红利是股票持有者在取得股息后又从公司领取的收益,是股东在公司按规定股息率分派后取得的剩余利润。

股息的利率是固定的,只有优先股股东才能享有;红利的数额受公司业绩、股利政策、税收政策等方面因素影响,通常是不确定的,并会随着公司每年可分配盈余的多少而上下浮动。因此,有人认为红利是专指普通股股东的投资回报,而股息则专指优先股股东的投资回报。实际上,股息和红利有时并不加以仔细区别,而是被统称为股利或红利。

▶ 2. 股息与红利的分配

股息与红利的分配形式包括派发现金红利、送红股与转赠股本和增资配股。

(1)派发现金红利是指公司直接以货币形式向股东支付红利,这是最常见的分红形式。如果公司在某个营业年度结束时有盈余,应当首先弥补往年的亏损,再提取盈余公积,最后的剩余额用于股东分红。如果公司的发展进入成熟期后,其投资机会减少,成长性降低,公司更多地会将盈余以现金形式派发给股东;当公司募集新股与负债的资金成本都较低时,一般也会发放现金红利。通常,业绩优良的公司大多偏向于派发现金红利。

(2)送红股是指公司以向股东发放股票的形式进行红利分配,从而将本年度利润转化为新的股本。公司处于成长期、投资机会较多、业绩增长较快,需要进行资本扩张时或公司借贷资金成本较高时均会采取送红股的形式。转赠股本是指公司将资本公积金转化为股本向股东发放股票,其客观结果与送红股相似。送红股与转增股本不同。红股来自公司的税后利润,送红股是将公司的税后利润转化为股本发放给股东。只有在公司有盈余的情况下，才能送红股；转赠股本来自于资本公积金，可以不受公司本年度可分配利润的多少及时间限制，只要相应减少公司账面上的资本公积金、增加注册资本金就可以了。严格来讲，转增股本并不是对股东的分红回报。应当指出的是，送红股与转增股本后，公司的总股本增大了，同时每股净资产降低了，但公司的资产负债、股东权益及股本结构都没有发生变化。

（3）增资配股是指公司按一定比例向现有股东发行新股，属于再筹资的手段，股东要按配股价格和配股数量缴纳配股款，完全不同于公司对股东的分红。但在我国，增资配股常常被列为公司分红方案的一部分。由于上市公司所属行业不同，其经营业绩和增长速度各异，因此，采取何种分红方式需根据公司的具体情况决定。

▶ 3. 除权、除息

公司因分红（送股、配股或派现）使得每股股票代表的实际价值发生了变化，即每股净资产有所减少，需要在发生该事实后，从股票价格中剔除这部分因素。因股本增加而形成的剔除行为称除权；因现金分红而形成的剔除行为称除息。

公司分红时，需要确定股权登记日，登记日之前或当天持有或买进该股票的股东，可享受送股派息或配股的权利，即称为含权、含息；登记日的次个交易日称为除权除息日，此时再买入股票已不再享有上述权利。

除权、除息与含权、含息的差别有两个方面：其一是看股票的股息与红利是否已分配，或看股东能否享受股息与红利；其二是看股票的市场价格是否不同。

▶ 4. 除权除息基准价

送股、派息或配股的当天，称除权基准日，又称除权除息日。除权除息日的开盘价是以除权（除息）基准价为参考价的。

▶ 5. 填权与贴权

股票除权除息当天或其后的一段时间，其交易价格如果一直高于除权除息基准价，这种行情称为填权。若股价上涨到除权除息前的价格（即股权登记日收盘价），则称为填满权；反之为贴权。除权除息的股票能否填权，能否填满权，与市场环境、公司的行业前景、获利能力及企业形象有很直接的关系。

二、股票价格指数

股票价格指数即股价指数，是对证券市场上的股票价格进行平均计算和动态对比后得出的数值，是反映股票总体价格水平的综合指标。在证券市场中，各种股票价格处在不断变化中，有涨有跌。用单个或少数几只股票的价格水平很难反映整个市场的行情，只能通过股票价格指数来反映和把握证券市场或某一行业股价变动趋势。

（一）股票价格平均数

股票价格平均数是用来衡量所有样本股经过调整后的价格水平的平均值。通常有简单算术股价平均数、加权股价平均数和修正股价平均数三种形式。

▶ 1. 简单算术股价平均数

该方法是把列入计算范围的股票各抽取一股，将它们的收盘价或者开盘价、最高价、最低价、平均价加在一起（通常按收盘价计算），然后除以总股数，得出算术平均数。在市场上未发生不可比因素的情况下，如证券交易所开办之初尚未有除权因素时，以此种方法计算的股价平均数，实际上就是算术平均股价。其计算公式为

$$\text{平均股价} = \frac{\sum \text{样本股票的当天收盘价}}{\sum \text{股票样本数}}$$

该方法有助于判断股票投资的获利情况，进而知道平均股价在利率体系中是偏高还是偏低。其缺陷是没有考虑股票分割、权数不一等因素的影响。所以，不能反映股价一般的、长期的和动态的变化。也容易被发行量或交易量较少的股票价格的涨落所左右，难以真实地反映股市动态。

▶ **2. 加权股价平均数**

加权股价平均数是把各种样本股票的发行量或交易量作为权数计算出来的股价平均数。其方法是把列入计算范围的各种股票的交易价格乘以各自的权重后相加，再除以总权重，得出加权平均数。权重的取法有两种情况：一是以计算期的成交量为权重，股票成交的股数越多，其权重就越大；二是以各种股票各自的发行量为权重，发行股数多的权重就大。

以样本股成交量为权重的加权股价平均数计算公式为

$$\text{加权平均股价} = \frac{\text{样本股票成交总额}}{\text{同期样本成交总股数}}$$

其中

$$\text{样本股票成交总额} = \text{每股价格} \times \text{成交股数}$$

计算结果为平均成交价。

以样本股发行量为权重的加权股价平均数计算公式为

$$\text{加权平均股价} = \frac{\text{样本股市价总额}}{\text{同期样本股发行总量}}$$

其中

$$\text{样本股市价总额} = \text{每股价格} \times \text{发行股数}$$

计算结果为平均市场价格。

▶ **3. 修正股价平均数**

修正股价平均数是在简单算术平均数的基础上，当发生增资配股或股份细拆时，通过变动除数，使股价平均数不受影响。其计算公式为

$$\text{修正股价平均数} = \frac{\text{拆股后的总价格}}{\text{新除数}}$$

其中

$$\text{新除数} = \frac{\text{拆股后的总价格}}{\text{拆股前的平均数}}$$

（二）股票价格指数的编制

股票价格指数是将计算期的股价与某一基准日期的股价相比较的相对变化指数，可以反映市场股票价格的相对水平。平均股价虽然能在一定程度上反映股票市场的价格水平，但它不能反映市场股票价格的变化。因此，在计算平均股价的基础上，还要进一步编制股票价格指数。编制股票价格指数一般要经过一系列的基本步骤。

▶ **1. 确定样本股**

编制股票价格指数时要注意以下几点。

（1）要选择一定数量有代表性的上市公司股票作为样本股。样本股的数量可以选择其中有代表性的一部分股票，也可以选择全部上市股票。其选择原则必须考虑行业代表性，

这是国际上对样本股选择的主要原则。行业代表性是指在种类繁多的股票中,既要选择不同行业的股票,又要在各行业中选出那些具有代表性的股票作为样本股来计算。同时,作为样本股的上市公司在经营业绩、公司规模、流通市值等方面也应成为行业代表。

（2）要考虑市场规模。为了反映股票市场的规模及其活跃程度等,还必须考虑流通市值规模和交易活跃程度这两项指标,使样本股的市场价值占全部股票的市价总值的大部分。

（3）在样本股确定后,还应经常适时调整样本股,让更有活力和代表性的公司股票进入样本股,使股票价格指数能更真实、准确地反映股票市场情况。

▶ 2. 选定基期和计算方法

通常选择某一有代表性的日期作为基期,并按选定的某一种方法计算这一日的样本股平均价格。

▶ 3. 计算其平均股价并做必要的修正

收集样本股在计算期的价格并按选定的计算方法计算平均价格。有代表性的价格是样本股的收盘平均价。另外,所采用的样本股因送股、增资配股等情况而需要对计算结果进行修正,以保持计算结果的连续性和可比性。

▶ 4. 指数化

指数化是将以货币单位表示的平均股价转化成以"点"为单位的股票价格指数。其方法是以样本股计算基期股价平均值除以基期股价平均值再乘以一个固定乘数（通常为 100）,即为计算期的股价指数。

三、我国的股票价格指数

我国股票价格指数主要包括中证指数有限公司及其指数、上海证券交易所的股价指数、深圳证券交易所的股价指数、中国香港和中国台湾的主要股价指数和海外上市公司指数等。

（一）中证指数有限公司及其指数

中证指数有限公司成立于 2005 年 8 月 25 日,是由上海证券交易所和深圳证券交易所共同出资发起设立的一家专业从事证券指数及指数衍生产品开发服务的公司,包括沪深 300 指数和中证规模指数等。

▶ 1. 沪深 300 指数

沪深 300 指数是沪、深证券交易所于 2005 年 4 月 8 日联合发布的反映 A 股市场整体趋势的指数。沪深 300 指数的编制目标是反映中国证券市场股票价格变动的概貌和运行状况,并能够作为投资业绩的评价标准,为指数化投资和指数衍生产品创新提供基础条件。中证指数有限公司成立后,沪、深证券交易所将沪深 300 指数的经营管理及相关权益转移至中证指数有限公司。沪深 300 指数简称"沪深 300",成分股数量为 300 只,指数基日为 2004 年 12 月 31 日,基点为 100 点。

▶ 2. 中证规模指数

中证规模指数包括中证 100 指数、中证 200 指数、中证 500 指数、中证 700 指数、中证 800 指数和中证流通指数。这些指数与沪深 300 指数共同构成中证规模指数体系。其中,中证 100 指数定位于大盘指数,中证 200 指数为中盘指数,沪深 300 指数为大中盘指数,中证 500 指数为小盘指数,中证 700 指数为中小盘指数,中证 800 指数则由大中小盘指数构成。中证规模指数的计算方法、修正方法、调整方法与沪深 300 指数相同。

（二）上海证券交易所的股价指数

由上海证券交易所编制并发布的上证指数系列，分为样本指数、综合指数和分类指数三类。

▶ 1. 样本指数类

1）上证成分股指数

上证成分股指数，简称"上证180指数"，是上海证券交易所对原上证30指数进行调整和更名产生的指数。上证成分股指数的编制方案是在结合中国证券市场的发展现状并借鉴国际经验，在原上证30指数编制方案的基础上进一步完善后形成的。

上证成分股指数的样本股共有180只股票，选择样本股的标准是遵循规模（总市值、流通市值）、流动性（成交金额、换手率）、行业代表性三项指标，即选取规模较大、流动性较好且具有行业代表性的股票作为样本。上证成分指数的样本空间，是在剔除上市时间不足1个季度、暂停上市、经营状况异常或最近财务报告严重亏损、股价波动较大、市场表现明显受到操纵等股票的范围内选择的。样本股的选择方法是：首先，根据总市值、流动市值、成交金额和换手率对股票进行综合排名；其次，按照各行业的流通市值比例分配样本只数；再次，按照行业的样本分配只数在行业内选取排名靠前的股票；最后，对各行业选取的样本进一步调整，使成分股总数为180家。上证成分股指数依据样本稳定性和动态跟踪的原则，每年调整一次成分股，每次调整比例一般不超过10%，特殊情况下也可能对样本股进行临时调整。

上证成分股指数采用派许加权综合价格指数公式计算，以样本股的调整股本数为权数，并采用流通股本占总股本比例分级靠档加权计算方法。当样本股名单发生变化，或样本股的股本结构发生变化，或股价出现非交易因素的变动时，采用"除数修正法"修正原固定除数，以维护指数的连续性。

2）上证50指数

2004年1月2日，上海证券交易所发布了上证50指数。上证50指数根据流通市值、成交金额对股票进行综合排名，从上证180指数样本中选择排名前50位的股票组成样本。指数以2003年12月31日为基日，以该日50只成分股的调整市值为基期，基数为1 000点。上证50指数采用派许加权方法，按照样本股的调整股本数为权数进行加权计算。调整股本数采用流通股本占总股本比例分级靠档的方法对成分股股本进行调整。上证50指数的分级靠档方法同中证流通指数。当样本股名单发生变化、样本股的股本结构发生变化，或股价出现非交易因素的变动时，采用"除数修正法"修正原固定除数，以维护指数的连续性。

3）上证红利指数

上证红利指数，简称"红利指数"，由上海证券交易所编制。上证红利指数由在上海证券交易所上市的现金股息率高、分红比较稳定的50只样本股组成，以反映上海证券市场高红利股票的整体状况和走势。在满足规模和流动性条件的基础上，按照过去两年平均税后股息率进行排名，挑选排名最前的50只股票组成样本股。上证红利指数以2004年12月31日为基日，基点1 000点，于2005年首个交易日发布。

上证红利指数采用派许加权方法，按照样本股的调整股本数为权数进行加权计算。调整样本数采用分级靠档的方法对成分股股本进行调整。当成分股名单发生变化，或成分股的股本结构发生变化，或成分股的调整市值出现非交易因素的变动时，采用"除数修正法"修正原固定除数，以保证指数的连续性。上证红利指数每年末调整样本一次，特殊情况下也可进行临时调整，调整比例一般不超过20%。

2. 综合指数类

1）上证综合指数

上海证券交易所从1991年7月15日起编制并公布上海证券交易所股份指数，它以1990年12月19日为基期，以全部上市股票为样本，以股票流通股数为权数，按加权平均法计算。

2）新上证综合指数

新上证综合指数简称新综指，指数代码为000017，于2006年1月4日首次发布。新综指选择已完成股权分置改革的沪市上市公司组成样本，实施股权分置改革的股票在方案实施后的第2个交易日纳入指数。新综指是一个全市场指数，它不仅包括A股市值，而且包含B股市值。

上证综合指数系列还包括A股指数、B股指数及工业类指数、商业指数、地产类指数、公用事业类指数、综合类指数、中型综指、上证流通指数等。

3）分类指数

上证分类指数有A股指数、B股指数及工业类、商业类、地产类、公用事业类、综合类等共7类。上证A股指数以1990年12月19日为基期，设基期指数为100点，以全部上市的A股为样本，以市价总值加权平均法编制。

（三）深圳证券交易所的股价指数

1. 样本指数类

1）深证成分股指数

深证成分股指数由深圳证券交易所编制，通过对所有在深圳证券交易所上市的公司进行考察，按一定标准选出40家有代表性的上市公司作为成分股，以成分股的可流通股数为权数，采用加权平均法编制而成。成分股指数以1994年7月20日为基日，基日指数为1 000点，起始计算日为1995年1月25日。深圳证券交易所选取成分股的一般原则是：有一定的上市交易时间；有一定的上市规模，以每家公司一段时期内的平均可流通股市值和平均总市值作为衡量标准；交易活跃，以每家公司一段时期内的总成交金额和换手率作为衡量标准。根据以上标准，再结合下列各项因素评选出成分股：公司股票在一段时间内的平均市盈率，公司的行业代表性及所属行业的发展前景，公司近年来的财务状况、盈利记录、发展前景及管理素质等，公司的地区、板块代表性等。

2）深证A股指数

深圳A股指数以成分A股为样本，以成分A股的可流通股数为权数，采用加权平均法编制而成。成分A股指数以1994年7月20日为基日，基日指数为1 000点，起始计算日为1995年1月25日。

3）深证B股指数

深圳B股指数以成分B股为样本，以成分B股的可流通股数为权数，采用加权平均法编制而成。成分B股指数以1994年7月20日为基日，基日指数为1 000点，起始计算日为1995年1月25日。

4）深证100指数

深圳证券信息有限公司于2003年年初发布深证100指数。深证100指数成分股的选取主要考察A股上市公司流通市值和成交金额两项指标，从在深交所上市的股票中选取100只A股作为成分股，以成分股的可流通A股数为权数，采用派许综合法编制。根据市场动态跟踪和成分股稳定性原则,深证100指数将每半年调整一次成分股。深证100指数以2002年12月31日为基准日,基准指数定为1 000点,从2003年第1个交易日开始编制和发布。

2. 综合指数类

深证系列综合指数包括深证综合指数、深证A股指数、深证B股指数、行业分类指数、中小板综合指数、创业板综合指数、深证新指数、深市基金指数等全样本类指数。

1) 深证综合指数

深证综合指数以在深圳证券交易所主板、中小板、创业板上市的全部股票为样本股。深证系列综合指数均为派氏加权股价指数,即以指数样本股计算日股份数作为权数进行加权逐日连锁计算。

2) 深证A股指数

深证A股指数以在深圳证券交易所主板、中小板、创业板上市的全部A股为样本股,以样本股发行总股本为权数,进行加权逐日连锁计算。

3) 深证B股指数

深证B股指数以在深圳证券交易所上市的全部B股为样本,以样本股发行总股本为权数,进行加权逐日连锁计算。

4) 行业分类指数

行业分数指数以在深圳证券交易所主板、中小板、创业板上市的按行业进行划分的股票为样本。行业分类指数依据《上市公司行业分类指引》中的门类划分,编制13个门类指数;依据制造业门类下的大类划分,编制9个大类指数,共有22条行业分类指数。行业分类指数以样本股发行总股本为权数,进行加权逐日连锁计算。

5) 中小板综合指数

中小板综合指数以在深圳证券交易所中小企事业板上市的全部股票为样本,以可流通股本数为权数,进行加权逐日连锁计算。中小板综合指数以2005年6月7日为基日,基日指数为1 000点,2005年12月1日开始发布。

6) 创业板综合指数

创业板综合指数以在深圳证券交易所企业板上市的全部股票为样本,以可流通股本数为权数,进行加权逐日连锁计算。创业板综合指数以2010年5月31日为基日,基日指数为1 000点,2010年8月20日开始发布。

7) 深证新指数

深证新指数以在深圳证券交易所主板、中小板、企业板上市的正常交易的且已完成股改的A股为样本股,以可流通股本数为权数,进行加权逐日连锁计算。

(四) 中国香港和中国台湾的主要股价指数

1. 恒生指数

恒生指数是由中国香港恒生银行于1969年11月24日起编制公布、系统反映香港股票市场行情变动最有代表性和影响最大的指数。它挑选了33种有代表性的上市股票为成分股,用加权平均法计算。成分股主要根据以下四个标准选定:第一,股票在市场上的重要程度;第二,股票成交额对投资者的影响;第三,股票发行在外的数量能应付市场旺盛时的需要;第四,公司的业务应以香港为基地。这33种成分股中包括金融业4种、公用事业6种、地产业9种、其他工商业14种。这些股票分布在香港主要行业,都是最具代表性和实力雄厚的大公司。它们的市价总值要占香港所有上市股票市价总值的70%左右。

恒生指数的成分股并不固定，自1969年以来，已进行10多次调整，从而使成分股更具有代表性，使恒生指数更能准确反映市场变动状况。

恒生指数最初以股市交易较正常的1964年7月31日为基期，令基值为100，后来因为恒生指数按行业增设了4个分类指数，将基期改为1984年1月13日，并将该日收市指数的975.47点定为新基期指数。由于恒生指数具有基期选择恰当、成分股代表性强、计算频率高、指数连续性好等特点，因此一直是反映和衡量香港股市变动趋势的主要指标。

香港恒生指数于2006年2月提出改制，首次将H股纳入恒生指数成分股。上市标准是以H股形式于香港上市的内地企业，只要公司的股本以全流通形式于香港联交所上市；H股公司已完成股权分置，且无非上市股本；或者新上市的H股公司无非上市股本。恒生指数服务公司表示，恒生指数会增加成分股数目，由目前的33只逐步增加至38只，新增加的5只将全部是国企股。截至2006年年末，中国建设银行、中国石化、中国银行已入选恒指成分股，恒生指数成分股数目由原来的33只增加至36只。2007年3月12日起将工商银行、中国人寿纳入恒生指数，至此，恒生指数成分股增加至38只。这也意味着上证综指的前四大权重股工商银行、中国人寿、中国银行和中国石化全部进入恒生指数系列。除首度将H股纳入恒指成分股外，恒生指数的编算方法也将出现变动：由总市值加权法改为以流通市值调整计算，并为成分股设定15%的比重上限。近年来，国企股占港股总市值和成交额的比重不断上升，变动后的恒生指数更能全面反映市况，更具市场代表性。

▶ **2. 恒生综合指数系列**

恒生银行于2001年10月3日推出恒生综合指数系列。恒生综合指数包括200家市值最大的上市公司，并分为两个独立指数系列，即地域指数系列和行业指数系列。地域指数分为恒生香港综合指数和恒生中国内地指数。其中，恒生香港综合指数包括123家在香港上市而营业收益主要来自中国内地以外地方的公司，又分为恒生香港大型股指数、恒生香港中型股指数和恒生香港小型股指数。恒生中国内地指数包括77家在香港上市而营业收益主要来自中国内地的公司，又分为恒生中国企业指数（H股指数）和恒生中资企业指数（红筹股指数）。恒生综合行业指数分为资源矿产业指数、工业制造业指数、消费品制造业指数、服务业指数、公用事业指数、金融业指数、地产建筑业指数、咨询科技业指数、综合企业指数。

▶ **3. 恒生流通综合指数系列**

恒生流通综合指数系列于2002年9月23日推出，以恒生综合指数系列为编制基础，与恒生综合指数相同，有200只成分股，并对成分股流通量进行调整。在指数编制过程中，整个指数系列均经过流通量市值及市值比重上限调整。流通市值调整的目的是在指数编制中剔除由策略性股东长期持有并不在市场流通的股票。以下三类股份被视为策略性持有的股份：①策略性股东持有的股权，由一位或多位策略性股东单独或共同持有超过30%的股权；②董事持有的股权，个别董事持有超过5%的股权；③互控公司持有的股权，由一家香港上市公司所持有并超过5%的股权。流通市值调整的依据是公开资料，包括公司年报和香港交易所提供的公开信息。流通量调整系数（流通系数）是流通股份占总发行股份的百分比。各成分股的发行股票数量以流通系数调整后才用以编制指数。流通系数将调整至最接近的5%或10%的整位数，各成分股占指数的比重均调整至不超过15%。恒生流通综合指数系列以2000年1月3日为基期，并以2 000点为基值。

▶ 4. 恒生流通精选指数系列

恒生流通精选指数系列于 2003 年 1 月 20 日推出。恒生流通精选指数系列由恒生 50、恒生香港 25 和恒生中国内地 25 组成，这 3 只指数分别为恒生流通综合指数、恒生香港流通指数和恒生中国内地流通指数属下的分组指数。

▶ 5. 台湾证券交易所发行量加权股价指数

台湾证券交易所目前发布的股价指数中，以发行股数加权计算的有 26 种，包括发行量加权股价指数(未含金融股和电子股发行量加权股价指数)；还有 22 种产业分类股价指数，与英国富时(FTSE)共同编制的台湾 50 指数，以及以算术平均法计算的综合股价平均数和工业指数平均数。

（五）海外上市公司指数

2004 年 10 月 18 日，美国芝加哥期权交易所(CBOE)的全资子公司 CBOE 期货交易所(CFE)推出 CBOE 中国指数，并以该指数为标的推出 CBOE 中国指数期货，还计划推出中国指数期权。

CBOE 推出的中国指数主要基于海外上市的中国公司，以在纽约证券交易所、纳斯达克证券市场或美国证券交易所上市的 16 只中国公司股票为样本，按照等值美元加权平均计算而成。样本股有中国铝业、中国人寿、中国电信、中国移动、中海油、中国玉柴国际、华能国际、南太电子、中石油、新浪网、中石化、搜狐网、网易、中华网、UT 斯达康等。

四、其他国家的股票价格指数

世界各国证券市场一般都有自己的股价指数，下面介绍几种在世界上影响较大的股票价格指数。

（一）道琼斯股票价格平均指数

道琼斯股票价格平均指数，简称道琼斯指数，是国际上历史最悠久、最有影响、使用最广泛的股票价格指数，它被誉为反映西方经济的晴雨表。道琼斯股票价格平均指数是由美国的道琼斯公司计算和发布的。道琼斯指数最初由 11 种股票组成，经过 1897 年、1916 年、1928 年和 1938 年四次变动，由 11 种股票逐步增加至 32 种股票，以后又增加至 40 种股票，至今已有 65 种股票。道琼斯股价指数以 1928 年 10 月 1 日为基期，基期指数为 100 点。道琼斯股票价格平均指数由一组股价平均数组成，共有五组指标组成。

▶ 1. 工业股价平均数

工业股价平均数在道琼斯指数中最著名，最受人们关注。以美国埃克森石油公司、通用汽车公司和美国钢铁公司等 30 家著名大商业公司股票为编制对象。它从 1897 年开始编制，1985 年 11 月的 30 种成分股包括 15 个行业：航天工业、电子工业、金融服务业、保健工业、造纸工业、照相器材工业和公用事业 7 个行业各选取 1 家，电器工业和零售商业各取 2 家，汽车制造业、化学工业、集装箱及管道工业、石油业和食品烟草肥皂工业 5 个行业各取 3 家，金属制造业取 4 家。平时所说的道琼斯股价指数实际上指的是工业股价平均数。

▶ 2. 运输业股价平均数

运输业股价平均数是以美国泛美航空公司、环球航空公司、国际联运公司等 20 家具有代表性的运输业公司股票为编制对象的运输业股价平均数。

3. 公用事业股价平均数

公用事业股价平均数是以美国电力公司、煤气公司等 15 种具有代表性的公用事业大公司的股票为编制对象的公用事业股价平均数。

4. 道琼斯股票综合平均数

道琼斯股票综合平均数是以上述 65 家公司股票为编制对象的股价综合平均数。道琼斯股票价格平均数以 1928 年 10 月 1 日为基期，基期指数为 100 点。

5. 道琼斯公正市价指数

道琼斯公正市价指数是以 700 家不同规模和实力的公司股票作为编制对象的道琼斯公正市价指数，于 1988 年 10 月编制并公布。

（二）金融时报指数

金融时报指数是由伦敦《金融时报》编制的英国最权威、最著名的股票价格指数，又称伦敦证券交易所股价指数，包括以下三种。

1. 金融时报工业普通股票价格指数

金融时报工业普通股票价格指数最初有 30 家成分股，现扩展为 50 家，包括英国烟草、食油、化学药品、机械、电子、原油等行业最优良的工业公司股票。由于这些公司股票的市值在整个股市中所占的比重大，因此金融时报工业普通股票价格指数具有一定的代表性，是反映伦敦证券市场股票行情的重要依据。金融时报工业普通股票价格指数以 1935 年 7 月 1 日为基期，基期指数等于 100 点。

2. 金融时报 100 种股票交易指数

金融时报 100 种股票交易指数又称 FT-100 指数，属于按上市量加权平均的抽样股价指数。它的计算对象是在伦敦证券交易所上市的 100 家注册在英国的海外大公司的股票。这 100 家海外公司包括 74 家工业公司、18 家银行保险机构和 8 家其他行业的公司。这一股价指数于 1984 年 1 月 3 日开始公布，每个营业日内计算并公布的间隔时间很短，能够反映海外公司股票在伦敦市场每时每刻的价格变化。

3. 金融时报股票价格综合指数

金融时报股票价格综合指数从伦敦股市上精选 700 多种股票作为样本加以计算，属于按上市量加权平均的股价指数。金融时报股票价格综合指数以 1962 年 4 月 10 日为基期，基期指数为 100 点。

（三）日经股价指数

日经股价指数是由日本经济新闻社编制并公布的，用以反映日本股票市场价格变动的股价指数。日经股价指数从 1950 年 9 月开始编制，最初根据东京证券交易所第一市场上市的 225 家股票算出修正平均股价。日经股价指数包括日经 225 种股价指数和日经 500 种股价指数，其中，常用的是日经 225 种股价指数。

日经 225 股价指数以在东京证券交易所第一市场上市的 225 家股票为样本，这些样本股票涵盖了制造业、金融业、运输业和其他行业。日经股价指数以 1950 年计算出的平均股价为基数，现已成为反映和分析日本股票市场价格变动趋势最重要的指标。日经 500 股价指数从 1982 年 1 月 4 日起开始编制，样本股由原来的 225 种扩大到 500 种，约占东京证券交易所第一市场股票的一半。由于该指数采样多，代表性强，所以能比较真实、全面地反映日本的股市行情变化以及产业结构与市场情况。

（四）标准·普尔股票价格指数

标准·普尔股票价格指数是由美国最大的证券研究机构标准·普尔公司于 1957 年开

始编制和发表的，用以反映美国股票市场行情变化的股价指数。标准·普尔指数从 1923 年开始编制，当时主要编制两种指数，一种包括 90 种股票；另一种包括 480 种股票。1957 年采样股票扩大到 500 种，其中工业股票 400 种，运输业股票 20 种，公用事业股票 40 种，金融业股票 40 种。标准·普尔指数的计算方法是加权平均法，它以每种股票的交易额作为权重，计算出来的指数非常接近在纽约证券交易所上市股票的每股平均价格。因此，它能更真实地反映股票市场的行情。

闯关考验

一、名词解释

证券市场　　证券发行市场　　证券交易市场　　股票价格指数

二、选择题

1. 证券登记结算公司性质上属于（　　）。
   A. 证券服务机构　B. 证券经营机构　C. 证券管理机构　D. 自律性组织
2. 证券业协会和证券交易所属于（　　）。
   A. 政府机构　　　　　　　　B. 政府在证券业的分支机构
   C. 自律性组织　　　　　　　D. 监管机构
3. 证券业协会是（　　）。
   A. 社会团体法人　　　　　　B. 财产团体法人
   C. 具有独立的证券监管权的组织　　D. 营利性组织
4. 按照证券品种的横向并列结构，可把证券市场分为股票市场、债券市场、基金市场和（　　）等。
   A. 发行市场　　　　　　　　B. 交易市场
   C. 金融衍生品市场　　　　　D. 货币市场
5. 证券市场功能不包括（　　）。
   A. 筹资、投资功能　　　　　B. 定价功能
   C. 资本配置功能　　　　　　D. 投机功能

三、简答题

1. 交易所市场与场外交易市场是如何组织的？试比较分析两者的异同。
2. 证券发行中，注册制与核准制各自的含义是什么？
3. 在证券交易所中，证券交易的开盘价以及之后的成交价是怎样形成的？
4. 试述影响股票发行价格的因素有哪些？

项目四 证券投资基本分析

学习目标

1. 了解证券投资分析的含义、作用和分析方法。
2. 了解宏观分析、行业分析和公司分析的意义及作用。
3. 掌握影响证券市场的主要因素。
4. 掌握宏观分析的思路和方法。
5. 掌握行业分析的基本内容和上市公司的基本分析方法和过程。

问题导入

财政政策的变动对证券市场价格有何影响？投资者如何选择投资的目标行业？

情景写实

巴菲特创造投资"神话"

1969 年，美国各方面的情况都很好，经济持续增长，股市上扬。但巴菲特认为这样下去不会有好结果，他的信条之一就是当股市猛涨的时候要保持距离。他往后缩了，再也找不到想要买的股票，他决定休息一段时间，等待股市下跌。果然，到 20 世纪 70 年代初，股市开始动荡，华尔街大公司的股票一个接一个迅速下跌。这时候，巴菲特开始出击。他新建了伯克希尔·哈撒韦公司，并使它在几年之内成为可口可乐、吉列、美国快报、迪士尼、华盛顿邮报等众多美国知名企业的主要股东。他本人给股民们的忠告是："人们总是会像灰姑娘一样，明明知道午夜来临的时候，香车和侍者都会变成南瓜和老鼠，但他们不愿须臾错过盛大的舞会。他们在那里待得太久了。人们现在已经或者是应该了解一些古老的教训：第一，华尔街贩卖的东西是鱼龙混杂的；第二，投机看上去最容易的时候也最危险。"由于巴菲特继续看好传统经济，其下属公司一年来收购了包括油漆公司、珠宝公司等 8 家公司，接下去取得了相当丰厚的收益。

国家的宏观经济状况、经济运行周期、行业的发展环境及公司的主营产品、经营策略、管理层等对投资都有着重要的影响。几十年来，巴菲特正是形成了自己的一套投资理论，才取得了巨大的收益。

任务一　证券投资基本分析概述

一、证券投资分析的意义

证券投资分析是人们通过各种专业性分析方法和分析手段，对来自各个渠道能够影响证券价值或价格的各种信息进行综合分析，并判断其对证券价格发生作用的方向和力度，确定证券价值或价格变动的行为。

证券投资分析在投资中占有重要地位，是证券投资中不可或缺的一个组成部分。因为证券投资市场是一个高风险、高收益的市场，要想回避风险，获得最大投资收益，就必须进行必要的分析，从中寻找风险小回报大的投资时机。所以，进行投资分析是进行证券投资的依据和前提。

证券投资分析在投资过程中占有相当重要的地位，是证券投资必不可少的准备。

▶ **1. 有利于提高证券投资决策的科学性**

投资决策贯穿于整个投资过程，其正确与否直接关系到投资的成败。虽然不同投资者投资决策的方法可能不同，但科学的投资决策有助于保证投资决策的正确性。由于资金拥有量及其他条件的不同，不同投资者会拥有不同的风险承受能力、不同的收益要求和不同的投资周期。在各种相关因素的作用下，证券的风险—收益特性在不断发生变化。证券的流通性使得投资者可以通过在证券流通市场上买卖证券来满足自己的流动性需求。因此，投资者在投资决策时应当正确认识每一种证券在风险性、收益性、流动性和时间性方面的特点，以此来选择风险性、收益性、流动性和时间性同自己的要求相匹配的投资对象，并制定相应的投资策略。只有这样，投资者才能减少投资决策的盲目性，使投资决策更科学，尽可能保证投资决策的正确性，使投资获得成功。证券投资分析是使投资者正确认识证券风险性、收益性、流动性和时间性的有效途径，是投资者科学决策的基础。

▶ **2. 有利于正确评估证券的投资价位**

证券的投资价值受多方因素的影响，并随着这些因素的变化而发生相应的变化。如债券的投资价值受市场利率水平的影响，并随着市场利率的变化而变化；影响股票投资价值的因素更为复杂，宏观经济、行业形势和公司经营管理等多方面因素都会对股票投资价值产生影响。所以，投资者在决定投资某种证券前，首先应该认真评估该证券的投资价值。只有当证券处于投资价值区域时，投资该证券才有的放矢，否则可能会导致投资失败。证券投资分析正是通过对可能影响证券投资价值的各种因素进行综合分析，来判断这些因素及其变化可能会对证券投资价值带来的影响，从而正确评估证券的投资价值。

▶ **3. 有利于降低投资者的投资风险**

证券投资的目的是投资净效用（收益带来的正效用减去风险带来的负效用）的最大化。在风险既定的条件下，投资收益率最大化和在收益率既定的条件下投资风险最小化，是证券投资的两大具体目标。然而，每一证券都有自己的风险收益特性，投资者通过证券投资分析理性地来考察每一种证券的风险-收益特性及机会，就可以较为准确地确定某些证券风险的大小，从而避免承担不必要的风险和损失。从这个角度讲，证券投资分析有利于降低投资者的投资风险。

二、影响证券市场的主要因素

证券市场受制于各种经济、政治等方面的因素，并受到投资者心理和交易技术等多方因素的影响。因此，证券市场往往受到许多因素的影响而频繁变动。影响证券市场的因素主要包括以下几个方面。

▶ 1. 宏观因素

宏观因素主要包括影响证券市场价格的政治因素、经济因素、法律因素、军事因素、文化因素、自然因素等。

▶ 2. 产业和区域因素

产业和区域因素主要是指产业发展前景和区域经济发展状况对证券市场的影响。

▶ 3. 公司因素

上市公司是发行证券筹集资金的运用者，也是资金使用、投资收益的实现者，因此，其运营、财务状况的好坏对证券市场的价格有着极大的影响。

▶ 4. 市场因素

证券市场操作行为，如买空和卖空、追涨与杀跌，以及违法违规操纵市场价格等行为都对证券市场产生极大的影响。

三、证券投资分析的主要方法

影响证券价格的因素概括起来主要可以分为两大类：基本因素和技术因素。所谓基本因素，是指来自股票市场以外的政治、经济因素以及其他因素，其波动和变化往往会对股票的市场价格趋势产生决定性影响。所谓技术因素是指来自股票市场内部，由市场创造的统计信息的总和。因此，证券投资分析的方法大体可分为基本分析和技术分析两类。

（一）基本分析

所谓基本分析，是指证券投资分析人员根据经济学、金融学、财务管理学及投资学的基本原理，通过对决定证券价值及价格的基本要素如宏观经济指标、经济政策走势、行业发展状况、产品市场状况、公司销售和财务状况等的分析，评估证券的投资价值，判断证券的合理价位，从而提出相应的投资建议的一种分析方法。基本分析把对某一证券的分析重点放在对它本身的内在价值的研究分析上，对影响证券价格的社会政治、经济等多方面因素进行分析，其理论依据是证券价格由证券价值决定，通过分析影响证券价格的基础条件和决定因素，判定和预测今后的发展趋势。

基本分析法通常是利用丰富的统计资料，运用多种多样的经济指标，采用比例、动态的分析方法，从研究宏观的经济大环境开始，逐步开始中观的行业兴衰分析，进而根据微观的企业经营、盈利的现状和前景，从而对企业所发行的证券做出接近现实的客观评价，并尽可能预测其未来的变化，作为投资者进行证券投资决策的依据。证券投资基本分析方法具有比较系统的理论，历来受到学者们的追捧，成为证券投资分析的主流。基本分析主要包括宏观经济、行业分析和公司分析三个方面内容。

▶ 1. 宏观经济分析

宏观经济分析主要研究经济政策（货币政策、财政政策、税收政策、产业政策等）、经济指标（国内生产总值、失业率、通胀率、利率、汇率等）对股票市场的影响。

▶ 2. 行业分析

行业分析主要分析产业前景、区域经济发展对上市公司的影响等。

▶ 3. 公司分析

公司分析主要具体分析上市公司行业地位、市场前景、财务状况等。

（二）技术分析

所谓技术分析，是指从股票的成交量、价格、达到这些价格和成交量所用的时间、价格波动的空间等几个方面分析走势并预测未来。有关技术分析的知识将在后续章节介绍。

（三）基本分析与技术分析的优缺点

基本分析和技术分析各有其优缺点和适用范围。基本分析能够比较全面地把握股价的基本走势，能把握中长期的价格趋势，但对短期的市场变动不敏感。而技术分析则比较贴近市场，对市场短期变化反应快，可为短期买卖时机的选择提供参考，但难以判断长期的趋势，特别是对于政策因素，难有预见性。投资者在具体运用时应该把两者有机结合起来，方可提高分析研判的准确度，实现效用最大化。

任务二 宏观经济分析

一、宏观经济分析的意义

证券投资活动是整个经济运行系统中的一个子系统，投资的成败在很大程度上取决于投资者能否适应经济运行的变化，并做出相应的投资决策。影响证券投资的因素错综复杂，有经济因素，也有政治、社会、文化、心理等非经济因素。宏观经济因素变动是证券市场价格变动的首要因素，投资者的宏观分析必须对这些因素与证券市场运行之间的关系进行全局性和长期性的分析。可以说，宏观经济是证券市场运行的基本平台，其对证券市场价格的影响是根本性、全局性的。事实上，经济运行中的任何细微的变化，都会在证券市场上有所反应，因此人们常将证券市场称为经济运行的"晴雨表"。从历史上来看，证券市场的每一次牛市都以宏观经济向好为背景，而每一次熊市都是由于宏观经济发展趋缓或衰退而造成。宏观经济因素的重要性还在于它的影响是长期性的，是宏观经济因素影响证券市场的方式和体现。

总体来说，宏观经济分析主要有三大基本功能。

▶ 1. 把握证券市场的总体变动趋势

宏观经济变动与证券市场的变动未必同步，虽然从短期看两者的变动方向还可能相反，但是从一个较长的时期看，两者的变动趋势是一致的。因此，通过宏观经济分析把握经济发展的大方向，有利于辨清证券市场的总体变动趋势，以便做出正确的长期投资决策。

▶ 2. 判断整个证券市场的平均投资价值

一个国家政治是否稳定、国民经济的整体素质、国民经济增长速度与质量，能在很大程度上反映该国证券市场的平均投资价值。在证券市场中发行证券的企业数量越多，宏观经济与证券市场平均投资价值的相关度就越大。因此，通过对一个国家宏观经济的分析，可以判断该国一定时期内证券市场的平均投资价值，从而决定是否向该国证券市场投资及投资多少。

▶ 3. 掌握宏观经济政策对证券市场影响的力度与方向

国家的宏观经济政策能够通过影响证券发行企业的经济效益来影响该企业的证券市场

价格，也可以通过直接影响证券投资者的投资行为来影响证券价格。其影响的力度和方向则视政策本身的性质和证券市场的运行周期而定。因此，通过对国家经济政策的分析，可以掌握宏观经济政策对证券市场有多大影响，是"利多"还是"利空"。当证券市场具有"政策市"的特点时，对宏观经济政策的分析就更加重要。

二、宏观经济分析的基本思路与方法

（一）宏观经济分析的基本思路

宏观经济分析一般可分为调查研究与收集资料、资料分析、未来预测和判断决策四个基本步骤。

▶ 1. 调查研究与收集资料

调查研究与收集资料主要是通过调研及资料的收集整理，了解宏观经济分析的基本指标，包括经济周期、利率水平、货币供应量、物价水平和失业率等。

▶ 2. 资料分析

资料分析主要是依据资料对指标进行分析。即运用相关的经济学理论，通过一些宏观经济分析的方法，对所收集的相关宏观经济指标进行总量分析和结构分析。

▶ 3. 未来预测

未来预测，即通过对主要宏观经济指标的横向与纵向的比较，探寻未来宏观经济形势变化的动向和趋势，对未来宏观经济走势作出向好或向坏的判断。

▶ 4. 判断决策

判断证券市场的总体变动趋势，进行投资决策。通过对未来宏观经济走势的分析判断，分析其对市场可能产生的影响，并在此基础上做出增持或减持的投资建议与决策。

（二）宏观经济分析的基本方法

目前，宏观经济分析的方法主要有经济指标分析法、计量经济模型分析法和概率预测法三种。经济指标分析主要是分析宏观经济形势的相关变量对证券投资活动的影响。计量经济模型分析法是通过建立计量经济模型并进行运算，从而探寻经济变量间的平衡关系，分析影响平衡关系的各种因素。概率预测法主要是运用概率论的方法对宏观经济活动进行预测。

三、宏观经济分析的基本内容

宏观经济分析包括宏观经济形势分析和宏观经济政策分析两个方面。其中，宏观经济形势的分析包括国内的政治经济形势的分析、国际的政治经济形势分析及国内外所发生的一些重大事件与突发事件的分析；宏观经济政策的分析则主要是对国家的货币政策、财政政策及收入分配政策对证券市场可能产生的影响的分析。

（一）政治对证券市场的影响

一个国家和地区的政治稳定，是经济安全的基础。政治因素主要包括以下方面。

▶ 1. 战争

战争对股票市场及股价的影响巨大，有长期性的，亦有短期性的；有好的方面，亦有坏的方面；有广泛范围的，也有单一项目的，这要视战争性质而定。战争能够促使军需工业兴起，凡与军需工业相关的公司股票当然要上涨。战争中断了某一地区之海空或陆运，提高了原料或成品输送之运费，因而商品涨价，影响购买力，公司业绩萎缩，与此相关的公司股票必然会跌价。其他由于战争所引起的许多状况都足以使证券市场产生波动，投资者需要冷静的分析。

▶ 2. 政权

政权的转移、领袖的更替、政府的行为及社会的安定性等，均会对股价波动产生影响。

▶ 3. 国际政治形势

股价对国际政治形势的改变已愈来愈敏感。随着交通运输的日益便利，通信手段、方法的日益完善，国与国之间、地区与地区之间的联系越来越密切，世界从独立单元转变成相互影响的整体，一个国家或地区的政治、经济、财政等结构将紧随着国际形势改变，股票市场也随之变动。

▶ 4. 法律制度

一个国家（金融方面的）法律制度健全，可以使投资行为得到管理与规范，并使投资者的正当权益得到保护，会提高投资者投资的信心从而促进股票市场的繁荣。

（二）宏观经济运行分析

▶ 1. 通货膨胀对证券市场的影响

通货膨胀是指用某种价格指数衡量的一般价格水平的持续上涨。通货膨胀程度可用通货膨胀率来表示。通货膨胀率是指物价指数总水平与国民生产总值实际增长率之差。温和的（通货膨胀率低于 10%）、稳定的通货膨胀对股价的影响较小，但对债券价格的影响比较明显：通货膨胀提高了投资者对债券投资名义收益率的期望值，从而导致固定利息率债券的市场交易价格下跌。如果通货膨胀在一定的可容忍范围内继续，而经济处于扩张阶段，则股价仍有持续上升的动力。当通货膨胀严重时（通货膨胀率在 2 位数甚至 3 位数上波动），投资者就会被迫购买实物以求保值，大量资金撤出证券市场，引起证券价格下跌；企业就难以筹集到必要的资金，加之原材料和劳务价格飞涨，使企业经营严重受挫，营利水平下降，甚至倒闭，其证券价格下跌；想购买股票的投资者期望股票价格下跌，投资成本降低，以扩大获利空间，抵补通货膨胀所造成的实际收益率下降和实物购买力下降造成的损失，在此情况下，股票价格很难上涨，下跌却比较容易；如果投资者预期通货膨胀趋向严重，则同时也会预期股价下跌，从而采取抛售股票或持币观望的策略，使股票价格趋向下跌；通货膨胀使公司未来的经营状况和股息水平具有更大的不确定性，从而动摇投资者的持股信心，导致股价下跌。

▶ 2. 通货紧缩对证券市场的影响

通货紧缩对证券市场的影响并不十分明显。在通货紧缩的情况下，如果消费品价格不能下降到刺激消费的程度，就会出现消费品市场低迷、经济不景气、公司经济效益下滑的现象；如果消费品价格持续下跌，而且因下跌所造成的利润损失不能通过企业经营成本下降或产品销量的扩大来弥补，则公司的经济效益也会下滑。这都会促使公司证券价格下跌。通货紧缩还会使投资者产生银行存贷款利息率和债券票面利息率下调的预期。从我国的实际情况看，利息率下调是促使已发行证券价格上扬的"利好"因素。

（三）宏观经济运行的国际背景对证券市场的影响

当世界或者某一重要的贸易伙伴国的经济不景气时，会使该国的对外贸易额下降，相关上市公司的经济效益下滑，股票价格下跌。当世界经济或某一国家的经济出现繁荣景象时，效应相反。当国际金融市场剧烈动荡时，会造成对证券市场的冲击。冲击的主要途径有：使投资者产生悲观预期，动摇投资者的投资信心；导致汇率波动，间接影响证券市场；外资撤离，减少了证券市场的资金供给。国际金融市场对一个国家证券市场影响力的大小，取决于该国证券市场的开放程度，开放程度越大，影响越大。

(四) 主要宏观经济指标的影响分析

证券市场是反映国民经济的晴雨表，宏观经济的变化可以在证券市场中反映出来。宏观经济与证券市场的关系表现为当一国宏观经济趋好时，一国经济发展态势好，整体上微观企业盈利，证券市场上市公司盈利，个股表现好。反之，当一国宏观经济不好时，企业盈利困难，上市企业业绩不佳，个股表现也不会好。宏观经济的主要指标有经济增长率、通货膨胀率、利率、汇率、财政收支、固定资产投资规模、失业率、国际收支等。

▶ 1. 经济增长率

经济增长率即经济增长速度，是反映一定时期国民经济发展变化程度的动态经济指标。经济增长率通常按国内生产总值(GDP)或国民生产总值(GNP)的变化来计算。一般来说，一国国内生产总值增长较快，人均国内生产总值增加较多，表明一国经济增长速度较快，经济运行态势良好，经济发展具有活力，同时说明微观企业总体的产品销售情况良好，大多数企业经营状况良好，居民购买力增强，企业利润增长或趋好。此时，证券市场中的大部分上市公司利润增长或趋好，股东回报率高，证券市场繁荣，股票价格上涨，但需注意，即使在一个经济运行良好的环境下，全部上市公司的利润也不可能都增长。

▶ 2. 通货膨胀率

通货膨胀是指价格指数的持续上涨，反映一般物价水平的变化。通货膨胀率是货币超发部分与实际需要的货币量之比，用以反映通货膨胀、货币贬值的程度，反映物价平均水平的上升幅度。通货膨胀率的高低影响企业的长期盈利能力或未来盈利能力。适度的通货膨胀率对国民经济不会造成损害，反而反映了企业和市场的需求，但通货膨胀率过高会造成收入分配不公平，居民的实际收入下降，企业成本上升，经济形势恶化。由于生产资料和消费资料价格增长较快，资金需求量大，通货膨胀率高，货币贬值，企业面临经营困境，利润下降，投资风险加大，投资者卖出证券，从资本市场抽离资金，从而引发证券价格下跌。

▶ 3. 利率和存款准备金率

利率表示一定时期内利息量与本金的比率。利率既是一个经济指标，又是一个经济调节工具。利率表现了企业的筹资成本，利率下降，企业筹资容易，利润预期增长，证券价格上升；反之，利率上升，企业筹资成本高，利润预期下降，证券价格下跌。与利率相关的还有一个指标，即法定存款准备金率。存款准备金率是中央银行控制商业银行货币供给规模的一个工具。当宏观经济过于高涨时，中央银行提高存款准备金率，从而减少商业银行的贷款规模，减少流通中的货币供应量，导致经济紧缩，从而引发证券价格下跌。

▶ 4. 汇率

汇率是外汇市场上一国货币与他国货币相互交换的比率。一般情况下，本国的币值在一定的范围内下跌，对出口企业有利而对以进口商品为主要材料的企业不利，因而对出口企业的证券价格增加上涨的动力；进口企业的证券价格增加下跌的动力；本国的币值上升，效果相反。币值稳定，对证券市场的影响是中性的。当本国的币值连续暴跌时，有可能引发本国的金融危机和证券市场的恐慌，从而导致证券价格的暴跌。

▶ 5. 固定资产投资规模

固定资产投资规模是指一定时期内国民经济各部门、各行业固定资产再生产中投入资金的数量。固定资产投资增长率是指报告期固定资产投资额比基期增加的部分与基期投资额的比率。投资规模和投资增长率多少没有一个绝对的评价标准。固定资产投资规模是一定时期国民经济各部门固定资产再生产中所投入资金的数量。固定资产投资规模大小影响经济增长速度,进而影响证券价格。

▶ 6. 失业率

失业率是指劳动力中失业人数所占的百分比。劳动力是指年龄在16岁以上具有劳动能力的人的全体。在正常情况下失业率与经济增长率呈反方向变动。当失业率持续地、以较大幅度上升时,表示经济正在走向衰退,人们的收入减少,投资者对经济增长的预期比较悲观。证券市场的购买欲望就会减弱,行情可能呈现熊市态势。失业率持续以较大幅度下降时,效应相反。

▶ 7. 财政收支

一个国家的财政收入和支出应该相等,但国家可以使收入和支出不相等,国家对财政收入和支出的安排被称为财政政策,对一个国家的经济发展影响重大。如果国家的财政收入大于支出,国家实行盈余财政政策,也称为紧缩性财政政策,社会总需求将减少,经济发展减速,证券价格预期下跌。如果财政支出大于收入,国家实行赤字财政政策,也称为扩张性财政政策,社会总需求增大,经济增长,证券价格预期上涨。

▶ 8. 国际收支

狭义的国际收支指一国在一定时期(常为1年)内对外收入和支出的总额。广义的国际收支不仅包括外汇收支,还包括一定时期的经济交易。国际货币基金组织对国际收支的定义为:国际收支是一种统计报表,系统地记载了在一定时期内经济主体与世界其他地方的交易。大部分交易在居民与非居民之间进行。对国际收支指标进行分析时,一般重点分析对外贸易额。如果本国对外出口贸易有望大幅增长,则投资者就会对国民经济增长前景和相关企业的经济效益增长前景看好,从而有利于证券市场价格的稳定和相关上市公司股票价格的上涨。如果本国对外出口贸易预期下滑,则对证券市场不利。

四、宏观经济政策调整对证券市场的影响

宏观经济政策包括财政政策、货币政策、贸易政策和收入政策等。

(一)财政政策

财政政策包括积极的财政政策、紧缩的财政政策和双重效应的财政政策。

▶ 1. 积极的财政政策

1)减税

减税政策将增加微观经济主体的收入,刺激经济主体的投资需求,从而扩大社会供给,进而增加人们的收入,进一步增加投资需求和消费需求。收入的增加会使证券市场的资金供给增加,如果增加幅度超过证券扩容幅度,证券价格就有上涨的动力。投资需求和消费需求的增加会导致公司经营规模扩大,在投资决策正确的情况下利润会增加,有利于公司的证券价格上扬。例如,调低证券交易印花税率,会降低股票交易成本,活跃股市行情,推动股票价格上涨;而调高证券交易印花税率,效应则相反。再如,降低某上市公司的所得税率,会增加该公司的每股税后收益,从而增加该公司股票价格上涨的动力。

2)扩大财政支出,加大财政赤字

在财政预算中扩大财政支出,加大财政赤字,其政策效应是扩大社会总需求,从而刺激投资,扩大就业。从证券市场的角度看,政府通过增加公共支出而使商品和劳务需求增

加,一方面可以使生产和销售相关产品的公司营业收入和利润增加;另一方面也使居民的收入和可投入证券市场的资金增加,同时经济景气的趋势也使投资者的证券投资信心增强,这些都有利于证券价格的上扬。但过度使用此政策,使财政收支出现巨额赤字,有推动通货膨胀的风险,有可能使投资者对经济发展的预期不乐观,从而导致股价下跌。

3)增加财政补贴

财政补贴是国家为了某种特定需要,将一部分财政资金无偿补助给企业和居民的一种再分配形式,例如财政贴息、房租补贴等。财政补贴的政策效应是扩大社会总需求和刺激供给增加,从而推动证券价格上涨。

4)转移支付制度

转移支付制度是中央财政将集中的一部分财政资金按一定的标准拨付给地方政府的一项制度。该政策会推动受益地方的经济发展,有助于受益公司的证券价格上涨。

▶ 2. 紧缩的财政政策

财政收支有结余、压缩财政支出、增加税收、减少财政补贴、缩小转移支付额等,均属于紧缩的财政政策。紧缩财政政策对证券市场的影响与积极的或称扩张的财政政策的影响正好相反。

▶ 3. 双重效应的财政政策

财政政策还具有紧缩与扩张双重效应。例如,增加国债发行量,将所筹资金用于基础设施建设,一方面,减少了企业和居民的资金,产生紧缩的财政政策效应;另一方面,扩大了财政支出,带动了建筑业和建材业等相关行业的经济增长,增加了就业,从而产生了积极的财政政策效应。再如,对居民的储蓄存款利息所得征税,使居民的收入减少,因而是属于紧缩的财政政策,但同时也会迫使一部分银行储蓄存款流入证券市场,增加对证券的购买力。

(二)货币政策

▶ 1. 利率政策

中央银行调低银行存贷款利息率,实施宽松的货币政策,这对证券市场而言是"利好"消息;调高利率是实施紧缩的货币政策,对证券市场来说是"利空"消息。因为降低贷款利率会减轻对银行负债较多的公司的利息负担,相应增加其利润,进而增加其股票的投资价值,还会刺激企业借钱进行实业投资,扩大经营规模,同时刺激信贷消费,从而促使经济繁荣;也会刺激投资者借贷资金(前提是法律允许)购买股票;降低银行存款利息率,则会促使一部分银行存款流入股市。调高利率时效应则相反。另外,从评估股票理论价值的角度看,当利率上升时,投资者评估股票理论价值所用的折现率会上升,使计算出来的股票理论价值下降,从而促使股票价格下跌;当利率下调时,结果相反。利率下调会使已发行的固定利率债券的价值上升,从而在投资者的追逐下价格上扬;利率上升,效应相反。

▶ 2. 公开市场业务

中央银行大量购进有价证券,是在实施宽松的货币政策,会导致货币供应量大量增加,推动利率下调,产生与调低利率一样的效应;中央银行大量出售有价证券,效应相反。另外,中央银行如果从国债交易市场上大量购进国债,会促使国债交易价格上涨;抛售国债则结果相反。

▶ 3. 调节货币供应量

当中央银行降低法定存款准备金率时,会增加商业银行体系创造派生存款的能力,因而使货币供应量大量增加，推动证券价格上涨；提高法定存款准备金率时，效应相反。当中央银行降低再贴现率时，商业银行从中央银行融资的成本降低，这会刺激商业银行多融资，并降低对企业的贴现率，其结果就是货币供应量增加，推动证券价格上涨；提高再贴现率时，效应相反。

（三）贸易政策

我国加入WTO后，采取了逐步降低进口关税或减弱其他贸易保护力度的政策措施，国外某些产品会低价涌入我国市场，对我国相关企业形成冲击，进而对其证券价格产生不利影响。当然，如果这些企业能够通过科技开发、降低成本、提高产品质量、拓展国内外市场、强化售后服务等措施，在竞争中取胜，则其证券价格就会增加抗冲击力。那些因加入WTO而受益的上市公司，会增加其股价上涨的动力。

（四）收入政策

收入政策是国家为实现宏观调控总目标和总任务，针对居民收入水平的高低和收入差距大小，在分配方面制定的原则和方针。收入政策最终要通过财政政策和货币政策来实现。例如，调增国家机关公务人员的工资收入，必然要增加财政支出，扩大消费需求，促进经济增长，改善证券市场所处的经济环境。

任务三 行业分析

一、行业分析的作用

上市公司所属的行业与股价变化关系紧密。行业分析是对上市公司进行分析的前提，也是连接宏观经济分析与上市公司分析的桥梁，在整个基本分析中起着承上启下的作用，是基本分析的重要内容。行业分析是为了确定一个行业与其他行业的不同之处，投资者通过对行业进行对比分析，将能弄清楚各行业各自的风险与收益关系。在弄清楚影响各个行业发展的重要因素后，投资者就可以根据这些因素来预测该行业的发展趋势。

▶1. 行业分析可为投资者提供更为详尽的行业投资背景

宏观经济分析主要分析社会经济的总体状况，但没有对社会经济的各组成部分进行具体分析。社会经济的发展水平和增长速度反映了各组成部分的平均水平和发展速度，但各部门的发展并非都和总体水平保持一致。在宏观经济运行态势良好、速度增长、效益提高的情况下，有些部门的增长与国民生产总值、国内生产总值增长同步，有些部门则高于或低于国民生产总值或国内生产总值的增长。投资者除需了解宏观政治经济背景之外，还须对各行业的一般特征、经营状况和发展前景有进一步的了解，这样才能更好地进行投资决策。

▶2. 行业分析可协助投资者确定行业投资重点

国家在不同时期的经济政策与对不同地区的政策导向会对不同的行业和地区产生不同的影响，属于这些行业和位于这些地区的企业会受益匪浅。如我国政府近年提出了开发西部的目标，要加强对西部发展的支持力度，利用财政政策等各种手段加快西部的基础设施建设，这会直接或间接对西部许多上市公司产生有利影响，投资者可根据这一行业背景选择合适的企业进行投资。

▶ 3. 行业分析可协助投资者选择投资企业及时间

通过对行业所处生命周期和影响行业发展的因素进行分析，投资者可了解行业的发展潜力和欲投资企业的优势所在，对其最终确定所投资企业及确定投资时间有重要作用。很多时候，证券的价格会随着某一行业的发展而相应地上升。例如，某一种新型发动机的引入使得许多与该行业有关的证券价格上升，因为新型发动机的出现可能使得这些行业都取得更快的增长。

二、行业的划分

行业划分的方法多样，可按不同标准进行分类：按行业发展与经济周期关系可分为成长型（如网络行业）、周期型（如高档消费品）、防御型（如公用事业）、成长周期性（如房地产）；按发展前景可分为朝阳产业（如IT业、遗传工程）、夕阳产业（如纺织行业）；按技术先进程度可分为新兴产业和传统产业；按集约化程度可分为资本密集型、技术密集型、劳动密集型。

▶ 1. 上证指数分类法

上海证券交易所为编制新的沪市成分指数，将全部上市公司分为五类，即工业、商业、地产业、公用事业和综合类，并分别计算和公布各分类股价指数。

▶ 2. 深证指数分类法

深圳证券交易所将在深市上市的全部公司分成六类，即工业、商业、金融业、地产业、公用事业和综合类，同时计算和公布各分类股价指数。需要注意的是，我国的两个证券交易所为编制股价指数而对产业进行的分类是不完全的，这与我国证券市场发展状况有关。我国上市公司数量少，不能涵盖所有行业，例如，农业方面的上市公司就较少见。但为了编制股价指数，从目前的情况来看，这些分类是适当的。

三、行业分析的基本内容

行业分析主要包括以下几个方面的内容。

（一）行业受政府管制和产业政策的影响分析

每一种行业受政府管制的程度不同，而政府管制的程度将影响一个行业的发展和利润率。

▶ 1. 受政府管制的行业

按照我国宪法的规定，一些"与大众利益紧密相关"的行业必须服从政府的管制。公用事业一般是指为大众利益服务的企业。从传统意义上讲，这些行业内公司的服务范围有供水、天然气、电力、电信和电报服务，以及无线电和电视。由于种种原因，公用事业公司一般由政府拥有，或为政府所管制。通常，它们被授予特许权而成为独霸一方的垄断者。虽然公用事业公司是一种合法的垄断，但它并不能够因此而制定不合理的服务价格。公用事业的价格一般被定在足以为公司提供合理的收益率的水平上。但价格结构由立法所限制这一事实并不能保证公用事业就一定能赢利，成本增加、管理不善和需求的转移都能使利润下降。

▶ 2. 政府对行业垄断的管制

行业垄断不利于行业内企业提高生产效率和降低产品价格，大大损害了消费者的利益。处于垄断地位的企业虽然短期内垄断或许能给行业内企业带来超额利润，但从长远来看，垄断将不利于行业整体竞争力的提高，即无法形成行业的良性增长局面。因此，许多国家的法律都试图对行业垄断进行控制。

3. 政府的产业政策

政府实行的产业政策是影响行业发展的另一个重要因素。产业政策是有关产业发展的一切政策与法令的总和。产业政策通过以下的作用对投资活动产生直接的影响：一是促进和维护一国幼稚产业的发展；二是加快资源配置的优化过程，促使资本向有利于国民经济的产业流动；三是促进市场机制和市场结构的完善；四是给企业提供一个透明度较高的发展环境；五是使产业结构能不断适应世界科学技术的新发展等。产业政策的突出特点是有区别地对待不同行业，了解国家不同时期产业政策的特点对于证券投资的决策有重要作用。对于国家积极鼓励发展的产业，由于受到政府各种优惠政策的扶持，一定会前途光明，投资者从长远角度考虑，应该向这些产业投资；对于国家限制发展的产业，其前景将是暗淡的，故投资者在向这些产业投资时应十分慎重。

（二）行业的生命周期分析

通常，每个行业一般都有其存在的寿命周期，都要经历一个从成长到衰退的发展演变过程。行业内各公司的股价深受行业生命周期的影响。行业的生命周期可分为四个阶段，即初创阶段（也叫幼稚期）、成长阶段、成熟阶段和衰退阶段。行业的生命周期分析的关键是看行业是处于行业成长周期中的哪一个阶段。

1. 初创阶段

初创阶段又称开创期。在初创阶段，行业的市场规模小制约了销售收入的增长，市场认同度低，封杀了产品价格的上扬空间，成本较高，收益少甚至亏损。该时期是风险大、收益小的时期，其主要风险为技术风险和市场风险。初创阶段后期，随着行业生产技术的提高、生产成本的降低和市场需求的扩大，新行业便逐步由高风险低收益的初创期转向高风险高收益的成长期。

2. 成长阶段

成长阶段又称扩张期。成长阶段是行业发展的黄金时期，本阶段经过创业阶段的资本累积和技术上的不断改进，已经取得了雄厚财力和较高的经济效益，产品受到普遍认同，技术成熟化、产品多元化和标准化使成本降低，销售收入增加，行业业绩优良，高速增长。这一时期公司股价基本上是处于稳定上升的态势。投资者如能在扩张期的适当价位入市，则其收益会随着公司效益的增长而上升。这一时期的主要风险是管理和市场风险。

3. 成熟阶段

行业的成熟阶段是一个相对较长的时期。在成熟阶段，在竞争中生存下来的少数大厂商垄断了整个行业的市场，产品价格、业绩稳定，行业的利润也由于一定程度的垄断而达到了很高的水平，市场风险较小，分红派息较多，投资收益较高。

4. 衰退阶段

在衰退阶段里，市场开始趋向饱和，行业的生产规模成长开始受阻，甚至出现收缩和衰退，市场逐渐萎缩并被新产品替代，产品销量小，利润率停滞或不断下降。此时，风险主要是生存风险，股价也相应呈下跌趋势。但如果有重组题材或借壳上市等，股价却会大幅度上涨，如许多ST、PT股票的价格超过蓝筹股，即"乌鸦变凤凰"的现象频出。

一个行业在生命周期上的位置给投资者提供了大量有用的信息。当前，基因和纳米技术正处于生命周期的初创阶段。如果我们要投资的话，只能从中选择几家公司，因为现阶段向这种公司投资的风险非常高，但投资也可能获得巨大的收益。互联网行业正处于扩张阶段，迅速的增长将继续存在，但也同时伴随着很多风险。电力公用事业公司正处于稳定阶段，它们会继续增长，但脚步会放慢。由于它们属于营利性行业，故其能成为较合理的安全投资。但对某些采矿业的长期投资就可能并不安全，而这是由采矿业的本质所决定的。所以，行业的生命周期只提供了一个可以应用于某行业和公司的一般体系，不能包括所有的企业和行业。

（三）行业的经济周期影响度分析

经济周期对行业企业的生存和发展有重要的影响，不同的行业对经济周期的敏感程度是不太一样的。行业的商业周期影响度主要是观察经济运行的周期波动对不同行业的影响程度，看其是周期型行业，还是稳定型行业或是增长型行业。各行业变动时，往往呈现出明显的、可测的增长或衰退的格局。这些变动虽然与国民经济总体的同期变动有关系，但关系密切的程度又不一样。在分析行业的经济周期影响度时一般考虑下列因素。

（1）销售量对于经济周期的敏感性。必需品的销量对于经济周期的敏感性是很低的，比如食品、药品以及医疗服务。相反，钢铁、汽车等行业对宏观经济状况的敏感程度则要大得多。

（2）经营杠杆的大小，即产品生产成本中固定成本与可变成本所占的比例。生产成本中可变成本所占比例与固定成本相比较高的公司对经济周期的敏感程度较小，因为在经济的下调期，公司可以随着销售的减小而相应降低产出，继而降低生产成本。相反，生产成本中固定成本所占比例与可变成本相比较高的公司在经济衰退期时其利润所受影响较大，因为生产成本的变动比例低于销售的变动比例，从而导致利润的大幅度下调。

（3）财务杠杆，公司总资产中债务所占比例的大小决定了其财务杠杆的大小。因为不管销量如何，公司需要付出的利息数额却是一定的。当经济处于衰退期时，如果资产回报率小于利息率，那么公司资产中债务所占比例越高，公司的亏损额也越大；反之，当经济处于高涨时，由于资产回报率高于利息率，那么公司资产中债务所占比例越高，公司股东的股权收益率也就越高。

根据行业的经济周期影响度可以将行业分为增长型行业、周期型行业和防御型行业三类。

▶ 1. 增长型行业

增长型行业的运动状态与经济活动总水平的周期及其振幅无关。这些企业收入增长的速率相对于经济周期变动来说，并未出现同步影响，因为它们主要依靠技术的进步、新产品推出及更优质的服务，从而使其经常呈现出增长状态。

▶ 2. 周期型行业

周期型行业的运动状态直接与经济周期相关。当经济处于上升时期，这些行业会紧随其扩张；当经济衰退时，这些行业也相应跌落。因为当经济上升时，对这些行业相关产品的购买被延迟到经济改善之后。例如，珠宝行业、耐用品制造业及其他依赖需求、收入弹性较高的行业，就属于典型的周期性行业。

▶ 3. 防御型行业

防御型行业的产品需求相对稳定，并不受经济周期处于衰退阶段的影响。对其投资便属于收入投资，而非资本利得投资。有时候，在经济衰退时，防御型行业或许会实际增加。例如，食品业和公用事业属于防御型行业，因为需求对其产品的收入弹性较小，所以这些公司收入相对稳定。

（四）行业的市场结构与竞争程度分析

不同竞争程度的行业在利润等方面存在较大的差异，根据行业中企业的数量、产品性质、价格的制定和其他一些因素，各种行业基本上可分为完全竞争的市场、垄断竞争（不完全竞争）市场、寡头垄断市场和完全垄断市场四种市场类型。行业的市场结构的差异，会从多个方面影响到行业的竞争力。

完全竞争市场是指竞争充分而不受任何阻碍和干扰的一种市场结构。在这种市场类型中，生产者众多，生产的产品基本无差别，价格由市场需求决定，买卖人数众多，买者和卖者是价格的接受者，资源可自由流动，信息具有完全性，是初级产品市场。这种市场中，生产者和消费者对市场都非常了解并可自由进退市场。

闯关考验

一、名词解释
证券投资分析　　宏观经济分析　　行业分析　　财务分析

二、选择题
1. 长期负债与营运资金比率可以用来衡量公司的（　　）。
   A. 资本结构　　　B. 经营效率　　　C. 财务结构　　　D. 偿债能力
2. 基本分析的缺点主要有（　　）。
   A. 预测的时间跨度相对较长，对短线投资者的指导作用较弱
   B. 考虑问题的范围相对较窄
   C. 对市场长远的趋势不能进行有益的判断
   D. 预测的时间跨度太短
3. （　　）财政政策将使过热的经济受到控制，证券市场将走弱。
   A. 扩张性　　　B. 紧缩性　　　C. 中性　　　D. 弹性
4. 从产生原因上划分，可以将通货膨胀分为需求拉动型通货膨胀、成本推进型通货膨胀和（　　）。
   A. 结构性通货膨胀　　　　　　B. 扩张性通货膨胀
   C. 出口拉动型通货膨胀　　　　D. 汇率型通货膨胀
5. 一般来讲，对证券市场呈上升走势最有利的经济条件是（　　）。
   A. 宏观调控下的 GDP 减速增长　　　B. 高通货膨胀下的 GDP 增长
   C. 持续、稳定、高速的 GDP 增长　　D. 转折性的 GDP 变动

三、简答题
1. 证券投资分析有何意义？
2. 影响证券市场的主要因素有哪些？
3. 宏观经济分析的基本思路是什么？宏观经济分析有哪些方法？
4. 行业分析的基本内容有哪些？

项目五 上市公司分析
Chapter 5

>>> **学习目标**

1. 了解行业及行业地位、区域、产品分析。
2. 掌握公司资产负债表、利润分配表、现金流量表的解读方法。
3. 能够对公司的经营能力和成长性进行分析。
4. 能够独立分析公司财务报表。

>>> **问题导入**

上市公司现金流充裕,是不是财务状况就一定很好?

>>> **情景写实**

投资者小李经过慎重分析,认为某上市公司A股是一只绩优股,值得长期投资。于是小李在2005年5月以每股15.22元的价格买入1 000股该股票,准备长期持有。令小李失望的是,此后不久,该股票的价格就开始下跌。最令小李无法接受的是,该股票的中报显示出其业绩极差,每股收益竟为－0.234元。于是小李果断出局,在当年8月13日以每股12.01元的价格抛出该股票。

公司的业绩对股票价格的影响较大,业绩差的股票价格下跌的可能性大。

任务一 公司基本面分析

一、行业与行业地位分析

▶ 1. 行业分析

行业分析是看目标公司在市场结构中处于什么位置,是处于竞争市场还是垄断市场中,看目标公司是属于增长性行业、周期性行业还是防守性行业,看目标公司处于行业生命的初创期、成长期、成熟期还是衰退期。通常投资者应当选择处于垄断市场结构中的公司,这种垄断可以是资源性垄断,也可以是技术性垄断,尽量回避处于竞争性市场结构中的公司,因为市场的激烈竞争会直接影响上市公司的利润与生存。投资者同样也应该选择属于增长性行业的上市公司,尤其在经济处于衰退期时,回避处于周期性行业的公司。对于处于行业生命周期不同阶段的上市公司,不同的投资者可以采取不同的投资策略。偏好风险的投资者可以选择初创期的公司,在承担巨大风险的同时,也有可能获取暴利,稳健的投资者则可以选择处于成长期或成熟期的上市公司。

▶ **2. 行业地位分析**

行业地位分析的目的是找出公司在所处行业中的竞争地位,如是否领导企业,在价格上是否具有影响力,有没有竞争优势等。在大多数行业中,无论其行业平均盈利能力如何,总有一些企业比其他企业具有更强的获利能力。企业的行业定位决定了其盈利能力是高于还是低于行业平均水平,决定了其行业内的竞争地位。衡量公司行业竞争地位的主要指标,是行业综合排名和产品的市场占有率。

二、区域分析

任何一个企业的经济活动都是在特定的地域进行的,上市公司的投资价值与区域经济的发展密切相关,通过对上市公司的区域分析,有助于了解上市公司未来发展的前景,确定上市公司的投资价值。

在进行区域分析时,要注意三个问题。

▶ **1. 区域内的自然条件与基础条件**

自然条件和基础条件包括矿产资源、水资源、能源、交通、通信设施等,它们在区域经济发展中起着重要作用,也对区域内上市公司的发展起着重要的限制或促进作用。分析区域内的自然条件和基础条件,有利于分析该区域内上市公司的发展前景。如果上市公司所从事的行业与当地的自然和基础条件不符,公司的发展可能会受到很大的制约。如贵州茅台的水资源是它得天独厚的优势,其他地域无法与它相比。再如我国临海、沿江的经济地区,拥有较长的海岸线和优良的港口,上市公司在对外贸易和航运方面就有着相对的优势。

▶ **2. 区域内政府的产业政策**

为了进一步促进区域经济的发展,当地政府一般都会相应地制定经济发展的战略规划,提出相应的产业政策,确定区域优先发展和扶持的产业,并给予相应的财政、信贷及税收等诸多方面的优惠措施。这些措施有利于引导和推动相应产业的发展,相关产业内的公司将因此受益。如果区域内的上市公司的主营业务符合当地政府的产业政策,一般会获得诸多政策支持,对上市公司的进一步发展有利。如20世纪90年代初,中央与上海地方政府对开发浦东的优惠政策,大大加快了浦东开发的步伐,不过10年的光阴一个现代化的浦东很快地崛起在黄浦江东岸,与西岸的外滩"万国建筑"遥相呼应,浦东的东方明珠和金贸大厦也成为上海标志性的建筑。

▶ **3. 区域内的经济特色**

区域内的经济特色是指经济发展环境、条件与水平、经济发展现状等有别于其他区域的特色。特色在某种意义上意味着优势,比如,某区域在电脑软件或硬件方面已经形成了优势和特色,那么该区域内的相关上市公司,在同等条件下比其他区域主营相同的上市公司具有更大的竞争优势和发展空间。

三、产品/服务分析

上市公司作为经济活动的实体,必定会有自己的产品或提供某种服务,这种产品的特质对公司的生死存亡和发展前景都是至关重要的。对产品的分析着重在以下几个方面。

▶ 1. 产品的竞争能力

一个产品有没有竞争能力取决于以下几个方面：成本、技术、质量与售后服务。成本优势是指公司的产品依靠低成本获得高于同行业其他企业的盈利能力。在很多行业中，成本优势是决定竞争优势的关键因素。企业一般通过规模经济、专有技术、优惠的原材料和低廉的劳动力实现成本优势。如某地处新疆的上市公司，生产聚氯乙烯PVC项目，公司所在石河子周边地区有充足的煤炭、原盐和化工焦炭产能，运价仅为东部地区的50%左右，使得该公司在业内具有相当强的成本竞争力。

技术优势是指企业拥有的比同行业其他竞争对手更强的技术实力及研究与开发新产品的能力。这种能力主要体现在生产的技术水平和产品的技术含量上。如某公司引进美国PPG生产技术建设的600T/D超白生产线成功生产出超白玻璃产品，该产品广泛应用于高档建筑、高档家具、太阳能光电幕墙等领域，不仅填补了国内空白，而且其售价是普通玻璃的6~10倍，附加值很高，目前国内只有该公司能够生产，因此该产品便具有强大的竞争力。

质量优势是指公司的产品以高于其他公司同类产品的质量赢得市场，从而取得竞争优势。消费者在进行购买选择时，产品的质量始终是影响他们购买倾向的一个重要因素。具有质量优势的上市公司往往在该行业中占据领先地位。如在国际上，德国产品是有口碑的，我国的海尔产品同样是消费者信得过的产品。

▶ 2. 产品的市场占有率

市场占有率是指一个公司的产品销售量占该类产品整个市场销售总量的比例。市场占有率越高，表示公司的经营能力和竞争力越强，公司的销售和利润水平越好、越稳定。

▶ 3. 品牌战略

品牌是一个商品名称和商标的总称。一个品牌不仅是一种产品的标识，而且是产品质量、性能、满足消费者效用的可靠程度的综合体现。品牌竞争是产品竞争的深化和延伸，当产业发展进入成熟阶段，产业竞争充分展开时，品牌就成为产品及企业竞争力的一个越来越重要的因素。如2010年12月2日，连续发布了15个年度的"中国最有价值品牌排行榜"在美国纽约揭晓，海尔公司以812亿人民币的品牌价值连续第八年位居榜首，海尔产品的竞争力是有目共睹的。

四、公司经营能力分析

一个公司经营管理能力的大小，直接体现为能否最充分地利用各种生产要素，它直接关系到公司的生存与发展。对公司经营管理能力的分析，主要从公司的治理结构、行政管理能力、管理风格及经营理念、经营效率等几个方面入手。

▶ 1. 公司法人治理结构

健全的法人治理机制至少体现在以下几个方面：规范的股权结构、完善的独立董事制度、监事会的独立性和监督责任、优秀的经理层和相关利益者的共同治理。

我国现有的上市公司中普遍存在着公司治理结构不完善的问题，典型表现就是上市公司中股权结构的不合理，股权高度集中。这个问题是造成我国上市公司综合绩效低下的一个重要原因。有关资料显示，上市公司股权集中度与公司经营效率成反比。

▶ 2. 经理层的素质

经理人员的素质是决定企业能否取得成功的一个重要因素。在一定意义上,是否有卓越的企业经理人员和经理层,直接决定着企业的经营成果。对经理人员的素质分析是公司分析的重要组成部分。一般而言,企业的经理人员应该具备如下素质:一是从事管理工作的愿望;二是专业技术能力;三是良好的道德品质修养;四是人际关系协调能力。此外,还要看公司高级管理人员的年龄结构、学历层次、主要经历等。

▶ 3. 公司从业人员素质

公司的经济活动是通过公司的员工来完成的,决策再好,没有一支良好的从业人员队伍去落实等于零。公司员工素质高,公司的经营能力、盈利水平高,发展的潜力也大。

作为公司的员工,应该具有如下的素质:敬业精神、团体合作精神、专业技术能力、创新能力、相关的工作经验、较高的文化水平等。此外,年龄与性别的构成也是需要注意的问题。如果一个上市公司是由原国有企业改制而来,带着大量的人员负担,则经营效率必受影响。

五、成长性分析

投资者在选择上市公司时,要注重上市公司的成长性,可从以下几个方面考虑。

(1) 公司规模的扩张是由供给推动还是由市场需求拉动引致,是通过公司的产品创造市场需求,还是生产产品去满足市场需求,是依靠技术进步,还是依靠其他生产要素,等等,以此找出企业发展的内在规律。

(2) 纵向比较公司历年的销售、利润、资产规模等数据,把握公司的发展趋势,是加速发展、稳步扩张,还是停滞不前。

(3) 将公司销售、利润、资产规模等数据及其增长率与行业平均水平及主要竞争对手的数据进行比较,了解其行业地位的变化。

(4) 分析与预测公司主要产品的市场前景及公司未来的市场份额。对公司的投资项目进行分析,并预计其销售和利润水平。

(5) 分析公司的财务状况以及公司的投资和筹资能力。

对上市公司概况除了上述五个方面分析外,还要注意上市公司的背景和历史沿革。在这方面,要注意的是公司性质、集团及其关联企业、公司的规模,股本结构和主要投资者、公司的中长期发展战略和发展方向的历史沿革等。

知识链接

为何股票总是不涨?

好股票为什么总是涨不起来的原因有很多,其中一个重要的原因是公司本身未来的成长性如何?股市里许多通过基本面分析来挑选股票的投资者经常会抱怨自己发现的"好股票"为什么总是涨不起来。实际上,他们从公司业绩、行业背景和估值等角度分析认为的所谓好公司、好股票,并没有获得市场的认可。这里有两种可能的情况,一种可能是市场错了,你对这只股票的"超前"判断可能还未形成市场的共识,但你要坚信自己,只要你的判断基础是正确的,公司的业务发展也的确如你所料,市场里的其他人迟早都会转变观点,加入到你的行列里来。另一种可能就是你的判断失误,这种失误要么是对公司业绩的成长性及相应的估值没有准确把握,要么是犯了对股票类型及相应投资策略认识模糊的错误,在不适宜的时机买入了不适宜的股票。事实上,目前所接触到的个人投资者的选股失误多是自身的问题而非市场的问题,而且很多投资人都是犯了一些不符合最基本的股票投资常识的错误。这里有一个真实的例子。一家地处东北,主营业务为造纸的上市公司,基本面在当时看上去很不错,处在一个与烟草包装有关的相对垄断的行业里,进入壁垒较高,竞争不是很激烈,因此公司盈利能力较为出众,毛利率在35%左右,净利润率也在10%以上。从估值来看,如果预期这家公司2006年每股收益可以增长10%,则可以达到0.6元左右,当时7元多的股价,动态市盈率只有11.7倍,似乎很便宜,但这只股票在2006年的涨幅却明显落后于大盘。一切看上去都很完美,但为什么就涨不起来呢?其实,投资者在这里忽视了一个更为关键的因素,即公司的成长性。股市里非常看重的一个选股指标是PEG,即当前市盈率除以未来3年或5年每股收益(EPS)复合增长率,这是投资大师彼得·林奇发明的选股指标。PEG将公司的估值和成长性结合起来,用于说明一个很实在的投资逻辑关系——现在的股价可以反映公司未来盈利的增长吗?比如一家公司的股票目前以20倍市盈率交易,未来公司EPS增长率为20%,则PEG为1,说明股价正好反映其成长性,当前的价格不贵也不便宜;如果未来EPS增长率为40%,则PEG为0.5,显示当前股价明显低估了公司业绩的成长性,具有很好的投资价值;但如果未来的EPS增长率只有10%,PEG高达2,则说明价值已被高估,股价有下跌的内在需要。此外,PEG还可以在同一板块的股票之间进行对比,从而找出哪只股票的价格被相对低估,更有投资价值。我们将在后面的章节中详细介绍PEG估值法。再回到上面那个例子。这家公司的成长性过去一直不很突出,当时我们判断该公司2006年的业绩似乎只有一位数增长的可能(事实上该公司2006年业绩出现明显下滑)。即便我们乐观地估计未来3年公司EPS增长率可以达到10%,按当时市价计算PEG为1.17,其实并不诱人。而且很有可能其未来的EPS增长率还达不到10%,假设是5%,则PEG高达2.34,说明当前的股价已经太高了。这就是为什么机构投资者当时不热衷于介入这只股票的原因,除非市场上多数人预期公司业绩会出现高增长,否则股价肯定难以上涨。所以,仅仅通过市盈率来估值,有时是不充分的,还必须和公司成长性结合起来,这也是为什么钢铁股在正常情况下只能有10倍的市盈率,而高科技、新能源类股票的市盈率可以到30倍甚至更高的原因,道理就在人们对于它们的成长性预期的不同上。选股真正的难度及关键在于对公司成长性的判断上。投资者需要花费更多的精力来研究和把握商业周期、产品周期以及盈利周期的变化更迭,了解公司产品或业务的市场销售状况、成本及利润率变化趋势等,这些因素最终都归结到公司盈利的成长性上。这才是形成投资决策的基础。

六、公司财务报表

为了避免投资风险,减少投资的盲目性,投资者应当善于分析公司的经营状况,而分析上市公司的财务报表就是常用的手段之一。公司的财务报表是公司经营活动的原始资料的重要来源。一个股份公司一旦成为上市公司,就必须遵守财务公开的原则,即定期公开自己的财务状况,提供有关财务资料,便于投资者查询。投资者可以通过分析财务报表来了解公司的经营状况并相应地进行其投资决策活动。

上市公司公布的一整套财务资料中,主要是一些财务报表。而这些财务报表中对投资者最为重要的有:反映一个公司实力的资产负债表;反映公司的经营和盈利状况与分配的利润及利润分配表;以及现金流量表。投资者如果掌握了基本会计知识,就能较为顺利地读懂财务报表。

财务报表分析的功能概括起来有三条：一是通过分析资产负债表，可以了解公司的财务状况，对公司的偿债能力、资本结构是否合理、流动资金充足性等做出判断；二是通过分析利润表，可以了解分析公司的盈利能力、盈利状况、经营效率，对公司在行业中的竞争地位、持续发展能力做出判断；三是通过分析现金流量表，可以了解公司获得现金和现金等价物的能力，并据此判断公司的收益质量，预测企业未来的发展前景。

财务报表分析通常运用的方法也有三种：一是单个年度的财务比率分析；二是不同时期比较分析；三是与同行业其他公司之间的比较分析。

财务比率分析是指对公司一个财务年度内的财务报表各项目之间进行比较，计算比率，判断年度内偿债能力、资产管理效率、经营效率、盈利能力等情况。对公司不同时期的财务报表进行比较分析，可以对公司持续经营能力、财务状况变动趋势、盈利能力做出分析，从一个较长的时期来动态地分析公司状况。

与同行业其他公司进行比较分析，可以了解公司各种指标的优劣，在群体中判断个体。使用此方法时常选用行业平均水平或行业标准水平，通过比较得出公司在行业中的地位，认识优势与不足，真正确定公司的价值。

在一般阅读时要注意以下几个问题：①阅读注册会计师的鉴证意见，以了解注册会计师对报表的意见，尤其要注意查账报告中注册会计师特别说明的内容部分；②明确报表编制的报告日或报告期，明确报告的口径和范围；③明确报表编制的方法，例如是公司本部报表，还是合并报表。

此外，仔细阅读会计报表的各个项目，这是会计报表的主要内容。在阅读时，①尤其要注意金额较大的项目，了解其影响；②应该结合报表附注说明分析项目结构；③同上期数据比较，分析其变化趋势；④分析这些数据变化的合理性等。例如应收款太大，就要分析其结构如何。

下面我们对上述三种财务报表分别进行介绍和分析。

任务二　资产负债表分析

一、资产负债表的基本内容

资产负债表是反映公司在某一特定日期(年末或年中)的财务状况的静态报告，资产负债表反映的是公司的资产、负债(包括股东权益)之间的平衡关系。资产负债表由资产和负债两部分组成，每部分各项目的排列一般以流动性的高低为序。资产部分表示公司所拥有的或所掌握的，以及其他公司所欠的各种资源或财产。负债部分包括负债和股东权益两项。负债表示公司所应支付的所有债务。股东权益表示公司的净值，即在清偿各种债务以后，公司股东所拥有的资产价值。资产、负债和股东权益的关系用公式表示为

$$（总）资产 = 负债 + 股东权益$$

阅读资产负债表能够全面了解公司的财务状况，通过阅读资产可以了解公司的规模，阅读股东权益可以知道资本的构成，比较流动资产与流动负债可以来判断公司的偿债能力，并且利用其中数据计算多种比率，预测公司未来的财务趋势。

关于资产的分类。通常把它分为流动资产和非流动资产两大类。我们把能在一年以内或者一个正常的营业周期内可以变现、出售或耗用的资产称为流动资产，也就是说用时间作为划分流动和非流动资产的标准。所以现金、银行存款、存货都属于流动资产，而厂房、设备因为耗用期通常都超过一年，所以划为非流动资产。

下面就资产负债表中的一些主要项目进行介绍。

（一）资产

▶ 1. 流动资产

流动资产是指在一年之内或者一个正常营业周期内可以变现、出售或耗用的资产，当营业周期比一年短时，选一年作为时间标准，当营业周期超过一年时用营业周期作为标准。由于只有少数行业（如林业、矿业）的营业周期超过一年，所以通常以一年为标准。常见的流动资产有货币资金、短期投资、各类应收款项和预付款项，以及存货等。而它们根据变现能力的强弱，又可分货币性和非货币性流动资产。上面提到的项目中，存货变现能力较差，是非货币性的。其他几种有的本身是货币，有的很容易变为货币，一般就归为货币性流动资产。流动资产对企业短期内的经营活动有重大影响，所以常被用来计算各类财务指标，应予以重视。

▶ 2. 货币资金

货币资金是反映公司库存现金、银行存款和在途资金的合计数，是公司最具有流动性的资产，其特点如下。

（1）转化迅速。货币资金一经使用，该项货币资产就会消失，相应地会引起存货资产、固定资产或其他资产的增加或公司负债的减少。

（2）存量不稳定。公司货币的存量是由一定的流入量和流出量决定的。货币收支业务的经常性和偶发性使公司的货币资金难以保持稳定的持有量。

（3）有一定的投资性。货币如以现金形式存在，则丧失了增值的机会。如以银行存款的形式存在，可以得到一定的存款利息；如将其购买有价证券，可能得到较高的投资报酬。因此，广义上的货币资金包括有价证券在内。

公司所持有货币资金量的多少，直接制约着公司的资产规模和支付能力。如果公司将资金全部投资于实物资产，虽然可以带动较大的经营规模，但却会使公司失去支付能力，日常开支也难以保证；如果过多保留货币资金，又会使相当一部分资金丧失投资增值的机会。因此，货币资金管理涉及公司生存、发展以及兴衰成败的全局，必须予以高度重视。

▶ 3. 短期投资

短期投资是反映公司购入的可随时变现，并准备随时变现的股票和债券的实际成本。短期投资是货币资金的一种转化形式，具有较强的变现能力，因此也称货币性投资。短期投资是公司既能充分利用闲置的资金，又能达到资产的流动性要求而进行的一种临时性投资。当公司需要资金时，这些投资就能迅速转化为现金。公司短期投资的目的与公司本身经营业务的需要无关，而主要是为了取得最大的投资报酬率，以及尽可能减少物价波动带来的风险和损失。因此，短期投资选择的对象，都是那些在交易所中交易活跃，容易出售，并且营利性较强的有价证券。短期投资具有流动性和营利性的特点。在我国，公司短期投资按照支付款项登记核算。

▶ 4. 应收票据

应收票据是反映公司收到而尚未到期的票据和未向银行贴现的应收票据，包括商业承兑汇票和银行承兑汇票。通常不论票据是否带有利息，都按票面金额入账。应收票据易于变现，当公司需要资金时，可持未到期的应收票据到银行申请贴现，银行按一定的贴现率从票据到期价值中扣除贴现期的利息后，以其净额付给公司。在我国，由于商业汇票不带息，公司贴现的应收票据实得款项一般低于票面金额。

应收票据一般分为汇票、本票和支票。票据是一种证明债权与债务关系的书面凭证。票据一般有三方面当事人：出票人、受票人和收票人。通俗地讲，出票人就是开出票据的人，受票人就是被要求付款给收款人的那一方。出票人开出的要求受票人付款给收款人的票据叫汇票，这类似于讨债书。如果受票人就是出票人，称为本票，类似于欠条。而存款人开出的要银行付款的就是支票。企业在应收票据中处于收款人地位。票据具有较强的法律上的保证，所以企业在急需资金时，可以在票据背面签章(背书)转让给别人，因此流动性较强，所以在资产负债表中列于应收账款之前。

▶ 5. 应收账款

应收账款是反映公司因销售产品、材料、提供劳务等业务，应向购货单位或接受劳务单位收取的那些在一年内或超过一年的一个生产周期内应收账款的数额和收回时间。即指企业在正常的经营过程中，由于赊销商品和提供劳务所发生的客户欠的账款。也就是说，由卖方先供货或劳务，买方在一段时间以后再付款。但赊销业务并不等到收到货款时才承认，而是在供货的同时就承认下来，只不过货物换来的不是钱而是债权。另外，应收账款在计价时一般受商业折扣和销售折扣的影响，商业折扣就是成交价低于零售价的差额，这一部分须从应收款总额中减去。销售折扣是卖方因买方提前交款而给的优惠。在我国，这一部分折扣通常到发生时才承认。例如买1 000只杯子，零售价5元，成交价4.5元，应收账款就是4 500元，规定30天后付款，但10天内交款给2%的优惠。若买方10天内交款，只能收到98%的钱，即4 410元，90元就是销售折扣。

在现实生活中，几乎每一个企业都程度不同地存在应收账款的问题。由于应收账款这一资产本身在资金循环过程中并不会增值，而且应收账款账龄越长越有可能成为坏账。因此，善于管理的人会将应收账款账龄尽可能地缩短，而作为投资者在应收账款问题上，同样要注意应收账款账龄长短以及应收账款收回能力，因为这往往能反映出一家公司在资金管理上的能力。具体来说，要注意以下几点。

① 应收账款占主营收入的比重。计算方式是用应收账款除以主营业务收入。该值越小越好。该指标以20%为限，超过20%的时候，说明该企业的销售状况不佳。如果超过40%，应该高度警惕了。

② 应收账款账龄的长短。在做分析的时候还可以把一年以上的应收账款量乘以2，把两年以上的应收账款乘以3，把三年以上的应收账款乘以5。因为期限越长的欠款越难讨回。

③ 应收账款值的波动情况，如果逐年上升，说明企业的销售状况不佳。

④ 结合其他应收款一起考虑。在我国，许多企业的其他应收款往往比应收账款还多，因此，对其他应收款的分析应同应收账款一样进行。

当然对于上市公司的应收账款问题，也应具体情况具体分析。如在2004年年报中，中集集团应收账款的增长源于上半年主营业务收入增长迅猛。中集集团有关人士表示，公司应收账款的增长并非受宏观调控影响，上半年公司集装箱销量增幅约为28%，价格上升30%~40%，因此应收账款数额相应增大。但也有部分上市公司的应收账款增幅远大于主营业务增幅，它们大多属于受宏观调控直接影响的行业。如云南铜业，其应收账款增幅约为主营业务增幅的7倍。该公司称,这主要是因为销售和回款的时间差造成的。杭萧钢构则在其半年报中表示,应收账款较多主要是因为国家实行适当的收紧银根的货币政策,使公司工程款的回收速度减慢。作为钢铁行业龙头的宝钢股份,上半年应收账款同比增长约74%,而主营收入则增长近30%。该公司某负责人称,相关会计政策的调整导致了应收账款的高增长,同时,上半年钢价上涨和购销两旺的局面也是导致应收账款增长的原因之一。

▶ 6. 坏账准备

坏账准备是反映公司为弥补可能发生的坏账损失,按照规定标准所提取的准备金。坏账损失是指由于债务人破产、撤销或者死亡,以其财产或遗产清偿后,仍然不能收回的应收款;或者因债务人逾期未履行偿债义务,超过3年仍不能收回的应收款。我国坏账准备采用余款的百分比计提,根据不同行业的具体情况,对其坏账准备提取的百分比也不同。

▶ 7. 预付款项

预付款项是指公司根据购货合同规定预付给供货单位或个人的货款,或多付给供货单位的款项,按实际发生额计价。在这个业务过程中,买方单方面提供货款,而卖方则要到一段时间以后才提供货物。但这时买方企业的货币资金已经减少,而存货尚未增加。如果不设立预付款项这个账户,资产总额就会少于负债与权益之和,资产负债表就不平衡了,而这在记账时是不可能的。若货币资金的减少等到货物得到时再记,那么这一间隔时间中货币资金所反映的值就是不真实的。所以预付款项的设立是很必要的。当货物运到后,预付款项已不再具有预付的性质,将被销掉,而存货就相应地增加,在市场经济下,由于受供求关系等影响,企业可能因买不到急需的原材料而停产。所以采取预付款项的办法常能起保持生产连贯性和降低成本的作用。

▶ 8. 其他应收款

其他应收款是反映公司除应收账款、应收票据、预付账款以外的其他应收、暂付款项。其具体内容包括应收的各种赔款;应收的各种罚款;应收出租包装物租金;应向购货单位收取的代缴的燃油特别税;应向职工收取的各种垫付款;租出物保证金,如包装物的租金;应收、暂付上级单位、所属单位的款项;拨给职能部门和职工的备用金。

例如,在年末企业投资的债权产生了一部分利息,但是利息要到下一个年度中才能领取,而本年度产生的利息应作为本年度的收益,所以企业要把这部分利息作为收益确立下来,同时在资产负债表中,这笔利息收入就记在其他应收款的账户下,成为企业的一部分资产。到收到钱时,再把它从其他应收账款中转到货币账户下。

其他应收款的金额相对较小,而且它不是由企业的主营业务所带来的。但仍需对它进行管理,使之尽早收回。

▶ 9. 存货

存货是指公司期末生产经营过程中为销售或者供生产用的在库、在途和在加工中的各项资产的实际成本,包括各种材料、库存产品、在途产品等。判断存货最根本的依据是所有权的归属,凡是在盘存日期,法定所有权属于公司所有的一切货品,不论其存放地点都应视为存货;反之,凡所有权不属于公司的,即便存放于本公司,也不属于本公司存货。通常,存货占流动资产的份额较大,储备适量的存货,可以保证公司生产经营过程中销售和耗用的及时需要,为公司生产和销售创造有利条件。但任何存货都是一项资金的占用,存货过量会造成公司资金的积压和浪费。因此，加强存货的计划控制，是公司财务管理的主要内容之一。

在分析存货方面，投资者要注意以下几点。

(1) 存货占主营收入的比重。该值的计算是用存货除以主营业务收入。该值偏低好。存货占主营业务收入的比重以低于25％为好，即有三个月的存货量比较健康。如果超过40％，即有5个月以上的存货，状况就很不好了。

(2) 存货的具体内容。由于存货包括材料、库存产品与在途产品等，而不同的存货意义是不同的。在做分析的时候，可以把产成品的存货乘以2，因为产成品的存货更有实质意义，它反映了企业的产品的市场销售状况。而材料则要具体情况具体分析，是由于销路不好造成材料积压还是以防材料涨价而多备材料，若是后者的话，在材料涨价时有利于企业的市场竞争从而获得一部分超额利润。

(3) 产成品库存值的波动状况也值得重视，当该值上升的时候，说明企业的产品开始积压。

▶ 10. 待摊费用

待摊费用是反映公司已支出但应由本期和以后各期分别负担的分摊在一年以内的各种费用。它包括低值易耗品的摊销、出租出借包装物的摊销、预付保险费、应由销售产品分摊的中间产品税金、固定资产修理费，以及一次购买的印花税和一次缴纳印花税税额较大尚需分摊的数额、开办费以及摊销期在一年以上的其他待摊费用。

比如企业3月份预付了企业4月、5月、6月三个月的保险费，共计3万元。因为是预付，不能算作费用，所以就记在待摊费用名下。那么，到4月时，就要承认1万元的费用，这1万元就从待摊费用中减去，还剩下2万元待摊。5月和6月各自再分摊1万元的费用，到6月就摊销完全都转为实际的费用了。这就是待摊费用的意义和作用。

▶ 11. 固定资产

固定资产是指公司为满足生产经营活动的需要，所拥有的使用期限超过1年的房屋、建筑物、机器、机械、运输工具和与其他生产经营有关的设备、器具、工具等，不属于生产经营主要设备的物品，使用年限超过2年的，也应当作为固定资产。固定资产是企业的劳动手段，也是企业赖以生产经营的主要资产。

▶ 12. 长期股权投资

长期股权投资是指通过投资取得被投资单位的股份。企业对其他单位的股权投资，通常是为了长期持有，以及通过股权投资达到控制被投资单位，或对被投资单位施加重大影响，或为了与被投资单位建立密切关系，以分散经营风险。在我国，长期股权投资的取得方式主要有：一是在证券市场上以货币资金购买其他企业的股票，以成为被投资单位的股东；二是以资产（包括货币资金、无形资产和其他实物资产）投资于其他单位，从而成为被投资单位的股东。

▶ 13. 在建工程

所谓在建工程是指公司正在处于施工前期准备，正在施工中和虽已完工尚未交付使用的建筑工程和安装工程所实际发生的各项支出。在建工程按性质分为固定资产新建工程、改建工程和大修工程。在建工程反映公司为今后生产、经营活动而正在改造、扩建和新建的使用期限超过1年的劳动资料。在建工程的建成投入使用，将形成公司新的生产规模和利润来源。因此，对在建工程项目及其进展程度的分析，有利于判断公司未来的生产格局、市场竞争力和今后的盈利状况。

▶ 14. 无形资产

所谓无形资产是指公司长期使用而没有实物形态的资产,包括专利权、商标权、专有技术(诀窍)、土地使用权、著作权等。无形资产具有以下四个特征。

(1) 不具备实物形态,但具有价值。

(2) 能在较长时间(至少超过一个经营周期)给公司带来收益。

(3) 无形资产所代表的未来经济效益具有很大程度的不确定性。

(4) 无形资产具有独占性,并受法律、法规保护,任何非所有者不得无偿占有。

股东投入的无形资产,按评估确认价值计价;购进的无形资产,按实际支付价款计价;自行开发并依法申请取得的,按研制开发创造过程中的相关支出汇总计价;捐赠的按捐赠者所付单据金额计价,若无所附单据,可参照同类无形资产的市场计价。其中,商誉只有在公司合并和向外购入情况下才作价入账。

无形资产按其直线法分期摊入管理费用。有规定使用年限的,按规定合作年限分期摊销;没有规定使用年限的,摊期不得少于10年。

无形资产的存在,或者表明公司拥有的特殊权益,或者有助于公司获得高于一般水平的收益。我国规定,企业在设立股份有限公司、申请公开发行股票前一年年末,无形资产(不包括企业土地使用权)在净资产中所占的比例不高于20%,中国证监会另有规定的除外。

▶ 15. 开办费

开办费是反映公司在筹建期间为生产经营活动做准备而实际发生的各种未摊销的费用,包括筹建期间人员的工资、培训费、办公费、差旅费、印刷费、注册登记费以及不应计入固定资产和无形资产购置成本的汇兑净损益、利息及其他支出。我国财务制度规定,除汇兑净损益外,开办费从开始经营月份的次日起,按照不短于5年的期限平均摊入管理费用。若筹建期间汇兑净损益为损失,按开办费摊销办法进行;如果为净收益,从企业开始生产、经营月份的次日起,按不短于5年的期限平均转销,或者留待弥补生产经营期间发生的亏损,或者留待并入企业的清算收益。

(二) 负债与股东权益

以上所述是公司的资产,这些资产是怎么来的,是自有的还是借来的,就是下面所说的负债与股东权益。

同样,负债也是按照其流动性划分为流动负债与非流动负债。

▶ 1. 流动负债

流动负债指在一年或者超过一年的一个营业周期内应偿还的债务。流动负债除具有负债的一般特点以外,典型的特征是偿还期短,必须在短期内以公司资产或劳务加以偿还,是公司短期内面临的一种还款负担。在一般情况下,流动负债主要包括短期借款、应付票据、应付账款、预收账款、未付股利、职工福利基金、未缴税金、其他应付款和预提费用等。

▶ 2. 短期借款

短期借款是企业为了弥补流动资金的不足,从银行或其他金融机构借入的偿还期限在一年以内的各种借款,包括短期流动资金借款、结算借款、卖方信贷、票据贴现借款,以及企业借入的借款期在一年或长于一年的一个经营周期以内的新产品试制借款、引进技术借款、进口原材料短期外汇借款等。

在实际生产经营活动中,企业很可能发生流动资金不足的情况,即企业现有资金不足以购买生产所需的原材料等物资，使得生产停顿、受阻。在这种情况下，企业向银行或其他金融机构借入期限在一年以下的一定数额的款项来弥补流动资金的不足，这笔款项即为企业的短期借款。因为短期借款必须在一年之中归还，所以短期借款属于流动负债。企业借入短期借款之后，到期归还本金并支付利息。一旦企业到期无法偿还借款，必须按较高的利率支付逾期借款利息。所有的利息支出均记入财务费用科目，从而减少当期利润。在会计年度末，企业在资产负债表上以短期借款科目反映尚未偿还的短期借款额。

▶ 3. 应付票据

应付票据是反映在延期付款的商品交易中，由公司签发的允诺按票据上规定日期支付票面金额的商业汇票。由于商业汇票按规定最长付款期为9个月，因此应付票据属于流动负债。付款方在商业汇票兑现以后，即构成付款方的一种债务责任。

▶ 4. 应付账款

应付账款是反映公司购买材料、商品或者接受劳务应付而暂未付给供应单位的款项，是公司在商品交易活动尚未结算的负债，是流动负债的重要组成部分。当企业购买商品、材料、物质或接受劳务等经济业务发生后，如果对方允许，可采用"先取货、后付款"的付款方式，即人们通常所讲的"赊购"。这时，企业这笔尚未支付给供应者的款项被称为应付账款。应付账款必须在短期内支付，一般来说，大多数企业以30天为限，所以应付账款属于流动负债。供应者为尽快回笼资金，对在更短期内付清货款者提供折价优惠，这种期限一般以10天为限。例如，甲企业向乙企业赊购某产品100万元，如果甲企业能够按乙企业规定在10天内付清货款，则可享受2%的折扣优惠。即甲企业有两种付款选择，在10天付出98万元或在剩下的20天内付100万元给乙企业。此时，甲企业可根据自身状况做出相应的决定。一个企业可能有相当多的供应者，因此企业可以根据不同的供应者分别设立不同的明细账户，同时设立相应的总账，以此概括应付账款总额。在会计年度末，企业在资产负债表上以应付账款科目反映尚未支付的应付账款额。

造成公司应付账款的原因有：因公司资金紧张，在短期内又难以全部支付或者完全不能支付账款；由于划拨转账和货款结算需要一定时间，因而产生应付款；一些特殊商业活动产生应付款，如委托代销商品的应付款等。若由第一种原因造成过多的应付账款，将会影响公司的商业信用，给今后的融资借款、赊销等业务带来困难。

▶ 5. 预收款项

预收款项是反映公司对客户订货、工程项目预定以及劳务提供预约，在公司产品交货、工程完工验收、劳务提供之前，预先按全货款的一定比例收取部分或全部款项，也就是人们通常熟知的"定金"。公司预收账款后，要根据合同承诺在收款后一定日期发送商品或提供劳务，如果无法履行合同交货时，要负责如数退还预收的款项并承担相应损失。

由于企业预收了客户的部分货款，而实际并未提供任何商品或劳务，这部分货款对企业来说就是负债。一旦企业完成合同所规定必须提供的商品或劳务后，这笔预收货款才能由债务转为企业的收入。这期间的时间一般较短，具体视合同而言，所以预收货款属于流动负债。例如，甲企业根据乙企业的订货生产价值100万元的某产品，预收20%的定金，那么甲企业就承担了20万元的流动负债直到合同履行为止。

一个企业可以拥有很多不同的客户，企业可以根据不同的客户分别设立不同的明细账户,同时设立相应的总账,以此计算预收货款总额。在会计年度末,企业在资产负债表上以预收货款科目反映当时所负担的预收货款额。

▶ 6. 应付职工薪酬

应付职工薪酬是指应支付给职工的工资总额。具体包括计时工资、计件工资、奖金(指生产奖、节约奖、劳动竞赛奖、质量奖等,不包括按国家有关规定发放的创造发明奖、科技进步奖、合理化建议奖等)、津贴和补贴、加班加点工资,以及非工作时间工资(主要指工伤、产假、探亲假等非工作期间内支付的工资)等。资产负债表中"应付工资"项目反映的是在报表编制日企业应付未付的职工工资。

▶ 7. 应交税费

应交税费是反映公司某一会计期间应负担而尚未支付的各种税金,是公司对国家负债。税金是国家根据税法规定的税率向企业征收的税款,是国家取得财政收入的一种手段,是国家参与国民收入分配和再分配的一种方式。在我国,企业所得税是按年计征,按期预交,所交金额作为减项记入应交税金账目。到会计年度末,应交税金账目内一般出现正项,这说明公司应交额超过预计额。这个差额即公司当年度的未交税金,它是公司的一项负债,并且必须在规定的较短期限内与税务机关清算,补足这项差额,所以未交税金属于流动负债。例如,某公司预交税金30万元,而到年底结算发现实际应交35万元税金,此时应交税金账目内出现5万元的正项,企业必须在当年末的资产负债表上列出这5万元未交税金的流动负债。如应交税金账目出现负项,说明企业当年应交税金小于预交税金。

公司应缴纳的税金有增值税、营业税、消费税、城市维护建设税、房产税、车船税、土地使用税、所得税、资源税、固定资产投资方向调节税等。企业交纳的印花税以及其他不需预计应交数的税金不包括在内。

▶ 8. 应付股利

应付股利是指根据股东大会决议,确定的公司应付而未付给各种股东的股利。股利,是公司对股东的投资回报。公司将当期部分利润按投资者持股比例大小分别支付给各个不同的股东,可以是现金,或者是本公司股票,还可以是实物资产或者其他公司的股票、债券之类。股利分配方案必须经公司股东大会审议、通过,由董事会宣告方才生效。股利分配方案宣告之日至实际支付之日这段时期内,这笔尚未支付的股利即成为公司的一项负债。由于这段时期一般较短,所以未付股利属于流动负债。例如,某年12月15日某企业董事会宣布将于第二年1月10日发放股利若干,12月15日起这笔股利即成为该企业一项应付款,并在当年会计年度末12月31日的资产负债表上列出这笔流动负债,直至支付日1月10日止。

未付股利是未付已宣告股利的简称,在会计年度末,企业在资产负债表上以未付股利科目反映应付而尚未支付给股东的股利总额。

▶ 9. 其他应付款

其他应付款是反映公司除应付票据、应付账款等以外应付、暂收其他单位或个人的款项。企业由于与非商品、劳务交易的企业和个人所发生的经济往来而产生的应付款项称为其他应付款。如应付租入固定资产和包装物的租金、存入保证金、退付保险费、应付赔偿款等,这些应付未付费用都是企业对其他单位或个人的负债,并被要求在短期内支付,所以其他应付款属于企业的流动负债。

其他应付款与应付账款不同。其他应付款是由与非商品、劳务交易的企业和个人往来所发生的,而应付账款是由与商品、劳务交易的企业和个人发生的,两者发生的前提是不同的。

▶ 10. 非流动负债

非流动负债,指偿还期在一年或超过一年的一个营业周期以上的债务。非流动负债是公司向债权人筹集,可供公司在较长时间内加以运用的资金。在一般情况下,非流动负债具有还款期长、金额较大、利息高于流动负债应付利息等特点。非流动负债主要包括长期借款、应付债券和长期应付款等。

▶ 11. 长期借款

长期借款是反映公司向金融机构、银行或其他单位借入,偿还期在一年或超过一年的一个营业周期以上的贷款。长期借款主要用于固定资产投资和技术改造,还款期一般比较长,是公司可以在较长时间内使用的一种资金。

▶ 12. 应付债券

应付债券是反映公司发行的尚未偿还,还款期限在一年以上的各种债券的本息。

▶ 13. 长期应付款

长期应付款是反映公司除长期借款、应付款项以外的其他各种长期应付款,包括采用补偿贸易方式下引进的国外设备价款、应付融资租入固定资产的租赁费等。长期应付款的特点在于数额较大,偿还期长,具有分期付款的性质,可以避免公司取得固定资产时一次性支付大量开支的困难。对于融资租入的固定资产,长期应付款核算内容包括设备实价、运杂费、途中保险费、安装费、调试费等。

▶ 14. 股东权益

股东权益,即净资产,指投资人对公司净资产拥有的所有权,包括股本、资本公积或资本公积金、盈余公积和未分配利润等。从股东权益的内容上讲,所谓股东对公司净资产权利,包含三层含义:股东对公司净资产的所有权;股东依股东权益而对现金和财产的分配权;公司清算时股东剩余资产的索取权。股东权益是公司财力状况的重要标志,其形成和使用直接关系到财力的分配和公司资本的积累,关系到公司与投资人之间的经济利益。

▶ 15. 股本

股本是反映投资人实际投入的股本总额,包括国家资本、其他单位投资、个人投资、集体投资及外商投资。股本即为企业注册资本,是公司股东权益最重要的组成部分。它决定了投资人各自投入资金的比例,决定投资人在公司中所拥有的权利和责任的大小,对公司净资产、收益与承担风险比例的大小。在资本保全原则的制约下,注册资本在公司正常经营期间不得冲减和抽回。公司注册资本如需增加应经有关部门批准。

▶ 16. 资本公积

资本公积是反映公司在筹集资本金以及生产经营过程中形成的属于投资者所有的资本性积累,是一种资本储备形式,包括公司超面值发行股票所得的溢价部分(如某股票发行价为每股8元,其溢价为每股7元,7元就进入资本公积)、资产评估的增值部分、现金和其他资产的捐赠及其他款项。资本公积的形成与企业盈余没有关系,可以按法定程序转增股本,按股东原有股份比例向股东发送新股。

在此值得注意的是每股资本公积。它等于资本公积除以总股本。如某公司资本公积为3亿元,总股本为1亿股,则每股资本公积为3元。该值越高越好。企业的每股资本公积高,则企业就有了扩股的能力。

▶ 17. 盈余公积

盈余公积指从公司税后利润提取的，包括法定公积金和任意公积金。法定公积金，是指按照公司法规定，公司必须根据当年税后利润，以减去弥补亏损后的余额的10%强制计提的公积金。法定公积金只有达到注册资本的50%以后，才可以免提。任意公积金是指根据公司章程或股东大会决议而从税后利润中自由计提的公积金，其目的是应付风险和不测。

法定公积和资本公积之间是有区别的。

(1) 根据《公司法》规定，公司的公积金可用于弥补公司的亏损、扩大公司生产经营或者转为增加公司资本，但是，资本公积金不得用于弥补公司的亏损。

(2) 尽管法定公积和资本公积一样，都可用于公司的增资扩股，即转增股本，但据《公司法》规定，法定公积会在转增股本后的留存不能少于转增前公司注册资本的25%，且盈余公积金转增股本涉及公司代个人股东缴个人所得税的问题，而资本公积不会有这些问题。所以，目前公司在转增股本时一般考虑用资本公积金增股。

▶ 18. 未分配利润

未分配利润指公司留待以后年度分配的利润或待分配利益，主要来自历年留利积累和当年税后利润，其权益归公司投资者所有。按照《公司法》有关未分配利润的分配规定，企业通常可用80%左右的未分配利润进行送股或分红利。当然，企业视公积金及自身发展的需要，情况又各不相同。那些公积金很高的企业，往往在提取法定盈余公积金后(有的甚至不提法定盈余公积金)，全部用于送股或分红利，其动用未分配利润的比例可高达95%。相反，那些公积金低的企业，首先要考虑填补公积金，如果公积金与股本之比不足50%，则更需要税后利润来填补公积金，这样其送股或分红自然有限。倘若一个企业需要用未分配利润来大补公积金，那么靠其动用公积金来送股也是空想。假定一个公司公积金超过法定要求(50%之临界)，其动用未分配利润每股送股数则为(未分配利润×90%)÷股本。

在股东权益中，有三个指标值得注意：每股净资产、每股公积金和每股未分配利润。

每股权益(净资产) = 年度末股东权益÷年度末股份总数

每股公积金 = 年度末公积金÷年度末股份总数

每股未分配利润 = 未分配利润÷年度末股份总数

这三者直接影响到投资者的利益保障与投资回报。

二、如何分析资产负债表

资产负债表中有一大堆数据，对于一般投资者来说难以很好地把握，因此可以着重关注如下一些要点。

(一) 浏览资产负债表了解其主要数据及变动状况

浏览资产负债表了解其主要数据及变动状况，由此就会对公司的资产、负债及股东权益的总额及其内部各项目的构成和增减变化有一个初步的认识。由于公司总资产在一定程度上反映了公司的经营规模，而它的增减变化与公司负债和股东权益的变化有极大的关系，当公司股东权益的增长幅度高于资产总额的增长时，说明公司的资金实力有了相对的提高；反之，则说明公司规模扩大的主要原因是来自负债的大规模上升，进而说明公司的资金实力在相对降低，偿还债务的安全性亦在下降。对资产负债表中的一些重要项目，尤其是期初与期末数据变化很大或出现大额红字的项目要进一步分析，如流动资产、流动负债、固定资产、有代价或有息的负债(如短期银行借款、长期银行借款、应付票据等)、应收账款、货币资金以及股东权益中的具体项目等。例如，公司应收账款过多，占总资产的比重过高，说明该公司资金被占用的情况较为严重；而其增长速度过快，说明该公司可能因产品的市场竞争能力较弱或受经济环境的影响，公司结算工作的质量有所降低。此外，还应对报表附注说明中的应收账款账龄进行分析，应收账款的账龄越长，其收回的可能性就越小。又如，公司年初年末的负债较多，说明公司每年的利息负担较重，但如果公司在这种情况下，仍然有较好的赢利水平，说明公司产品的获利能力较佳，经营能力较强，管理者经营的风险意识较强，魄力较大。再如，在公司股东权益中，如资本公积大大超过公司的股本总额，这预示着公司将有良好的股利分配政策。但与此同时，如果公司没有充足的货币资金作为保证，预计该公司将会选择送配股增资的分配方案而非采用发放现金股利的分配方案。另外，在对一些项目进行分析评价时，还要结合行业的特点进行。就房地产公司而言，如该公司拥有较多的存货，意味着公司有可能存在着较多的、正在开发的商品房基地和项目，一旦这些项目完工，将会给公司带来很高的经济效益。

(二) 对一些基本财务指标进行计算与分析

在资产负债表中，有些数据是一目了然的，投资者知道这些数据就大致可以做出选择了，而有些数据是要通过计算才能发掘其背后的意义，而其意义对投资者来说也相当重要。以下是几项主要财务指标的计算及其意义。

▶ 1. 反映公司财务结构的指标

(1) 净资产比率

$$净资产比率 = 股东权益总额 \div 总资产$$

该指标主要用来反映公司的资金实力和偿债安全性。净资产比率的高低与公司资金实力成正比，但该比率过高，则说明公司财务结构不尽合理。该指标一般应在50%左右，但对于一些特大型公司而言，该指标的参照标准应有所降低。

(2) 固定净资产率

$$固定净资产率 = 固定资产净值 \div 固定资产原值$$

该指标反映的是公司固定资产的新旧程度和生产能力，一般该指标应超过75%为好。该指标对于工业公司生产能力的评价有着重要的意义。

(3) 资本化比率

$$资本化比率 = 非流动负债 \div (非流动负债 + 股东权益)$$

该指标主要用来反映公司需要偿还的及有息非流动负债占整个长期营运资金的比重，因而该项指标不宜过高，一般应在20%以下。

▶ 2. 反映公司偿还债务安全性及偿债能力的指标

(1) 流动比率

$$流动比率 = 流动资产 \div 流动负债$$

该指标主要用来反映公司偿还债务的能力。一般来说，流动比率高表明流动负债受偿的可能性大，短期债权人的利益有保障。但该比率过高和过低都不理想，一般来说，该指标应保持在2∶1的水平。过高的流动比率是反映公司财务结构不尽合理的一种信息，它有可能是：①公司某些环节的管理较为薄弱，从而导致公司在应收账款或存货方面居高不下。②公司可能因经营意识较为保守而不愿扩大负债经营的规模。而现实情况，举债经营是现代公司经营的一大特色，这一方面是由于现实经济条件下公司难以实现无负债经营，另一方面是因为在权益资金成本大于债务资金成本时，举债经营可以成为提高股东权益报酬率的有力手段。③股份制公司在发行股票、增资配股或举借长期借款、债券等方式筹得资金后尚未充分投入营运。但就总体而言，过高的流动比率主要反映了公司的资金没有得到充分利用，而该比率过低，则说明公司偿债的安全性较低。此外，计算出来的流动比率还要与同行业平均流动比率、本公司历史的流动比率进行比较，才能知道这个比率是高还是低。

(2) 速动比率

$$速动比率＝（流动资产－存货）÷流动负债$$

由于在公司流动资产中包含了一部分变现能力（流动性）很弱的存货，为了进一步反映公司偿还短期债务的能力，通常，人们都用这个比率来予以测试，因此该比率又称为"酸性试验"。在通常情况下，该比率保持在1∶1是较为理想的，因为一个公司速动比率越大，说明该公司可以立即偿付短期债务的能力越强。该比率如果过高，则可能是该公司由于货币资金闲置过多所致，是一种浪费；但比率太低，则公司的偿债能力差，带来的投资风险就相应加大，不过这一切也必须视公司的性质而区别对待。公司的速动资产是指流动资产扣除存货后的余额，主要包括现金、有价证券、应收账款、应收票据。存货是公司流动资产中流动性较差的一种，它的变现常常须经出售和收账两重手续，不仅所需时间较长，而且在变现时很可能发生损失，因此，在评价时要将公司的存货从流动资产中减去。因此，速动比率与流动比率相比，前者更能准确地从中看出公司流动资产内部结构变化情况及对公司偿债能力的影响程度。投资者在衡量一个上市公司短期偿债能力强弱时，应将该公司的速动比率与流动比率两者结合起来进行分析判断。但在实际工作中，该比率（包括流动比率）的评价标准还需根据行业特点来判定，不能一概而论。例如，采用大量现金销售的商店，几乎没有应收账款，大大低于1的速动比率是正常的；相反，一些应收账款较多的公司，速动比率可能要大于1。

▶ 3. 反映股东对公司净资产所拥有的权益的指标

反映股东对公司净资产所拥有的权益的指标主要有每股净资产。

$$每股净资产＝股东权益总额÷总股数$$

该指标说明股东所持的每一份股票在公司中所具有的价值，即所代表的净资产价值。该指标可以用来判断股票市价的合理与否。一般来说，该指标越高，每一股股票代表的价值就越高。与此密切相关的一个问题就是净资产倍率问题。一般投资者往往注重股票的市盈率标准，而忽略对净资产倍率的关注。其实，净资产倍率与市盈率一样，是投资做参考的重要风险指标之一。

$$净资产倍率＝股价÷净资产值$$

该指标反映的是企业的资产对应于股价的关系。该值越小越有投资价值，相应地，投资风险也较小。例如，世界著名的美国"王安电脑"公司由于经营不善，宣布破产保护，但由于其多年发展，网点遍布全球各地，净资产值很高，换块牌子后又东山再起，投资者并没有受到多大损失。在股市，历来有"市盈率是朝上看发展，净资产倍率是朝下看保底"之说，也即投资时最良好的愿望与最坏的打算两个标准的依据所在。当然，一个发展潜力巨大的上市公司，无论其盈利能力与净资产值的增长都是很快的，但对于一个发展趋于饱和的公司，关心其净资产倍率指标尤显重要。所以对一个成熟的投资者来说，择股的标准应是多元的，除市盈率、税后利润、营业收入等财务指标需要加以注意外，净资产倍率也很重要，因为它毕竟反映了该企业固定资产的实际状况和企业今后利润增值的重要基础。当然，净资产倍率并不是一个绝对的数字。在中国香港，有的企业的净资产倍率只有0.5，而有的则可达到7~8。因此，相对于成长的市盈率，该指标可以仅作为参考。

在净资产与净资产倍率问题上还要注意两点：一是该公司净资产的质量。有些公司表面上看净资产很高，但其中的资产有相当大的问题，如上市公司达尔曼的问题尚未暴露时，每股净资产高达4.6元之多，问题暴露后其净资产竟为负值。二是净资产高并不意味着公司经营状况好，因为每股净资产比重较高可能是由于公司在股票发行时取得较高的溢价所致。

任务三 利润及利润分配表

一、利润及利润分配表的基本内容

公司财务报表中第二份重要的报表是利润及利润分配表。它是反映一个会计时期内企业经营成果及分配情况的报表，包括下述一些内容。

▶ 1. 营业收入

营业收入是反映公司已销售商品和提供劳务等经营业务的实际收入。如房地产公司的房地产销售收入、工业企业的产品销售收入、商贸企业的商品销售收入等。

▶ 2. 营业成本

营业成本是反映公司已销售商品和提供劳务等经营业务的实际成本。根据我国的会计制度，工业企业计算成本的方法由完全成本法改为制造成本法。其特点是把企业全部成本费用划分为制造成本和当期费用两类。制造成本，是指工业产品的生产成本，包括企业在生产经营过程中实际消耗的直接材料、直接工资、其他直接支出和制造费用。企业发生的与生产经营没有直接关系和关系不密切的费用，如管理费用、财务费用和销售费用不摊入产品成本，作为当期费用直接计入当期损益。

▶ 3. 营业税金及附加

营业税金及附加是反映应由公司销售商品和提供劳务得到的营业收入负担的税金，包括产品税、增值税、营业税、出口税及城市维护建设税等几种，又称流转税。

▶ 4. 销售费用

销售费用是指企业在产品销售等过程中所发生的费用，包括运输费、装卸费、包装费、保险费、展览费、广告费，以及为销售本企业产品而专设的销售机构的职工工资、福利费、业务费等经营费用。

▶ 5. 管理费用

管理费用是指公司行政管理部门为管理和组织经营活动的各项费用，其内容与现行的企业管理基本一致。具体包括公司经费、工会经费、职工教育经费、排污费、绿化费、土地使用费、土地损失补偿费、技术转让费、无形资产摊销、开办费摊销、业务损失补偿费、业务招待费、坏账损失、存货盘亏以及其他管理费用。

▶ 6. 财务费用

财务费用是指公司为筹集资金而发生的各项费用，包括公司生产经营期间发生的利息净支出(减利息收入)、汇兑净损失、调剂外汇手续费、金融机构手续费以及筹资发生的其他财务费用等。公司发生的短期借款的利息，按新制度的规定也应计入财务费用中。

筹集资金是企业开展生产经营活动的前提，因此财务费用是必不可少的资金耗费，应作为期间费用在企业当期损益中列支。此外应注意的是企业为购建固定资产而筹集资金所发生的费用，在固定资产尚未完工交付使用前发生的，应计入企业有关固定资产价值内，不在财务费用内核算。

财务费用按费用项目，例如，长、短期借款等设置具体明细科目并分类入账，会计期末将财务费用科目余额转入本年利润科目中。

▶ 7. 投资收益

投资收益是反映公司以各种方式对外投资所取得收益，其中包括分得的投资利润、债权投资的利息收入以及认购股票应得的股利等。采用权益法进行长期投资核算的，若接受投资单位股东权益增加，其增加部分作为投资收益。

▶ 8. 营业利润

营业利润是反映公司一定时期的业务活动的最终财务成果，是公司利润总额的主要构成部分。

▶ 9. 营业外收入

营业外收入指与公司生产经营没有直接关系的各项收入，包括罚款收入、确定无法支付的按规定应转作营业收入的应付款项、教育费附加返还款，以及其他非经营性收入。

▶ 10. 营业外支出

营业外支出指与公司生产经营没有直接关系的各项支出，包括固定资产盘亏、报废、毁损和销售的净损失；非季节性和非修理期间的停工损失；职工子弟学校经费和技工学校经费；因自然灾害等造成的非常损失；公益救济性捐赠支出；因对地主造成损害支付的赔偿金，以及因违反合同契约规定支出的违约金等。公司的营业外收入减去营业外支出，即为营业外收支净额。

▶ 11. 利润总额

利润总额反映公司在一定会计期间从事生产经营活动的财务成果，包括营业利润、投资收益和营业外收支净额等。利润总额是一项综合指标，集中反映公司生产经营活动各方面的效益，是公司财务成果的最终表现，也是衡量公司生产经营管理的重要指标。关于利润总额问题，投资者的研判时要关注的是营业利润占利润总额的比重，该比重表示为：营业利润÷利润总额，该值一般偏大好。企业做假账主要通过投资收益和其他意外收入实现的，比如有的出卖资产，有的出卖股权，有的享受特别退税，有的调整以前年度的账目等。但营业造假相对比较难，因为作假的一方必须按照市场合理价格卖给庄家，庄家要帮助上市公司实现利润有一定的难度。比如主力如果要给一家啤酒生产企业1 000万元利润，最少要帮助企业卖掉3 000万瓶啤酒，这个难度可想而知。

▶ 12. 所得税

所得税反映公司在会计期间内发生的应当由当期利润负担的所得税税额。

▶ 13. 净利润

净利润反映利润总额扣除本年度应交所得税及少数股东本期的收益后可供分配的净额，该指标反映企业的成长状况。净利润的增长率是值得关注的。该值以稳定在某一水平为好，也可以是逐步增长的。

二、如何分析利润及利润分配表

根据利润及利润分配表中的数据，并结合年度报告中的其他有关资料，特别是资产负债表中的有关资料,投资者可以从以下几个方面进行阅读和分析。

▶ **1. 从总体上观察企业全年所取得的利润大小及其组成是否合理**

通过将企业的全年利润与以前利润比较,能够评价企业利润变动情况的好坏;通过计算利润总额中各组成部分的比重,能够说明企业利润结构是否正常合理。通常情况下,企业的主营业务利润应是其利润总额的最主要的组成部分,其比重应是最高的,其他业务利润、投资收益和营业外收支相对来讲比重不应很高。如果出现不符常规的情况,那就需要多加分析研究。比如,其他业务利润超过主营业务利润比重,是否表明企业目前的主营业务有被其他业务替代的可能,而企业的其他业务是否有其发展前景。再如,当企业的投资收益比重很高时,就需了解企业的投资结构如何,各种投资项目的风险程度如何,是否存在某些看似投资效益良好但却冒有较大风险从而可能危及企业长远利益的项目等。通过这些分析,并根据企业历年来的结构变动情况对比,就能对企业的总体经营成果做出自己的评价。

▶ **2. 通过对企业毛利率的计算,来判断企业主营业务的盈利能力大小**

毛利率的计算公式为

$$毛利率=(主营业务收入-营业成本)\div 主营业务收入\times 100\%$$

$$=毛利\div 主营业务收入\times 100\%$$

如果企业毛利率比以前提高,可能说明企业生产经营管理具有一定的成效,同时,在企业存货周转率未减慢的情况下,企业的主营业务利润应该有所增加。反之,当企业的毛利率有所下降,则表明企业的业务拓展能力和生产管理效率方面存在某些问题。

▶ **3. 通过有关比率指标的计算,来观察企业的盈利能力和投资报酬**

如每股收益,这一指标反映企业普通股每股在一年中所赚得的利润,其计算公式为

$$每股收益=净利润\div 年度末普通股股份总额$$

再如净资产收益率,其计算公式为

$$净资产收益率=净利润\div 年度末股东权益\times 100\%$$

还有总资产利润率,其计算公式为

$$总资产利润率=净利润\div 总资产\times 100\%$$

在一般情况下,上述几个指标都是越高越好,越高越值得投资。现在比较流行的判断企业盈利水平用净资产利润率,但还不够全面。因为对一家企业来说,能给它带来利润的绝不是只有净资产,而更多的是总资产。总资产的利润率也反映了企业运作资产的水平。这两者可结合起来一起考虑。

三、结合资产负债表考察公司的经营能力

我们在分析利润及利润分配表时,可以结合资产负债表的有关内容综合研判。

上市公司千差万别,如偿债能力指标和盈利能力指标在每个企业的表现形式又是多种多样,有的企业偿债能力较强,有的企业则盈利能力较强,可以说,没有一个企业是一样的。虽然如此,在多种多样的各种能力指标组合中,仍有规律可循,据此可以帮助我们具体分析各个企业的财务状况,并得到答案。

▶ **1. 偿债能力和盈利能力都较强的企业**

预示该企业有取得良好的发展的可能性,若配合正确的经营策略,则肯定会取得较好的业绩。值得注意的是,有些偿债能力指标并不是越高越好,最重要的是取得一种平衡,既要保持发展的动力,又要避免债务风险,同时维持较强的盈利能力,这样的企业才可以

被评为财务状况优良。

▶ 2. 偿债能力强、盈利能力弱的企业

预示该企业有进一步发展的潜力，若该企业有正确的经营策略，则有尽快扭转局面的可能性。当然，对盈利能力要作具体分析，若盈利能力弱是因为整个行业衰弱和市场萎缩，则企业的发展会困难一些；而盈利能力差是因为生产规模的问题、市场开发的问题，以及其他经营性的问题，则这类企业更易改观。

▶ 3. 偿债能力差、盈利能力强的企业

预示该企业有较大债务风险，易受宏观环境的影响，若没有新的资本投入，该企业虽可维持其盈利能力，但发展潜力较小，若遇经济不景气，则盈利能力将受打击；但如果注入资本，这类企业将有较大的发展潜力，成为财务状况优良的企业。

▶ 4. 偿债能力差、盈利能力差的企业

表示该企业难以维持现在的经营，前景十分令人担忧，在相当一段时间内，无法改变局面，除非注入资本，全面调整经营策略和管理体制。

由上可见，企业的优劣并不是绝对的，而企业内在价值的分析就在于对企业的各种可能性做出评估。应该强调的是，能力指标并没有标准值。在分析中，应该结合各个企业的具体情况，判断各项指标是否在合理的范围内，是否能适应企业的发展。另外，指标分析，特别是盈利能力分析，要结合经营成果分析，才能得到正确的结论。盈利能力指标显示某企业有较强的盈利能力，若其利润来源于短期投资收益、资产处理收益或者调整以前年度利润，则其盈利能力要大打折扣，这一点是非常重要的，不然就会为一些短期的现象所蒙蔽，造成投资损失。

综上所述，企业的内在价值并不一定简单地表现为几个业绩指标，高收益企业可能存在隐忧，低收益企业也不乏机会。要正确认识企业价值，要进行综合财务分析，将经营成果分析和财务分析结合起来，才能得到相对可靠的结论。

任务四 现金流量表

一、现金流量表的作用

现金流量表就是把涉及现金收支的生产经营业务列表进行编制，将损益表中以权责发生制为基础的收入与费用项目，转换成以收付实现制为基础的收入与支出，来反映企业在一定时期内的现金收入、现金支出及现金收支净额。现金流量表具有使企业经营者能掌握企业的现金收支情况，达到更有效的资金监管功能。同样，现金流量表也有助于投资者真正了解一个企业。财政部于1998年3月20日颁布的《企业会计准则——现金流量表》指出，编制现金流量表的目的是为会计报表使用者提供企业一定会计期间内现金和现金等价物流入和流出的信息，以便于报表使用者了解和评价企业获取现金和现金等价物的能力，并据以预测企业未来现金流量。

具体来说，现金流量表具有以下作用。

（1）现金流量表能使企业经营管理不断加强，财务收支更加合理。现金流量表让经营者能通过企业现金收支的状况，了解企业经营的财务结果，明确未来必须加强经营管理的工作重点。也就是说，此表所体现的由营业活动产生的净现金流量，和与投资筹资有关的现金收支，实际上是经营者依据市场状况及业务发展之估计，以及对未来做出通盘的考虑和整体设想的情况下，所进行经营活动结果的综合反映。

（2）现金流量表有助于合理估计和预测企业未来的支付能力和偿债能力，做好还债、投资、分配股利等方面的支出计划。一般而言，若现金流量表中营业活动所产生的现金为净流入，往往是对获利、存货及账款余额的有效控制所取得的。在这种情况下，企业资金周转良好，财务结构平稳，有着较充裕的现金从事投资活动、偿还债务和发放现金股利，从而能保持较高的信誉，并给股东良好的投资回报。

（3）现金流量表可避免资产负债表和损益表的一些缺陷，能真实反映企业的经营情况，为企业管理者及有关人员提供有用的决策信息。生产经营中的管理不善，包括盲目采购、产品积压、成本费用超支、投资失误，甚至管理上的核算不实、虚盈实亏等，都必然会在现金流量表上反映出来。

既然现金流量表有着如此重要的作用，我们应对此给予高度重视。

二、现金流量表的内容

现金流量表反映企业一定期间现金的流入和流出，表明企业获得现金和现金等价物的能力。企业的现金流量分为三类，即经营活动产生的现金流量、投资活动产生的现金流量和筹资活动产生的现金流量，其中，经营活动产生的现金流量是企业最重要、最基本的现金来源渠道，正常的经营活动现金流量对企业的生存和发展至关重要。

下面分别看一下三种现金流量的构成。

▶ 1. 经营活动产生的现金流量

经营活动产生的现金流量分为收到与支付两部分。收到部分包括销售商品、提供劳务收到的现金；收到的税费返还；收到的其他与经营活动有关的现金等。支付部分包括购买商品、接受劳务支付的现金；支付给职工以及为职工支付的现金；支付的各项税款；支付的其他与经营活动有关的现金等。流入部分减去流出部分即为经营活动产生的现金流量净额，可能为正，也可能为负。通常，为正表明经营良好，为负则表明经营不良。

通过单独反映经营活动产生的现金流量，可以了解企业在不动用企业外部筹得资金的情况下，凭借经营活动产生的现金流量是否足以偿还负债、支付股利和对外投资。

▶ 2. 投资活动产生的现金流量

投资活动产生的现金流量同样也分为收到与支付两部分。收到部分包括收回投资所收到的现金；取得投资收益所收到的现金；处置固定资产、无形资产和其他非流动资产而收回的现金；收到的其他与投资活动有关的现金等。支付部分包括购建固定资产、无形资产和其他非流动资产所支付的现金；投资所支付的现金；支付的其他与投资活动有关的现金等。

通过单独反映投资活动产生的现金流量，可以了解为获得未来收益和现金流量而导致资金流出的程度，以及以前资金转出带来的现金流入信息。

▶ 3. 筹资活动产生的现金流量

筹资活动产生的现金流量，其收到部分包括吸收投资所收到的现金；借款所收到的现金；收到的其他与筹资活动有关的现金等。支付部分包括偿还债务所支付的现金；分配股利、利润或偿还利息所支付的现金；支付的其他与筹资活动有关的现金等。

通过单独反映的筹资活动的现金流量，可以帮助投资者和债权人预计对企业未来现金流量的要求权，以及获得前期现金流入而付出的代价。

三、现金流量表的解读

现金流量表的解读需要有一定的财务知识和专业判断能力。一般认为，本期现金流入应大于流出，但不能把问题简单化，不能简单地认为现金只有本期增加才是好的。有人从现金流量表中看到现金及现金等价物净增加额为负数即判定企业财务状况欠佳，这种理解就有些片面。

要正确理解现金流量表，需要从几个方面综合把握。

▶ 1. 要与企业资产负债表、利润表相互对照阅读

我们知道，现行会计制度是按权责发生制为基础确认收入和费用的，企业的资产负债表和利润表的编制也遵循这一原则。这一制度的缺点是不能直观反映企业现金及现金等价物的流动情况，而现金流量表正好弥补了这一不足。

▶ 2. 应当研究现金流量表的分类结构，仔细分析各类构成要素对现金流量总量的最终影响结果

一般而言，经营活动产生的现金净流量应为正值，因为企业现金的取得主要还应从经营活动中取得。若经营活动现金净流量为负值，就要引起我们的高度重视，这种情况的造成往往是由于应收账款过多所致。对于投资活动产生的现金流量，需结合企业实际情况具体分析，一般企业处于扩张时期时其投资活动产生的现金净流量可以为负值，只要企业有好的项目作为投资对象，能给企业未来带来更好的收益就行。筹资活动产生的现金净流量一般也应为正值。通过对现金流量表这三个大的构成要素的分析，我们便可得到企业较为全面的资金增减变动的印象。

▶ 3. 要将企业的现金流动情况放在企业持续经营活动的过程中进行判断

企业经营是一个持续不断的过程，因此企业的财务状况也总处于一个不断变化的过程之中。某一企业某段时间的状况不佳，通过努力是可以改变的。

▶ 4. 现金流量表的阅读还应结合其他资料进行

如阅读报表、报告及附注，了解行业情况及公司相关背景，了解传媒中关于公司的其他信息等，这样可以直接加深对现金流量表的理解。比如企业投资活动现金净流量为负值，我们可以通过阅读上市公司的财务报表以外的其他信息披露，进一步审查是否有带来良好效益的项目投资、项目进展情况，其发展前景如何等，以进一步判断企业的整体经营素质和管理水平。

闯关考验

一、名词解释

盈利能力　　成长性　　资产负债表　　利润分配表　　现金流量表

二、选择题

1. 营业现金流量在扣除资本性支出后剩余的部分，称为（　　）。
   A. 项目的现金流量　　　　　　B. 现金流出净额
   C. 企业自由现金流量　　　　　D. 股东现金流量

2. 某人于 2008 年 1 月 22 日以票面价格购买甲公司发行的面额为 1 000 元的债券，到期一次还本付息，期限 3 年，票面利率为 12%，于 2010 年 9 月 26 日以 1 280 元的价格将债券卖出。该笔投资的持有期间收益率为（　　）。
   A. 12%　　　　B. 10.42%　　　　C. 28%　　　　D. 14%

3. 企业价值是指( )。
   A. 企业账面资产的总价值　　　　B. 企业全部财产的市场总价值
   C. 企业有形资产的总价值　　　　D. 企业的清算价值
4. 预计某公司明年每股将发放股利 2 元，假定该公司的股利年增长率为 2%，市场平均报酬率为 10%，则利用固定增长模型所测定的该公司股票价值为( )元。
   A. 12　　　　B. 18　　　　C. 20　　　　D. 25
5. 在票面利率及其他条件相同的情况下，半年付息一次的债券和一年付息一次的债券，其价格的关系为( )。
   A. 前者价格高　　B. 后者价格高　　C. 两者价格相同　　D. 不可比较

三、简答题

1. 如何分析资产负债表？
2. 如何分析利润分配表？
3. 如何分析现金流量表？

项目六 Chapter 6 技术分析理论

> ### 学习目标

1. 掌握证券投资技术分析的主要理论。
2. 能运用道氏理论、波浪理论、K线理论、切线理论等来分析投资标的的未来价格走势。
3. 能将各主要理论运用到实践分析中进行预测和判断。
4. 能独立撰写投资分析报告。

> ### 情景写实

技术分析的问题和争议

根据许多学者的实证研究,技术分析存在着许多问题及争议,简要说明如下。

1. 历史状况未必重演。纵使技术分析在过去数十年都有效,也未必保证未来一样可以成功。

2. 如果某项技术分析连续成功,很多投资者都会选择使用这种方法,那么这种方法的获利性就会大大降低。

3. 由于技术分析者的一致行动,可能会创造出股价形态,也就是说并不是技术分析者正确地预测股价,而是股价反映技术分析者的行动。

4. 某些技术指标,必须与过去的资料比较,才能作出研判,而这些数值却因时间与环境的影响而改变,以致过去使用的标准可能不适用于现在。

以过去有效的技术分析方法来从事股市投资,并不保证未来也能同样地击败市场,因为超额报酬很可能是随机出现的,若仅以其偶尔或随机出现的超额收益,来推断技术分析的有效性,也是有所偏差的。技术分析方法的投资绩效,就短期而言,确实可能有效,但是就长期而言,并不可能持续地击败市场。几乎任何一项技术分析,都是有的时候有效,有的时候无效,如此一来,长期而言不可能获得太高的收益率。

技术分析另一项严重的缺点在于:各种技术分析方法都在教导投资者如何选择买进点、卖出点,而根据这些方法,买进点、卖出点不断出现,投资者必须要经常买进、卖出,因此常常会陷入"短线操作"的迷途,让交易成本不断地侵蚀投资收益。因此,若考虑交易成本,根据技术分析的方法投资,其收益率不可能太高。

目前，大多数分析师很迷恋技术分析，大多数投资者也很关心技术分析。技术分析并非无用，但也绝非神仙丹药。希望下面的内容能揭开它神秘的面纱，让大家明白技术分析的本质是什么。

任务一　证券投资技术分析概述

自有证券市场以来，人们总是不懈努力，力图掌握证券市场运行的规律，除了基本分析外，技术分析是其中影响最广泛，接受者最多的一种方法。下面，对这一方法进行全面和系统的分析与介绍。

一、技术分析的含义和特点

技术分析是证券投资的一个重要的传统方法。它主要从市场行为本身出发，运用统计学、心理学等科学原理与方法，分析价格、成交量和技术指标等已经发生的市场资料数据来预测金融市场中的各种商品价格的变动趋势。由于技术分析多用图表和各种技术指标作为市场分析的工具，故又称为图表分析。与基本分析相比较，技术分析主要有以下几个特点。

（1）技术分析运用公开的市场信息。公开的市场信息来自于市场本身，包括价格、成交量和技术指标；而基本分析则运用来自市场之外的基本信息，包括收益、销售收入、增长率和政府规制等。技术分析者认为只有市场信息是相关的。

（2）技术分析的重点在于价格变动而不是价格水平。技术分析通过对价、量、技术指标等市场信息的分析，判断价格变动的趋势，决定投资的时机。它不考虑有价证券的价格水平是否有投资价值；而基本分析侧重于分析有价证券的内在价值，根据金融市场中的商品的内在价值判断价格水平是否偏高或偏低，从而做出买卖决定。

（3）技术分析侧重于投资时机的分析，帮助投资者决定何时买卖金融商品；基本分析则侧重于金融商品内在价值的分析，帮助投资者决定买卖何种金融商品。

二、技术分析的理论基础

技术分析的理论基础有三个假设：价格沿趋势运动、市场行为包含一切信息和历史会重演。

▶ 1. 假设1：价格沿趋势运动

技术分析认为，价格是供给和需求相互作用的结果，反映了市场参与者乐观和悲观情绪的总体情况。由于投资者获取和理解信息能力的不对称性，市场参与者对价格走向会有不同见解，有的持乐观态度，有的持悲观态度。在某一时点上，由乐观态度和悲观态度所导致的买卖行为就会影响价格。随着时间的推移，市场上信息数量不断增加，透明度不断提高，市场参与者对价格走向的认同度逐渐提高，乐观和悲观态度不断发生变化，金融商品价格就会逐渐从旧的均衡点向新的均衡点移动。换言之，价格对供给和需求的变化需要时间来调整。

▶ 2. 假设2：市场行为包含一切信息

技术分析认为，价格、成交量等市场行为的要素本身就是市场参与者对各种信息反应的结果，这里的信息不仅仅是已经发生的和公开的信息，也包括预期的、未公开的信息。

因此，对金融市场中的各种商品投资而言，重要的是对供需关系的变化有敏锐的洞察，并采取相应的行动，至于变化产生的原因并不重要。技术分析同时认为，由于供需关系的影响因素很多，包括政治、经济的基本因素以及"市场心理"因素等，任何一个投资者都不可能一直获得完全准确的全部信息并始终能十分正确地分析这些信息。因此，假设2成为技术分析的基础。

▶ 3. 假设3：历史会重演

技术分析认为，价格变动趋势能通过市场行为本身分析出来。这是因为，市场行为是投资者投资行为的综合反应，既然是人的行为，必然反映人性，而人性基本上不会随着时间的变动而有所差异。心理学研究表明，人类的天性相当固执，而且在类似的情况下会产生既定的反应。"人类会重复犯错"或者"历史重演"就是技术分析的一个基本假设。虽然人类的行为非常复杂，绝对不会重复完全相同的行为组合，市场行为也不会呈现完全相同的表现，但其所显示出来的类似特点足以让技术分析者判断价格变动的趋势。技术分析就是以历史预知未来，运用从价格和交易量的历史资料中概括出的规律以及反映这些规律的各种技术分析工具，分析已经发生的价格和交易量，并由此预测价格的未来走势。

三、技术分析的价、量、时、空

技术分析是以市场行为为对象，以研究众多投资者动向为目的的分析方式，投资者对市场的判断及其投资意愿最终都通过市场行为以价、量形式表现出来，因此，技术分析其实是对市场一段时间的价量关系做出分析以预测其走势的各种方法，其最终分析对象是价、量、时、空。

价，指股票价格或指数，可细分为开盘价、收盘价、最高价和最低价，分析长期走势常以收盘价为主。价格变化是投资者最关注的因素，是市场变化的方向。

量，指成交量，是反映价格的单位时间中计量的成交总量，如日成交量、周成交量等。若价格反映市场变化的方向，成交量则反映投资者对这一方向的认同程度，也反映人们在这一状况下愿意和实际参与程度。量的概念十分重要，因为价格往往是主力或庄家做出来的，而量是较难做假的。

时，指某一段行情所需要的时间、一种走势持续的时间等。某种趋势不可能无限发展，总会有调整和转势的时间，对其研究可帮助投资者把握时机。

空，即空间，指某一趋势可能达到的高点或低点。过高或过低的股价会引起市场变盘，结合时间分析，投资者通过预测趋势的空间，可把握变盘的时间和空间，从而找到买卖时机。

▶ 1. 价量组合分析

价升量增：价格反映市场方向，成交量反映市场对这一方向的认同程度，价升量增则是市场认同后市上升，投资者大量参与，后市向好。

价跌量增：市场认同后市下跌，投资者积极卖出股票，造成股市进一步下跌。关键点位的价跌量增，反映后市悲观。

价升量减：量减一般表明市场对这一方向的怀疑，并不认同价格的上升，不愿积极参与，股价缺乏成交量的配合，随着可能下跌。这一点，对于初学者十分重要。

价升量平：说明持股多主力一致看好后市，可能会持续上涨，如1997年年初的四川长虹从20多元涨到64元，2004年年初的长江电力上涨且不放量。

价跌量减：市场不认同价跌，仍对所持股票持惜售心态，等待价格上升，因抛压不重股价可能重拾升势。

量增价平：成交量的放大反映市场参与积极，价平则表示价格走势方向不明。若是投资者积极买入，则可能量增价平；若是投资者积极卖出，则可能量增价跌，但量增了，价格却变化不大，说明多空双方出现分歧，后市可能变盘，应密切关注。

知识链接

成交量的 8 种情形

在实战中，成交量的变化一般都是：向上突破时增量，回调时减量，上涨是平量或减量，天量之后向下转势；向下突破时增量（缩量也行），反弹时减量，下跌时平量或减量，地量之后向上转势。

1. 价平量增，为转强信号，可适量买进。
2. 价涨量增，为买入信号，积极顺势跟进。
3. 价涨量平，可持续买入。
4. 价涨量减，继续持有。
5. 价平量减，为警戒出货信号。
6. 价跌量增，一般以退出观望为主。
7. 价跌量平，继续卖出。
8. 价跌量减，主要为卖出信号。

▶ 2. 时空分析

时空分析的目的是寻找买卖时机。股市不可能长时间持续上涨和下降，当空间达到趋势发展的目标时，价格会发生反转，此时正是良好的买卖时机。空间目标总是限制在一定时间内，时间越短，换手要求就越强。短期内，空间越高，压力就越大；空间越低，支撑则越强。长期，由于存在充分的换手时间，股价的长期目标可以更高或更低，其发展空间往往符合股票发行公司的发展，即符合公司业绩的变化。时空分析的工具主要包括循环周期理论、波浪理论等。

四、运用技术分析的几个要点

▶ 1. 技术分析适用于金融市场的任何交易品种

股票、债券、基金、期货、外汇等都可以运用技术分析原理和方法来研判其行情的演变。不过，在对不同种类的金融产品进行技术分析时，应根据每种金融产品的特点对具体的技术分析方法和技术指标参数进行适当的调整。如对债权、国债期货的分析差错明显大于对股票市场的分析。

▶ 2. 技术分析可以运用于价格趋势的短、中、长期预测

趋势是从时间上来衡量价格水准的变动方向，包含不同的时间架构。趋势的种类有很多种，最重要的趋势有三种：主要趋势、中期趋势和短期趋势。主要趋势通常在一两年之间，中期趋势持续的时间在三周到六个月以上，短期趋势涵盖一周到三四周。技术分析对于三种趋势都能进行分析辨别。不过，短期趋势通常受到一些新闻事件的影响而随机变动，所以与中期或主要趋势比较，就难以辨别一些。一般来说，趋势涵盖时间越长，越容易辨别。

▶ 3. 技术分析的指导思想要明晰

运用技术分析应该专注于市场的主要转折点，不要尝试预测市场的每一个转折点，预

测每一个走势的期间与幅度。技术分析不是万能的灵丹妙药，世上没有任何已知的方法可以精准而稳定地做这类预测。

4. 应掌握技术分析的精髓，勇于承认错误

技术分析最大的作用是帮助人们提高判断未来价格趋势的准确性。但从技术分析方法诞生开始，对技术分析的疑问就没有中断过。在疑问者中，既有对技术分析赖以建立的理论基础加以批判的学者，也有把技术分析法运用于实践的失败者。不过，200多年来，技术分析在金融市场上经久不衰的事实告诉人们，技术分析的作用毋庸置疑。技术分析并不能百分之百地告诉人们未来价格变动的趋势，其实质在于：把人们对未来价格趋势研判的决策从不确定型转为风险型。因此，当投资者依据技术指标发出的信号做出了买进或卖出的决策时，并不意味着未来行情就一定会按照投资者的设想演化。换言之，技术分析允许"出错"。当事实的发展否决了当初的判断时，就应该勇于承认错误，并进行应有的调整。这就是技术分析的精髓所在：选择出现概率大的方案，但不排斥概率小的方案出现的可能。

5. 以一两种技术分析方法为主，并辅之以其他方法

技术分析方法实际上是许多具体方法的统称。这些具体方法包括波浪理论、K线图法、指标法等，各有优缺点和适用范围。每个投资者应该根据自己的个性、投资风格选择一两种具体的技术分析方法作为自己的主攻方向，加以研究和运用。在此基础上，尽可能参考其他的技术分析方法和所获得的信息。对技术分析方法的学习和运用，应遵循精益求精的原则，而不是多多益善。

任务二　证券投资分析的主要理论

一、道氏理论

道氏理论是美国投资者预测股市价格涨跌的最常用方法之一。道氏理论是最古老、最闻名的技术分析理论，由《华尔街日报》编辑查尔斯·H.道于19世纪末创立。但道氏生前并未形成系统的理论；后由当时的记者萨缪尔逊·A.纳尔逊和威廉·P.汉密尔顿等人，将散见于报纸中的道氏的思想系统化，遂形成了道氏理论。

道氏理论创立之初并未引人注目，后因其于1929年10月23日《华尔街日报》上撰文《浪潮转向》一文指出：牛市已经结束，熊市即将到来。同年10月24日、10月28日、10月29日，股市持续大跌，到11月股市跌到198点，跌幅达48%。由于道氏理论成功地预测了大灾难即将来临而声名大噪，因此迄今为止，它仍是技术分析的基石。

（一）牛市和熊市的判别

道氏于1897年首先编制了道琼斯股票平均数，并认为如果平均指数的波动在一段较长时间内，其高点一个比一个高，而低点也同样一个比一个高，那就是上升趋势，即"牛市"；反之，如果指数高点一个比一个低，而低点也同样一个比一个低，便是跌势，即"熊市"。

（二）股价运动的三种趋势

道氏理论将股价波动分为以下三种趋势。

▶ 1. 主要趋势，又称主要运动

主要趋势是指股价广泛或全面性上升或下跌的变动情形，其持续时间在一年以上，汉密尔顿认为多头市场平均应长达 27 个月之上。股价的总升（跌）幅在 20% 以上。主要趋势持续上升即为多头市场，即为牛市，反之则为空头市场，即为熊市（空头市场平均长度为 15 个月）。

▶ 2. 次级趋势，又称次要运动

它与主要趋势的运动方向相反，并对其产生一定的牵制作用，因而被称为股价的修正趋势。在多头市场里，它是中级的下跌或调整行情；在空头市场时，它们是中级的上升或反弹行情。次级趋势的持续时间从两周至一两个月不等，股价上升或下跌的幅度一般为股价主要趋势的 1/3~2/3，大多为 50%，很少有不到 1/3 的。

▶ 3. 短期趋势，亦称日常运动

股价每天的波动或几天内的股价走势，次级趋势常由三个或三个以上的短期趋势所组成。

在三种趋势中，主要趋势是投资者最关心的甚至是唯一考虑的，其目的是想尽可能在多头市上买入股票，而在空头市场形成之前及时地卖出股票。投机者则对修正趋势较感兴趣，目的想从股价的短期波动中获利。至于短期趋势，在道氏理论看来，这种波动没什么意义，它们也是三种趋势中唯一可以被操纵的。

（三）主要趋势的三个阶段

道氏理论侧重于分析大趋势、主要趋势，并认为无论是多头市场还是空头市场，主要趋势都由三个阶段组成。

▶ 1. 多头市场的三个阶段

（1）第一阶段：敏感有远见的投资者感到市场将有转变，开始悄悄进货，但大多数人还不明就里，还悲观地不惜斩仓抛售，此时成交量温和放大，股价跌幅变缓或停止下跌。

（2）第二阶段：经济前景明显好转。敏感者大量买进股票，成交量增加，股价有较大幅度升幅。

（3）第三阶段：好消息已广为播散，公众大量涌入，成交量骤增，股价直线陡升，市场一片欢腾，投资者趁机哄抬，所有股价都在上升。

▶ 2. 空头市场的三个阶段

（1）第一阶段：随着量价背离，股价滞涨，敏感的投资者开始出货，股价上下震荡后开始下跌，但大多数投资者仍处于亢奋之中，认为是上涨中的回档，仍不断抢入，使股价反弹，成交量锐增。

（2）第二阶段：买者渐少，卖盘大盛，股价急跌，但已无暴跌迹象。

（3）第三阶段：市场上坏消息弥漫，业绩优良股亦因公众无信心再坚持而纷纷下跌，但后来跌势趋缓，蓝筹绩优股开始不跌了，垃圾股价有下跌，量急剧萎缩，通常在坏消息完全出尽之前，空头市场渐趋结束。

（四）两种指数互证

道氏理论认为，只有工业指数和铁路指数的变动出现互证时，主要趋势才能被确定。所谓互证就是指两种指数同方向按牛市、熊市的判别标准变动，否则就无法确定主要趋势的走势。比如，工业股已呈上升趋势，但铁路股并未呈同样趋势，这时，工业股会为铁路股所拖累，最终无法形成多头市场。同样，若工业股呈下跌趋势，但铁路股走势相反，亦不会形成空头市场。

两种指数的互证在时间上一般是同时发生，但有时则会相差一两天，甚至几个星期或一两个月之久。

(五) 道氏理论评价

道氏理论开创了技术分析的先河，为后来的技术分析的发展奠定了基础。其主要价值在于预测股价的长期走势，并且颇为有效，因而广为长期投资者认识并采用。但是，它的缺陷也颇为明显。

(1) 反应不敏感，只适合中长期。道氏理论对长期趋势反转的判断，通常要在反转行情已经进行一段时期以后才能确定，而此时已错过了投资操作的最佳时期。因此，设立一定的止损、止盈点极为重要。

此外，道氏理论主要用以预测对整个股市的长期趋势，对股市的中、短期波动则无能为力。

(2) 对个股无效。道氏理论是用以对整个股市的预测，因而它无法告诉投资者哪些股票会涨或会跌，也无法指示投资者选择股票。

(3) 指数失真。道氏理论用两种指数互证来判断大势，这在当时，铁路运输在美国国民经济中具有重要地位的情况下有一定道理，但在航运、海运、公路运输地位上升时，仍以铁路股指数进行互证，则未必能真实反映股市的大势。

二、艾略特波浪理论

艾略特的波浪理论是 R. N. Elliott 教授于 1939 年提出的。他发现：规律性是宇宙产生的自然法则。自然界的所有循环——不论潮汐的起伏、天体的运行、生与死、日与夜都会呈现周而复始的循环，而且在自然界的循环中往往隐含着一种特殊的数值关系，即由意大利数学家费伯纳兹于 1202 年发表的"费伯纳兹数列"。它从两个 1 开始直至无穷：

1，1，2，3，5，8，13，21，34，55，144，233，…

该数列有如下特性：①数列中任一项都是前两项之和；②任一项除以后一项的商都趋近于 0.618，任一项除以前一项的商都趋近于 1.618；③1.618 乘以 0.618 等于 1.0。

艾略特将他对自然界循环的观察，结合费伯纳兹数列，并分析 80 年间股票市场的资料，发现股票市场的走势遵循 5 个上升浪 3 个下跌浪而循环进行，即一个循环由 8 个浪构成，如图 6-1 所示。

图 6-1 8 浪循环图

当一个循环完成后又开始另一个新的 8 浪循环。另外，每一个浪里可以被细分为时间更短、级别更低的若干个子浪，也可以是另外一个级别更高、时间更长的大浪的子浪。例如，图 6-2 中第一浪由①、②、③、④、⑤五个小浪组成，而第①~⑤浪又可以被看作一

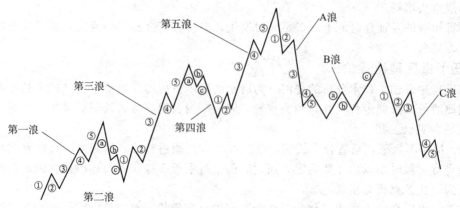

图 6-2 8 浪循环交替规则示意图

个新的大浪的组成部分。

由于存在着这种"浪中有浪"的现象,使辨别浪形趋于复杂。因此,确认每一个浪形的级别就成了波浪理论的核心问题。波浪理论规定了确认浪形的一些基本原则,主要有以下几点。

(1) 在第一、三、五三浪中,第三浪不是最短的,通常是最长的一个浪。

(2) 第四浪底不低于第一浪的顶,第二浪不低于第一浪的启动部位。

(3) 第二浪和第四浪以交替方式出现。如果第二浪以简单快速方式调整,则第四浪一般以复杂的横向盘整方式出现;反之亦然。

(4) 在第一、三、五三浪中,如果其中有两个浪在时间和长度上趋于接近,则有一个浪会出现延长现象。所谓延长就是指一个单一浪变成了五个小浪或更多小浪的组合。如图 6-2 中的第一浪,走成了 5 个小浪的组合,第一浪就成了延伸浪。

波浪理论还有其他一些基本的规定,这些规定为正确认定波浪形态提供了必不可少的依据。

波浪理论的最大贡献在于发现了价格走势的 8 浪循环。这就使得原先相对独立的技术分析方法,可以在波浪理论的主线下展开。换言之,其他技术分析法可以用来帮助确认波浪形态,而一旦波浪形态被确认,投资者就如大海中驾船远航时,手持微卫星定位仪,具有很强的位置感。

波浪理论也有其不足之处。在符合其基本规定的前提下,仍然有可能存在着难以辨别浪形级别的问题,一个浪存在着几种级别的可能,这也是许多人责难波浪理论的重要原因。遇到这种情况,投资者有两个办法解决:结合基本分析和其他技术分析方法综合判断,或者等待。再判别不清浪形级别的时候,就选择等待,等待浪形清晰时刻的到来。做看得懂的行情,这是投资成功的关键。

三、K 线图理论

K 线图是 18 世纪日本商人本间宗久创立的用于记录米市交易行情的一种方法,以此来判断本间先生家乡出羽和当时日本首都江户的米价涨落,效果很好。因简单易懂,实用有效,后被引入证券市场。K 线图先后流传到新加坡、中国的香港和台湾地区等,颇受欢迎,它也是我国大陆投资者最常用的技术分析方法之一。日本把技术分析称为罫线,而罫线的读音为 K,引入我国后称为 K 线。所谓 K 线,就是将股市中每交易时间单位(日、周、月、季和年等)内开盘价、收盘价、最高价和最低价,用粗线和细线的方法记录下来,画成蜡烛一样的图形，用阳或阴来表示开盘价与收盘价之间的关系。开盘价高于收盘价的 K 线为阴线，开盘价低于收盘价的 K 线为阳线，如图 6-3 所示。每一条 K 线都反映了市场上买卖双方实力较量的最终结果。阳线表示卖方实力不济，阳线实体越长，表明买方力量越强，阴线则正好相反。K 线中，上影线越长，代表价格上升受到的阻力越大。下影线越长，代表买方的实力越强。K 线有日 K 线、周 K 线、月 K 线、季 K 线和年 K 线等，分别表示买卖双方在一日、一周、一月、一季和一年内的较量结果。随着计算机技术的普遍运用，现在还有 5 分钟、15 分钟、30 分钟和 60 分钟分时 K 线。如果以时间为横轴，价格为纵轴，把每日（周、月等）K 线画在坐标图上，并配以当日（周、月等）的成交量，就成了 K 线图。K 线图充分反映了市场行为的四大要素——价、量、时间和空间。单根 K 线反映了一个时间单位内买卖双方的

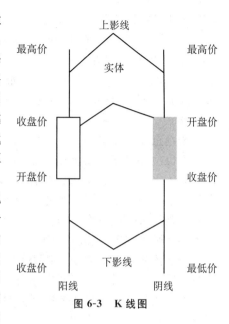

图 6-3　K 线图

力量对比，而 K 线图则可能反映一段时期内买卖双方的力量对比。价格趋势转折点的出现，是由多空双方最终较量的结果。这是一个从量变到质变的过程，单个 K 线和 K 线图都能反映这一过程。某些特殊的 K 线和 K 线组合图往往能够预示质变的到来，如表 6-1 所示。结合波浪理论，当浪形为上升第五浪时，十字星、倒 T 字线、怀抱线等 K 线及其组合的出现，往往预示着顶部的到来。当浪形为下跌第五浪时，十字星、T 字线、怀抱线等的出现，则预示着下降趋势的结束。

表 6-1　部分特殊的 K 线和 K 线组合示意图

K 线及 K 线组合	＋	T	⊥	占	ᑈ	ᑇ	▯▮	▮▯	▯▮	▮▯
名称	十字星	T 字线	倒 T 字线	倒锤头	覆盖线	反迫线	怀抱线			
出现在上升第五浪处	顶部信号	—	顶部信号	顶部信号	顶部信号	顶部信号	顶部信号			
出现在下降第五浪处	底部信号	底部信号	—	—		底部信号				

（一）K 线基本形状及其研判

严格地讲，因有无上影线或下影线、有无明显的实体、上影线或下影线的长度有别等，而使单条 K 线的形状有许多种。但是，从股市实战研判的角度来说，其他多种形状的 K 线应该说都是基于 K 线基本形状而演化得来的。因此，了解 K 线的基本形状，领会它们的研判意义，是娴熟运用 K 线技术理论的前提。一般来说，K 线的基本形状包括有上下影线的阳线、有上下影线的阴线、光头阳线、光头阴线、光脚阳线、光脚阴线、光头光脚阳线、光头光脚阴线、十字星、T 字线、倒 T 字线、一字线等 12 种。

1. 有上下影线的阳线

如图 6-4 所示，有上下影线的阳线是一种最普遍发生的 K 线形状，表示多方与空方之间的斗争十分激烈的盘面情形。这种 K 线形状表明，当日盘中曾出现最高价和最低价，但开盘价高于最低价，收盘价低于最高价，而最终的收盘价却高于开盘价，因此表现为带上下影线的阳线。

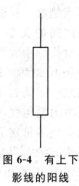

图 6-4 有上下影线的阳线

研判意义：在盘面里，多空双方都曾占据优势地位，一度将股价抬到最高价位和打压至最低价位，但都遭遇对方的顽强反击，直到尾盘时段多方才将优势保持下来，从而使收盘价站到开盘价之上。至于多空双方优势地位的衡量，则应根据上下影线的长度与红色实体的长度来进行研判。首先，从上下影线的长度对比来看，上影线长于下影线表明空方占优，而上影线短于下影线则表明多方占优。其次，就红色实体的长度来说，实体越长表明多方优势越明显；而实体越短则表明多方优势较为有限。最后，综合而言，上影线越短，下影线越长，红色实体越长，反映出多方占据优势，不利于空方，呈现"明显强势"特征；而下影线越短，上影线越长，红色实体越短，反映出空方占据优势，不利于多方，呈现"强中趋弱"特征。

2. 有上下影线的阴线

如图 6-5 所示，有上下影线的阴线是股市中最常见的一种 K 线形状，显示空方同多方交战的盘势。当天，盘面一度出现最高价和最低价，但开盘价低于最高价，收盘价高于最低价，而最终的收盘价却低于开盘价，因此表现为带上下影线的阴线。

研判意义：这种 K 线形状的研判意义与带上下影线的阳线正好相反。在盘面里，多空双方也都曾占据优势地位，一度将股价拉抬到最高价位和打压至最低价位，但都遭遇对方的顽强反击，只是到尾盘时段空方才将优势保持下来，从而使收盘价"屈居"开盘价之下。对于空方与多方的相对优势的确定，也应根据上下影线的长度与黑色实体的长度来进行研判。总体来说，上影线越长，下影线越短，黑色实体越长，反映出盘势倾向于空方占据优势，不利于多方，"弱势"特征明显；而下影线越长，上影线越短，黑色实体越短，则反映出盘势倾向于多方占据优势，不利于空方，具有"弱中趋强"特征。

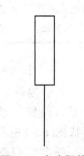

图 6-5 有上下影线的阴线

3. 光头阳线

如图 6-6 所示，光头阳线是一种没有上影线而有下影线的先跌后涨型的 K 线形状。在盘面里，一度出现低于开盘价的最低价位，但最终的收盘价不但高于开盘价，而且成为当天的最高价，因此表现为带下影线的光头阳线。

研判意义：当天开盘之后空方一度出击，但在多方强力反攻之下告败，整个盘势倾向于多方，多方占据优势地位。衡量多方优势的强弱，可以依据实体的长度和下影线的长度来研判。一般地，实体越长，下影线越长，表明盘中多头市场特征明显。因此，在一定程度上，光头阳线是一种涨势信号。

图 6-6 光头阳线

4. 光头阴线

如图 6-7 所示，光头阴线是一种没有上影线而有下影线的下跌抵抗型 K 线形状。其中，开盘价就是当天的最高价位，盘中一度出现最低价位，但收盘价虽然低于开盘价却站到了最低价之上。

研判意义：当日开盘价伊始即受到空方打压，在空方紧逼进攻之下股价节节走低，一度下探最低价位，但遭遇多方反击抵抗。总体来说，盘中空方"火力"较强，占据优势，多方处于守势。空方优势的大小与下影线的长度和实体的长度直接相关，下影线越短，实体越长，则空头优势更加明显。所以，在一定意义上，光头阴线是一种跌势信号。

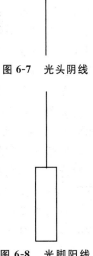

图 6-7　光头阴线

5. 光脚阳线

如图 6-8 所示，光脚阳线是一种没有下影线而带上影线的上升压制型 K 线形状。在盘面上，开盘价成为当天最低价位，收盘价高于开盘价，但却较当日最高价位低，因而表现为带有上影线的光脚阳线。

研判意义：当天开盘后多方就咄咄逼人，尽显优势"火力"而一度将股价拉升至全天最高价位，但此时空头抛盘涌现，大力压制股价升势而留下上影线。多空双方激战的结果是，多方略胜一筹，占据优势地位。从上影线和实体长度可以判断出多方实力地位的强弱：上影线越短，实体越长，则多方优势地位越强；反之，上影线越长，实体越短，则多方优势地位越弱。

图 6-8　光脚阳线

6. 光脚阴线

如图 6-9 所示，光脚阴线是一种没有下影线而带有上影线的先涨后跌型 K 线形状。在盘中，开盘价低于当日的最高价位，而在开盘价之下的是收盘价，也即全天的最低价位，因而 K 线表现为光脚阴线。

研判意义：当天开盘后多方一度占优势，但不久即被空方击退而留下上影线，而且空方不断加强抛盘"火力"而尽显优势，股价于是节节下跌，全天盘势以空方占据优势地位而获胜。研判空方优势的大小，主要根据上影线与实体长度来进行。如果上影线越长，实体越长，则空方的优势越大；反之，上影线越短，实体越短，则空方的优势越小。

图 6-9　光脚阴线

7. 光头光脚阳线

如图 6-10 所示，光头光脚阳线是一种没有上下影线的纯粹上涨型 K 线形状。在盘中，当天的最低价位就是开盘价，而收盘价格即为全天的最高价位。

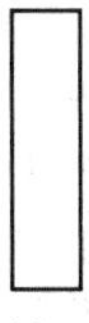

研判意义：这种以全天最低价开盘而以最高价收盘的 K 线，反映出多方力量强于空方居于优势地位。但是，多方优势的大小完全依赖于实体的长度——收盘价与开盘价之间的差价大小。一般，当收、开盘价差价达到 3%以上时，称为光头光脚大阳线，表明多头占据明显优势地位，空头力量很弱；当天收、开盘价差价在 1%~3%时，称为光头光脚中阳线，表明多头占据优势，而空头力量不容忽视；当天收、开盘价差价在 1%以下时，称为光头光脚小阳线，表明多空双方力量对比悬殊非常小，但多方暂居优势。

图 6-10　光头光脚阳线

8. 光头光脚阴线

如图6-11所示,光头光脚阴线是一种没有上下影线的纯粹下跌型K线形状。从盘面可见,当天的开盘价就是最高价位,而收盘价即为最低价位。

图6-11 光头光脚阴线

研判意义:这种K线的研判意义同光头光脚阳线正好相反,表明空方较多方而言居于优势地位。研判空方优势的强弱,只需要分析开盘价与收盘价之间的价差:如果该差价达到3%以上时则称为光头光脚大阴线,表明空头占据明显优势地位,多头力量很弱;如果该差价在1%～3%时,则称为光头光脚中阴线,表明空头占据优势,而多头力量并不可忽视;如果该差价在1%以下时,则称为光头光脚小阴线,表明空方与多方之间的力量对比悬殊非常小,但空方暂居优势。

9. 十字星

如图6-12所示,十字星是一种既有上影线而又带下影线的、开盘价与收盘价(几乎)相同的K线形状。在盘中,开盘价低于最高价位,收盘价高于最低价位,但开盘价与收盘价(几乎)相等。与前一交易日的收盘价相比,如果股价上涨,则在盘中表现为红十字星(或者说十字阳星);如果股价下跌,则在盘中表现为黑十字星(或者说十字阴星)。

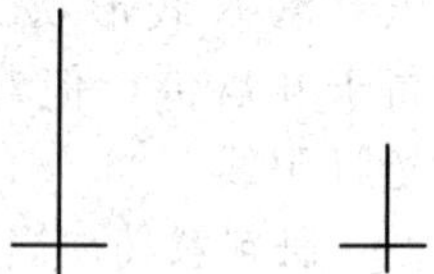

图6-12 十字星

研判意义:这种K线反映出多空双方在盘中有较大分歧和激烈交战的情形,对其研判意义可以从两个角度来看。其一,从上下影线的长度来说,如果两者均较长,则称为"大十字星",表明多空分歧很大,争夺激烈,但到最后回到开始时的均衡点。进一步地,若上影线比下影线长,则说明空方占据优势地位;而若下影线比上影线长,则说明多方占据优势地位。如果两者均较短,则称为"小十字星",表明多方与空方之间分歧较小,盘面交易清淡而使股价呈窄幅整理之势,双方优势难以定论。其二,从十字星所处价位来看,如果在相对高位出现,则称为"黄昏之星",研判难以定论。进一步地,若此后连续两个或两个以上交易日出现股价走高并且升幅达3%以上时,短线可及时买进,相反则坚决出局。如果十字星出现相对低位,则称为"早晨之星",研判同样难以定论。进一步地,若此后一个交易日出现股价一路走高之势,则应坚决跟进,反之则应持观望态度。

10. T字线

如图6-13所示,T字线是一种没有上影线而带下影线的,开盘价与收盘价相同的K线形状。在盘面里,出现了开盘价、收盘价、最高价三价合一而居于最低价之上。

图6-13 T字线

研判意义:一般地说,T字线表明多方较之空方而言占据优势地位,而且多头优势的大小与下影线的长度呈正比例关系。这种图形大多出现在股价的相对低位处,时而也有在中、高位出现的情形,通常其市场意义是抓住进货的机会,或者持观望态度。

11. 倒T字线

如图6-14所示,倒T字线是一种没有下影线而带上影线的,开盘价与收盘价相等的K线形状。在盘中,开盘价、收盘价与最低价格三价同一而处于最高价位之下。

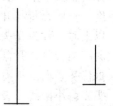

图6-14 倒T字线

研判意义:通常来讲,倒T字线反映出空方居于优势地位。而且,空头优势的大小取决于上影线的长度,上影线越长则空头优势越大,上影线越短则空头优势越小。这种K线多出现在股价的相对高位,也有在低位出现的情况，其一般市场意义是把握逢高出货的机会，或是场外观望。

▶ 12. 一字线

如图 6-15 所示，一字线是一种非常特殊的、极其罕见的 K 线形状。在盘面里，开盘价、收盘价、最低价、最高价四价合一，呈"一"字形。这种 K 线只是在理论上存在，但在实际中也有两种出现的情形：一是在发行一支事先确定好价格的证券时；二是在执行涨跌停板制度的股市中。在我国股市中，ST 股票和 PT 股票，尤其是 PT 股票的价格走势中经常出现一字线。

图 6-15　一字线

研判意义：一般地说，在具有涨跌停板制度的股市里，当出现涨停板开盘，并有大量买盘轧空时，表明多方占据绝对优势，短线升势强劲，尤其是在股价的低位或相对低位出现时；当出现跌停板开盘，并有大量卖盘排队待售时，表明空方占据绝对优势，短线跌势迅猛，特别是股价的高位或相对高位出现时。

(二) 双 K 线组合研判

在图 6-16 中，将 K 线的区域划分为 5 个部分，从区域 5 到区域 1 反映出多空双方力量的对比和转化过程——空方优势减弱，多方优势加强。多空争夺的区域越是抬高，表明盘势越是倾向于多方，就是越有利股价上涨，反之则相反。这一点，在两条或以上的 K 线组合图形的研判中具有重要意义。不管有几条 K 线，都是根据相邻两条 K 线的相对位置的高低及其阴阳来判断未来的行情演变的。

双 K 线组合的情形数不胜数，为此，这里只选择其中几种特定的组合形态来研判其市场意义，以便领会这些双 K 线组合的具体含义，从而在股价实战里可以融会贯通，举一反三。

图 6-16　K 线的"五区"

▶ 1. 覆盖线

研判意义：如图 6-17 所示，覆盖线表明，继昨日收阳线后，今日多头开盘即显示实力高开股价，但很快遭遇空头猛烈掼压而使股价一路走低，全天收盘为近似昨日阳线长度的阴线，仿佛要覆盖昨日阳线一样。出现这种双 K 线组合时，即意味着短期趋势将会改变，上涨的方向可能转为继续下跌。如果今日阴线下探至昨日实体的 1/2 以下时，即表明多方优势遭遇削弱，空方力量占据优势；否则，则说明多头元气并未真正受损，反攻随时可能发生。

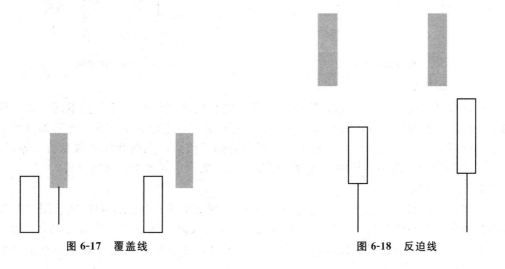

图 6-17　覆盖线　　　　　　　　图 6-18　反迫线

2. 反迫线

研判意义：如图 6-18 所示，反迫线表明，继昨日收出一条大阴线后，今日开盘伊始空头优势就一度尽显而使股价低开低走，但不久就受到多头的强力反攻，并最终使全天收盘在昨日阴线最低价附近，形成一条光头小阳线。如果该小阳线的收盘价在昨日收盘价之上，则又称该反迫线为迫入线；如果该小阳线的收盘价等于昨日最低价，则又称该反迫线为迫切线。这种双 K 线组合表明在低档处多头承接积极，乃行情反弹的前兆，尤其是出现在持续下跌多日之时，但若下一个交易日行情继续下跌，则会是行情继续看空。

3. 怀抱线

研判意义：如图 6-19 所示，怀抱线表明，由于今日 K 线最低价较昨日 K 线的最低价高，最高价比昨日 K 线的最高价低，而使今日 K 线被昨日 K 线犹如胸怀一般地抱住。这种双 K 线组合包括阳包阴、阳包阳、阴包阳和阴包阴四种，通常的市场意义是预示行情反转的信号。如果其出现在相对高位时，一般以逢高出货为主，尤其是行情持续上升已久时；如果出现在相对低位时，则多以积极介入为操作策略，特别是股价长期处于底部运行区域时。

4. 包容线

研判意义：如图 6-20 所示，包容线表明，今日 K 线最低价比昨日 K 线最低价更低，而最高价较昨日 K 线最高价更高，这样今日 K 线就将昨日 K 线完全包容进来。这种双 K 线组合包括四种情形，即阳包阴、阳包阳、阴包阳和阴包阴，其市场意义是发出股价涨跌的趋势将会完全改变的信号。同怀抱线的研判意义一样，只要这种双 K 线组合出现，当其在股价相对高位时，则可以确立逢高派发的操作对策；而当其在股价相对低位时，则以介入做多为操作对策。

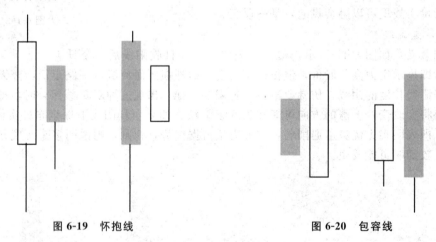

图 6-19　怀抱线　　　　　　　　　图 6-20　包容线

5. 相遇线

研判意义：如图 6-21 所示，相遇线表明，昨日股价走势与今日完全不同，昨日低开高走并在最高价附近收盘，而今日则高开低走并在最低价附近收盘，或者昨日高开低走并在最低价附近收盘，而今日低开高走并在最高价附近收盘，同时两天的收盘价基本接近。这种双 K 线组合多为主力机构短线"作秀"现象，一般预示着短线行情的反转。

6. 平行线

研判意义：如图 6-22 所示，这是一种在连续两个交易日里出现阳线或者阴线的双 K 线组合情形，因而得名"平行线"。如果出现双阳平行线时，则表明多头实力强大，做多意愿坚决，尤其是在今日阳线比昨日阳线长出许多时，更是暗示决定性的多头行情开始展开；如果出现双阴平行线时，则反映空头优势明显，做空动力强大，特别是在今日阴线较昨日阴线长出许多时，更是暗示决定性的空头行情开始展开。

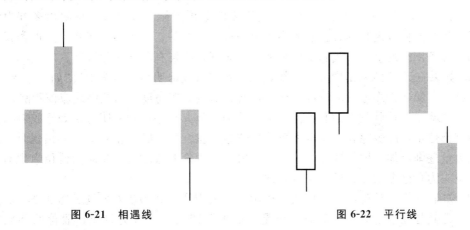

图 6-21　相遇线　　　　　　　　图 6-22　平行线

▶ 7. 相反线

研判意义：如图 6-23 所示，相反线表明，两个交易日的股价走势正好相反，昨日股价高开低走，而今日高开高走并在最高价附近报收，或者昨日股价低开高走，而今日则低开低走并在最低价附近报收。这种双 K 线组合多是主力机构的短线操作手法，预示短线多空行情的反转。

▶ 8. 停迷线

研判意义：如图 6-24 所示，停迷线表明，昨日股价大涨而收出大阳线，今日却在高档出现小阳线或小阴线，从而使股价走势暂时处于停迷状态，因而这种双 K 线组合也称星线。停迷线反映出多方做多意愿减弱，行情因拉高买盘不足而渐趋衰竭。尤其是在相对高位出现时，这种组合更是暗示主力出货的迹象，如果下一个交易日股价没有出现大幅跳空高开情形，则基本上可以确认空头行情已经开始。

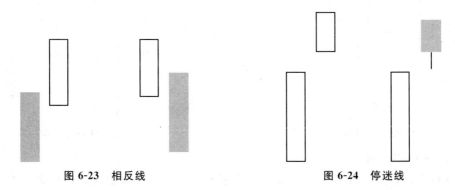

图 6-23　相反线　　　　　　　　图 6-24　停迷线

（三）三 K 线组合研判

在掌握基本 K 线形状和双 K 线组合的研判意义基础上，再来进一步地认识三 K 组合的研判意义。显然，三条 K 线的组合方式比起双 K 线而言更为复杂，更加多样。而且，由于多了一条 K 线，三 K 线组合所反映的信息就更多一些。但是，对于三 K 线组合的研判，仍然是根据最后一条 K 线相对于前面两条 K 线的位置(有时最后一条 K 线的上或/和下影线也具有重要意义)来判断和比较多空双方的优势大小。总体来说，研判三 K 线组合所代表的意义具有重要的市场价值，因为它不但是以基本 K 线形状和双 K 线组合为基础的，而且极其有助于有把握地研究短期、中期乃至长期行情的演变。

▶ 1. 上升三连阳

研判意义：如图 6-25 所示，上升三连阳表明股价连续三天上涨，反映出多方力量逐渐加强，尤其是低位区是具有强烈的多头市场特征。但是，至于多方优势大小的衡量，还需要结合三条阳线的上下影线和实体长度进行研判，主要有以下几种情形。

(1) 如果三天 K 线都是中或大阳线，则表明多方优势明显，多头士气"如日中天"，但由于涨幅大，第四天多考虑离场或不介入，暂持短线观望态度，当然中线应该看涨。

(2) 如果三条 K 线均有较长的上、下影线而实体又较小，则表明行情处于胶着微升姿态，既有低位承接的吸筹者，又有大量的高位抛压盘。若在股价相对低价位出现时，意味着多头力量逐渐增加，即将展开"空翻多"行情；若股价上涨已久的相对高价位出现时，则意味着空头力量已渐增加，后市应该看跌。

(3) 如果三条 K 线依次为小阳线、中阳线或大阳线，表明多方力量迅速加强，后市一般看涨，尤其是在股价低档区域时。但是，如果第四天空方大力打压，股价回调幅度很大，则应考虑出局观望。

(4) 如果三条 K 线依次为一大阳加两小阳，出现在长期上涨后就意味着空头力量逐渐加强，应警惕随时可能发生反转向下的行情；出现在长期下跌后就意味着多头力量已渐增加，大多认为行情将反转向上。

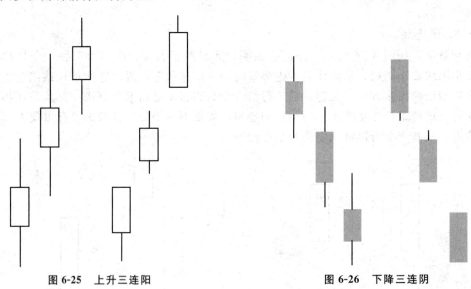

图 6-25　上升三连阳　　　　　图 6-26　下降三连阴

▶ 2. 下降三连阴

研判意义：如图 6-26 所示，下降三连阴表明连续三天报收阴线，反映出空方逐渐加大打压股价的力度，特别是在高档区具有明显的空头市场特征。但是，同上升三连阳的多头市场研判一样，空头市场的趋势之强弱还有待进一步分析，主要有下列几种情形。

(1) 如果三条 K 线都是中、大阴线，则反映空方来势凶猛，至少中线股价应该继续下跌。不过，在短线上，第四天一般有反弹的机会，可以在续跌的下档"抢帽子"。

(2) 如果三条 K 线都是带较长上、下影线和有小实体的阴线，则表明股价处于胶着微降态势，既有高位抛盘涌现，又有一定低位承接盘出现。若此形态出现在上涨较长时间之后，则反转向下的趋势明显；若出现在下跌已久的行情之中，则意味着行情即将稳定，开始构筑底部区域。

（3）如果三条 K 线依次为一大阴加两小阴，则表明空方卖盘力量减弱，多方抵抗力量有所增强，后市反弹的可能性较大，但反弹力度不会超过该段跌幅的 1/2。尤其是在该形态出现在长期上涨行情之后，大多预示着"多翻空"行情即将展开，逢高出局是操作首选。

▶ 3. 反攻成功式

研判意义：如图 6-27 所示，反攻成功式的典型形态是，一大阳（或阴）线成功地反攻击败前两条阴（或阳）线。在图 6-28 中，最后一条阳线一举高出前两条阴线，表明空方遭受强有力的反攻"火力"，多方充分调动力量，一举击败空方，预示行情由此反转向下；而图 6-27 左图中，局势正好同右图相反，空方反攻成功，多方已经败阵，预示空头行情开始。

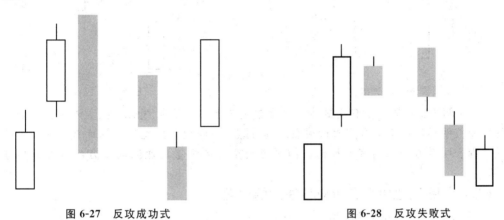

图 6-27　反攻成功式　　　　　　图 6-28　反攻失败式

▶ 4. 反攻失败式

研判意义：如图 6-28 所示，反攻失败式的经典形态是，连续两天阳线之后出现一条小阴线（或小阳线）被第二条 K 线所怀抱，如图 6-28 右图所示。其中左图表明多方力量占优势仍然控制局势，空头反击"火力"较弱而告败，多头行情大多继续；右图表明多头反攻力量比较有限，在空头猛烈抛压下宣告失败，下跌趋势仍将继续。

▶ 5. 夹击式

研判意义：夹击式是指两条阳线（或阴线）中间夹着一条阴线（或阳线）的三条 K 线组合方式，也就是两阳夹一阴和两阴夹一阳式，如图 6-29 所示。

在两阳夹一阴的夹击式中，若阴线实体较长而两条阳线实体较短并呈走低之势，则表明多头力量遭遇重大损伤，行情将以空头市场为主；若三条 K 线呈逐渐走高之势，则表明多头依然控制局势，空头反击乏力，后市继续看涨。

在两阴夹一阳的夹击式中，若阳线实体较长而两条阴线实体较短而又呈走高之势，则表明空头反击力量比较有限，多头仍然主宰局势，后市将以多头行情为主；若阳线实体较短而两条阴线实体较长，则表明多头反击"火力"较弱，空头打击力量强大，行情将继续看跌。

▶ 6. 包容式

研判意义：所谓包容式，是指后两条阳线（或阴线）把第一天阴线（或阳线）包容起来的三条 K 线组合方式，也就是两阳吃一阴式和两阴吃一阳式，如图 6-30 所示。

（1）在两阳吃一阴式的包容式下，大多数情况下第三条 K 线（阳线）实体较长，表明多方力量异常强大，占据优势地位，后市多头进攻势头明显，行情继续看涨。有时，第三条K线比较短，而且带有上影线，则表明多方持续进攻力量有所缺乏，反而空方的力量稍微占优，后市不宜看涨。

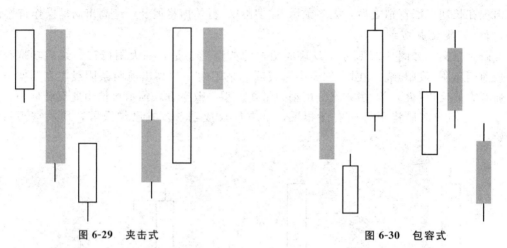

图 6-29　夹击式　　　　　　　　图 6-30　包容式

（2）在两阴吃一阳式的包容式中，大多数情况下第三条K线（阴线）实体较长，表明空方优势地位明显，后市空方主宰行情而继续看跌。有时也会出现第三条K线较短而带有下影线，则表明空方开始向多方反击，但多方与空方的力量对比倾向多方，后市不宜过分看跌。

（四）应用K线组合分析应该注意的问题

应用K线组合分析应该注意以下问题。

（1）无论是一两根还是多根K线，都是对市场多空博弈的一个描述。这种组合都有相当的参考价值，但都是相对的，不是绝对的，只能起一个建议参谋作用。

（2）由于中国股市庄家众多，利用从众心理即技术分析派的力量，往往会在收市前最后几分钟至几秒钟拉出来骗钱，作出假图形，投资者对这类过于完美的K线组合，要警惕地加以参考。

（3）当K线组合图形与基本分析完全对立时，当国际国内政治经济形势发生根本性变化时，放弃K线分析结果，服从基本分析理论。

其实，这几点也适用于其他技术分析方法。

四、切线理论

在证券市场，一定要记住：看大势者赚大钱，顺势者昌，逆势者亡。与大势对抗，无疑是在与大海对抗。

（一）趋势分析

详见本项目任务二道氏理论的讲解。

（二）支撑线和压力线

▶ 1. 支撑线和压力线的含义

支撑线又称抵抗线。当股价跌到某个价位（区域）附近时，股价有可能停止下跌，甚至有可能回升，这是因为历史上曾有较多投资者在此买入。如果跌穿此价位（区域）会造成众多人亏损，谁也不愿意在此割肉，众志成城，抵抗线就形成了。支撑线起了阻止股价继续下跌的作用。

压力线又称阻力线。当股价上涨到某个价位附近，股价会停止上涨，甚至回落。这是因为历史上曾有较多人较多量在此被套住，一旦进入这一价位区域，被套多时的投资者会纷纷出逃，大量抛现。压力线起了阻止股价继续上升的作用。

▶ 2. 支撑线和压力线的作用

支撑线和压力线的作用是暂时阻止股价朝一个方向继续运动。由于股价的变动是有趋势的，要保持这种趋势，就必须冲破障碍。即要维持下跌行情，就必须突破支撑线的阻力，创出新低点；要维持上升行情，就必须突破压力线的阻力，创出新高。可见压力线和支撑线有被突破的可能，它们不可能长久地阻止股价变动，只不过是使股价暂时停顿而已，如图 6-31 所示。

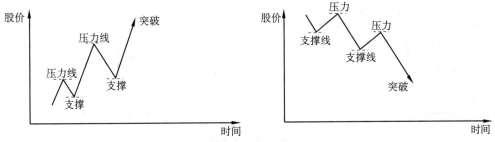

图 6-31　支撑线和压力线

当然，有时支撑线和压力线又有彻底阻止股价按原方向变动的可能。当一个大趋势终结时，股价就不可能创出新高或新低，这时，支撑线和压力线就异常重要。

在上升趋势中，如果下一次未创新高，即未突破压力线，这个上升趋势就已经处在很关键的位置了；如果往后的股价又反身向下突破了这个上升趋势的支撑线，这就可能是一个趋势有变得很强烈信号，它可能警告这一轮上涨趋势已经结束，大势可能反转向下了。

同样，在下降趋势中，如果下一次未创新低，即未突破支撑线，这个下降趋势就应该十分注意；如果下一步股价向上突破了这次下降趋势的压力线，这就意味着下降趋势将要结束，股价有可能走向上升趋势，如图 6-32 所示。

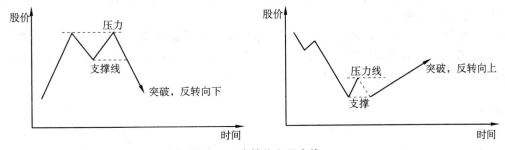

图 6-32　支撑线和压力线

一般来说，对支撑线或压力线的确认有三个方面：一是股价在这个区域停留时间长短；二是股价在这个区域伴随成交量的大小；三是这个支撑趋势或压力区域发生的时间距离当前这个时期的远近。显然，股价停留的时间越长，伴随的成交量越大，离现在越近，则这个支撑或压力区域就越可以确认，且对当前的影响就越大，反之就越小。

但有时，由于形势变化和股价的变动，原来的支撑线或压力线已不具有支撑或压力作用，已不完全符合上面所述的三个条件。这时，就要对支撑线和压力线进行调整、修正。

对支撑线和压力线的修正其实是对新的支撑线和压力线的确认。股价到了这个区域，投资者应清楚，它有可能被突破，而到了另一个区域，它就不容易被突破，但原来的支撑线可能会变成下一次反向运动时的压力线。投资者还要根据基本面及个股的具体情况进行决策。

（三）趋势线和轨道线

▶ 1. 趋势线

趋势线是衡量价格波动方向的线条，由它可明确看出股价趋势，作为投资参考。在上升趋势中，将两低点连成一条直线，就得到上升趋势线；在下降趋势中，将两高点连成一条直线，就得到下降趋势线。如图 6-33 所示的直线 M。

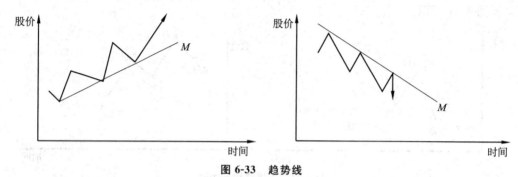

图 6-33 趋势线

可以看出，趋势线在上升趋势起支撑作用，下降趋势起压力作用，即上升趋势线是支撑线的一种，下降趋势线是压力线的一种。

但要得到一条真正的趋势线，要经多方验证才能确认：①必须确实有趋势存在。即在上升趋势中，必须有两个依次上升低点，在下降趋势中，必须有两个依次下降高点，方能确认趋势存在，连接两点直线才可能成为趋势线。②画出直线后，还应该得到第三点验证才能确认这条趋势线是有效的。所画出的直线被触及的次数越多，其作为趋势线的有效性越被得到确认，预测就较为准确。③这条直线延续时间越长，就越具有有效性。

趋势线的作用如下。

（1）对今后价格变动起一定约束作用，是价格总保持在这条趋势线的上方（上升趋势线）或下方（下降趋势线）。

（2）趋势线被突破后，就说明股价下一步的走势有可能反转。应该引起高度注意，越重要、越有效的趋势线被突破，其转势信号就越强烈。甚至被突破的趋势线原来所起的支撑和压力作用，现在将要互换角色，如图 6-34 所示。

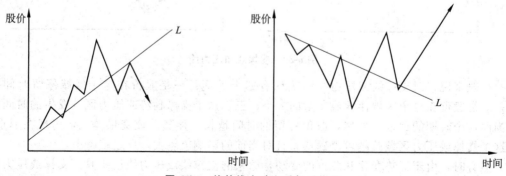

图 6-34 趋势线突破之后起反作用

2. 轨道线

轨道线又称通道线或管道线，是基于趋势线的一种方法。在已经得到了趋势线后，通过第一个峰或谷可以做出这条趋势线的平行线，这条平行线就是轨道线，如图6-35所示。

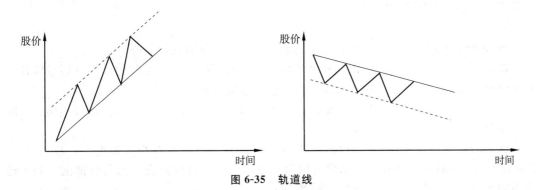

图6-35　轨道线

两条平行线组成一个轨道，这就是常说的上升和下降轨道线。轨道作用是可能限制股价的变动范围。可能轨道一旦确认，在通常情况下价格将在这一通道里变动。如果对上面或下面直线突破将意味着有一个重要的变化将出现。

应该指出的是，与突破趋势不同，对轨道线的突破并不是趋势反转的开始，而是趋势加速的开始，即原来的趋势线的斜率将会加大，趋势线的方向将会更加陡峭，如图6-36所示。

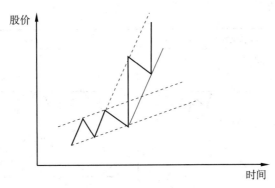

图6-36　趋势的加速

轨道线的另一个作用是提供趋势可能转向的警报，如果在股价运行中未触及轨道线，离得很远就开始掉头，这往往可能是趋势将要改变的信号。这说明，市场已经没有力量继续维持原有的趋势了。

轨道线和趋势线是有关系的，显然，先有趋势线，后有轨道线。趋势线可独立存在，而轨道线则不能。

（四）黄金分割和百分比线

当股价持续上涨或下跌时，在一定区域遇到压力或支撑，股价方向可能改变。黄金分割线与百分比线提供了支撑线和压力线所在的几个价位，这是成熟市场中，投资者经过大量实践得到的一些经验，可供参考。

1. 黄金分割

黄金分割是一个古老的数学方法，它包含若干个特殊的数字：0.191、0.382、0.618、

0.809、1.191、1.382、1.618、1.809、2、2.618、4.236……这些数字中，0.618、1.618 和 4.236 最为重要，股价极容易在由这三个数产生的黄金分割线处产生支撑和压力。而且黄金分割线被人们发现后，又强化了人们对这几个点位的注意，在众人心理作用下，这三个数字处容易产生行情的变化。

2. 百分比

百分比线考虑问题的出发点是人们的心理因素和一些整数位的分界点。

以某次上涨行情开始的最低点和开始向下回撤的最高点两者之间的差，分别乘以几个特殊的百分比数，就可以得到未来支撑位可能出现的位置。

设低点是 10 元，高点是 20 元。这些百分比数一共 10 个：1/8、1/4、3/8、1/2、5/8、3/4、7/8、1、1/3、2/3。

这里的百分比线中，1/2、1/3、2/3 这三条线最为重要。在很大程度上，1/2、1/3、2/3 是人们的一种心理倾向。如果没有回落到 1/3 以下，就好像没有回落够似的；如果已经回落了 2/3，人们自然会认为已经回落够了。

上面所列的 10 个特殊数字也可以用百分比表示，之所以用上面的分数表示，是为了突出整数习惯。

五、反转与持续整理图形理论

（一）反转图形理论

反转图形就是预示价格趋势将逆转的图形，当它出现时，投资者应保持高度警觉，反转图形主要如图 6-37 所示。

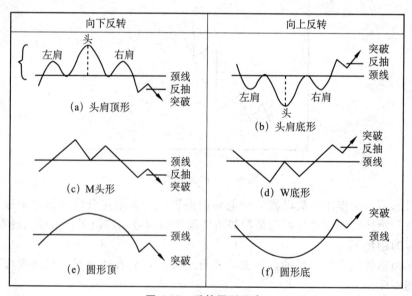

图 6-37　反转图形示意

1. 头肩型

头肩型是最为可靠的原始反转形态，又分为头肩顶和头肩底两种形态，如图 6-37（a）和（b）所示。在头肩顶中，其左肩成交量往往最大，头部附近交投也很活跃，左肩成交量最小；而在头肩底中，左肩的成交量往往最大，在头部附近，交投也非常活跃，右肩在形成时，成交量明显萎缩，不过，在头肩底发生反转突破时，要有放大的成交量加以确认，而头肩顶突破向下则无此要求。头肩型有效突破的确认为收盘价突破颈线幅度达3%以上，在绝大多数情况下，第一次突破会出现对颈线的反抽，已确认突破的有效性。一旦为有效突破，未来股价上涨或下跌的幅度从颈线突破点开始算起，至少达到形态高度，所谓形态高度是指从顶点到颈线的垂直距离，即图6-37(a)和(b)中的虚线距离。除了图6-37中的头肩型外，还存在复合头肩型，其特征为，在头部或肩部同时出现两个以上的头或左、右肩。一旦复合头肩型出现，价格上升或下跌的幅度要大于简单头肩型。

▶ 2. 双重型

双重型包括双重顶(也称M头)和双重底(也称W底)两形态，如图6-37(c)和(d)所示，双重型的判断原理和头肩型差不多，一般而言，M头的第二个顶的成交量会远低于第一个顶，W底的第一个底部伴随着相当大的成交量，第二个底部的成交量则很低，但向上突破时必须要有大的成交量，通常第二个底部的价位会高于第一个底部，但即使第二个底部等于或稍微低于第一个底部，W仍然成立，另外，无论是M头还是W底，在发生反转突破时，一般也会出现对颈线的反抽，已确认突破的有效性，双重型一经确认，上涨或下跌幅度至少达到顶或底到颈线的垂直距离。

▶ 3. 圆形

圆形又称为圆弧形、碟形、碗形等，分为圆形顶和圆形底两种形态，如图6-37(e)和(f)所示。圆弧形在实际中出现的机会很少，但一旦出现，则是绝好的机会，它的反转深度和高度是不可测的，这和头肩型和双重型有区别，另外，无论是圆形顶还是圆形底，在形成时，成交量都是两头多中间少，越靠近头和底，成交量越少，到达顶或底时的成交量最少。在突破后的一段，都有相当的成交量，圆形形成所花时间越长，以后反转的力度就越强。

(二) 持续整理图形分析法

持续整理图形为股价在一定范围内持续波动的图形，一般有三角形、旗形、楔形和菱形等，如图6-38所示。

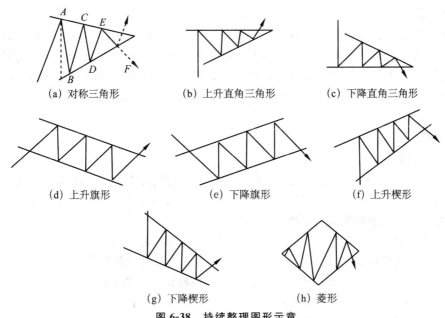

(a) 对称三角形　　(b) 上升直角三角形　　(c) 下降直角三角形

(d) 上升旗形　　(e) 下降旗形　　(f) 上升楔形

(g) 下降楔形　　(h) 菱形

图6-38 持续整理图形示意

1. 三角形

三角形分为对称三角形、上升三角形和下降三角形等几种形态，如图 6-38(a)、(b) 和 (c) 所示。对称三角形由上下两条聚拢并最终相交的直线构成，上面的直线起压力作用，下面的直线起支撑作用，两条直线的交点称为顶点。对称三角形应至少有 4 个转折点，一般为 6 个，如图 6-38(a) 中的 A、B、C、D、E、F 都是转折点。价格的突破在距三角形底边 1/2 或 3/4 处最为可靠，太接近顶点的突破往往以失败告终。突破后从突破点算起，价格变动幅度至少应为三角形底边的距离，即图 6-38(a) 中虚线的距离。突破方向可上可下，但最大可能为原有趋势方向。上升三角形除了上面的直线水平的以外，在形状上和对称三角形没什么区别，突破方向一般向上；下降三角形同上升三角形正好相反，是看跌形态。上升三角形和下降三角形突破后上升或下跌幅度的计算方法和对称三角形相同。

2. 旗形

旗形为上下两边同时上倾或下倾并平行的图形，分为上升旗形和下降旗形两种形态，如图 6-38(d) 和 (e) 所示。上升旗形两边向下倾斜，看似空方占优，但最终选择向上突破，而下降旗形与之相反。旗形的上下两边起着压力和支撑作用，只要有一条被突破，旗形即告完成。旗形代表价格暂时停顿而成交量发生下降趋势。旗形完成后价格将朝原有方向发展。旗形通常位于整段走势的中点，据此可以测算突破后的目标幅度。旗形的行程时间不能太长，一般不超过三周，并且不会出现在周线图或月线图中。

3. 楔形

楔形由上下两边同时上倾或下斜的收敛的直线构成，可分为上升楔形和下降楔形两种形态，如图 6-38(f) 和 (g) 所示。上升楔形一般以向下突破告终。在空头市场的反弹走势中，上升楔形相当常见，在其完成时，通常呈现带量下跌的暴跌走势。其若出现在周 K 线图上，百分之百为空头信号，下降的幅度，至少将新上升的幅度跌下去。下降楔形向上突破居多，突破时必须有大的成交量。不过，无论是上升楔形还是下降楔形，在其形成过程中，成交量都是逐渐减少的。楔形不会出现在月线图中。

4. 菱形

菱形的形态像钻石，又叫钻石形，如图 6-38(h) 所示，通常在中级下跌前的顶部或大量成交的顶点出现，因此也有人把它归入反转形态。在菱形的形成过程中，成交量呈规律性的变化：在左半部分先是越来越大，然后逐渐减少，到了右半部分则越来越小。菱形的下跌幅度也可测量，由突破点开始计算，至少下跌到该形态中最大的垂直距离。

闯关考验

一、名词解释

道氏理论　艾略特波浪理论　K 线理论　切线理论　支撑线　压力线

二、选择题

1. 头肩顶形态的形态高度是指（　　）。
   A. 头的高度　　　　　　　　　B. 颈线的高度
   C. 头到颈线的距离　　　　　　D. 左、右肩连线的宽度

2. 在形态理论中，一般一个下跌形态暗示升势将到尽头的是（　　）。
   A. 喇叭形　　　B. V 形反转　　　C. 三角形　　　D. 旗形

3. （　　）一般在 3 日内回补，且成交量小。

A. 普通缺口　　　B. 突破性缺口　　　C. 持续性缺口　　　D. 消耗性缺口

4. 在实际应用 MACD 时，常以（　　）日 EMA 为快速移动平均线，（　　）日 EMA 为慢速移动平均线。

A. 12、26　　　B. 13、26　　　C. 26、12　　　D. 15、30

5. 当 KD 处在高位，并形成两个依次向下的峰，而此时股价还在一个劲地上涨，这叫（　　）。

A. 底背离　　　B. 顶背离　　　C. 双重底　　　D. 双重顶

三、简答题

1. 证券投资技术分析的主要理论有哪些？
2. 道氏理论、艾略特波浪理论有哪些规定？
3. K 线理论、切线理论有哪些规定？

项目七 Chapter 7 技术分析指标

学习目标

1. 了解技术指标的基本含义。
2. 掌握技术指标的研判方法。
3. 能将各主要技术指标灵活运用到实践分析中进行预测和判断。

问题导入

技术分析和基本分析的角度有何不同？

情景写实

巴菲特的赚钱哲学——投资而非投机

如果这个世界上还有传奇的话，那么巴菲特算是活着的一个。就连74岁的高龄也没能消退他"点石成金"的激情。在经历了一段时间的沉寂之后，巴菲特再次以他标志性的资本运作吸引了市场的关注，这一次，他的目光停留在能源业。

2003年5月24日，巴菲特的伯克希尔·哈萨威公司旗下的中部美洲能源控股公司宣布，将以94亿美元从苏格兰电力公司手中收购美国西北部最大的电力供应商——太平洋公司。根据协议，中部美洲能源控股公司将支付给苏格兰电力公司51亿美元现金，其余43亿美元将转化为净负债和优先股。拥有太平洋公司后，美洲能源控股公司可将其在美国6个州的160万客户扩展到俄勒冈州和犹他州，并将打造一个年销售额超过100亿美元的能源巨头。

巴菲特进军能源业并不能算是追涨杀跌的投机行为，本质上看，这不过是巴菲特投资的最新案例。投资和投机这两个不易分辨但又迥然不同的经济概念，在巴菲特的哲学中得到了完美的诠释和区分。

任务一 趋向指标

一、移动平均线

▶ 1. 基本含义

移动平均线(moving average，MA)，是由美国人葛兰威尔根据道氏原理而创立的，用以预测未来股价的运动趋势。简言之，移动平均线就是连续若干个交易日的收盘价格的算术平均值。"若干个交易日"就是常说的时间参数，在运用中可以取5日、10日、20日、30日、60日等，也就是所谓的5日均线(MA5)、10日均线(MA10)、20日均线(MA20)、30日均线(MA30)等，比如日线MA5指5天内的收盘价之和除以5。均线理论是当今应用最普遍的技术指标之一，它帮助交易者确认现有趋势、判断将出现的趋势、发现过度延生即将反转的趋势。

MA用来描述价格运动的趋势，因此，MA具有以下一些特点。

(1) 助涨助跌性。如果MA遭遇突破，则MA具有推动股价继续沿着突破方向运动的惯性。

(2) 跟踪趋势性。MA描述的就是价格运动的趋势，这一性质决定了它将与股价图形中的趋势线在方向上保持一致性，从而表现出跟踪趋势的性质。

(3) 支撑压力性。即MA在股价走势中起着支撑线和压力线的作用。MA遭遇突破，就是支撑线和压力线遭遇突破。

▶ 2. 计算公式

$$MA(n) = \sum P/n$$

式中，MA表示算术平均值；P表示收盘价格；$\sum P$表示连续n个交易日的收盘价格之和；n表示时间参数，取值有5、10、15、20、30、60、120等。

▶ 3. 运用法则

(1) 葛氏八大法则。关于MA的运用法则，最有名的是葛兰威尔法则，通常简称葛氏八大法则。该法则的具体内容如下。

关于买进信号的四种情形：①当MA从下降开始趋于平缓，股价自下而上穿越MA时；②当股价持续上涨而远离MA，然后突然下跌，但是在MA附近再度上涨时；③当股价已经位于MA下方，但MA仍然保持上升趋势，不久股价又向上突破MA时；④当股价跌破MA，并持续暴跌而远离MA时。

关于卖出信号的四种情形：①当MA从上升开始趋于平缓，股价自上而下穿越MA时；②当股价持续下跌而远离MA，然后突然上涨，但是在MA附近再度下跌时；③当股价已经位于MA上方，但MA仍然保持下降趋势，不久股价又向下突破MA时；④当股价上穿MA，并持续暴涨而远离MA时。

不过，要特别注意的是，在行情的盘整阶段、趋势形成后中途的休整阶段、行情的局部反弹和回档时，MA非常容易发出错误的信号。

(2) 金叉死叉法则。在实际运用中还有基于MA的两个重要概念，即黄金交叉和死亡交叉。这两个概念是根据不同时间参数的两条MA之间相互关系来界定的。假定两条平均移动线MA(m)和MA(n)，其中$m<n$，例如$m=10$，$n=30$，则称MA(m)为快速移动平

均线或快线，MA(n)为慢速移动平均线或慢线。如果MA(m)和MA(n)都是向上的，则将MA(m)自下而上穿越MA(n)的现象称为两线的"黄金交叉"或"金叉"，因为这种现象的出现意味着买进就可淘金而得"金叉"之名；如果MA(m)和MA(n)都是向下的，则将MA(m)自上而下穿越MA(n)的现象称为两线的"死亡交叉"或"死叉"，也是由于这种现象的出现意味着持股就会大把亏钱，而得"死叉"之名。

根据前人的研究成果，黄金交叉与死亡交叉的运用法则为：①出现黄金交叉即为买进信号，出现死亡交叉即为卖出信号。②时间参数越大的两条MA出现黄金交叉时，股价发生回档的可能性及回档幅度将会越大；时间参数越大的两条MA出现死亡交叉时，股价发生反弹的可能性及反弹幅度将会越大。③一般地说，当MA5、MA10、MA30三线出现黄金交叉时，就可以判断目前行情为多头市场，可以积极买进；当MA5、MA10、MA30三线出现死亡交叉时，就可以判断目前行情为空头市场，可以大胆卖出。④当出现黄金交叉时，股价经常会发生回档现象，此为买进时机；当出现死亡交叉时，股价经常会发生反弹现象，此为卖出时机。

▶ 4. 经典实例

下面，以图7-1作为案例对移动平均线MA进行说明。

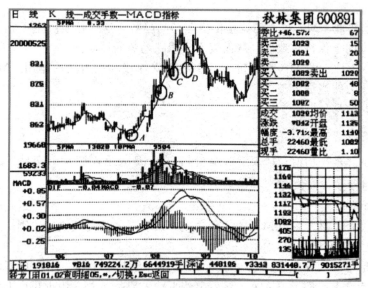

图 7-1　移动平均线 MA

图7-1所示为秋林集团（600891）在2000年5月25日—10月13日期间股价运动所形成的日K线图，这里以5日MA为例，A（7月19日）、B（8月7日）、C（8月15日）、D（8月23日）四点是对应于葛氏八大法则中前四个买进法则①、②、③、④的买入点。因为是以5日均线为例，所以A、B、C、D四点都是短线操作的买进时机。

二、平滑异同移动平均线

▶ 1. 基本含义

平滑异同移动平均线（moving average convergence and divergence，MACD），是由美国人阿佩尔和海茨切尔两人共同提出的。它是一种中、长线技术指标，基于移动平均线MA理论而建立起来，根据快速移动平均线收敛于慢速移动平均线，或者快速移动平均线从慢速移动平均线向外发散的两线相互验证和相互背离的原理，来计算这两条线之间的离差状况，再计算离差的平均值。在这里，快线和慢线的时间参数一般分别取12、26，而离差平均值的时间参数一般取9。由于MACD既吸收了MA的精髓，又利用快慢两线来计算其离差状况，还包含有趋势的概念，因此它在股市上备受重用，是机构投资者的一大利器。

MACD理论除了用以确认中期涨势或跌势之外，同时也可用来判别短期反转点。在图形中，可观察DIF与MACD两条线之间垂直距离的直线柱状体（其直线棒的算法很简单，只要将DIF线减去MACD线即可）。当直线棒由大开始变小，即为卖出信号，当直线棒由小（负数的最大）开始变大，即为买进信号。因此我们可依据直线棒研判短期的反转点。

一般而言，在持续的涨势中，12日EMA在26日EMA之上，其间的正差值（+DIF）会越来越大。反之，在跌势中，差离值可能变负（-DIF），负差离值也越来越大，所以当行情开始反转时，正或负差离值将会缩小。

▶ 2. 计算公式

$$今日 MACD = 昨日 MACD + 0.2(今日 DIF - 昨日 MACD)$$

式中，MACD表示$\sum DIF(9)/9$；$\sum DIF(9)$表示连续9个交易日的DIF之和；DIF表示$EMA(12)-EMA(26)$；DIF表示正负差，或者离差；EMA表示平滑移动平均线；EMA(12)表示快速平滑移动平均线；EMA(26)表示慢速平滑移动平均线。

$$今日 EMA(12) = \frac{2}{13} \times P + \frac{11}{13} \times 昨日 EMA(12)$$

$$今日 EMA(26) = \frac{2}{27} \times P + \frac{25}{27} \times 昨日 EMA(26)$$

式中，P表示今日收盘价。

▶ 3. 运用法则

（1）如果DIF和MACD都为正值或在0轴线之上，则行情为多头市场。其中，当DIF向上突破MACD时，是买进信号；当DIF向下跌破MACD时，则视为回档，可暂时卖出获利。

（2）如果DIF和MACD都是负值或在0轴线之下，则行情为空头市场。其中，当DIF向上突破MACD时，仅能视为反弹，可以暂时补空逐利；当DIF向下跌破MACD时，是卖出信号。

（3）背离法则：如果股价连续两次或三次创出新低，但DIF并不配合创新低时，行情可能由此起稳而筑底，此为所谓的"正背离"或"牛背离"，可以逢低买进；如果股价连续两次或三次创出新高，但DIF并不配合创新高时，行情可能由此做头，此为所谓的"负背离"或"熊背离"，可以逢高卖出。

（4）当在0轴线之上DIF连续两次向下跌破MACD时，意味着行情可能会出现大跌，应当注意及早卖出；当在0轴线之下DIF连续两次向上突破MACD时，意味着行情可能会出现大涨，应当伺机买进。

（5）柱状线法则：当红色柱状线越来越长时，表示买盘越来越大，股价上攻力道越来越强，反之则越来越弱；当绿色柱状线越来越长时，表示卖盘越来越大，股价下探力道越来越强，反之则越来越弱。

（6）一般来说，MACD对于几天的短线行情或者盘整行情缺乏技术意义，最适于中长线行情的研判。

（7）MACD可以配合RSI（相对强弱指标）与KDJ（随机指标），互相弥补各自的缺点。

4. 经典实例

下面,以图7-2作为案例对平滑异动移动平均线MACD进行说明。

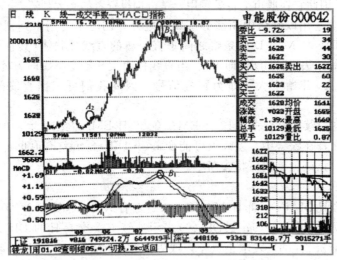

图 7-2　平滑异同移动平均线 MACD

图7-2所示为申能股份(600642)在2000年4月4日—10月13日期间的股价日K线图,其中A_1点,在低档区域DIF向上突破(交叉)MACD,发出买进信号,对应的A_2点(5月23日)为买进点;B_1点,在高档区域DIF向下跌破(交叉)MACD,发出卖出信号,对应的B_2点(7月27日)为卖出点。

三、动向指标

1. 基本含义

动向指标(direction movement index,DMI)是由美国技术分析大师威尔士·威尔德在1978年首先提出来的,又称为趋势指标或方向移动指标。动向指标是根据每个交易日的最高价、最低价和收盘价三者之间的波动关系,通过分析股价创新高或者创新低的动能来研判多空双方的力量对比状况,从而判断多空较量的暂时均衡点。它包括四个指标值:+DM、-DM、ADX和ADXP,用以综合研判多空较量之暂时均衡点的形成。这里,+DM表示上涨动向值,-DM表示下跌动向值,ADX表示平均动向值,ADXP表示平均动向值评估值。动向指标的功能在于通过指标交叉时发出的买卖信号来研判行情是否开始启动。

2. 计算公式

$$今日 ADXP = \frac{今日 ADX + 7 日前 ADX}{2}$$

$$今日 ADX = \frac{今日 DX + 昨日 ADX \times 6}{14}$$

$$DX = 100 \times DI 差 / DI 和$$

$$DI 和 = +DI(7) + [-DI(7)]$$

$$DI 差 = +DI(7) - [-DI(7)]$$

$$+DI(7) = 100 \times [+DM(7)/TR(7)]$$

$$-DI(7) = 100 \times [-DM(7)/TR(7)]$$

式中,ADXP表示平均动向值评估值,一般从第14天开始计算;ADX表示平均动向值,

一般从第 8 天开始计算；+DI 表示上涨动向值，一般以连续交易日数 7 为参数；—DI 表示下跌动向值，一般以连续交易日数 7 为参数；+DM(7) 表示连续 7 个交易日的 +DM 值之和；—DM(7) 表示连续 7 个交易日的 —DM 值之和；TR(7) 表示连续 7 个交易日的 TR 值之和；+DM 表示 $P1-P1'$；—DM 表示 $P2-P2'$；TR 表示 max($|P1-P2|$，$|P1-P0|$，$|P2-P0|$)。

▶ 3. 运用法则

(1) +DM 上涨动向值越大，表示买盘积极，上涨势头强烈；—DM 下跌动向值越大，表示买盘沉重，下跌势头明显。

(2) 当 +DM 自下而上突破 —DM 时，为买进信号。进一步，此时若 ADX 也向上攀升的话，则上涨势头将比较强劲。

(3) 当 +DM 自上而下跌破 —DM 时，为卖出信号。进一步，此时若 ADX 也向下继续下探的话，则下跌势头将比较凶猛。

(4) 当 ADX 值从持续上升(或下降)方向转为下降(上升)方向时，表明行情将发生反转。

(5) 当 ADX 处于低位(如 20 左右)时，表明 +DM 和 —DM 比较靠近，多空双方的较量难分难解，此时股价处于"牛皮"整理阶段，不宜介入。尤其是在 ADX 下探至 +DM 和 —DM 之下方时，更是不宜入市。

(6) ADX 在高位出现掉头向下的情形时，只有在 ADXR 同时向下的条件下才能确认股价运动趋势的反转。

(7) ADX 自低位脱离 20～30 这一区域向上攀升时，不管股价将会上涨还是下跌，都将延续一段行情，此为买进或者卖出信号。究竟是买进信号还是卖出信号，需要结合其他技术指标(如 KDJ、SAR 等)加以辅助判断。

▶ 4. 经典实例

下面，以图 7-3 作为案例对动向指标 DMI 进行说明。

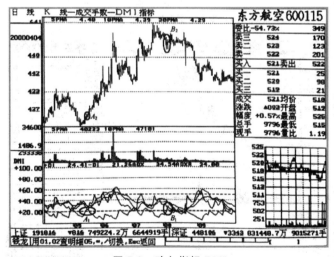

图 7-3 动向指标 DMI

图 7-3 所示为东方航空(600115)在 2000 年 4 月 4 日—10 月 13 日期间的股价日 K 线图，其中，A_1 点，+DI 自下而上突破 —DI，发出买进信号，对应的 A_2 点(5 月 19 日)为买进点，尤其是在 A_1 点附近 ADX 向上攀升，更是预示着股价上涨势头较强；B_1 点，+DI 自上而下跌破 —DI，发出卖出信号，对应的 B_2 点(8 月 4 日)为卖出点。

四、均线差指标

▶ 1. 基本含义

均线差指标(difference of moving average, DMA),是通过计算两条不同时间参数的移动平均线之间的差值(DMA),再以其中较小的时间参数为基础计算平均线差的平均值(AMA)而得来的。它以 DMA 与 AMA 之间的相对关系来研判股价未来的趋势。从计算公式来看,DMA、AMA 同 MACD 具有相似之处。但 DMA 所取大小不同的时间参数分别为 10 和 50。而且,在实际股价图表中,DMA 是一根实线,AMA 是一根虚线。

▶ 2. 计算公式

$$DMA = MA(10) - MA(50)$$
$$AMA = DMA/10$$

式中,DMA 表示平均线差,通常为短期平均值减去长期平均值;$MA(n)$ 表示周期为 n 天的平均值,一般短周期 n 取 10 日,而长周期 n 取 50 日;AMA 表示平均线差均值。

▶ 3. 运用法则

(1) 当 DMA 自下而上突破 AMA 时,是买进信号。

(2) 当 DMA 自上而下跌破 AMA 时,是卖出信号。

(3) 如果 DMA 在高档两次向下跌破 AMA,则未来股价下跌的幅度将会较大。

(4) 如果 DMA 在低档两次向上突破 AMA,则未来股价上涨的幅度将会较大。

(5) 背离法则:若股价连续两次或三次创出新低,而 DMA 并未相应出现新低,则视为买进信号,此为"牛背离";若股价连续两次或三次创出新高,而 DMA 并未相应出现新高,则视为卖出信号,此为"熊背离"。

(6) 在实际运用中,由于 DMA 出现信号的时间会提前以及出现信号的次数较多,因此应当结合其他技术指标进行综合研判。

▶ 4. 经典实例

下面,以图 7-4 作为案例对平均线差 DMA 进行说明。

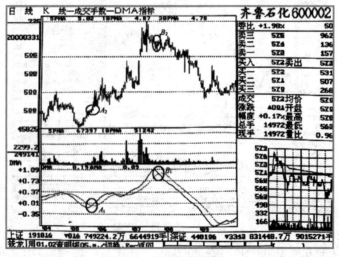

图 7-4 平均线差 DMA

图 7-4 所示为齐鲁石化(600002)在 2000 年 3 月 31 日—10 月 13 日期间的股价日 K 线图,其中,A_1 点,DMA 向上突破 AMA,发出买进信号,对应的 A_2 点(5 月 25 日)是买

进点，B_1 点，DMA 向下跌破 AMA，发出卖出信号，对应的 B_2 点(7 月 26 日)是卖出点。

五、指数平均数

▶ 1. 基本含义

指数平均数(exponentially moving average，EXPMA)是以当天收盘价与昨天指数平均数之间的相对关系来反映股价运动趋势的，其目的在于降低移动平均线 MA 的滞后性对行情研判的影响程度。我们知道，使用移动平均线所产生的买卖信号往往落后于行情几个交易日，这样势必会影响对买卖时机的把握。为了解决这一问题，一些技术分析派人士提出用指数平均数来取代移动平均线。

▶ 2. 计算公式

$$\text{EXPMA}_1 = \frac{P-昨日\ AI}{N_1+1} \times 2 + 昨日\ AI$$

$$\text{EXPMA}_2 = \frac{P-昨日\ AI}{N_2+1} \times 2 + 昨日\ AI$$

式中，EXPMA_1 表示今日第一条(12 日)指数平均数线；EXPMA_2 表示今日第二条(50 日)指数平均数线；N 表示时间参数，一般地，N_1 取 12 日，N_2 取 50 日；P 表示今日收盘价；AI 表示指数平均数。

▶ 3. 运用法则

(1) 当 EXPMA_1 自下而上突破 EXPMA_2 时，为买进信号；进一步，在股价短暂攀升而后回档至 EXPMA_1 附近时为最佳买进点。

(2) 当 EXPMA_1 自上而下跌破 EXPMA_2 时，为卖出信号；进一步，在股价短暂下跌而后反弹至 EXPMA_2 附近时为最佳卖出点。

(3) 当股价自下而上触及 EXPMA 时，经常会出现强大的抛盘压力；当股价自上而下触及 EXPMA 时，则常会出现强大的买盘支撑。

(4) EXPMA 一般不适于短线行情的研判，尤其是在短时间内股价波动幅度很大时。

(5) 在实际运用中，注意与其他技术指标结合运用。

▶ 4. 经典实例

下面，以图 7-5 作为案例对指数平均数 EXPMA 进行说明。

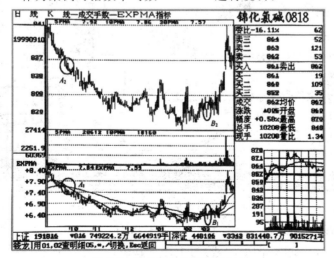

图 7-5　指数平均数(EXPMA)

图 7-5 所示为锦化氯碱(0818)在 1999 年 9 月 10 日—2000 年 3 月 31 日期间的股价日 K 线图,其中,A_1 点,$EXPMA_1$ 向下跌破 $EXPMA_2$,发出卖出信号,对应的 A_2 点(1999 年 9 月 29 日)为卖出点;B_1 点,$EXPMA_1$ 向上突破 $EXPMA_2$,发出买进信号,对应的 B_2 点(2000 年 3 月 7 日)为买进点。

六、三重指数平滑移动平均线指标

▶ 1. 基本含义

三重指数平滑移动平均线(triple exponentially smoothed moving averagh,TRIX),是在指数平均数(EXPMA)的基础上发展起来的,将每天的收盘价连续进行三次指数平均数处理就得到 TRIX。同时,还需要对 TRIX 计算成为移动平均值,得到 TMA。TRIX 指标以其在长期趋势中消除股价短期波动的干扰而著名,加之在短期行情或盘整行情中经常产生假信号,因此是一个长线操作指标,适合没有时间密切关注股市的投资者。

▶ 2. 运用法则

(1) 当 TRIX 自下而上突破 TMA 时,为买进信号。

(2) 当 TRIX 自上而下跌破 TMA 时,为卖出信号。

(3) 当 TRIX 与股价产生背离现象时,应随时注意行情可能发生反转。也就是说,若股价连续两次或三次创出新高时,TRIX 并未相应出现新高,此时当是卖出信号;若股价连续两次或三次创出新低时,TRIX 未相应出现新低,此时当是买进信号。

(4) 在 TRIX 与 TMA 发生交叉之后,不管市场趋势如何,在短期行情中都可以不予理会。

(5) TRIX 是一个长线操作指标,不适合短期行情和盘整行情。

▶ 3. 经典实例

下面,以图 7-6 作为案例对三重指数平滑移动平均线指标 TRIX 进行说明。

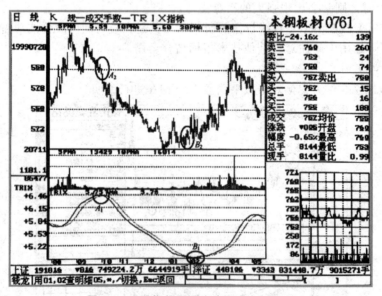

图 7-6 三重指数平滑移动平均线(TRIX)

图 7-6 所示为本钢板材(0761)在 1999 年 7 月 28 日—2000 年 5 月 24 日期间的股价日 K 线图,其中,A_1 点,TRIX(图中实线)自上而下跌破(交叉)TMA(图中虚线),发出明确

的卖出信号,而实际上在交叉点之前 TRIX 曲线由上升转而持续走平并与 TMA 曲线黏合,因此对应的 A_2 区域每天(1999 年 9 月 27 日、9 月 28 日、9 月 29 日和 10 月 8 日)都是卖出点;B_1 点,TRIX 自下而上突破(交叉)TMA,发出明确的买进信号,而实际上在交叉点之前 TRIX 曲线由下降转而持续走平并与 TMA 曲线黏合,因此对应的 B_2 区域每天(2000 年 1 月 27 日、2 月 14 日、2 月 15 日、2 月 16 日和 2 月 17 日)都是买进点。

任务二 超买超卖指标

一、随机指标

▶ 1. 基本含义

KDJ 指标又叫随机指标,是由美国人乔治·拉恩首先提出的。是一种相当新颖、实用的技术分析指标,它起先用于期货市场的分析,后被广泛用于股市的中短期趋势分析,是期货和股票市场上最常用的技术分析工具。随机指标 KDJ 一般是用于股票分析的统计体系,根据统计学原理,通过一个特定的周期(常为 9 日、9 周等)内出现过的最高价、最低价及最后一个计算周期的收盘价及这三者之间的比例关系,来计算最后一个计算周期的未成熟随机值 RSV,然后根据平滑移动平均线的方法来计算 K 值、D 值与 J 值,并绘成曲线图来研判股票走势。

随机指标综合了相对强弱指标(RSI)、移动平均线(MA)和动量等概念的优点,结合快速移动平均线(K)、慢速移动平均线(D)和辅助线(J)等来研判短期行情的趋势。在实际图表中,KDJ 指标表现为三条曲线,即 K 线、D 线和 J 线。其中,K 线移动快速,对股价变动十分敏感,D 线移动缓慢,对股价波动的反应较为迟缓,而 J 线则是对买卖信号进行确认的反应线。此外,KDJ 指标对于研判中长期行情作用不大,但它却是一个非常有用的短线操作指标。如今,短线买卖活动依然在国内股市上继续流行,从而使 KDJ 指标得到了广泛运用。

▶ 2. 指标原理

随机指标 KDJ 是以最高价、最低价及收盘价为基本数据进行计算,得出的 K 值、D 值和 J 值分别在指标的坐标上形成的一个点,连接无数个这样的点位,就形成一个完整的、能反映价格波动趋势的 KDJ 指标。它主要是利用价格波动的真实波幅来反映价格走势的强弱和超买超卖现象,在价格尚未上升或下降之前发出买卖信号的一种技术工具。它在设计过程中主要是研究最高价、最低价和收盘价之间的关系,同时也融合了动量观念、强弱指标和移动平均线的一些优点,因此,能够比较迅速、快捷、直观地研判行情。由于 KDJ 线本质上是一个随机波动的观念,故其对于掌握中短期行情走势比较准确。

▶ 3. 运用法则

(1) KDJ 指标中三个指标的取值范围都是从 0~100,可以划分为三个区域。一般来说,K、D 取值在 20 以下为超卖区,在 80 以上为超买区,其余范围则为徘徊区;J 的取值在 0 以下为超卖区,在 100 以上为超买区,其余范围则为徘徊区。

(2) 当 K 值在 20 左右,并从 D 线右侧自下而上突破 D 线时(所谓的"右侧金叉"),为短线买进机会。进一步,K、D 两线相交次数越多,金叉位置越低,越是买进时机。

(3) 当 K 值在 80 左右,并从 D 线左侧自上而下跌破 D 线时(所谓的"左侧死叉"),为短线卖出信号。进一步,K、D 两线相交次数越多,死叉位置越高,越是卖出时机。

(4) 当 K、D 值都在 50 以上时,表明行情处于多头市场;当 K、D 值都在 50 以下时,表明行情处于空头市场。

(5) D 线是一条慢速移动均线,其技术意义较强。一般,当 D 值低于 20 时,处于超卖区,短线股价将可能发生反弹;当 D 值高于 80 时,处于超买区,短线股价将可能发生回档。

(6) 当 K、D 处于高档(至少 50 以上),并连续两次形成依次向下的峰,而股价却继续上涨时,即为"顶背离"现象,是卖出信号;当 K、D 处于低档(至少 50 以下),并连续两次形成依次向上的谷,而股价却继续下跌时,即为"底背离"现象,是买进信号。

(7) 除非 K、D 指标出现钝化现象,如果 K、D 两线同时进入超买区(或者超卖区),则可以视为明显的卖出信号(或者买进信号)。

(8) 当 K、D 指标出现高位钝化现象,而 K 线又两次穿越 D 线时,可以视为明显的卖出信号;当 K、D 指标出现低位钝化现象,而 K 线又两次穿越 D 时,可以视为明显的买进信号。

(9) 当 J 值小于 0 时,股价将会形成底部,应当伺机买进;当 J 值大于 100 时,股价将会形成头部,应当逢高卖出。由于 J 线的买卖信号不常出现,因此一旦出现,其技术性可靠度相当高。

▶ 4. 经典实例

下面,以图 7-7 作为案例对随机指标 KDJ 进行说明。

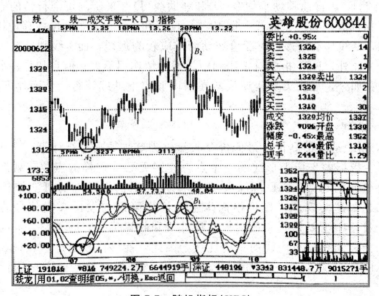

图 7-7 随机指标(KDJ)

图 7-7 所示为英雄股份(600844)在 2000 年 6 月 22 日—10 月 13 日期间的股价日 K 线图,图中,A_1 点,K 值和 D 值均在 20 以下,处于超卖区域,而且 K 线从 D 线右侧自下而上突破 D 线,形成"右侧金叉",发出买进信号,对应的 A_2 点(7 月 11 日)为买进点;B_1 点,K 线从 80 以上从 D 线左侧自上而下跌破 D 线,形成"左侧死叉",发出卖出信号,对应的 B_2 点(8 月 30 日)为卖出点。

二、顺势指标

▶ 1. 基本含义

顺势指标(CCI)是一种研判股票价格是否超出常态分布范围的技术分析方法。它的基本出发点在于，为投资者提供一种既不错过每次上涨行情而又能够缩短持股时间的技术工具。在实际操作中，不少人经常买了就套而被迫捂股，不但没有抓住"金牛"，反而与熊长路做伴。对此，美国一些技术分析人士经过深入研究和定量分析，提出了一些解决问题的方案。其中，顺势指标 CCI 就是一个比较有名的技术性方案。它要求投资者只在行情出现明显买进信号时方可入市，以打一场漂亮的闪电式"收银"仗，否则宁可持币观望。此外，CCI 的常态区域在－100～＋100 之间，在此范围之外则称为异常区域，而上下限的两条线分别称为天线(＋100)和地线(－100)。

▶ 2. 计算公式

$$CCI = \frac{[An - B(n)]}{[a \times C(n)]}$$

式中，CCI 表示顺势指标，常态行情区域为(－100，＋100)；An 表示第 n 日的中间价格；$B(n)$ 表示最近 n 日中间价格的移动平均线；$C(n)$ 表示最近 n 日中间价格的一阶均差；a 表示系数，一般取值为 15%；n 表示时间参数，一般取 14。

▶ 3. 运用法则

(1) 一般，CCI 在常态区域不具有技术分析意义，其间股价运行视为盘整阶段，而只有在 CCI 突破常态区域时才具有买卖信号的研判价值。

(2) 当 CCI 从常态区域自下而上突破天线(＋100)时，表明股价运行脱离常态区域而进入异常波动阶段，这是买进信号。

(3) 当 CCI 从常态区域自上而下跌破地线(－100)时，表明股价运行脱离常态区域而继续向下探底，这是卖出信号。

(4) 当 CCI 从天线上方而向下跌破天线时，表明股价进入常态区域将盘整运行，此为卖出信号。

(5) 当 CCI 从地线下方而向上突破地线时，表明股价探底成功将向上脱离底部，此为买进信号。

(6) 有时 CCI 指标会交叉发出买卖信号，此时应结合其他技术指标如平滑异同移动平均线 MACD 等来进行综合研判。

▶ 4. 经典实例

一面，以图 7-8 作为案例对顺势指标 CCI 进行说明。

图 7-8 所示为龙涤股份(0832)在 2000 年 4 月 4 日—10 月 13 日期间的股价日 K 线图，在图中 CCI 指标区，上方的细长虚线称为天线(CCI＝＋100)，下方的细长虚线称为地线(CCI＝－100)。其中，A_1 点，CCI 由地线下方向上突破地线，发出买进信号，对应的 A_2 点(5 月 16 日)为买进点；B_1 点，CCI 从常态区域向上突破天线，发出强势信号，对应的 B_2 点(6 月 5 日)处应继续持有手中的股票或适当逢低加仓；C_1 点，CCI 从天线上方向下跌破天线，发出卖出信号，对应的 C_2 点(8 月 22 日)为卖出点；D_1 点，CCI 从常态区域向下跌破地线，发出极度弱势信号，对应的 D_2 点(8 月 31 日)处应当果断清仓。

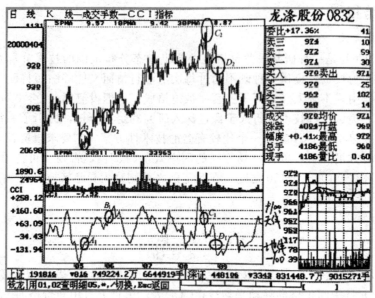

图 7-8　顺势指标(CCI)

三、变动速率指标

▶ 1. 基本含义

变动速率指标(ROC)是一种通过计算不同交易日收盘价之间的差异增减比率来研判买卖时机的技术方法,主要适用于股票价格变动速率的衡量。其理论基础是基于一种股价形态——箱形的形态意义,它研究的是在股价突破箱形后行情将如何演变的问题。在股价图形中,ROC 指标通常设有以 0 轴线为中心的天线(超买线)和地线(超卖线)各 3 条,位置越高的天线技术意义越强,位置越低的地线技术意义也越强。一般,第一条天线和第一条地线的位置大致在 +6.5 和 -6.5 处。通常,ROC 在 0 轴线上下浮动,当在 0 轴线上方时,若继续向上运行,表示股价的上涨动能继续增强,而若向下运行,则表明股价上涨动能正在减弱;当在 0 轴线下方时,若继续向下运行,表示股价的下跌动能继续加强,而若向上运行,则表明股价下跌动能正在减弱。

▶ 2. 计算公式

$$ROC = \frac{AX}{BX}$$

式中,AX 表示 $P-BX$;P 表示今日收盘价;BX 表示 N 天前的收盘价;N 一般为 12。

▶ 3. 运用法则

(1) 在常态区域内,若 ROC 自下而上突破第一条天线时,一般应是卖出信号;若 ROC 自上而下跌破第一条地线时,一般应是买进信号。

(2) 如果 ROC 在向上有效突破第一条天线后继续朝向第二条天线上行,则表明股价将极有可能继续上涨,但在触及第二条天线后上涨行情往往就会结束,此时可以卖出;如果 ROC 在向下有效跌破第一条地线后继续朝向第二条地线下行,则表明股价将极有可能继续下跌,但在触及第二条地线后下跌行情往往就会告终,此时可以买进。

(3) 如果 ROC 继续向上突破第三条天线,则表明上涨行情将进入快速拉升阶段,此时即使回档也要持股以继续坐轿;如果 ROC 继续向下跌破第三条地线,则表明下跌行情进入急剧摜压阶段，此时即使反弹也要持币以继续观望。

（4）当ROC向上或向下突破天线和地线时，突破有效性的确认可以结合布林线来进行研判。

（5）当ROC向上或向下突破第三条天、地线时，确认买卖信号可以结合抛物线指标（SAR）来进行研判。

▶ 4. 经典实例

下面，以图7-9作为案例对变动速率指标ROC进行说明。

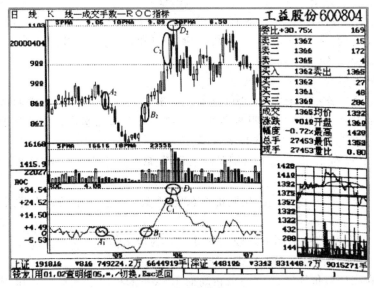

图7-9　变动速率指标（ROC）

图7-9所示为工益股份（600804）在2000年4月4日—7月10日期间的股价日K线图，在图中ROC曲线区，细虚线为0轴线，0轴线上方的四条点画线都是天线，由下向上依次称为第一、二、三、四条天线，0轴线下方的一条点画线为地线。其中，A_1点，ROC由上而下跌破0轴线，发出卖出信号，对应的A_2点（4月27日）为卖出点；B_1点，ROC自下而上突破0轴线，发出买进信号，对应的B_2点（5月23日）为买进点；在先后向上突破第一条和第二条天线后，在C_1点ROC（=24.33）接近第三条天线（ROC=24.52），技术指标已经进入高档区，应当注意股价风险，在C_2点（6月1日）应考虑卖出股票；D_1点，ROC（=34.54）达到第四条天线（ROC=34.54），对应的D_2点（6月2日）应是坚决卖出点，必须清仓出局。

任务三　强弱指标

一、相对强弱指标

▶ 1. 基本含义

RSI（relative strength index）相对强弱指标是由分析大师雷伍先生所创。后来人们发现在众多的图表技术分析中，强弱指标的理论和实践极其适合股票市场的短线投资，于是被用于股票升跌的测量和分析中。RSI 指标是以一定时期内股价的波动关系为基础,来研判未来股价运行的趋势,不但具有 MACD、KDJ、OBV 等技术指标的优点,而且股市实战证明极其适合短中线尤其是中线操作,因此它已经成为一般投资者常用的中线趋势研判工具。此外,在股价技术图形中,RSI 指标设有两条线,即快线和慢线。一般地,快线的时间参数取为 6 日即 6RSI,而慢线的时间参数则取为 12 日即 12RSI。

▶ 2. 计算公式

$$RSI = \frac{100 \times A}{A+B}$$

式中,RSI 表示相对强弱指标,一般有 6RSI、12RSI 两个;A 表示连续 n 日内所有上涨日价差的和;B 表示连续 n 日内所有下跌日价差的和;N 表示时间参数,一般取 6 日、12 日。

▶ 3. 运用法则

(1) RSI 的常态分布范围在 0～100 之间。一般说来,RSI 小于 20 表明市场处于弱势,可以伺机买进;RSI 大于 80 则表明市场处于强势,可以逢高卖出;RSI 介于 40～50 之间则表明市场处于盘整阶段,最好持观望态度。

(2) 如果 6RSI 在 20 以下,并且股价形态呈 W 底,则表明市场处于超卖状态,此乃买进信号。

(3) 如果 6RSI 在 80 以上,并且股价形态呈 M 头,则表明市场处于超买状态,此乃卖出信号。

(4) 当 6RSI 在高档自上而下跌破 12RSI 时,为卖出信号。

(5) 当 6RSI 在低档自下而上突破 12RSI 时,为买进信号。

(6) 如果在高档股价连续两次创出新高而 RSI 并未相应创新高时,出现顶背离现象,此为卖出信号;如果在低档股价连续两次创出新低而 RSI 并未相应创新低时,出现底背离现象,此为买进信号。

(7) 如果 RSI 在形态上出现低点位置一波比一波高的情形,则表明行情将处于一段上升趋势之中,此时的每一次回档都可以买入;如果 RSI 在形态上出现高点位置一波比一波低的情形,则表明行情将处于一段下降趋势之中,此时的每一次反弹都是卖出时机。

(8) 在极强势市场中,当 RSI 在高档出现指标钝化现象而连续"碰顶"(向上限 100 逼近),且碰顶次数达到 3 次以上时,应当逢高清仓。

(9) 在 RSI 发生指标钝化现象时,应结合其他技术指标加以综合研判。

▶ 4. 经典实例

下面,以图 7-10 作为案例对相对强弱指标 RSI 进行说明。

图 7-10 所示为凤凰股份(600679)在 2000 年 5 月 24 日—10 月 13 日期间的股价日 K 线图,在图中,A_1 处,6RSI(6 日参数的 RSI 指标)小于 20,市场处于极度超卖状态,对应的 A_2 处两天(7 月 7 日和 7 月 10 日)都是买进点;在 B_1 点,6RSI 在低档自下而上突破 12RSI(12 日参数的 RSI 指标),发出明确的买进信号,则对应地在 B_2 处可以买进加仓;在 C_1 点,6RSI 在高档自上而下跌破 12RSI,发出卖出信号,对应的 C_2 点(8 月 31 日)为卖出点,但是,实际上在 8 月 30 日 6RSI 和 12RSI 呈现出明显的交叉趋势,在经验上此日也应视为卖出点。

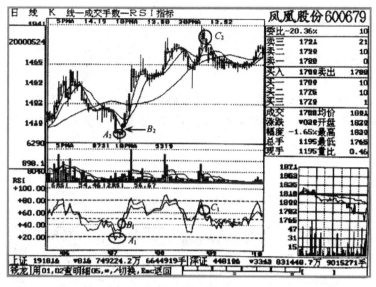

图 7-10　相对强弱指标(RSI)

二、威廉指标

▶ 1. 基本含义

威廉指标(Williams overbought/oversold index，W%R)，是由美国技术大师威廉先生首创的。根据股价波动的相对关系来研判市场人气是否处于超买或者超卖状态，从而预测股价未来的运动趋势，因此它是一个既具超买超卖特性又有强弱分界性质的指标。在实际股价图形中，W%R 值分布在 0～100 之间，以 50 为中界线，0 在顶部形成天线，100 在底部形成地线。同时，在理论上 W%R 指标可以用于任何时间周期的技术研判，但在股市实战中对时间参数的选取，一般多以 10 日或 14 日为主，也有以 5 日为短线、20 日为中线、60 日为长线的取值方法。

▶ 2. 计算公式

$$n 日 W\%R = 100 \times (H_n - C_n)/(H_n - L_n)$$

式中，W%R 表示威廉指标；H_n 表示最近 n 日内的最高股票价格；C_n 表示当日股票收盘价格；L_n 表示最近 n 日内的最低股票价格；n 表示时间参数，在实际运用中常取 10 日。

▶ 3. 运用法则

(1) 一般来说，当 W%R 进入 100～80 区域(超卖区)后再度上行至 80 以上时，为买进信号；当 W%R 进入 20～0 区域(超买区)后再次下行至 20 以下时，为卖出信号。

(2) 当 W%R 在中界线附近时，若其自下而上突破中界线，则表明买进信号得以确认；若其自上而下跌破中界线，则表明卖出信号得以确认。

(3) 从时间参数的选取来看，参数越小，则在 W%R 的值越大处越具有买进信号意义，在 W%R 值越小处越具有卖出信号意义，反之亦然。比如 5W%R 与 20W%R 相比，5W%R 指标在 W%R 值大于 85 时为最佳买进信号，小于 15 时为最佳卖出信号，而 20W%R 指标则在 W%R 值大于 80 时就可视为最佳买进信号，小于 20 时即可视为最佳卖出信号。

(4) 当W%R向上触及天线(W%R=0)达到三次以上时，为卖出信号；当W%R向下探及地线(W%R=100时)，为买进信号。

(5) 当W%R进入超买去或超卖区时，必须结合其他技术指标如MACD来进行买卖信号的研判。

(6) W%R可以与RSI结合起来，运用于确认行情反转的可信度。一般地，当RSI自下而上突破50中界线时，如果W%R同步向上突破中界线，则表明行情转势是可信的，否则需要结合其他技术指标进行研判；当RSI自上而下跌破中界线时，研判方法同此。

▶ 4. 经典实例

下面，以图7-11作为案例对威廉指标W%R进行说明。

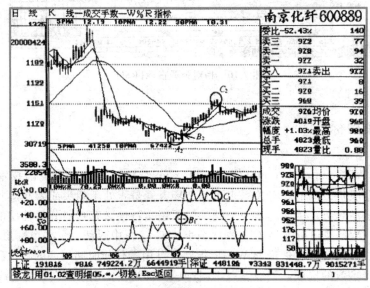

图7-11 威廉指标(W%R)

图7-11所示为南京化纤(600889)在2000年4月24日—8月15日期间的股价日K线图，在图中A_1处，W%R进入80%～100%后再度上升到80%以上，发出买进信号，对应地，A_2处的四天都是买进点；在B_1点，W%R自下而上突破50%中界线，进一步确认买进信号，在B_2点7月7日应当继续持股；在C_1处，W%R已经进入0%～20%并第四次触及0线，发出卖出信号，在C_2处两天7月25日和7月26日应都是卖出点。

任务四 停损指标

抛物线指标

▶ 1. 基本含义

抛物线指标(stop and reverse，SAR)又叫停损转向操作点指标，是由美国技术分析大师威尔斯—威尔德所创造的,是一种简单易学、比较准确的中短期技术分析工具。抛物线指标以移动平均线为基础、将价格与时间结合起来研判未来行情的技术分析方法。在实际股价图形中SAR结合收盘价运用,分成红绿两种圆圈,简单明了,其中红色圆圈表示股价正在向上升方向运动,SAR位于收盘价线的下方;绿色圆圈表示股价正在向下降方向运动,SAR位于收盘价线的上方。SAR指标的技术意义在于提供股价(特指收盘价)向上或向下穿越SAR圆圈时所提供的买卖信号。此外,从其计算公式可知,SAR是一种先行指标,在当天交易结束时,即显示出次日的SAR圆圈,从而可以做出次日的买卖决策。

▶ 2. 运用法则

(1)如果收盘价位于SAR之上方,则为多头市场,可以买进做多,尤其是在收盘价节节走高时。

(2)如果收盘价位于SAR之下方,则为空头市场,应当持观望态度,不宜介入。

(3)当股价自下而上突破SAR时,此为买进信号。

(4)当股价自上而下突破SAR时,此为卖出信号。

▶ 3. 经典实例

下面,以图7-12作为案例对抛物线指标SAR进行说明。

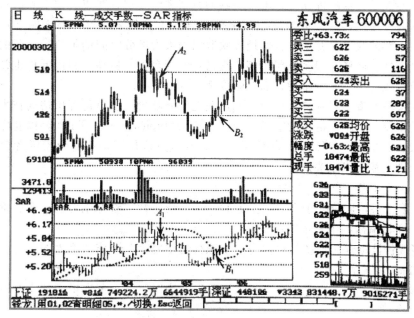

图7-12 抛物线指标(SAR)

图7-12所示为东风汽车(600006)在2000年3月2日—6月23日期间的股价日K线图,在图中,SAR指标区的股价图为欧美棒线图。在A_1点,收盘价为5.84元,小于该点SAR值(=5.85元),发出卖出信号,则对应的A_2点4月19日为卖出点;在B_1点,收盘价为5.57元,大于该点的SAR值(=5.56元),发出买进信号,则对应的B_2点5月24日为买进点。

任务五　压力支撑指标

一、麦克指标

▶ 1. 基本含义

麦克指标（MIKE）是一种压力支撑指标。它随股价波动幅度大小而波动，在股价上涨过程中提供上升空间参考或者在股价下跌过程中提供下跌深度参考。实际上，麦克指标为研判股价波动范围提供了压力位和支撑位。在实际股价图表中，麦克指标以表格的形式显示出来，包括从小到大的三组压力位和支撑位（依次为初级、中级和强力），如果股价处于盘整阶段，则对应的压力位和支撑位会相互缩短距离；如果股价发生上涨或下跌，则对应的压力位和支撑位会相互拉开差距。

目前，判断股价的走势可以从多个角度来分析，其中，最典型的是开盘价、收盘价、最高价和最低价。这四种价格基本上能反映股价的走势，但又都不能完全准确地反映股价在某一时期的真正走势。例如，在日常走势中，我们经常能看见某些股票在临近收市前的几分钟里，在大量买盘的推动下，本来下跌的行情突然反转，变成大幅上涨的行情，股价也拔地而起。很显然，这种股价尾市的突然飙升并不能代表股价一整天的下跌走势，因此，这天该股票的收盘价并不能真实地反映股票当天大部分时间的走势，该天的收盘价也就失去了真实性。同样，很多股票的某些交易日的开盘价、最高价和最低价也常因为主力机构刻意拉抬或打压，股价不稳，涨跌幅度大。

为了在某种程度上去弥补那些由于利用股票的开盘价、收盘价等价格的技术指标在行情研判上的误差，MIKE 指标设定了一个起始价格（typicalprice，TYP），以此作为计算基准，求得股价的初级、中级和强力等 6 种支撑或压力价位区，从而为投资者预测股价的短、中、长期走势提供重要的参考。

▶ 2. 运用法则

（1）一般来讲，股价处于中界线上方时，在行情研判中参考压力位；而股价处于中介线下方时，在行情研判中参考支撑位。

（2）当股价波动摆脱盘整趋势而进入上涨行情中时，三个依次增大的压力位是研判压力的参考价格。

（3）当股价波动摆脱盘整趋势而进入下跌行情中时，三个依次增大的支撑位是研判支撑的参考价格。

（4）当股价在上涨过程中首次触及初级压力位时，一般在短线上股价将会出现回档现象，此时可视为卖出信号。

（5）当股价在下跌过程中首次探至初级支撑位时，一般在短线上股价将会出现反弹现象，此时可视为买进信号。

二、布林线指标

▶ 1. 基本含义

布林线（BOLL）是美国人约翰·布林先生创造，他利用统计原理，求出股价的标准差及其信赖区间，从而确定股价的波动范围及未来走势，利用波带显示股价的安全高、低价位,因而也被称为布林带。即将股价波动的范围以三条曲线来划分为四个区域,其中这三条曲线分别称为上轨线(压力线)、中轨线(股价平均线)和下轨线(支撑线)。在实际股价图形中,股价正是在这三条曲线之间进行上穿、下破、缠绕运行的,从而使布林线为准确研判股价的波动提供了有力的保障。布林指标和麦克指标 MIKE 一样同属路径指标,股价波动在上限和下限的区间之内,这条带状区的宽窄,随着股价波动幅度的大小而变化,股价涨跌幅度加大时,带状区变宽,涨跌幅度狭小盘整时,带状区则变窄。

▶ 2. 基本原理

股价的运动总是围绕某一价值中枢(如均线、成本线等)在一定的范围内变动,布林线指标正是在上述条件的基础上,引进了"股价信道"的概念,其认为股价信道的宽窄随着股价波动幅度的大小而变化,而且股价信道会随着股价的变化而自动调整。正是由于它具有灵活性、直观性和趋势性的特点,BOLL 指标渐渐成为投资者广为应用的市场上热门指标。

在众多技术分析指标中,BOLL 指标属于比较特殊的一类指标。绝大多数技术分析指标都是通过数量的方法构造出来的,它们本身不依赖趋势分析和形态分析,而 BOLL 指标却与股价的形态和趋势有着密不可分的联系。BOLL 指标中的"股价信道"概念正是股价趋势理论的直观表现形式。BOLL 是利用"股价信道"来显示股价的各种价位,当股价波动很小,处于盘整时,股价信道就会变窄,这可能预示着股价的波动处于暂时的平静期;当股价波动超出狭窄的股价信道的上轨时,预示着股价异常激烈的向上波动即将开始;当股价波动超出狭窄的股价信道的下轨时,同样也预示着股价的异常激烈的向下波动将开始。

投资者常常会遇到两种最常见的交易陷阱,一是买低陷阱,投资者在所谓的低位买进之后,股价不仅没有止跌反而不断下跌;二是卖高陷阱,股票在所谓的高点卖出后,股价却一路上涨。布林线特认为各类市场间都是互动的,市场内和市场间的各种变化都是相对性的,是不存在绝对性的,股价的高低是相对的,股价在上轨线以上或在下轨线以下只反映该股股价相对较高或较低,投资者做出投资判断前还须综合参考其他技术指标,包括价量配合、心理类指标、市场间的关联数据等。

总之,BOLL 指标中的股价信道对预测未来行情的走势起着重要的参考作用,它也是布林线指标所特有的分析手段。

▶ 3. BOLL 指标中的上、中、下轨线的意义

(1) BOLL 指标中的上、中、下轨线所形成的股价信道的移动范围是不确定的,信道的上下限随着股价的上下波动而变化。在正常情况下,股价应始终处于股价信道内运行。如果股价脱离股价信道运行,则意味着行情处于极端的状态下。

(2) 在 BOLL 指标中,股价信道的上下轨是显示股价安全运行的最高价位和最低价位。上轨线、中轨线和下轨线都可以对股价的运行起到支撑作用,而上轨线和中轨线有时则会对股价的运行起到压力作用。

(3) 一般而言,当股价在布林线的中轨线上方运行时,表明股价处于强势趋势;当股价在布林线的中轨线下方运行时,表明股价处于弱势趋势。

▶ 4. BOLL 指标中的上、中、下轨线之间的关系

(1) 当布林线的上、中、下轨线同时向上运行时,表明股价强势特征非常明显,股价短期内将继续上涨,投资者应坚决持股待涨或逢低买入。

（2）当布林线的上、中、下轨线同时向下运行时，表明股价的弱势特征非常明显，股价短期内将继续下跌，投资者应坚决持币观望或逢高卖出。

（3）当布林线的上轨线向下运行，而中轨线和下轨线却还在向上运行时，表明股价处于整理态势之中。如果股价是处于长期上升趋势时，则表明股价是上涨途中的强势整理，投资者可以持股观望或逢低短线买入；如果股价是处于长期下跌趋势时，则表明股价是下跌途中的弱势整理，投资者应以持币观望或逢高减仓为主。

（4）布林线的上轨线向上运行，而中轨线和下轨线同时向下运行，表明股价将经历一轮下跌，下跌的幅度将由开口的大小决定；反之，布林线的下轨线向下运行，而中轨线和上轨线同时向上运行，表明股价将经历一轮上涨，上涨的幅度将由开口的大小决定。这里不做展开讨论。

（5）当布林线的上、中、下轨线几乎同时处于水平方向横向运行时，则要看股价目前的走势处于什么样的情况下来判断。

▶ 5. 运用法则

（1）当股价自下而上突破上轨线时，短线将出现回档现象，为卖出信号。

（2）当股价自上而下跌破下轨线时，短线将出现反弹，为买进信号。

（3）当股价在上轨线与中轨线之间向上运行时，一般预示将出现一波上涨行情，可以积极参与。

（4）当股价在中轨线与下轨线之间向下运行时，一般预示将会有一波下跌行情，应当果断出局。

（5）当股价在中轨线附近徘徊而方向不明朗时，一般预示着正在盘整通道之中，应持观望态度。

（6）当上下轨线经过长时期的收缩之后突然开始扩张（至少三个交易日的确认），一般意味着一波强劲的上涨行情即将到来，这时可以视为明显的买进信号。

任务六　大盘专用指标

一、腾落指标

▶ 1. 基本含义

腾落指数（ADL），是以股票每天上涨或下跌的家数作为计算与观察的对象，以了解股票市场人气的盛衰，探测大势内在的动量是强势还是弱势，用以研判股市未来动向的技术性指标。

腾落指数可以弥补股价指数在采用总股本或流通股本加权计算时对小盘股的"歧视"缺陷，降低股价指数受到少数大权重股左右的程度，从而更加真实的预测未来大盘走势。从其定义或计算公式中可以看出，腾落指标重在对大盘未来相对趋势的判断，而不看重取值的绝对大小。此外，它具有领先大盘出现上涨或下跌的趋势，但不能发出明显的买卖信号，仅供判断大盘走势用。

▶ 2. 运用法则

腾落指数与股价指数比较类似，两者均为反映大势的动向与趋势，不对个股的涨跌提供信号。由于腾落指数与股价指数的关系比较密切，看图时应将两者联系起来共同判断。

一般情况下，股价指数上升，腾落指数亦上升，或两者皆跌，则可以对升势或跌势进行确认。如若股价指数大动而腾落指数横行，或两者反向波动，不可互相印证，说明大势不稳，不可贸然入市。

具体来说有以下 6 种情况。

（1）股价指数持续上涨，腾落指数亦上升，股价可能仍将继续上升。

（2）股价指数持续下跌，腾落指数亦下降，股价可能仍将继续下跌。

（3）股价指数上涨，而腾落指数下降，股价可能回跌。

（4）股价指数下跌，而腾落指数上升，股价可能回升。

（5）股市处于多头市场时，腾落指数呈上升趋势，其间如果突然出现急速下跌现象，接着又立即扭头向上，创下新高点，则表示行情可能再创新高。

（6）股市处于空头市场时，ADL 呈现下降趋势，其间如果突然出现上升现象，接着又回头，下跌突破原先所创低点，则可能表示另一段新的下跌趋势产生。

▶ 3. 经典实例

下面，以图 7-13 作为案例对腾落指标 ADL 进行说明。

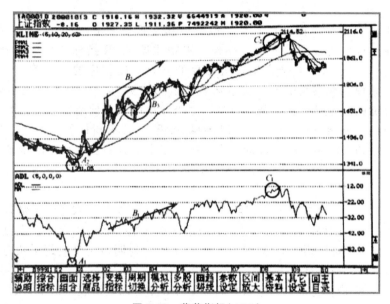

图 7-13　藤落指标（ADL）

图 7-13 所示，上证指数在 1999 年 10 月 27 日—2000 年 10 月 13 日期间的指数日 K 线图，其中，在 A_2 处，上证指数已经处于低档区，但在 A_1 处 ADL 却开始上升，呈现底背离现象，发出买入信号，因而在 A_2 点应当选择买进股票；在 B_1 与 B_2 所指示的区域，ADL 和上证指数都保持上升趋势，但上证指数在途中发生回档现象而后又回复到上升趋势并创出新高（B_3），表明多头市场特征明显，则相应地在 B_2 指示区，应当继续持有股票；在 C_2 点，上证指数已经处于高档区，而对应地在 C_1 处 ADL 却开始走势趋于平缓，并由间断性的下降走势，构成顶背离现象，则在 C_2 处应当卖出证券。

二、涨跌比率指标

▶ 1. 基本含义

涨跌比率指标（advance devline ratio，ADR），是通过计算连续多个交易日价格上涨股票累计数与价格下跌股票累计数之间的比值，来研究和判断多空两大阵营的比较优势地位，从而预测未来大盘运行趋势，因此又称为回归式腾落指数。与 ADL 指标一样，它也是仅供研判大盘走势之用的指标。对于 ADR 指标，其时间参数的选取一般以 10 为主，而其本身的取值在实际运用中一般以 1 为多空分界线（或波动中心），在 0～3 之间波动，其常态区域通常为 0.5～1.5。而且，时间参数越大则常态区域越小；反之，时间参数越小则常态区域越大。

▶ 2. ADR 指标的原理

涨跌比率 ADR 指标是将一定时期内上市交易的全部股票中的上涨家数和下跌家数进行比较，得出上涨和下跌之间的比值并推断市场上多空力量之间的变化，进而判断市场上的实际情况。该指标集中了股票市场中个股的涨跌信息，可反映股市大盘的强弱趋向，但没有表现个股的具体的强弱态势，因此，它和 ADL 一样，是专门研究股票指数的指标，而不能用于选股与研究个股的走势。股票市场是多空双方争斗的战场，这种争斗在一定程度上是自发的，带有较多的自由性和盲目性，其表现为股市上超买超卖的情况比较严重，有时候投资者盲目地追涨会造成股市超买，有时候又会盲目地杀跌造成股市超卖。

ADR 指标就是从一个侧面反映整个股票市场是否处于涨跌过度、超买超卖现象严重的情况，从而进行比较理性的投资操作。涨跌比率 ADR 指标的构成基础是"钟摆原理"，即当一方力量过大时，会产生物极必反的效果，向相反的方向摆动的拉力越强，反之亦然。该原理表现在股市上，就意味着当股市中人气过于高涨，股市屡创新高之后，接下来可能就会爆发一轮大跌的行情，而当股市中人气低迷，股价指数不断下挫而跌无可跌的时候，可能一轮新的上涨行情即将展开。ADR 指标就是通过一定时期内的整个股票市场上的上涨和下跌家数的比率，衡量多空双方的变化来判断未来股票市场整体的走势。

▶ 3. 运用法则

（1）一般情况下，ADR 在常态区域 0.5～1.5 时，表明多空双方大致势均力敌，股价指数波动不大；而 ADR 在 0.5 以下时，表明市场进入超卖状态，意味着大盘将筑底而后上涨，应选择伺机买进股票；而 ADR 在 0.5 以上时，表明市场进入超买状态，意味着大盘将做头而后下跌，应逢高卖出股票。

（2）如果 ADR 指标与股票价格指数同步上升，则可以确认股票价格指数的上升趋势，在短线上股价指数将继续看涨。

（3）如果 ADR 指标与股票价格指数同步下降，则可以确认股票价格指数的下降趋势，从短线上看，股价指数将继续下跌。

（4）如果 ADR 指标处于上升趋势之中，而股票价格指数却呈现下跌势头，说明极有可能出现底背离现象，那么在短线上股票价格指数将会出现反弹行情，这时候操作者可以伺机回补。

（5）如果 ADR 指标处于下降趋势之中，而股价指数却呈现出上涨势头，表明出现顶背离现象，则在短线上股票价格指数将会出现回档行情，可以逢高结算出局。

（6）如果 ADR 自下而上突破 0.5，并在 0.5 附近来回徘徊一段时间，则意味着空头市场即将进入末期，可以视为买进股票的信号。

（7）如果 ADR 首先下降至常态区下限 0.5 附近，然后很快就上升到常态区域上限 1.5 附近，则意味着多头力量异常强大，一般股票价格指数将会出现一轮上涨的行情。

4. 经典实例

下面,以图7-14作为案例对涨跌比率指标ADR进行说明。

如图7-14所示,上证指数在A_1区域,ADR从0.5以下向上突破0.5,并在0.5附近来回徘徊,预示着大盘的空头行情正进入尾声,对应地在A_2区域应是买进的时机;在B_1区域,ADR下降到常态区域下限0.5附近,而后快速上升到常态区域上限1.5附近,意味着多头力量异常强大,市场将呈现强势上升行情,对应地在B_2处应继续持有股票;在C_1区域,ADL处于下降趋势之中,但相应地在C_2区域上证指数却在高档区域继续呈现上涨势头,表明出现顶背离现象,发出卖出信号,则在C_2处应当逢高减仓直到清仓。

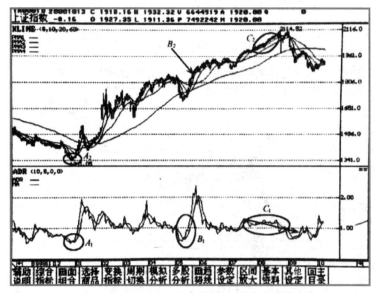

图7-14 涨跌比率指标(ADR)

三、超买超卖指标

1. 基本含义

超买超卖指标(over bought and over sold,OBOS),是以一定时期内价格上涨股票的累计数与价格下跌股票的累计数之间的差值,来研判目前市场的强弱状况,从而预测市场运行的短期趋势。这里的"一定时期",指时间参数,通常界定为10个交易日。OBOS大于0的话,则表明多方占据优势地位;反之,如果OBOS小于0的话,则是空方占据优势地位。而且,OBOS(10)的常态区域一般在$-600 \sim +700$,超出这一区域则是为非常态区域。此外,从OBOS的定义可知,它是一个仅供分析大盘运行短期趋势用的技术指标。

2. 运用法则

(1)一般地说OBOS>0时,表明大盘处于多头市场,而且其值越大,大盘越是强势;当OBOS在0附近徘徊时,表明大盘处于盘整阶段;当OBOS<0时,表明大盘处于空头市场,其值越小,大盘越是弱势。

(2)如果OBOS与股价指数同步上升,且OBOS>0时,则预示着大盘将继续看涨,应采取做多策略,即买进持股。

（3）如果 OBOS 与股价指数同步下降，并且 OBOS＜0 时，则预示着大盘将继续看跌，应采取做空策略，即卖出持币。

（4）如果 OBOS 低于－600 时，则表明市场进入超卖状态，可以考虑买进股票。

（5）如果 OBOS 高于＋700 时，则表明市场进入超买状态，可以考虑卖出股票。

（6）如果 OBOS 在高档区形成 M 头的话，为卖出信号；如果 OBOS 在低档形成 W 底的话，为买进信号。

（7）如果股价指数连续上涨，而 OBOS 指标却呈下降之势，出现背离现象，则表明小盘股票下跌居多，大盘可能将会转弱，应当考虑卖出股票。

（8）如果股价指数连续下跌，而 OBOS 指标却呈上升之势，出现背离现象，则表明小盘股大多上涨，大盘可能将会转强，应当考虑买进股票。

▶ 3. 经典实例

下面，以图 7-15 作为案例对超买超卖指标 OBOS 进行说明。

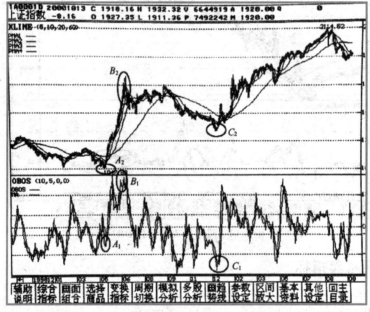

图 7-15　超买超卖指标（OBOS）

如图 7-15 所示，上证指数的日 K 线图中，在 A_1 处，OBOS 值持续大大低于－600，表明大盘进入超卖状态，发出买进信号，对应地在 A_2 区域应当买进证券；在 B_1 处，OBOS 指标值持续地远远大于＋700 时，表明大盘持续处于超买极区，发出明显的卖出信号，对应地在 B_2 区域应当择机将股票减仓直到清仓；在 C_1 区域，OBOS 值大大低于－600，表明大盘已经进入超卖极区，发出明显的买进信号，对应地在 C_2 区域应当买进股票。

经典案例

投资行为还是赌博行为？

资料 1：道琼斯指数从 1991 年 1 月 2 588 的低谷，升至 2000 年 1 月 11 302 的巅峰，其后一跌再跌。纳斯达克指数也从 1991 年 1 月的 414 点上升至 2000 年 3 月的 5 250 点，其后一泻千里。在整个 20 世纪 90 年代，美国股市的年增长率达到惊人的 32%。同样，过去3年里,美国股市损失亦为第二次世界大战以来之最。因此,有人认为买卖股票是一种投机的行为,甚至是赌博的行为。

资料2:小李喜好购买彩票,最近一段时间他觉得运气特别好:某日购买了10元彩票,竟然得到了2 000元的奖金。因此他决定拿出过去2年的积蓄5万元用于购买彩票。

请分析买卖股票行为和小李购买彩票行为到底是投资行为,投机行为还是赌博行为?

解析:(1)买卖股票行为可以是投资行为,也可以是投机行为;小李购买彩票的行为是赌博行为。

(2)行为的动机是三者的主要区分所在。投资追求长期稳定报酬,投机追求短期暴利,赌博的结果完全取决于运气。投资、投机、赌博行为的具体区分可以从表7-1看出。

表7-1 投资、投机、赌博行为的具体区分

	投资	投机	赌博
持有时间长短	长	短	最短
风险大小	小	大	最大
报酬来源	长期的股息或利息	短期资本利得	短期暴利
分析重点	基本分析、投资组合	技术分析	凭谣言、人心浮动
所需资料多寡	多、有系统	少、不完全	谣言和侥幸心理
个性	保守	积极	胆大妄为

(3)从表7-1可判断买彩票是赌博行为;投资与投机可相互转化,如以投资心态买入股票,但买入后不久,股价暴涨,随后卖出,就是投资向投机的转换。

闯关考验

一、名词解释

MA MACD DMI DMA KDJ W%R CCI ROC SAR MIKE

二、选择题

1. 技术分析的对象是( )。
   A. 价格　　　　B. 成交量　　　　C. 市场走势　　　　D. 市场行为

2. 道氏理论认为涵盖一切信息的是( )。
   A. 收盘价　　　B. 平均价格　　　C. 开盘价　　　　　D. 未来价格

3. 在反映股市价格变化时,反映最慢的指标是( )。
   A. WMS指标　　B. K指标　　　　C. D指标　　　　　D. J指标

4. 当KD处在高位,并形成两个依次向下的峰,而此时股价还在一个劲上涨,这就是所谓的( )。
   A. 底背离　　　　　　　　　　　　B. 顶背离
   C. 双重底　　　　　　　　　　　　D. 双重顶

三、简答题
1. 葛氏八大法则是什么？
2. MACD 指标的基本含义是什么？
3. MIKE 指标的应用原则有哪些？
4. CCI 指标的应用原则有哪些？

项目八 证券交易

Chapter 8

>>> **学习目标**

1. 掌握大盘分时图、个股分时图的基本内容。
2. 掌握分时图盘面即时指标。
3. 掌握分时图常见形态的识别及交易技巧。
4. 能够在理解大盘和个股分时图基本含义的基础上，掌握看盘技巧。

>>> **问题导入**

通过分时图，可以读出哪些行情数据？怎样通过这些数据选择交易时间？

>>> **情景写实**

探索分时图之心电图

分时图是即时股价线性的展现，所以我们可以把它形象地比喻成某种事物的形态。我们研究讨论一下分时图走势如心电图那样的形态。分时图上表现出像心电图里面的脉冲波是主力高度控盘的特征之一。

心电波有两个主要特征：①成交量稀疏，分时上只有稀稀疏疏间隔的单子成交，换手率极低；②波形呆滞，像心电图般极不流畅。

关于心电波的作用，总结如下。

1. 心电波出现在日K线底部，是主力建仓完毕后高度控盘的重要特征。
2. 日K线拉升途中出现心电波，说明该股是主力中长线控盘，此时心电波属于主力滚动操盘的盘面特征。
3. 日K线高位出现心电波，这是主力高度控盘个股的特征，但心电波则暗示主力还没有大规模出货。

分时看盘是投资者用来观察市场里庄家运作的重要手段，是投资者研判庄家的一个关键平台，是投资者获得利润、规避风险的智能助手。

任务一　分时图基础

分时看盘是指投资者通过观察股票近期走势的分时图，从中分析判断出市场上的主流资金对个股未来走向的意图。分时看盘是无可替代的，尤其是通过连续分析多天分时图的走势，投资者可以对庄家的拉高、出货以及洗盘等动作加以判断，同时也可以对庄家未来几天内的动向进行客观的预测。因此，分时看盘不仅是缺乏经验的投资新手应该学习的，而且也是致力于在股市生存发展的投资者所必须熟悉的。

股票市场千变万化，大盘趋势时涨时跌，投资者面临的是一个十分复杂的市场。身处该市场中的投资者，在选股时会受到多方面因素的影响。有些因素有利于投资者做出投资决策，有些因素则会给投资者的决策带来负面影响。投资者要学会观察大盘以及分时图中股价的变化，掌握大盘各个时段的看盘技巧，并且通过结合K线图以及其他方面的知识进行综合研判，从而更好地指导其投资操作。

一、分时图的概念

分时图是指大盘和个股的动态实时（即时）走势图。在实战中，分时图的地位是非常重要的，是即时把握多空力量转化及市场变化的根本所在。

二、大盘分时图

大盘分时走势图就是指反映上证指数、深圳成分指数等大盘指数即时分时走势的技术图表。通常情况下，由左侧的图形显示部分和右侧的数量显示部分构成。以同花顺V4.60.43股市行情分析软件为例，在盘中交易或收盘的时候，按F3键、F4键就可以分别打开上证指数、深圳成分指数的分时走势图。

▶ 1. 图形显示部分

图形显示部分主要包括上方的白色曲线、黄色曲线、红色柱线、绿色柱线，以及下方的黄色柱线、蓝色柱线等，如图8-1所示。

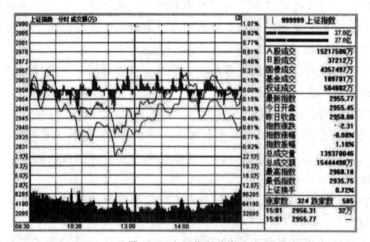

图8-1　上证指数走势

（1）白色曲线，表示沪深证券交易所每日对外公布的大盘实际指数，是利用加权平均法计算出来的,也就是大盘加权指数。加权平均法计算的指数即用每只股票总股本乘以当日市价累计之和再除以这些股票的总股本,最后乘以基数得出的指数。

(2) 黄色曲线,是不含加权的大盘指数,也就是不考虑上市股票盘子的大小,而将所有的股票对上证指数的影响看作是相同的,采取的计算方法是简单平均法。简单平均法计算的指数即只是将各股的市价之和除以市场的股票数,最后乘以一个基数而得出的指数。

(3) 红色柱线,反映指数上涨强弱程度,红柱线渐渐增长的时候,表示指数上涨的力量渐渐增加;缩短时,上涨力量减弱。

(4) 绿色柱线,反映指数下跌强弱程度,绿柱线渐渐增长的时候,表示指数下跌的力量渐渐增加;缩短时,下跌力量减弱。

(5) 黄色柱线,用来表示指数上涨过程中每一分钟的成交量,单位是手(每手等于100股)。

(6) 蓝色柱线,用来表示指数下跌过程中每一分钟的成交量,单位是手。

▶ 2. 数量显示部分

数量显示部分主要包括最新的指数点位、涨跌数量、涨跌幅度、开盘点位、最高点位、最低点位、委比、振幅、量比、成交总手、成交总金额、现手、委买量、委卖量、上涨家数、下跌家数、平盘家数、市盈率等。

(1) 委买量,指所有股票买入委托下五档手数相加的总和。

(2) 委卖量,指所有股票卖出委托下五档手数相加的总和。

(3) 委比,指所有股票委买委卖手数之差与之和的比值。

(4) 市盈,即市盈率。大盘走势分时图中显示的市盈率是所有股票最近一个年度市盈率的平均值。另外,还有一个指示"市盈(动)",这是指所有股票的下一年度的预测利润的市盈率平均值,是一个估值。

(5) 量比,指股市开市后平均每分钟的成交量与过去5个交易日平均每分钟成交量之比。

三、个股分时图

个股分时走势图就是指反映沪深股市个股即时分时走势的技术图表。跟大盘分时走势图相比,个股分时走势图更是与投资者自身的利益密切相关。除了反映个股的即时走势,还为投资者提供了买入、卖出的直观依据。

跟大盘分时走势图一样,个股分时走势图同样分为图形显示和数量显示部分。

▶ 1. 图形显示部分

图形显示部分主要包括上方的白色曲线、黄色曲线,以及下方的黄色柱线、蓝色柱线和白色柱线,如图8-2所示。

(1) 白色曲线,表示该种股票即时实时成交的价格。

(2) 黄色曲线,表示该种股票即时成交的平均价格,即当天成交总金额除以成交总股数。

(3) 黄色柱线,在红白曲线图下方,用来表示个股上涨过程中每一分钟的成交量,单位是手。

(4) 蓝色柱线,表示个股下跌过程中每一分钟的成交量,单位是手。

(5) 白色柱线,表示个股价格不变过程中每一分钟的成交量,单位是手,通常出现在涨停、跌停的个股当中。

图 8-2　个股指数走势

▶ 2. 数量显示部分

数量显示部分主要包括最新的股价、开盘价、最高价、最低价、五档委托买卖挂单、涨跌数量、涨跌幅度、委比、振幅、量比、总手、均价、成交金额、现手、换手、市盈（动）、外盘、内盘、成交明细等。

（1）外盘，又称主动性买盘，即成交价在卖出挂单价的累积成交量。

（2）内盘，又称主动性卖盘，即成交价在买入挂单价的累积成交量。

（3）量比，是指个股当天成交总手数与 5 日成交手数平均的比值。

（4）买①~买⑤，五档委托买入的价格，买①、买②、买③、买④、买⑤依次等候买进，谁的报价高谁就排在前面，其中买①的价格最高。

（5）卖①~卖⑤，五档委托卖出的价格，卖①、卖②、卖③、卖④、卖⑤依次等候卖出，谁的报价低谁就排在前面，其中卖①的价格最低。

（6）成交明细，在个股分时走势图右下方的部分，显示动态每笔成交的价格和手数。红色向上的箭头表示以卖出价进行的成交，绿色箭头表示以买入价进行的成交。

（7）委比，即该股委买委卖手数之差与之和的比值，计算公式如下：

$$委比 = \frac{委买手数 - 委卖手数}{委买手数 + 委卖手数} \times 100\%$$

（8）量比，当日总成交手数与近期平均成交手数的比值，计算公式如下：

$$量比 = 现在总手 \div 当前已开市多少分钟 \div (5日总手数 \div 5 \div 240)$$

其中，"5 日总手数÷5÷240"表示 5 日来每分钟平均成交手数。

四、运用分时图判断大盘的技巧

在股票市场中，大盘全天的走势往往瞬息万变，有时上午走势强劲，下午突然跳水；而有时上午跌得很厉害，下午却力挽狂澜。实际上大部分股票都是追随大盘涨跌的。因此，投资者要想把握好买卖点，首先要学会看大盘。

大盘制约板块，板块制约龙头，龙头引领板块。反过来说，龙头刺激板块，板块带动大盘。总之，这些现象的出现都和背后操作者有着莫大的联系。从某种意义上而言，庄家与投资者的操作方法没有两样，都要通过低买高卖赚钱，所不同的是，庄家通过先天的信息优势、技术优势、资金优势成为盘中的引领者，而投资者更多地成为被动跟随者。

通常情况下，大买盘出现，投资者可以介入；大抛盘出现，投资者则要尽快离场。其实要做到这一点并不难，投资者可以对分时图进行认真的观察，从而看出一些"门道"。

客观来讲，个股分时线上的明显起涨起跌点，大多与同一时间内大盘分时线的涨跌力度有关。对于强势股而言，往往是大盘分时线经一波下跌即将向上勾头时，这类股票已率先回升至形态起涨点附近，蓄势突破；对于弱势股，则是在大盘分时线经一波上涨即将向下勾头时，这类股票已率先回跌至形态起涨点附近，蓄势突破。在实际操作中，投资者应该选择大盘分时线最有力度涨跌前一刻进行下单买进或卖出。换言之，投资者提前把握住大盘分时线未来一波的涨升力度，对掌握买卖先机具有相当重要的意义。

另外，投资者要学会在股价反弹急剧上涨时卖出，而不是在股价急剧下跌时卖出；学会在股价下跌到支撑位买入，而不是在股价上涨时追高买入（个别情况例外）。

五、运用分时图分析个股的技巧

盘中个股走势是一天的交易形成的形态，能够清晰地反映当日投资者交易价格与数量，体现投资者的买卖意愿。为了能更好地把握股价运行的方向，投资者必须要看懂盘中走势，并结合其他因素做出综合判断。

在实际操作中，对个股具体买入价格、卖出价格要在分时走势图上进行分析。将个股买进在当日的低位、卖出在当日的高位，对于短线操作非常重要。投资者应避免盲目地见涨追高、见落杀跌而导致亏损。另外，个股在分时走势的运行中，尤其是在早市，会暴露出庄家对该股未来走向的潜在意图。不同个股的分时走势表现出来的庄家行为具有一定的相似性，也就是说，市场上庄家的操盘手法也有相似的地方。

概括来讲，分时图分析个股的技巧有如下几点。

（1）个股低开高走，若探底拉升超过跌幅的1/2时，此时股价回调跌不下去，表示庄家做多信心十足，可于昨日收盘价附近挂内盘跟盘（短线操作）。

（2）大盘处于上升途中，个股若高开高走，回调不破开盘价，股价重新向上，表示庄家做多坚决，等第二波高点突破第一波高点时，投资者应加仓买进（买外盘价），如图8-3所示。

（3）大势底部时，个股如果形成W底、三重底、头肩底、圆弧底时，无论其高开低走或是低开低走，只要盘中拉升突破颈线，但此时突放巨量则不宜追高，待其回调颈线且不破颈线时挂单买入。需要说明的是，对于低开低走行情，虽然个股仍处于底部，但毕竟仍属弱势，应待突破颈线时红盘报收，回调亦不长阴线破位时，才可买进。

（4）观察大盘多空较量的第一回合，是下跌还是上涨，是买方还是卖方占据上风，在昨日收盘之上还是之下波动，再比较个股分时走势较之大盘的强弱，然后介入出现最佳买点的个股。实际上就大盘对个股的影响程度而言，分时走势图比日K线更强。需要说明的一点是，个股分时走势最佳买点运用的前提条件是先能分析日K线，然后才能分析分时走势的买卖点。在日K线的基础上进行买卖决定，再分析分时走势选择具体的买卖点或者继续等待。

（5）在分时图中，若白线一直都在黄线下方运行，说明此股全天的走势偏弱；当白线一直都在黄线上方运行，说明此股全天的走势偏强；当白线和黄线两者之间的位置没有明显的上下之分时，说明此股多空力量相当。当分时图白线运行于黄线之上时，股价一波比

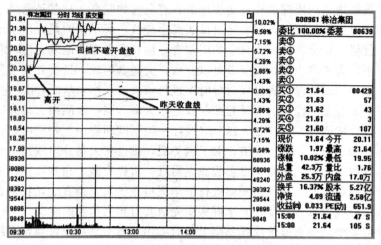

图 8-3 分时图分析技巧

一波高时(白线),如有回底部逐步抬高且量能逐步放大时,说明此股逐步在走强,如已经放量,可以在回调时加仓,当然此时的对象是指投资者关注的目标股而言,投资者对该股的 K 线形态、均线等方面都比较了解。

(6) 在分时图中对个股股价变化分析时,投资者应十分重视成交量的配合情况。举例来讲,上涨过程中,如股价很快脱离均价线,且伴随成交量的放大,则多半预示着庄家进入拉升,可及时跟进;若拉升过程中量能并未有效放出或高位量放得太大,则很大程度上意味着庄家在借拉升出逃,此时就需要特别谨慎,以防陷入庄家的骗局。同理,在下跌过程中,成交量的变化情况也值得重点分析,投资者视价量配合状况决定进出。

(7) 个股低位箱体走势,高开平走、平开平走、低开平走,股价向上突破时可以跟进,但若是高位箱体突破,则应注意高位风险,以防庄家震荡出货,如图 8-4 所示。如果出现放量向上突破,高开高走或平开平走,时间又已超过 1/2,委卖单变成委买单,出现箱顶高点价时,即可挂外盘跟进。若低开平走,原则上仅看作弱势止跌同稳行情,此时投资者可以视自身情况进行操作,建议不要大量跟进。

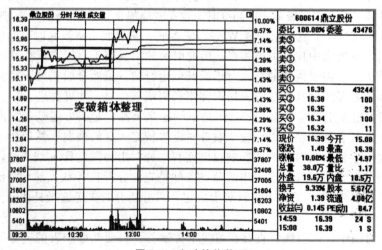

图 8-4 突破箱体整理

(8) 大势下跌时，若个股低开低走，破前一波低点，多是庄家看淡行情，顺势减仓，尤其是当股价处于弱势或有实质利空出台时。低开低走、反弹无法超过开盘，多是庄家离场观望，若再下破第一波低点时，则应杀跌卖出。

(9) 个股形成三重顶、头肩顶、圆弧顶时，跌破颈线时应果断卖出，趁其跌破后拉回颈线。

任务二　分时图盘面

一、分时图的基本组成

分时图的组成要素主要有分时线（也就是人们常说的股价即时走势）、均价线、成交量柱体、单笔成交量、量比指标线和委比指标，如图8-5所示。

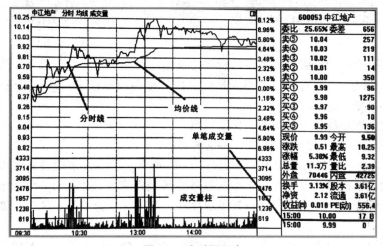

图8-5　分时图要素

▶ 1. 分时线

分时线是指股价在盘中正常波动时的价格，通过软件把这些高低起伏的价格进行连线。通过视觉，投资者便可以更直观地感受到股价运行的变化，如图8-6所示。

(1) 当指数上涨，黄色曲线在白色曲线走势之上时，表示小盘股涨幅较大；而当黄色曲线在白色曲线走势之下，则表示发行大盘股涨幅较大，也就是我们常说的"二八现象"，即20%的大盘股上涨，而80%的小盘股不涨甚至下跌。

(2) 当指数下跌时，如果黄色曲线仍然在白色曲线之上，这表示小盘股的跌幅小于大盘股的跌幅；如果白色曲线反而在黄色曲线之上，则说明小盘股的跌幅大于大盘股的跌幅。

事实上，即时走势的研究就是对分时线的形态、趋势及量能配合状况的综合分析。分时线描述的是一分钟结束时最后一笔成交的价格，在一分钟之内会有数笔成交也会有多个成交价格，但分时线只会保留最后那一笔成交的价格，一分钟内的股价变化则忽略不计。

需要强调的一点是，对分时线的研究是研究分时图的核心工作。

▶ 2. 均价线

均价线反映的是当天投资者的平均持股成本，总是随总成交金额及总成交手数的变化

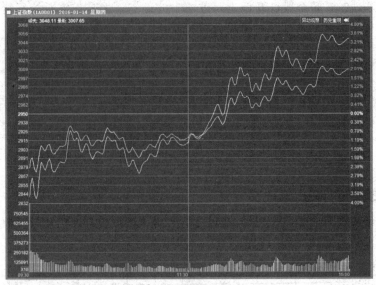

图 8-6 上证指数分时走势

而不断改变运行方向。若股价一直在均价线之下运行,说明市场抛压沉重,后市看跌。若股价始终在均价线之上运行,说明当天投资者愿以更高的价格买入该股,该股处于强势,可重点关注。

概括来讲,均价线的主要功能有如下两点。

(1) 根据均价线能够判断当天多空力量的对比。

(2) 根据均价线可以有效识破庄家的行为。一般情况下,庄家能够在尾市大幅拉高或是刻意打压股价,通过改变收盘价来改变原来的 K 线形态或技术指标,但一般难以使当天均价线出现大幅变化。收盘时的均价客观地反映了全天的股价重心,尾市的波动对其影响较小。

在看分时图时,很重要的一点就是看分时线和均价线的位置关系,健康的分时线和均线运行状态是,分时线运行在均价线上并保持一定的比例关系,当分时线上涨时均价线应该跟上,说明的确有真实的买盘在推进股价上涨,也只有真正的买盘才可以推高股价并维持股价,而不是把股价推高吸引买盘卖货的推升。而分时上涨、均价反应迟钝则是一种异常现象,说明有资金虚假拉升或者为了出货拉升,不是真正的吃货或做高股价的拉升,那么后面必然会出现下跌走势,遇到这种走势的股票,投资者就要在分时线高点出货,同时在操作中尽可能地回避这种股票的买入操作。总而言之,均价线是超级短线实战的一个重要研判工具,它与分时走势交叉错落,如影随形,临盘运用因人而异。

▶ 3. 成交量柱

成交量是判断股票走势的一个重要依据,也是投资者买卖股票的一个重要参考指标。"量在价先""天量天价、地量地价"这样的股市谚语就说明了成交量的重要性。

在股市中,成交量可以决定成交价及其后的股价走势。一般来说,在个股股价、股指上升的过程中,成交量应该有所放大,即"量增价升",因为只有这样才能维持其原有的走势。例如,在 2008 年股指见底之后,成交量就出现了稳步放大,然后上证指数走出了一波从 1 664~3 478 点的翻倍走势。如果把个股、股指的上涨看作是列车行进速度的话,那么成交量就是列车的动力。个股、股指的上涨就好像是列车在走上坡路,没有动力是万万不行的。而下跌就好像是列车在走下坡路，无须太大的动力或根本无须动力，即"量减价跌"，因为此时惯性起到了巨大的作用。例如，上证指数 2007 年 10 月创下 6 124 高点之后，在大调整过程中，成交量逐级萎缩，如图 8-7 所示。

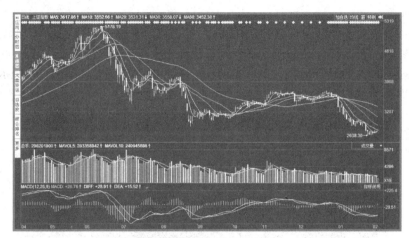

图 8-7　上证指数 K 线

在实战中，我们可以通过分时走势图中的"总手""现手"指标来了解个股、大盘当日的成交量。总手即当日开盘成交到当前为止的总成交手数。收盘时的总手，则表示当日成交的总手数。现手是指最新一笔买卖手数，在盘面的右下方即可看到当前每笔的成交明细。通常情况下，如果个股、大盘出现高开，成交量同时放大，那么上涨的可能性比较大；反之则下跌的可能性比较大。如果想了解个股、大盘的历史成交量，可以通过 K 线来查看。

成交量柱反映的是每分钟内的总成交量，是把一分钟内的所有成交笔数相加的结果，并在图中以柱体形式表现。众所周知，成交量是股价的灵魂，没有成交量就没有股价的上涨，同时，成交量也可以改变股价运行的趋势。对于成交量大小的情况以及形成原因都需要投资者分析和把握，特别是分时图的成交量情况是非常重要的，庄家的进出必然要以成交量体现出来。

▶ 4. 换手率

分时走势图中的"换手"即换手率，是指在一定时间内市场中股票转手买卖的频率，即成交量/流通总股数×100%，是反映股票流通性强弱的指标之一。通常情况下，个股换手率越高表明该股越活跃，人们购买该股的意愿比较强烈；反之，换手率越低表明该股越清淡，该股缺少人们的关注。具体到数值方面，又分为如下几种情况。

(1) 一般情况下，大多数股票每日的换手率在 1%~2.5%，不包括新上市的股票。

(2) 当换手率达到 3%~7%，说明该股进入相对活跃状态，买卖的人多，股价容易上涨。

(3) 当换手率达到 7%~10%，说明具有强势股的特征，股价进入高度活跃状态。

(4) 当换手率超过 15%，如果连续出现多个交易日，是诞生大黑马的标志，如 2009 年 7 月 29 日启动的熊猫烟花(600599)。

(5) 当出现特大换手率，比如超过 50%，表明股价的分歧巨大，有资金开始出货，其股价则常常会在第二天就下跌，所以这种个股最好不要买入。

需要注意的是，换手率的大小只是一个相对的概念，出现在股价的不同区域其意义是不同的。例如，在股价的中低位区域出现巨量换手，往往是主力建仓的标志；不过如果是在股价的高位区域出现巨量换手，通常是主力出货的标志。此外，对于控盘程度比较高的个股，往往会走出低换手率创新高、甚至涨停的走势。

▶ 5. 买卖盘

买卖盘主要就是看个股分时走势图中买①～买⑤、卖①～卖⑤的挂单。买卖盘挂单往往是庄家"表决心"的窗口，比如庄家在什么价位挂出大单，上压下托的位置；在什么价位时会出现主动性的买盘进行护盘、出现主动性的卖盘进行打压等，如图 8-8 所示。在看盘过程中，通常要观察以下三个方面。

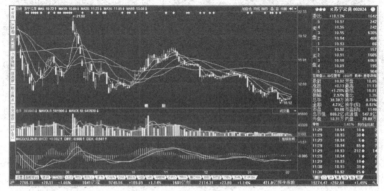

图 8-8　苏宁云商分时图

（1）在买①～买⑤、卖①～卖⑤是否出现大单，如在个股上攻的过程中，通常在买①～买⑤会出现大买单，在卖①～卖⑤出现大卖单；对于出货中的个股，在卖①～卖⑤没有大卖单，但是在买①～买⑤往往会出现数千手、上万手的大买单；而处于吸货中的个股，往往相反，在盘中我们经常能看到在卖①～卖⑤出现大卖单，进行压盘，控制股价的上涨，从而达到打压吸货的目的。

（2）观察第二、三档买卖盘。有一些庄家为了显示自己的资金实力，或者想达到打压吸货、逢高派发的目的，往往会在买②、买③以及卖②、卖③出现比较大的买卖盘。当股价上涨时，卖②、卖③上的大卖单不断撤单，然后上挂；当股价下跌时，买②、买③的大买单不断撤单，然后下挂。

（3）为了显示自己的控盘程度和操作的计划，有一些庄家会在买卖盘挂出神奇数字的挂单，如 111、444、888、144、666 等。不同的数字，是庄家神秘的操盘语言，往往都蕴含了不同的玄机。

▶ 6. 委比指标

通常，委比只能说明在这一时刻这支股票买卖的强度对比。所以，经常出现某只股票涨势不错，而委比却显示空方力量较强的情况，此时就需要对这只股票进行连续观察。如果卖盘在高位涌现，则有可能是机构在拉高出货，投资者需要谨慎操作，不妨逢高减仓，适当降低风险；如果卖盘只是在较低位置或者在震荡整理时出现，则有可能是做多不坚决或者割肉出局，那么投资者就可以不必理会，继续持有股票。需要说明的一点是，从 2003 年 12 月 8 日起，深沪证券交易所调整了买卖盘揭示范围，投资者看到的行情数据，从原来的"三档行情"变成"五档行情"，相应的委买手数、委卖手数调整为五档总数量。

委比的取值范围从 −100%～+100%，比如当委比为正值时，表示买方的力量比卖方强，股价上涨的概率大；当委比为负值的时候，表示卖方的力量比买方强，股价下跌的概率大。不过该数值只是一个即时的指标,所以在综合排名中会看到"即时委比前几名、后几名"的排名,随着股价的运行、挂单的变化,该数值会不断出现变化。此外,委比数值的正负也不绝对反映个股的强弱,委比为负值的时候股价往往也是上涨的,为正值的时候股价反而也会出现下跌。

▶ 7. 量比指标线

通常来讲,在分时图中有最大辅助意义的就是量比指标。与各种技术指标完全不同,量比指标依据的是即时每分钟平均成交量与之前连续5天每分钟平均成交量的比较,而不是随意抽取某一天的成交量作为比较,所以能够客观真实地反映盘口成交异动及其力度。从操盘角度来看,量比指标显示得比较直观,其方便快捷胜过翻阅其他的技术指标曲线图。由于这个指标所反映出来的是当前盘口的成交力度与最近五天的成交力度的差别,所以这个差别的值越大盘口成交越趋活跃,从某种意义上讲,也就越能体现庄家即时做盘、准备随时展开攻击前蠢蠢欲动的盘口特征。因此,量比指标可以说是盘口语言的翻译器,它是超级短线临盘实战时洞察庄家短时间动向的秘密武器之一。

1) 量价特征

在实际操作中,根据股价走势以及相应的成交量变化,通常可以将分时走势中的量价特征归纳如下。

(1) 量增价跌。量增价跌是指股票成交量在增加的时候,股票价格出现下跌,如图8-9所示。此现象说明价格下跌得到了成交量的配合,而且价格将继续下跌,这一特点在大势反转熊市来临的情况下更为突出,投资者因对后市看淡,纷纷斩仓离场,甚至出现恐慌性抛售,价格急剧下跌,此时为卖出时机。但如果股价连续下跌了很长时间之后,此时股价有轻微续跌,成交量反而剧增,则可视为底部渐进,是分批建仓的好时机,股价在未来几日内有希望止跌企稳。

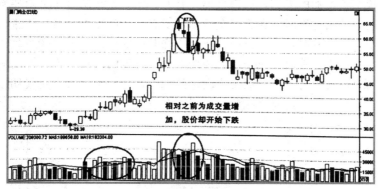

图 8-9 量增价跌

需要指出的是,市场上的部分投资者有一个错误的认识:股票成交量越大,价格就越高。对于任何一个买入者,必然有一个相对应的卖出者,在任何价格区域都是如此。在一个价格区域,如果成交量出乎意料地放大,只能说明在这个区域投资者之间有非常大的分歧。

(2) 量增价平。某支股票的收盘价与昨日或前两日的收盘价比较,价格相等或是价差极小,称为"价平",或是当日为开收同价线。单日价格涨跌幅度极小时,也可以称为"价平"或是"价不跌",此时量能如果稍微增加,就符合"量增价平"的走势,如图 8-10 所示。通常来讲,量增价平的走势会发生在谷底时期,以及多头初升段、多头主升段、多头回调整理、多头末升段、空头主跌段、空头盘整及反弹七种行情结构中。

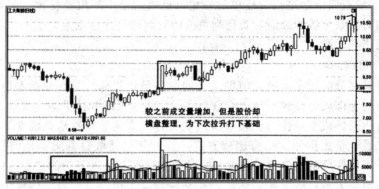

图 8-10 量增价平

事实上，量增价平既可以作为卖出股票的信号，也可以作为买入股票的信号。区别买卖信号的主要特征，是要判断"量增价平"中的"价"是高价还是低价。如果股价在经过一段时间比较大的涨幅后，处在一个相对高价位区域，成交量仍在增加而股价却没能继续上扬，呈现出高位量增价平的现象，这种股价高位放量滞涨的情况，表明市场庄家在维持股价不变的情况下，可能在悄悄地出货。所以股价在高位的量增价平是一种顶部反转的征兆。如果股价在经过一段较长时间的下跌后，处在低价位区时，成交量开始持续放出，而股价却没有同步上扬，呈现出低位量增价平的现象，这种股价在低位放量滞涨的情况，可能预示着有新的庄家资金在打压建仓。

（3）量增价升。量增价升是指股票成交量在增加的过程中股票价格也随之上升，如图 8-11 所示。若伴随着股价的上升，成交量方面也是增长状态，那么一般可以认为股票价格的上升得到了成交量增加的支撑，后市将继续看好。尤其是在结合了大盘指数操作的情况下，当大盘的指数开始上涨时，那么成交量则需要有一定程度的配合，以推动指数的稳步上涨；当指数小幅度上升时，成交量则需要维持涨升前的状况，或是稍微增加，以支持指数的涨升；当指数出现大涨时，成交量必须要有放大程度的量度值配合，否则指数则有可能因为上涨能量有限而无力上行。而且成交量的增大，在一定意义上也说明了市场氛围比较好，入市的投资者较多，此时是比较好的买入时机。

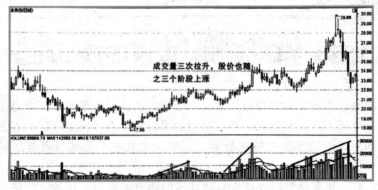

图 8-11 量增价升

实际上也有一些例外。举例来讲，当股价在一个相对较高的位置区域内，一旦出现价涨量增时，极有可能是一个十分危险的信号。因为此时庄家拉高出货的可能性很大，投资者被套的概率较高。

（4）量缩价跌。股价下跌成交量减少，表示投资者对股票失去信心，持观望态度，如图 8-12 所示。如果出现在股价涨升初期，属正常回档，投资者可以逢低补仓；若发生在股价下跌初期，显示跌势仍将持续；若股价长期下跌后，跌幅略减，成交量也萎缩至最低，此时，买盘虽还有顾虑，但卖压也逐渐收敛，行情将止跌回稳。需要强调的一点是：对于出现量缩价跌的个股，投资者应密切关注大盘走势，如大盘仍有上升空间，则个股可能会止跌向上；如果大盘向下，出现量缩价跌的个股可能向下突破。

图 8-12　量缩价跌

（5）量缩价平。量缩价平是指成交量显著减少，股价经过长期大幅上涨之后，进行横向整理后不再上升，此为警戒出货的信号。如果股市经过较长时间的一轮下跌后企稳，此时股价处于平衡，成交量还在小幅下跌，则意味着股市底部将要形成，空头态势将转为多头态势。对于投资者来说，此时可以伺机介入。如果股市经过较长时间的一轮上升后不太稳定，虽然此时股价处于高位平衡，成交量高位减少，要警惕股市可能由多头态势转为空头态势，投资者最好提前平仓。

（6）量缩价升。一般价格上升但成交量未增加甚至减少，表明股价上升没有得到成交量的支持，股价属于空涨，必定难以持久，因而后市不容乐观，如图 8-13 所示。这种情形一般出现在牛市的末段或者熊市中的反弹阶段。对于投资者而言，需要结合实际的情况谨慎对待手中持有的股票，防止被套。如果以后股价继续上涨，成交量也相应增加，则量减属于惜售现象，投资者仍可继续做多。

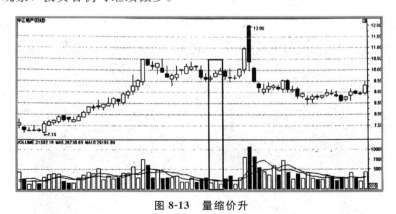

图 8-13　量缩价升

（7）突放巨量。就突放巨量而言，需要分以下几种情况来分别对待。①上涨过程中放巨量，通常表明多方的力量使用殆尽，后市继续上涨将很困难；②下跌过程中的巨量，一般多为空方力量的最后一次集中释放，后市继续深跌的可能性很小，短线的反弹可能就在眼前；③逆势放量，个股在市场一片喊空声之时放量上攻，造成了十分醒目的效果。这类个股往往只有一两天的行情，随后反而加速下跌，使许多在放量上攻那天跟进的投资者被套牢。

在实际操作中，最常见的成交量变化是放量和缩量，然而放量与缩量的范围并没有一个可以遵循的规律，很多时候是一个"势"，即放量和缩量的趋势，这种趋势来自对前期走势的整体判断及当时的市场变化状态，还有不可预测的市场心理变化。所以投资者应该灵活理解放量与缩量，从而进行更好的操作。

2）运用量比指标线时应注意的问题

在实际运用量比指标线的时候，投资者需要关注以下几个方面。

（1）量比指标线趋势向上时不可以卖出，直到量比指标线转头向下。

（2）量比指标线趋势向下时不可以买入，不管股价是创新高还是回落，短线一定要保持观望。

（3）股价涨停后，量比指标应快速向下拐头，如果股价涨停而量比指标趋势仍然向上，有庄家借涨停出货的可能，应当保持观望。

（4）量比指标双线向上时，应积极操作；股价上涨创新高，同时量比指标也同步上涨并创新高，这说明股价的上涨是受到量能放大的支撑，此时是投资者介入的好机会。

（5）如果股价下跌，量比指标上升，这时股民应尽快离场，原因在于此时股价的下跌是受到放量下跌的影响。

（6）对于短线操作，若股票价格是第一次放量上涨，那么量比指标应小于5。此时如果量比指标很大，则对未来股票价格的上升没有好处；如果股价是连续放量，那么要求量比值不可大于3，否则有庄家出货的可能。

（7）相对于成交量的变化而言，量比指标存在明显的滞后性。

相对于委比而言，量比指标对于短线投资者的参考价值更大，往往成为短线投资的秘密武器。这个指标所反映出来的是当前盘口的成交力度与最近5天的成交力度的差别，这个差别的值越大，表明盘口成交越趋活跃。从某种意义上讲，越能体现主力即时做盘，准备随时展开攻击前蠢蠢欲动的盘口特征。因此，量比资料可以说是盘口语言的翻译器，它是超级短线临盘实战洞察主力短时间动向的秘密武器之一。在沪深两市的综合排名中，我们就可以看到当日个股量比的排名，短线高手往往从中就能把握短线的机会，如图8-14所示。

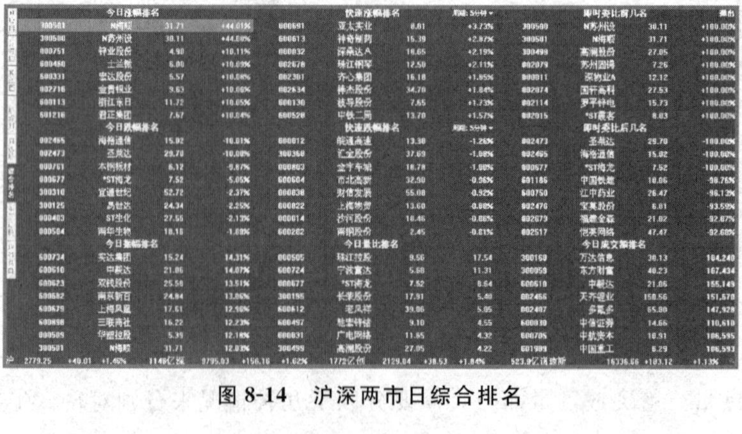

图 8-14　沪深两市日综合排名

通常来说，个股的量比在0.8～1.5属于正常水平。如果量比数值大于1，表示这个时刻的成交总手量已经放大；若量比数值小于1，表示这个时刻成交总手萎缩。不过也不是量比值越大越好、越小越差。例如，量比在1.5～2.5，表明温和放量，如果股价也处于温和缓升状态，则升势相对健康，可继续持股，若股价下跌，则可认定跌势难以在短期内结束，从量的方面判断应可考虑停损退出；量比在2.5～5，为明显放量，若股价相应地突破重要支撑或阻力位置，则突破有效的概率颇高，可以相应地采取行动；量比在5～10，表明剧烈放量，如果是在个股处于长期低位出现剧烈放量突破，涨势的后续空间巨大。但是，如果在个股已有巨大涨幅的情况下出现如此剧烈的放量，则值得高度警惕。量比在10以上，这是个股放天量的情况。如果出现在个股的底部区域，往往是一个反转走强信号；如果出现在个股的高价区域，往往是一个反转走弱的信号；量比在0.5以下，属于严重缩量的情况，往往暗藏了变盘带来的操作机会。此外，对于涨停的个股，如果当日的量比低于1，那么就表明无量涨停，后市上涨的空间将比较大，次日开盘封死涨停的可能性就比较高。

知识链接

量比选股五步曲

第一步：上午9：25竞价结束后，对量比进行排行，看前30名，涨幅在4%以下的。

第二步：选择流通股本数量较小的，最好在3亿元以下，中小板尤佳。

第三步：选择之前换手率连续多日在3%以下或连续几日平均换手率在3%以下的个股。

第四步：选择之前多日成交量较为均衡或有涨停未放量现象的个股（之前一直无量涨停的个股除外）。

第五步：最好选择个人曾经操作过的、相对比较熟悉的个股进行介入操作。

进入选股范围的个股，一定要看看它的过去，看看该股是否有连续涨停的壮举，或者是连续涨个不停也行。选股就是选庄家，每个庄家的操盘手都有其资金、性格、操盘习惯上的规律，因此，看其历史非常重要。

▶ 8. 内外盘

外盘即主动性买盘，是买方以卖方报出的价格成交，就像我们在市场买东西时生怕买不到的"不讲价"一样。所以，以"委卖价"成交的量越多，就说明市场中的"买气"也即多头气氛浓厚。内盘即主动性卖盘，是卖方以买方报出的价格成交，是以"委买价"实现的成交量。如果外盘大于内盘，表明场中买盘强劲；如果内盘大于外盘，则反映场内卖盘强劲。不过，在个股实际的走势当中，外盘大，股价并不一定上涨；内盘大，股价也并不一定下跌，如图8-15所示。

投资者对于内外盘的分析是解析实时走势图的重要基础。内外盘的看盘技巧可以归纳为以下几点。

（1）当累计的内盘量逐步增加，且明显大于累计的外盘量时，代表卖压逐渐加重，短线股价容易向下测试支撑；当累计的外盘量逐步增加，且明显大于累计的内盘量时，代表买气逐渐升温，短线股价容易向上挑战压力。

（2）一段时间内持续下跌的股票的股价与成交量都是相对较低的，随后成交量开始温和放量。如果外盘比内盘大，通常说明股价将会上涨；一段时间内持续上涨的股票的股价处于较高价位，成交量巨大，并不能再继续增加，当日内盘数量放大，并且大于外盘数量

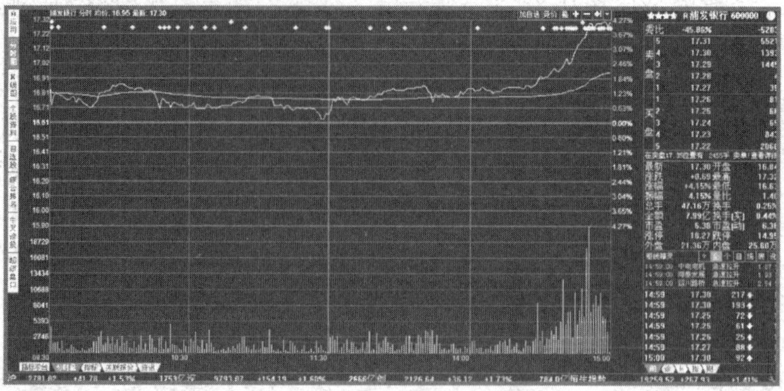

图 8-15　浦发银行分时走势

时，股价将可能下跌。

（3）在股价阴跌过程中，一般会有"外盘大、内盘小"的现象发生，此现象并不可以作为股价会上涨的证据。原因在于庄家有时用几笔抛单将股价打至较低位置，然后在卖①、卖②挂单，自己买自己的卖单，造成股价暂时横盘或小幅上升。此时的外盘将明显大于内盘，使投资者认为庄家在吃货，而纷纷买入，结果次日股价继续下跌。反之，市场上出现"内盘大、外盘小"的现象，也不一定就可以说明股价将会下跌。因为市场上的庄家会采取"先拉高后低位挂买单"的操盘手法，从而使内外盘出现"内盘大、外盘小"的情况。这其实是庄家设计的一个圈套，投资者需要谨慎对待。

（4）当日线上档有压力时，卖价的上五档出现大单高挂，但是股价却不下跌，这往往是股价将起涨的先兆；当日线下档有支撑时，买价的下五档出现大单低挂，但股价却不涨，往往是股价将下跌的先兆。

（5）股价已上涨了较大的幅度，如某日外盘大量增加，但股价却不上涨，投资者要警惕庄家制造假象，准备出货；当股价已下跌了较大的幅度，某日内盘大量增加，但股价却不下跌，投资者要警惕庄家制造假象，假打压真吃货。

（6）当股价涨停时，所有成交都是内盘，上涨的决心相当坚决，并不能因为内盘远大于外盘就判断出走势欠佳；而跌停时所有成交都是外盘，但下跌动力十足，因此，投资者也不能因为外盘远大于内盘就将其理解为该支股票走势强劲。

另外，在实际操作中庄家利用买卖盘进行欺骗的行为主要有以下几种，投资者应予以重视：一是在股价已经被打压至较低价位时，在卖①、卖②、卖③、卖④、卖⑤均挂有巨量抛单，给投资者造成抛压很大的假象，从而促使投资者在买①的价位提前卖出股票。事实上，庄家在暗中吸货，待筹码接足后，突然撤掉巨量抛单，股价从而大幅上涨。二是在股价上升至较高位置时，在买①、买②、买③、买④、买⑤挂有巨量买单，使投资者认为行情还要继续上涨，纷纷以卖①价格买入股票，实际庄家在悄悄出货，等庄家达到了自己的目的，就会立刻将巨量买单撤掉，同时全线抛空持有的股票，使得股价随之急速下跌。

在实战当中，对于广大投资者来说，除了观察内外盘的大小，还要结合股价在盘中分时的低位、中位和高位的成交情况以及所占该股的当日总成交量比例的情况。概括来讲，有如下情形。

（1）股价经过了长时间的数浪下跌，处于较低价位，成交量极度萎缩。此后，盘中成交温和放出，当日外盘数量增加，大于内盘数量，股价将可能上涨，此种情况较可靠。

（2）在股价经过了长时间的数浪上涨，处于较高价位，成交量巨大，并不能再继续增加，当日内盘数量放大，大于外盘数量，股价将可能继续下跌。

（3）在股价持续阴跌过程中，时常会出现外盘大、内盘小。此种情况并不表明股价一定会上涨。因为庄家用几笔抛单将股价打至较低位置，然后在卖①、卖②挂卖单，并自己吃掉卖单，造成股价小幅上升。此时的外盘将明显大于内盘，使投资者认为庄家在吃货，而纷纷买入。

（4）在股价持续上涨过程中，时常会发现内盘大、外盘小，此种情况并不表示股价一定会下跌。因为庄家用几笔买单将股价拉至一个相对的高位，然后在股价小跌后，在买①、买②挂买单，让投资者认为主力在出货，纷纷卖出股票，此时庄家层层挂出小单，将抛单通通接走。这种先拉高后低位挂买单的手法，常会显示内盘大、外盘小，达到欺骗投资者的目的。

（5）股价已上涨了较大的涨幅，如某日外盘大量增加，但股价却难以大幅上涨，投资者要警惕庄家"诱多"出货。

（6）当股价已下跌了较大的跌幅，如某日内盘大量增加，但股价却难以大幅下跌，投资者要警惕庄家"诱空"吸货。

▶ 9. 单笔成交

单笔成交就是指个股当前成交的手数，我们经常说的出现大单，都是通过单笔成交中发现的。在个股分时走势图中，按下 F1 键就可以看到详细的单笔成交。对于广大投资者来说，我们主要关注的就是正常拉升出现的大买单、砸盘出现的大买单，以及隐性成交的大单等。

（1）大单扫盘。在涨势中常有大单从天而降，将卖盘挂单连续悉数吞噬，即称"扫盘"。比如 2016 年 2 月 4 日，物产中拓（600906）在下午 2：27 左右出现的大单扫盘，将上压板上的大卖单连续吃掉，如图 8-16 所示。

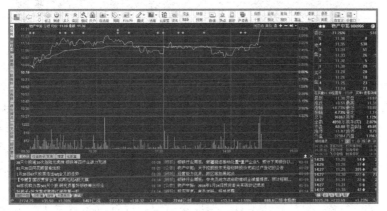

图 8-16 大单扫盘

在股价刚刚形成多头排列且涨势初起之际，若发现有大单一下子连续地横扫了多笔卖盘时，则预示主力正大举进场建仓，是投资人跟进的绝好时机，可以进行短线或中线买入操作。

（2）隐性买卖盘。在买卖成交中，有的价位并未在委买卖挂单中出现，却在成交一栏里出现了，这就是隐性买卖盘，其中经常出现主力的踪迹。单向整数连续隐性买单的出现，而挂盘并无明显变化，一般多为主力拉升初期的试盘动作或派发初期激活追涨跟风盘的启动盘口。

一般来说，上有压板，而出现大量隐性主动性买盘(特别是大手笔)，股价不跌，则是大幅上涨的先兆。下有托板，而出现大量隐性主动性卖盘，则往往是主力出货的迹象。

(3) 大单对敲。为了拉升股价，提高成交量，主力往往会进行大单对敲操作，即主力利用多个账号同时买进或卖出，人为地将股价抬高或压低，以便从中获益。当成交栏中连续出现较大成交量，且买卖队列中没有此价位挂单或成交量远大于买卖队列中的挂单量时，则十有八九是主力刻意对敲所为。在股价上升途中，一般都会出现主力的大单对敲。若股价在顶部，主力的大单对敲多是为了掩护出货。例如，2010年5月17日，短期逆市涨停之后的铜峰电子(600237)在高开之后，出现了短暂的大幅拉升，然后游资大肆出货。之后探底8.05元，出现了大单对敲拉升的走势。虽然股价拉升，但是还是庄家的出货行为，因为这是相对高位，加上大盘短线出现暴跌，短线风险出现。若股价在底部，则多是为了激活人气，如图8-17所示。

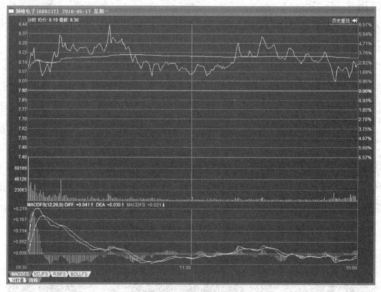

图8-17 大单对敲

(4) 低迷期的大单。首先，当某只股票长期低迷，某日股价启动，卖盘上挂出巨大抛单(每笔经常上百、上千手)，买单则比较少，此时如果有资金进场，将挂在卖①、卖②、卖③档的压单吃掉，可视为是主力建仓动作。注意，此时的压单并不一定是有人在抛空，有可能是主力自己的筹码，主力在制造成交量吸引散户注意。大牛股在启动前就时常出现这种情况。

(5) 盘整时的大单。当某股在某日平稳的运行中，股价突然被上千手大抛单砸至跌停板附近，随后又被快速拉起；或者股价被突然出现的上千手大买单拉升后又快速归位。表明有主力在其中试盘，主力向下砸盘，是在试探基础的牢固程度，然后决定是否拉升。该股如果一段时期总收下影线，则向上拉升可能大，反之出逃可能性大。

(6) 下跌后的大单。某只个股经过连续下跌，在其买①、买②、买③档常见大手笔买单挂出，这是绝对的护盘动作，但这不意味着该股后市止跌了。因为在市场中，股价护是护不住的，主力护盘，证明其实力欠缺，否则可以推升股价。此时，该股股价往往还有下降空间。但投资者可留意该股，因为该股套住了庄，一旦市场转强，这种股票往往一鸣惊人。

由于"成交明细"里个股在每个时刻上的成交数据都是由交易所发过来的延迟信息，是交易所两次快照期间累计的成交量和最后一笔的价格，所以这里成交数据的真实性是有问题的。如果投资者不注意单笔成交的细微变化，往往就会被假象迷惑，很难找出股价波动背后的庄家意图。

需要强调的一点是，单笔成交分析属于精细分析，是盘口分析的重点观察对象。对于投资者而言，在看每笔成交数值的时候，最需要关注的是大单成交时股价究竟是涨还是跌，或者是根本就没有动。庄家可以隐瞒几分钟，但隐瞒不了更长的时间，市场也不会给他更多的时间来掩藏行踪。

▶ 10．价量分布图

在个股分时走势图中，按下 F2 键就能看到价量分布图，主要由红柱、绿柱、百分比、成交量、成交笔数、每笔均量、成交价格等组成，如图 8-18 所示。

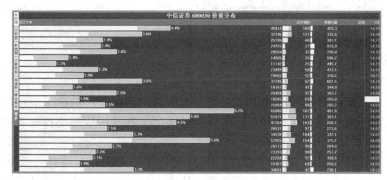

图 8-18　价量分布

红柱、绿柱分别表示的是买进和卖出的量；百分比是指该价位成买进和卖出的成交数量占总成交量的比率，如果比率越高，表明该价位的成交越大；用黄色背底显示的价格是指当前股票的成交价格；每笔均量是指该价位的成交量与成交笔数的比值，该数值的大小可以透露出庄家的活动迹象。比如对于流通盘 5 亿以内的个股，每笔均量如果超过 500 手，那么肯定是庄家所为。

二、盘口的看盘技巧

概括来讲，盘口的看盘技巧可以归述为如下几条。

▶ 1．关注盘口语言

盘口语言是个股庄家（当天参与该个股的强弱各方的博弈图）在盘面表现出来的每分每秒的形态，包括白、黄两条线，买①～⑤、卖①～⑤的挂单，以及挂单下显示的各种参数。实际上就是这些公开的简单数字及线条，蕴含着丰富的有价值的信息，如图 8-19 所示。

客观来讲，投资者不可以将盘口语言简单地理解为对买卖盘的观察。事实上，盘口语言是价量配合、分时主攻盘量能、下跌时的量能变化状况等多种变化的综合。盘口语言的核心机密是观察委买盘和委卖盘。股市中的庄家经常在此挂出巨量买单或卖单，然后引导股价朝某一方向走。概括来讲，投资者若能盯住盘口并进行科学的分析，通常会发现一些庄家的行动，从而更加准确地部署接下来的投资策略。

事实上，简单的盘口语言不能成为投资者做出决断的唯一工具，合理地运用 K 线原理和价量关系，同样是投资者必须要做的。哲学原理永远存在于这个市场中，任何片面地、

图 8-19　盘口语言

孤立地看待问题的方法都是机械的。

▶ 2. 关注盘口信息

盘口信息是指股价的分时走势图上所显示的信息。它详尽勾画出了股价每日完整的交易过程，可以清晰地反映当日投资者的交易价格和交易数量，从而使投资者的买卖意愿得以客观体现。

一般而言，盘口信息的主要内容包括分时走势图、委托盘、委托买卖表、每笔成交量、价量成交明细图表、大手笔成交、内盘、外盘、总笔、当日均价线等。除此之外，还包括当日最大成交量价格区域、最高最低价、开市和收市价等。上述盘口信息构成了综合的盘口信息语言。

对于投资者而言，如果准确地解读了盘口信息，那么一般就可以通过盘中的个股走势分析多空双方的走势发展，从而可以比较准确地把握市场的节拍，为以后在股市上的操作赢得更多的筹码。

▶ 3. 关注盘口能量

盘口能量是综合细分成交、扣除对冲的大单买卖净量、单买入均价、大单卖出均价、大单买入笔数、大单卖出笔数和笔数差、散户跟风系数等各项指标得出的上涨能量值，是直接反映大资金动向的指标。如果正值越大，说明向上动力越大；负值越大，说明下跌动力越大。

在盘口看盘，盘口能量是关键数据。通常情况下，该值越大越可以参与，如果大单买入比例越大，投资者可买入；反之，则卖出。当然，还要结合其他参数及公司的基本面，否则就会掉入庄家的陷阱。另外，新股上市首日，如果盘口能量异常高，则说明有大资金积极买入建仓，筹码被大量吸纳，后市将有很大潜力。

▶ 4. 关注盘口成交

成交的作用是记录买卖数量。理论上讲，成交数据是最真实、最有效的分析数据，庄家对资金的操控也是通过成交来实现的，如图 8-20 所示，但是成交数据具有一定的不确定性。例如，红盘代表主动买进，绿盘代表主动卖出，但是庄家可以通过具体操作细节来操控红绿情况。另外，由于成交数据不能真实地反映庄家的账户信息，使得成交数据具有一定的不确定性。实际上盘口成交的最大意义在于提醒投资者在买入时注意异常成交情况，如果有异常的成交情况，投资者是不能进行买入操作的。

600416 湘电股份 分时成交明细　　Up/PageUp:上翻 Down/PageDown:下翻

时间	价格	现量	时间	价格	现量	时间	价格	现量
14:52	30.03	20 S	14:54	30.09	2 B	14:57	30.08	29 S
14:52	30.04	10 S	14:54	30.09	6 B	14:57	30.08	14 S
14:52	30.04	5 S	14:54	30.08	2 S	14:57	30.09	166 B
14:52	30.04	4 S	14:54	30.09	14 B	14:57	30.10	118 B
14:52	30.05	42 B	14:55	30.08	6 B	14:57	30.09	4 S
14:52	30.04	2 S	14:55	30.07	1 S	14:58	30.10	23 B
14:52	30.04	15 S	14:55	30.08	12 B	14:58	30.10	96 B
14:52	30.05	20 B	14:55	30.07	8 S	14:58	30.10	10 S
14:53	30.05	5 S	14:55	30.08	5 B	14:58	30.10	4 S
14:53	30.05	14 S	14:55	30.07	5 S	14:58	30.10	5 S
14:53	30.05	36 S	14:55	30.08	18 B	14:58	30.10	93 S
14:53	30.06	76 B	14:55	30.07	14 S	14:58	30.10	1 B
14:53	30.09	90 B	14:56	30.07	6 B	14:58	30.10	45 B
14:53	30.06	10 S	14:56	30.07	6 B	14:58	30.15	172 B
14:53	30.08	10 B	14:56	30.07	25 B	14:58	30.25	409 B
14:53	30.08	297 S	14:56	30.06	19 S	14:59	30.10	7 S
14:53	30.06	50 S	14:56	30.08	65 B	14:59	30.10	4 B
14:54	30.08	2 B	14:56	30.08	5 S	14:59	30.28	80 B
14:54	30.08	43 B	14:56	30.08	10 S	14:59	30.11	72 S
14:54	30.08	1 B	14:56	30.05	50 S	14:59	30.12	6 S
14:54	30.08	8 S	14:57	30.08	5 B	14:59	30.25	125 B
14:54	30.09	17 B	14:57	30.08	30 B	14:59	30.26	5 S
14:54	30.08	2 S	14:57	30.08	21 B	15:00	30.26	3 B

在股票软件分时图中按“F1”即可查看成交明细。

左侧为湘电股份在2011年4月1日的分时成交明细，以此来观察成交情况。

图 8-20　分时成交明细

▶ 5. 关注盘口资金流向

资金流向，在国际上是一个成熟的技术指标，是反映市场多空买卖意愿的数据指标体系。一般来说，对于资金流向的确定很容易。例如，在 9：50 这一时刻，某一板块指数较前一分钟是上涨的，则将 9：50 这一时刻的成交额记作资金流入；反之，则记作资金流出，若指数与前一分钟相比没有发生变化，则不记入。每分钟计算一次，每天统计一次，流入资金与流出资金的差额就是该板块当天的资金净流入。

在实际操作中，无论是研判大盘的趋势还是分析个股的分时走势，资金流向的判断都起着非常重要的作用。在市场中，投资者通常所说的“热点”或者“热门股”其实指的就是有大资金流入的个股，而“板块轮动”就是资金流向个股轮动而产生的盘面效果。通常情况下，每天成交量排行榜前 20～30 名的个股都是资金流向的热点，投资者所要观察的重点是这些个股是否具备相似的特征或集中于某些板块，并且这些个股占据成交榜的时间是否足够长。当大盘成交量比较小的时候，一些大盘股在成交榜上占据着比较靠前的位置，但是这些个股的量比却没有任何增加的趋势，那么就意味着大盘氛围比较冷淡，投资者不可将此结果与资金流向集中混为一谈。

事实上，资金流向能够帮助投资者透过价格涨跌的迷雾看到其他人的行动。价格上涨一个点，可能是由 1 000 万元资金推动的，也可能是由 1 亿元资金推动的，这两种情况对投资者具有完全不同的指导意义。需要特别强调的是，部分投资者从字面上错误理解了资金流向的意义，他们认为资金流向就是资金的进场或离场。事实上，这种理解是不可取的。资金流向分析属于行为金融学和技术指标双重领域的范畴，通过分析多空买卖意愿和市场博弈行为来分析预测股价行为，对短线操作具有较高的参考意义。

▶ 6. 关注盘感

操盘手法是指在具体操作中已形成的相对稳定的操盘系统，盘感指的是由于操盘系统的稳定性，而形成的一种由感性认识和理性认识相混合的直观能力。

就盘感而言，部分投资者称为对行情研判的“第六感”，也有人称为直觉、超感觉。名称虽不同，但本质含义都是相同的。一般而言，只有进入一种特定的交易状态，盘感才会出现。盘感的出现需要投资者的心态特别平静和聚精会神地关注市场。如果操盘系统已经形成，有某种程度的稳定性，并且投资者已积累了丰富的实践经验，这种程度的“盘感”的可信度极高。操盘手法与盘感是相对的、一致的，不同的操盘手法对应不同的盘感。

任务三 分时图常见形态

一、拉旗杆形

拉旗杆形态形成的原因是在次日开盘后庄家迅速在 15 分钟内抬高股价，随后全天横盘，让当日的换手成本比前一日高出一截，如图 8-21 所示。出现这种形态时，股价在上升时伴有较大的成交量，这种情况是由庄家自买、自卖造成的。从跟庄意义上来看，旗形出现时，表明庄家洗盘换手进而择机拉抬股价，此时投资者自然可以逢低吸纳建仓，并在放量突破时加仓跟进。事实上如果成交量显著放大，拥有拉旗形走势图形的个股有可能出现涨停。

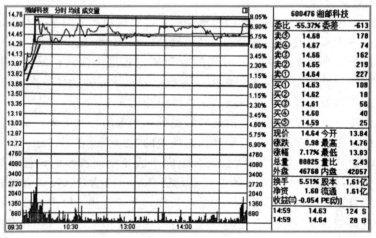

图 8-21 拉旗杆形

对于投资者而言，在对拉旗杆形态进行分析的时候，需要对旗形进行研究。实际上，在极端多头市场中，股价大幅攀升至某一压力位时，形成的图形被称为"旗杆"，然后股价开始进行旗形整理，其图形会形成由左向右下方倾斜的平行四边形，该四边形可以被认为是一个短期内的下降通道。在该形态内的成交量呈递减状态，由于旗形属强势整理，所以成交量不能过度萎缩，而要维持在一定的水平。但股价一旦完成旗形整理，待其向上突破的那一刻，必然会伴随着大的成交量，而后股价大幅上涨，其上涨幅度将达到旗杆所包含的最高价与最低价的价差，涨升速度较快，上涨角度接近直角一段强势行情的整理时间必定不会太长，一般在 5～10 天。如果整理时间太长，容易涣散人气，其形态的力道也会逐渐消失，此时，就不能再将其作为旗形看待。

另外，能够在股市中寻找连续强势拉升的强庄股，并在最短时间内获得最大的收益是每个投资者的梦想。当众多投资者发现强庄拉升的强势股时，往往会因害怕庄家可能进行大幅洗盘而不敢进入。实际上，利用旗形可对股票是否有强庄参与而加以辨别。在热点轮动的个股中，能够"拉旗杆，画旗面"的强庄股有望再拉旗杆飙升。而根据旗形研判并捕捉强庄股的中线底，立足主流趋势逢低吸纳，趁回档建仓时介入，突破时加仓跟进，才是投资者"追涨不追高"、把握庄股主升浪的正确投资理念。客观来讲，旗形回落的速度不快，幅度也十分轻微，成交量不断减少，反映出市场的沽售力量在回落中不断地减轻。一旦旗形休整之后，股价被再度放量拉旗杆的可能性会很大，从而形成新的上升浪。

二、分时K线突破均线形

就分时K线而言，它有助于投资者从微观的角度分析股市走势，是对股市行情分析的一种补充；可以帮助投资者准确判断股票的买卖时机；可以对投资者的投资提供帮助。

投资者将分时K线分析与其他分析方法结合起来运用，可以得到更好的投资效果，其中以分时K线与均线的配合使用最为关键。

事实上，均线是判断股价走势的有力武器，具体的数字设置根据个人风格有所不同，可自行设置。均线的使用方法很多，主要有两种方法：第一种就是通过两条均线的互相穿越来判定趋势的同时判断进场位，其中向上穿越称为金叉，向下穿越称为死叉，同时用反向穿越来判断出场位，总结起来非常地简单，金叉买入死叉卖出，金叉卖空死叉出场；第二种使用方法相比前面一种要少一些，但效果要比第一种方法好很多。首先，K线从上向下穿越均线，并站稳均线下方确定空头趋势，然后分析均线的阻力作用或者多个均线的死叉找机会卖空。反过来K线从下向上穿越均线时，并站稳在均线上方确定为多头趋势，然后分析均线的支持作用或者是在多个均线的金叉处找机会做多。

客观来讲，就分时K线与均线的配合来讲，当分时K线以最快的速度（通常是一两根分时K线）向上穿越多条均线时，可以果断买进；当分时K线以最快的速度（通常是一两根分时K线）向下跌穿多条均线时，则要坚决卖出。

投资者可以通过以下几点对分时K线突破均线的形态进行分析。

▶ 1.5分钟K线突破均线形态

在成交量的推动下，一根实体很大的5分钟K线向上有力地突破几条均线（5单位均线、10单位均线、20单位均线、30单位均线等、60单位均线等）的压力，并站在它们之上。5单位均线、10单位均线、20单位均线、30单位均线、60单位均线等都由走平开始调头向上。这个大力度突破的5分钟K线一般说明股价向上趋势正在形成，未来股价出现上升趋势的希望很大。

值得投资者注意的是，5分钟K线的变化相对较快，所以投资者应结合不同的几条均线使用。正常情况下，几条均线的向上斜率（角度）一定要大才可以买入；如果太小，此时没有操作意义（当天没有什么收益）。投资者还应观察突破时的成交量。如果放量，说明庄家开始进场，这样的突破才真实无误。突破时的成交量越大，当天后市的涨幅一般也越大。除此之外，投资者对于大盘也要进行研判，不可忽视市场背景。如果大盘处于上升趋势，那么投资者可以选择介入；如果大盘处于整理趋势，那么投资者最好观望；如果大盘是处于下跌趋势，那么投资者则要谨慎，不可盲目行动。

▶ 2.15分钟K线突破均线形态

15分钟K线的作用是在大环境充满变数的情况下，使投资者对熟悉的个股加深感觉，并且投资者通过小波段的操作，牢牢抓住该股，赚取差价，减少投资者长期持有该股所产生的成本。

在实际操作中，投资者可以在15分钟K线图上设置一根21日均线及一根5日均线，当看到5日均线上穿21日均线时，投资者可以择机介入；如果投资者看到5日均线下穿21日均线，就要坚决离场。

对于15分钟K线，第一波上攻时要有力度，最好伴有涨停板出现；整理区域量能逐渐萎缩，从盘口分析没有什么成交，几乎是散户行情，证明抛单很轻。这一般可以说明浮动盘已经休息，多空分歧不大；庄家持有大量筹码。在这种状态下，庄家只需要出面"煽风点火"，股价马上就会变化。放量启动时候的特点是15分钟K线图的均线系统多头发散，还有MACD等中线辅助指标发出买入信号，同时盘口上出现大笔攻击性买单，在行进过程中庄家多半采取夹板的手法，一气呵成进入拉升阶段，这是庄家运作的理想模式。实战中情况复杂多变，需要投资者观察大盘的动向来辅助判断。

▶ 3. 30分钟K线突破均线形态

30分钟K线图的均线参数设定为24、80、160。如果某股调整开始后，股价先后跌破24线、80线，说明调整正在逐步加深，此时操作应该谨慎。而当股价调整到160线处时，投资者此时应密切关注，特别是观察股价变动幅度和成交量在此时的变化，因为该区域是个股调整能否结束的最关键阶段。另外，如果股价变动幅度变小，说明短期调整有望结束。

投资者在实战中还应同时对成交量与大盘走势加以研判。通常来讲，当股价调整到160单位线时，走势将面临转机，此时，成交量最为关键。某些个股的成交量有时是在下午14点左右放量，但也有在第二天上午出现拉高放量的情况。就大盘走势来说，如果大盘连续下调并出现衰竭，此时个股如果在160单位线处出现横盘，则适用性最强。

需要说明的一点是，不同的操作前提对于均线的设置要求是不同的，投资者应该结合自己的实际情况进行分析，切忌盲目操作。

▶ 4. 60分钟K线突破均线形态

以大智慧股票软件为例，打开上证综合指数K线图，周期为60分钟，均线分别为MA1为5、MA2为10、MA3为20、MA4为30、MA5为60、MA6为120。周期60分钟也就是每一根K线代表的就是一小时，一个交易日开盘时间为上午、下午各两小时，一天共产生4根K线。那么在均线里，根据设置好的MA及对应的颜色，投资者就可以明白MA1代表的是5小时均线，MA2代表的是10小时均线等。

一般在大盘60分钟走势图中，如果5小时均线（60分钟K线中）被有效跌破，即5小时均线结束上行而返身向下调头时，投资者应立刻抛股离场。如果5小时均线结束下行而返身向上调头时，投资者可以选择介入。需要指出的一点是，此时投资者要对突破的有效性进行判断，谨防假突破。

在实际操作中，投资者准确把握成交量的变化是用好分时K线的关键。例如，成交集中在什么时间放量，放量以后的股价是否开始逐渐向下并跌破各均线系统。如果个股在开盘后一小时出现放量，但缩量时股价并没有逐渐下行，就应该注意该股有可能完成部分换手，有继续上行的可能。

三、弱势形

就弱势形态来说，黄色均价线与白色即时线开盘就同时向右下方一泻千里，如图8-22所示。这种形态也有可能出现在上升通道的震仓中，但在对震仓或者回调等走势把握不准时，投资者需要谨慎对待分时图上这种形态的股票。

需要指出的是，投资者不要只根据局部的信号来买卖股票。所有指标形态都要结合股价的趋势及所处位置是高位还是低位，是支撑位还是压力位来整体考虑。

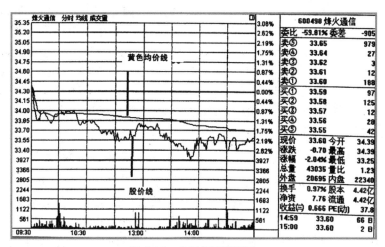

图 8-22 分时图弱势形态

四、强势上升形

强势上升形表现为一些股票在当日的走势中表现非常突出,在开盘之后很快就走出较为强烈的上升趋势,如图 8-23 所示。从分时走势图中可以看到,均价线一路上扬,股价运行在均线上方,即使小幅回调,也受到均价线的有力支撑,甚至不破均价线,在接近均价线位置时,再次发力上攻,一路高歌。股价的不断上升,对于场外的投资者有着难以抗拒的诱惑,因此,越来越多的投资者就会选择介入,进而使得股价不断上涨,形成一个良性的循环。

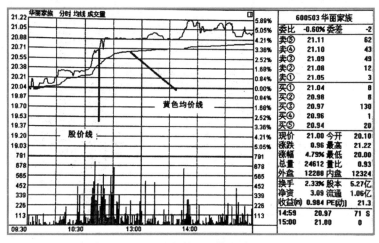

图 8-23 分时图强势上升形

在大盘走势较弱的大环境下,股价小幅低开,但低开后并没有低走,而是选择直接上攻,几乎可以不费力气地填补低开的缺口,补缺后小做回调,并在均线处获得支撑后再次上涨,在分时走势图中,开盘 10 分钟内,股价的运行轨迹类似于大写的英文字母"N",这样的走势往往是强势的象征。此后便震荡上行,股价的重心一直在上移,最终在快收盘的半小时内,伴随着巨量的放出,股价封于涨停,并一直持续到收盘。

此种强势上升图形的出现,反映了市场上的投资者介入的意愿很强烈,而且空方此时已经是处于有心无力的状态。由于此时存在客观的有利因素，投资者通常可以选择在股价回调到均价线处买入。一般当日涨停的股价，其后的交易日里，都会再次走高。

需要指出的一点是，投资者要小心冲高回落。在实际操作中，为了保险起见，投资者可以选择结合其他方面进行综合研判。例如，所操作股票的价格、成交量、股票的所处位置以及其他指标，从而确定自己持有当日涨停股的时间。此外，由于庄家深知投资者的炒股心理，所以庄家一般会采取一定的方式来吸引投资者的关注，从而达到最终出货的目的，投资者应谨慎操作，要结合大盘的实际情况进行认真分析。

五、快速下跌形

快速下跌形态既可出现在跌势初期也可出现在跌势后期，是暂时止跌或转势的信号。在实际操作中，快速下跌为短线操作者提供了一个机会，激进型投资者可趁低买进做一轮短差。持股者在股价快速下跌时不宜卖出，可等股价反弹时退出。

事实上，快速下跌形的出现往往会有两种结果：第一种是短线止跌回升，反弹后继续下跌；第二种是形成"V"形反转。实践证明，第一种情况出现的概率远比第二种要高。

六、中途调整形

在股票的分时走势图中，非常强势的股票可以一路上涨，甚至不回调，直冲涨停。然而，绝大多数处于上升趋势的股票都是比较平稳的。也就是说，此类股票在上涨的过程中通常都会存在回调。回调是指在价格上涨过程中，由于价格上涨速度太快，股价受到卖方打压而暂时回落的现象。在正常情况下，回调幅度小于上涨幅度，回调后将恢复上涨趋势。这里所说的情况其实就是中途调整形态，如图8-24所示。

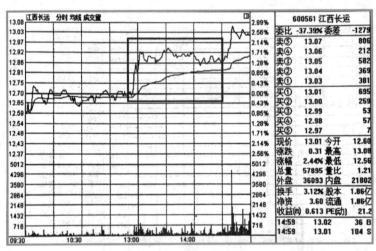

图8-24　中途调整形态

这样的回调一般可以看作是庄家出货或者洗盘的预兆，投资者可以结合成交量对此做分析。通常来讲，如果是无量上涨，中线是庄家控盘，短线是庄家出货完毕，抛压减少，庄家追涨意愿不强；如果是放量回调，那么可以说明主动性卖盘增多，抛压逐步加强，主力有出货迹象。

从图8-24可以看出，股价的上涨是伴随着放量的。分时图上红柱多于绿柱，主动性买盘大于主动性卖盘，价升量涨，初步判断股价为真实上涨，分笔成交中可以看到主动性买盘的大单时而出现，庄家做多的意愿暴露。分时图中股价回调，但是回调到均线上方较远处便停止回调,分时走势的低点一个比一个高,总体趋势向上,均线也一直向上运行,判断结果是庄家洗盘。再看成交量,回调时成交量极度萎缩,洗盘的概率极大,股价再次上涨,成交量极度放大,证明此前的判断是正确的。庄家意图全天做多,直至收盘,股价涨幅可观。

总之,在这种分时图中,投资者首先看量能配合是否良好;其次,看回调力度和回调时间。但是仅凭一张分时图是远远不够的,投资者还须对个股近日的K线组合等指标有全面的分析,从而更好地进行操作。

七、易涨停形

对于易涨停的股票来说,上涨时会快速拉高,同时成交量放大,在推高过程中,一般呈现加速上攻的形态,而不能是拱形上涨,如图8-25所示。

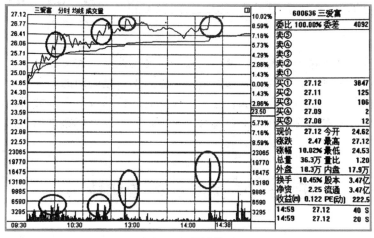

图 8-25 易涨停形

需要指出的是,在没有出现推升动作的时候,成交量会很温和地变化,尤其是在横盘过程中,成交量或呈现阶梯形的缩量,缩量非常有序。

另外,此类股票总体走势一般处于良好态势。此态势可以是一种多头走势,也可能是一些严重超跌之后的反弹走势。所谓"不良好"状态指的是近期成交量以及日线级别的K线显示该股明显走弱,并且有头部特征,若突然出现放量大涨,更多的是庄家诱多出货的行为。即使这样的股票涨停,多半会在涨停的过程中出现成交量严重暴量的现象,并且第二天股价会低开下跌。

在实战中,投资者切不可对此类股票的涨停进行片面的理解。在股市中,有很多由于各种原因而涨停的股票。以小盘股为例来讲,在小盘股的分时图中,也许此股的攻击性不是很强,然而也一样存在着持续涨停的可能。

八、修长城形

在"修长城形"的分时走势图中,股价平直运行,几分钟内没有成交或者成交量很少,股价维持在一个水平,此时突然有笔成交或股价变动,使股价直上直下地发生变化,此时形成的分时图在形态上有些像长城,如图8-26所示。

在实际操作中,股价出现这种长城形的分时走势时,说明筹码锁定得很好,是庄家高度控盘的体现。投资者此时应结合大盘走势进行研判,不同的大盘走势需要不同对待。如

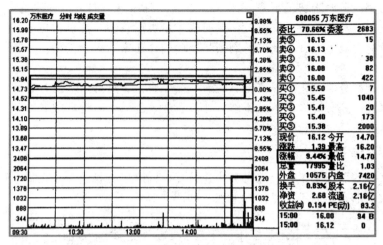

图 8-26　修长城形

果长城形出现在上涨中途的回调时，说明庄家此时高度控盘，大多数投资者也对后市纷纷看好，很少有人抛出手中的筹码，看涨后市，上涨只不过是时间的问题。如果出现在下跌或震荡整理的过程中，后市难以看涨，这时，庄家介入拉动股价上升的可能性很小，手中持有股票的投资者也都纷纷看好后市，没有人卖出，如果没有庄家进场，那么一旦有些许的筹码抛出，那么股价下跌将是必然的。

任务四　看盘要点和技巧

一、看盘

投资者如果想要把握市场的动向，就要学会看大盘，如图 8-27 所示。通俗来讲，看盘也就是盯盘的意思。通常情况下，投资者看盘要注意以下几点。

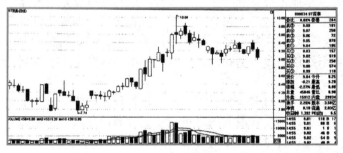

图 8-27　K 线图

▶ 1. 关注集合竞价

在开盘时，要看集合竞价的股价和成交量，集合竞价表示市场的意愿，是投资者期待当天股价上涨还是下跌的一种表现。

▶ 2. 关注开盘半小时内看股价变动的方向

如果股价开得太高，在半小时内就可能会回落；如果股价开得太低，在半小时内就可能会回升。

▶ 3. 关注成交量的大小

如果高开又不回落，而且成交量放大，那么这只股票就很可能要上涨。

▶ 4. 关注股价

一般情况下，看股价时，不仅看现在的价格，而且要看前一天的收盘价、当日开盘价、当前最高价和最低价、涨跌的幅度等，这样才能看出现在的股价是处在什么位置，是否有买入的价值。

▶ 5. 关注现手数与现手累计数

对于一只股票，最近的一笔成交量叫现手，从开盘到即时的成交量叫总手。现手数是说明电脑刚刚自动成交的那次成交量的大小。如果连续出现大量成交，则说明有多人在买卖该股，值得予以关注。而如果半天也没人买，则该股不大可能成为好股。现手累计数就是总手数，总手数也叫作成交量。一般成交量大且价格上涨的股票，趋势向好。成交量持续低迷一般出现在熊市或股票整理阶段，市场交投不活跃。成交量是判断股票走势的重要依据，有时它比股价更为重要，为散户分析庄家行为提供了重要的依据。在实际操作中，投资者对成交量异常波动的股票应当密切关注。

另外，总手数与流通股数的比值称为换手率，它说明持股人中有多少人是当天买入的。一般而言，"换手率"也称为"周转率"，指在一定时间内市场中股票转手买卖的频率，是反映股票流通性强弱的重要指标之一。换手率根据样本总体的性质不同有不同的指标类型，如所有上市股票的总换手率、基于某单个股票发行数量的换手率、基于某机构持有组合的换手率。换手率高，说明该股买卖的人多，股价容易上涨，属于热门股；反之，股票的换手率越低，则表明该股票缺少关注，属于冷门股。

换手率高，一般意味着股票流通性好，进出市场比较容易，不会出现想买买不到、想卖卖不出的现象，具有较强的变现能力。然而，值得注意的是，换手率较高的股票，往往也是短线资金追逐的对象，投机性较强，股价起伏较大，风险也相对较大。需要指出的是，如果不是刚刚上市的新股，出现特大换手率（超过百分之五十），那么其股价常常会在第二天就下跌，所以最好不要买入。

在实际操作中，投资者可以结合换手率来观察股价的走势。一般来说，如果某只股票的换手率突然上升，而且成交量也呈放大状态，那么可以说明有投资者在大量买进，股价可能会随之上扬。若是某只股票在一段时间内连续上涨，而且换手率在短时间内上升较快，那么一般可以认为是某些获利者要套现，股价可能会下跌。

▶ 6. 观察自己手中持有的股票走势是否和大盘一致

若走势一致，那么投资者应对大盘予以特别关注，在股价上升到顶点时卖出，在股价下降到底时买入。

二、看盘要点

一般而言，看盘是股票投资者主要的日常工作。概括来讲，投资者需要把握以下看盘要点。

▶ 1. 看量价匹配情况

通过观察成交量柱状线的变化与对应指数变化，判断量价是正匹配还是负匹配。具体方法是成交量柱状线由短逐步拉长，指数也同步走高，则表明推高功能不断加强，是正匹配，投资者可以伺机介入；反之，指数上涨，成交量柱状线却在萎缩，是负匹配。无量空涨，短线还会回调。当成交量柱状线由短逐步趋长，指数不断下滑，说明市场中有庄家在行动,此时需要特别谨慎。通常,大盘短期很难再坚挺;成交量柱状线不断萎缩,指数却飞速下滑,是买盘虚脱的恐慌性下跌,投资者可以介入,此时短线获利的概率很高。

▶ 2. 看指数异动原因

盘口分时指数图有时突然会出现飙升或跳水走势,由于事先并没有任何征兆,出乎大家的意料,因此称为异动走势。此时,如果投资者不能理智地进行分析,盲目进行投资,那么遭遇损失的可能性很大。

▶ 3. 看热点转换情况

通过观察当日个股涨跌幅排行榜第一版,判断是长线资金在积极运作还是短线资金在游荡式冲击。

三、成功看盘的方法

对于投资者来说,看盘关系到投资的成功与失败,关系到未来利润的获得或损失,所以一定要给予足够的重视。一般而言,投资者想要做到成功看盘,需要把握以下几种方法。

▶ 1. 关注趋势

投资者需要密切关注大盘趋势的变化。根据通道理论,股价一般会沿着某一趋势运行,直到政策面、宏观经济面发生重大变化,这一趋势才会逐步改变。需要说明的一点是,趋势的改变并不是一蹴而就的,原因在于"惯性"的影响。

简单地说,按照物理学的原理,通道理论是指物体在没有外力的影响下会保持匀速直线运动。在股市上,通道理论是指在没有外力的影响下,价格将维持在一个通道内运行。一般可以认为价格有 70% 的时间是不受外力影响的,即在一个通道内,股价 30% 的时间受到外力影响,走势会超出通道的范围,可能是上穿,也可能是下破。

▶ 2. 关注均线

均线是对历史行情进行平均计算并将其连接起来的一条曲线,均线也是移动平均线指标的一种简称。事实上,由于该指标是反映价格运行趋势的重要指标,其运行趋势一旦形成,将在一段时间内继续保持。趋势运行所形成的高点或低点又分别具有阻挡或支撑作用,如图 8-34 所示,因此,均线指标所在的点位往往是十分重要的支撑或阻力位,这就为投资者提供了买进或卖出的有利时机,均线系统的价值也在于此。在实际操作中,我们经常运用的均线有 5 日均线、10 日均线、15 日均线、30 日均线、60 日均线、120 日均线以及 250 日均线。

通常,股价在长时间的上涨后,如果 5 日均线下穿 10 日均线,此时应该引起投资者的重视。若 10 日均线下穿 30 日均线,就应该考虑卖出股票。当 30 日均线调头下行时,则应果断离场,不管此时是亏损还是盈利。

图 8-28 均线买入信号

3. 关注成交量

在股市中,经常有人说:"股市中什么都可以骗人,唯有成交量是真实的。"成交量的大小直接表明了多空双方对市场某一时刻的技术形态最终的认同程度。江恩十二条买卖规则中的第七条就是观察成交量,指出研究成交量的目的是帮助决定趋势的转变,因此,市场上有"量是价的先行,先见天量后见天价,地量之后有地价"之说。需要指出的一点是,投资者在实际应用中不能把成交量的作用简单化、绝对化,由于国内股市中存在大量的对敲行为,成交量在某种程度上也能反映真实情况,所以需要结合实际情况来具体分析。

客观来讲,上述三点之间是相辅相成的,忽略了其中任何一点都是不可行的。另外,除了盘面"三关注"之外,投资者还应关注宏观经济面和政策面的变化,政策面利空应做空,政策面利多应做多,不可逆政策面而动。

知识链接

成功看盘的注意要点

1. 学别人的理论、听别人的讲解固然重要,但关键还是要找到适合自己的方法和理论。除了在实战中磨炼外,散户应该把主要精力放在研究市场、研究数据、图表和现象上,总结出符合市场规律、真正有实战价值的东西。

2. 市场品种繁多,需要耗费脑力筛选,分析庄家意图的难度也大。许多投资者亲眼所见的盘面现象也并非都是合乎逻辑的,因此,投资者凭借技术分析和各类消息来应对是不够的,还需要进一步提高自己的看盘能力以及心理素质。

3. 多数投资者并没有按照正确的态度和纪律去看盘,有的人盲目听从消息,看盘态度不认真,很多人甚至从来没有过"看盘"的观念。实际上,看盘的过程就是选股的过程。

4. 投资者要在众多个股中找出自己要操作的品种,并确定持有时间和买卖依据,考虑是做分散组合还是满仓进出、激进做短线等。

5. 需要强调的是,看盘的重点在于交易是否自然,这是重中之重。另外,投资者还要考虑交易的延续性。投资者在对一些交易细节的分析中,一定要考虑股价一段时间以来的变化,而不是仅仅停留在某个细节上面。

四、看盘技巧

1. 看盘的首要重点是看板块和热点个股的轮动规律

看盘的首要重点是看板块和热点个股的轮动规律,进而推测出行情的大小和持续性时间变化。每天应该注意是否有涨停个股开盘,如果有,那么说明主力资金还在努力选择突破口,如果两市都有10只以上的涨停个股开盘,则说明市场处于多头气氛,人气比较旺,少于这个标准则说明市场人气不佳,投资者应该当心大盘继续下跌风险。如果每天盘面都有跌停板,并且是以板块方式出现,那么,应该警惕新一轮的中级调整开始。

在热点上,如果前一交易日涨停的个股或是上涨比较好的板块难以维持两天以上的行情,那么,就说明主力资金属于短炒性质,此个股或板块不能成为一波行情的"领头羊",同时也意味着这一轮上涨属于单日短线反弹。相反,如果热点板块每天都有2~3个以上,平均涨幅都在2%以上,并相互进行有效轮番上涨,则中期向好行情就值得期待。2010年7月上旬和中旬,有色资源、煤炭资源、稀土资源以及新能源、智能电网等板块交替上涨,从而产生中级行情。

2. 看盘应重点关注成交量

根据两市目前市值情况看,上证大盘成交量小于1 000亿应做震荡整理理解,700亿以下为缩量，小于500亿可以理解为地量，超过1 100亿应该理解为放量。地量背后往往意味着反转，例如，2010年6月底和7月初，上证股市先后多个交易日成交量低于500亿，这个时候空仓资金应为自己的重新进场做好准备。

当大盘摆脱下降趋势，走出一个缓慢的底部构筑的形态，在成交量温和状态下，投资者可以以不超过半仓的水平买股持股。如果，当股票持续上涨，成交量放大，换手率超过15％（中小板、创业板个股特定条件下可以放宽到20％左右，另外新股、次新股、限售股、转赠股、配股上市日不在此列），5～20日线开始死叉转向，那么此类短线题材股和概念股应该考虑逐步抛售。

▶ 3. 努力培养盘感，运用技术手段捕捉市场机会

不管是什么品种的股票，如经过短期暴跌，跌幅超过50％，下跌垂直度越大，那么关注价值就越高，当某一天突然缩量，短线买进的机会来了。因为急跌暴跌后，成交量突然萎缩说明杀跌盘已经枯竭，肯定会出现反弹。同样，如果股票价格在接连涨了很多时间，而且高位开始频繁放量，可是价格始终盘旋在某个小区域，连续用小单在尾盘直线拉高制造高位串阳K线，筹码峰密集严重扩散，则说明这个完全是主力在出货，必须坚决清仓。

▶ 4. 别小看低位的三连阳，别漠视高位的三连阴

一般来讲，股票价格在接连下跌一段时间后，突然在某天不那么狂跌，而且，K线上接连出现红三兵，价格波动幅度又不是那样大，通常价格一串上去又被单子砸下来了，这个时候往往就是有主力潜伏着开始收货中；反过来，如果在涨势继续了一段时间，股票价格已经很大幅度地脱离了主力原始成本，这个时候出现了高位几连阴，股票价格重心开始下移，尤其是在一些时候，主力利用快要收盘的时候，突然用几笔单把股票价格迅速买回日均线，在随后的几天里同样的手法经常出现，K线图上收出长下影，那说明主力出货的概率已经达到80％以上，这些做法都是为了麻痹经验不足的资金。假如某天连10日、20日、30日线都跌破，不管是赚还是赔，坚决离场。

▶ 5. 大涨买龙头

在市场大跌的气氛里很容易判断龙头股，应密切注意涨幅榜中始终跃居前几位的逆市红盘股，特别是价格处于三低范畴，或是股价在15～20元，离新多主力拉升底部区域不足50％空间，在大盘大跌的当日或随后几天时间里，果断用长阳反击K线收复前期长阴失地的，则有望成为反弹的龙头。市场的法则永远是强者恒强，弱者恒弱。当中级以上行情出现的时候，投资者要善于提早发现谁是龙头，并果断追进、抓稳抓牢，别因一时盘面震荡轻易下马。通常洗得越凶，后期飙涨概率越大。炒股抢占先机概念很重要。有的股票难当龙头最好在行情启动初期果断放弃。

五、涨势中不要轻视冷门股、问题股

涨时重势，跌时重质，当一只股票敢于在大势不好的情况下缩量封出涨停板，肯定有其不被市场大众知道的东西隐藏在后面。熊市里，很多2～5元中小盘个股就是这样无量快速涨停，通常这个时候非常考验短线高手的看盘功力，因为这样的股票往往留给人的思考、判断、下单时间不会超过一分钟，一般此类股很容易出现连续涨停，甚至是一字涨停。例如，2010年7月27日，很多ST股大跌的时候，ST黑化却震荡走高，上方买盘都被逐步吃掉，并在临近收盘的最后10分钟封上涨停，这说明市场已有嗅觉灵敏的资金闻到了变盘气息在重组前夜下手。

知识链接

开盘半小时的看盘技巧

开盘半小时是指每天开盘后半个小时。开盘后的半小时是多空双方交战最激烈的阶段。开盘后的半小时多空双方的较量基本决定和影响了全天多空双方的价位观点,从而决定了该股一天的走势。多方为了收集筹码,开盘后经常会迫不及待地买进。而空方为了达到出货的目的,也会故意拉高股价,从而造成开盘后股价急速拉高的现象。有时多方为了买到便宜的筹码,开盘后会急速打压股价,使得投资者产生恐惧心理,不顾一切地抛售手中的筹码,使得开盘后股价急速下跌。因此,对开盘后半小时的分时走势进行分析有助于投资者对大势的研判。

在实际应用中,投资者可以把握如下几点。

1. 上升趋势

一般对于上涨趋势的大盘,开盘后半小时之内都会有一浪高过一浪的攀高现象,10点之后如果继续攀高,说明当天大盘震荡走高,股价大涨;如果10点后大盘掉头向下,可预期尾市大盘有短线回吐压力,但全天的趋势是上涨的,如图8-29所示。以上两种情况是最典型的大盘上涨信号。

图8-29 开盘半小时内看盘

2. 下降趋势

开盘后30分钟内大盘分时走势逐级盘下,一浪比一浪低,盘中反弹高度不能高出下降趋势线,反弹乏力,直至10点半后仍然没有一波有力的反弹,或存在有强力反弹但最终不能高出开盘后30分钟的K线实体部分,可以判定当日大盘为跌势,股价下调。

另外,投资者可以将开盘后10分钟、20分钟、30分钟的价位设为移动点,分别标记为B、C、D,以开看盘价为原始点A,将这四点连成几个线段,分别为AB、BC、CD,以此来判断股价当天的变动趋势。一般情况下,若B、C、D三点的位置均高于A点,那么通常可以说明多方势力强劲,当天行情走势向好的可能性较大。需要指出的是,若在10:30之前市场有天量出现,那么说明有庄家拉高出货的可能。若B、C、D三点中,B、C点比A点高,D点比A点低,一般意味着当天行情以震荡行情为主。若B、C、D三点中,D点比A点高,B、C两点比A点低,一般说明空方力量大于多方,而多方也积极反击,底部支撑较为有力。若B、C、D三点中,B点低于A点,C、D两点高于A点,说明当天的走势将呈现出震荡向上的趋势。若 B、C、D 三点均低于 A 点，那么意味着当天收阴线的概率较大。

客观来讲，开盘后的第一个 10 分钟，市场人数不多，盘中买卖量都不是很大，因此，庄家用不大的量即可以达到预期的目的。第二个 10 分钟则是多空双方进入休整阶段的时间，一般会对原有趋势进行修正，如空方逼得太急，多头会组织反击，抄底盘会大举介入；如多头攻得太猛，空头会予以反击，获利盘会积极回吐。所以这段时间是买入或卖出的一个转折点。第三个 10 分钟因为参与交易的人越来越多，买卖盘变得较为实在，因此可信度较大，这段时间的走势基本上成为全天走向的基础。

在实战中，当市场上的"利好"或"利空"传闻最多之时，也是机构利用开盘大举造市的时候，开盘后半小时的行情对市场人气的聚散有着特别重要的影响。一般开盘后应立即查看委托买进笔数和委托卖出笔数的多少，如果一开盘委买单大于委卖单达 2 倍以上，说明市场人气旺，短线可买入；反之，则代表空方强大，当日做空较为有利；开盘后若委买和委卖相差不大，在观察是否有大笔委托单的前提下还应结合前期量价趋势来分析判断。

闯关考验

一、名词解释
分时线　　均价线　　成交量　　换手率　　买卖盘　　委比　　量比　　内外盘

二、选择题
1. 大盘分时走势图中，表示沪深证券交易所每日对外公布的大盘实际指数的是（　　）。
   A. 白色曲线　　　　B. 黄色曲线　　　　C. 红色柱线　　　　D. 绿色柱线
2. 外盘大于内盘，通常股价会（　　）。
   A. 上涨　　　　　　B. 下跌　　　　　　C. 盘整　　　　　　D. 无法判断
3. 下列情况下最不可能出现股价上涨（连续上涨）情况的是（　　）。
   A. 低位价涨量增　　B. 高位价平量增　　C. 高位价涨量减　　D. 高位价涨量平
4. 当股价刚开始上涨时，如果出现价增量增的现象，可以断定涨势已成定局，应该加码（　　）。
   A. 卖出　　　　　　B. 买进　　　　　　C. 都可　　　　　　D. 无法判断，观望

三、简答题
1. 在个股行情图中，我们可以看到哪些行情数据？这些行情数据各代表什么？
2. 简述运用量比选股的方法。

项目九 证券投资的策略与技巧
Chapter 9

>>> 学习目标

1. 掌握股票投资策略中的选时、选股、跟庄和债券投资策略中的调整期限策略、利率化策略和无效率市场策略。
2. 掌握证券投资的计划模式和组合模式。
3. 掌握证券投资操作技巧。
4. 掌握股票的买卖时机,并能回避风险。

>>> 问题导入

你认为投资者应掌握哪些股票操作技巧?

>>> 情景写实

彼得·林奇成功选股使公司资产猛增

彼得·林奇是当今美国乃至全球最高薪的受聘投资组合经理人,是麦哲伦共同基金的创始人,是杰出的职业股票投资人、华尔街股票市场的聚财巨头。

彼得·林奇在其数十年的职业股票投资生涯中,特别是他于1977年接管并扩展麦哲伦基金以来,股票生意做得极为出色,创造了一个又一个奇迹,不仅使麦哲伦成为当时全球资产管理规模最大的基金,使其资产由2 000万美元增长到140亿美元,而且使公司的投资配额表上原来仅有的40种股票增长到1 400种。

在林奇的股票投资组合中,他最偏爱两种类型的股票:一类是中小型的成长股股票。在林奇看来,中小型公司股价增值比大公司容易,一个投资组合里只要有一两家股票的收益率极高,即使其他的赔本,也不会影响整个投资组合的成绩。同时他在考察一家公司的成长性时,对单位增长的关注甚至超过了利润增长,因为高利润可能是由于物价的上涨造成的。另一类股票是业务简单的公司的股票。一般认为,竞争激烈领域内有着出色管理的高等业务公司的股票,如宝洁公司,3M公司及摩托罗拉公司更有可能赚大钱。但在林奇看来,投资不需要固守任何美妙的东西,只需要一个以低价出售,经营业绩尚可,而股票价格回升时不至于分崩离析的公司就行。

靠着这种投资方式，林奇成为华尔街股市的超级大赢家。

林奇的炒股经验，是投资不要相信高谈阔论的股市评论专家，只坚信自己的分析判断。

任务一 证券投资的策略

一、证券投资策略

（一）股票投资策略

▶1. 选时

时机不是"时点"的概念，一般人在最高点卖出，最低点买入是很难的，因此，只要抓住了大的时机，在次低点买入，在次高点卖出就可以赚到令人满意的利润了。时机也不是偶尔出现的，而是时时存在，升也可赚，降也可赚。不同的股票个性不同，所以不必为丧失一个时机后悔，关键在于把握大势。时机更不是一律雷同的，而是因人而异的。机构因数额巨大，一下子买卖很不容易，因此他们必须及早抓住机会，一路逐渐补进或卖出，而小户投资者则不必如此，只要抓住一次较有利的机会即可。因此，证券投资有句名言：选股不如选时。

那么，投资者在股票投资过程中如何进行选时操作呢？我们可以从以下几个方面进行综合研判。

（1）从经济周期看股市时机。当经济处于红灯区，说明经济处于超热状态，国家很可能采取调高利率、银行准备金比率等紧缩政策；当经济处于紫灯区，说明经济处于超冷状态，国家将采取降低利率、降低银行存款准备金等措施刺激经济增长；经济处于绿灯区，说明经济运行正常；黄灯区为过热区域，可以根据经济走向判断经济正在向好还是向坏。当经济将进入谷底之前3个月至半年，可以买入。当经济接近高峰前3个月至半年应卖出。

（2）扩容政策看股市时机。可以根据流通股市值曲线进行预测，当处于扩容真空期时可以买进，当处于扩容高峰期时就应该卖出。

（3）从财政政策、货币政策看股市时机。当从紧的财政政策变为扩张的财政政策之前，当货币政策从紧变为放松之前，当银行利率有下调迹象之前应该买入。而货币政策从放松到从紧之前，当银行利率有上升迹象之前卖出。

（4）从社会心理看股市时机。当持股投资者感到很紧张时，当股价持续上涨使得投资者此时的外部情绪达到最乐观而内心却动荡不安、矛盾重重时，往往预示着股价要下跌，应该卖出股票。反之，当持有货币投资者感到很紧张时，应该买进股票，可以通过成分股指数与综合指数之间价格的不协调的异常波动进行预测。

（5）从公司利润看股市时机。当公司利润将持续增长前买入该公司股票，当公司利润增长率下降前卖出该公司股票。

（6）从技术分析看股市。当股指不断下跌，跌幅已深，交易清淡，一片悲观之时，下跌趋势减缓有做底迹象时买入。当市场极度沸腾，股指连创新高，有做头迹象时卖出。在技术上为了更稳健，可以将K线、均线与成交量为参考，当有一两种指标背驰，对行情迷惑不解时，停止操作，进行观望。三大系统中，成交量、量价关系最重要。

（7）从价值中枢看股市行情。当股指高于年线很多，处于年线为中轴的轨道的上轨时，或市场平均市盈率远远高于证券市场理论价值中枢时应卖出股票；而当股指处于年线为中轴的轨道的下轨，或市场平均市盈率远远低于证券市场理论价值中枢时，应当买入股票。

（8）从突发事件看股市时机。如1994年的"三大政策"，1995年的关闭国债期货等。

（9）从周边环境看股市时机，如1998年的东南亚金融风暴，2011年的欧债危机、美债危机对股市会产生不良影响。

▶ 2．选股

中短期选股要求被选股票（或股票组合）能够在相对较短的一段时期内具有较高的涨幅预期，故中短线选股必须重势，追求投机性价差收益。若是长线选股，则要注重股票质地和追求稳健的投资收益。中短线选股的基本原则如下。

（1）积极参与市场热点。捂股不动可能数月无获，且易在消极等待中深套，特别是熊市。投资者如能把握好市场板块轮动节奏，会获得可观的投资回报。

（2）抓住龙头股。在某一热点板块走强过程中，同比涨幅可观的龙头股是行情风向标，往往涨时冲锋在先而回调走势抗跌，可从成交量和相对涨幅中遴选。

（3）上市公司公告蕴藏一定投资机会。投资者可从发布的年报、中报和不定期公告中发现对个股价格有重大影响的信息。但应结合股票最近一段时期的走势分析再决定是否买卖，不少个股的股价已经提前反映了公开利好信息。

（4）利用各种技术分析工具以帮助优化买卖时机。技术分析可以防范造假等基本资料的陷阱，如组合移动平均线的运用、资金流向及成交量分析、形态理论运用等分析方法，对选股很有帮助。

▶ 3．跟庄

明白了看盘、选股的道理，也选对了股，还应认识大资金的真面目，找寻规律。机构的操作一般分为五个阶段。

（1）准备。当宏观经济运行至低谷而有启动迹象时，高明的机构会采取顺应市场发展趋势的行动。在正式炒作之前，机构往往会有一份详细的立项报告和完整的操作计划，包括证券选择、资金筹集、各方关系协调和撤退方案等。

（2）吸货。机构常设法打穿重要的技术支撑位，引发技术派炒手的止损盘，形成股价向淡形态，同时以利空传闻动摇投资者持股信心。但在股价走势最恶劣的时候，却有一股力量在悄悄吸纳，投资者可看到股价并没有下跌多少。

（3）洗盘。目的在于垫高其他投资者的平均持股成本，洗掉短线跟风客，以减小进一步拉升股价的压力。在高抛低吸中，机构可赚取可观的差价，以弥补拉升段付出的较高成本。

（4）拉升。洗盘结束即大幅拉升离开成本区，机构对股价的控制能力基本上取决于其控制筹码的程度。筹码集中，则股票易于拉升。

（5）出货。这是机构操作中最关键、最难的一关，决定做庄的成败。一般采用如下手法。

① 震荡出货法。在高价区反复制造震荡，时间较长，让散户误以为只是在整理，于震荡中慢慢分批出货。

② 拉高出货法。发布突发性重大利好消息，之后巨幅高开，吸引中小投资者跟进，再一边放量对倒一边出货。此方式时间较短，要求人气旺盛，消息刺激性强，适合中小盘股操作。

③ 打压出货法。往往因机构发现了突发性的利空，或某种原因迫使机构迅速撤出，直接打压股价出货。机构持股成本远远低于大众持股水平，即使打压出货也有丰厚利润。

（二）债券投资策略

债券投资策略从大的方面分为被动和主动债券投资策略两类。被动债券投资策略又称为购买-持有策略。采用这一策略时，投资者以获得市场收益水平为满足，只要简单地选择合适的债券即可。如果投资者较为保守，通常只考虑最高级别的债券；而能够并愿意承担风险的投资者，则会考虑投资于较低级别的债券，因为这类债券收益率较高。主动债券投资策略是为了应对不稳定的经济、政治等环境的变化而采取的策略。有三种变化：一是持各种期限的债券，这种策略不要求预测利率的变化；二是根据对利率变动方向及变动幅度的预测而进行债券投资；三是包括基于债券市场可能存在的无效率而做出的各种具体策略。具体内容如下。

▶ 1. 调整期限策略

（1）配对投资法。若能预测利率变化，就可通过合理的投资策略来利用这种变化。如预测利率将下降，就应投资那些有较长持有期的债券；如不能对利率变化做出可靠预测，应采取一种在利率变化时能够保证一定投资收益水平的策略。配对投资法实际上是否定了利率的变动，有两个步骤：一是确定合适的持有期或投资期；二是寻找一组债券使其持续期等于其持有期，如持有期是两年，则有两年持续期的一个或一组债券适用于配对策略。

（2）梯形投资法，又称梯形期限方式，是确定证券组合中证券期限结构的方法，投资者需将全部资金平均投放在各种期限的证券上。投资者先用资金购买市场上数量相同的各种期限的证券，当短期证券到期收回资金后，再将它投放到长期证券上，循环往复，随时持有各种到期的证券，且各种期限的证券数量相等。这种方法用坐标表示，图形呈等距阶梯形。梯形投资法能保证获得平均收益率，但投资方式不够灵活，变现能力受到期限结构限制。

（3）杠铃式投资法，指投资者放弃中期债券而确保短期债券和长期债券的投资组合策略，呈现出一种杠铃式两头沉的组合形态。长期债券的收益率高、利率变化较少、价格起伏不大、债券增值和资本损失较小，但是流动性和灵活性较差，不能及时变现。短期债券具有高度的流动性和灵活性，但收益率低。杠铃式投资法把长期债券与短期债券结合起来，灵活性强，收益较高，但这需要对市场利率进行准确预测，并随时根据市场利率变化来调整两者的比重。

▶ 2. 利率化策略

（1）利率预期法，是根据利率的预期变化而进行投资组合的一种方法。在债券交易市场上，一般认为银行利率与债券价格呈反比例关系，同时，债券价格与债券收益率成反比。因此，投资者可根据银行存贷款利率的变化预期债券价格与债券收益的变化，做出债券投资决策。

（2）利率转换法，是指适时地将低利率债券转换为高利率债券的投资方法。该法的关键是掌握转换时机，有两种参考方法：一是将年平均收益率折算成月平均收益率，若持有债券获得的收益率已超过平均收益率，就考虑转换那些预期收益率较高的债券；二是将持有债券与打算买进的债券进行比较，若持有债券最终收益率低于打算买进的债券，那就应该考虑转换为打算买进的债券。

▶ 3. 无效率市场策略

基于债券市场无效率或个别债券无效率的投资策略很多，如债券调换策略。这种策略是买入价格被低估的债券，出售价格被高估的债券；或在质量、期限相同的债券中，选择收益较低的售出、收益较高的买入等。显然，这一策略的前提就是债券市场无效率，债券价格和收益会出现某种不正常的偏差。另外，市场无效率策略是针对高收益债券或低等级债券，低等级债券通常被资信评定机构评定为没有投资价值的债券，但若投资比较合适，却可以提供较高的额外收益。

当然，对于债券市场是否有效率，还是存在很大的分歧。一种研究结果认为，平均而言低等级债券的价值是被低估了，多样化地持有低等级债券可以使投资者获得额外收益。另一种研究结果则认为，低等级债券的价格是合理的，因此每一种低等级债券应该个别对待，持有那些价值被低估的债券，才是正确的策略。

知识链接

美国的 IBM 公司投资实例

在数十年间 IBM 一直是极其稳健的杰出成长股，以其 1962 年年底到 1974 年年底的表现而言，12 年中它经历了 3 次重要涨升，3 次明显的跌落，其 12 年间的总平均投资回报率为 7.7%。也就是说如果投资者在这 12 年一直持有这种成长型的股票而不考虑市场时机，则可以获得年平均 7.7% 的报酬，但是，如果投资人在三次上升接近顶峰时卖出，在三次跌落接近底部时买进，则年平均报酬可达 14% 以上，收益将达到不考虑股市时机的 1 倍。

二、证券投资的计划模式

通常，一些投资者在进入证券市场之前，并不事先制订一个可行的投资计划，只是想凭自己的主观意识随机应变，特别是对既缺少经验又没有周密计划的人来说，贸然涉足证券市场，很容易被舆论所左右，其投资要冒很大的风险。而一个明智的投资者在采取行动之前，应该首先认真的调查市场情况，然后根据自己的实力和条件，制订可行的投资计划。下面介绍几种比较流行的投资计划模式。

▶ 1. 等级计划模式

所谓等级计划模式，一般仅适用于股票投资，其具体方法是，内心确定股价变动的某个幅度为一个买卖单位，如认定股价上涨或下跌 1 元、5 元或者 10 元为一个等级，那么当股价上涨或下降达到一个等级时，就买进或卖出一定数量的股票，这样可以使平均买进价低于平均卖出价。采用等级投资计划模式，需要把资金分次投入市场，你可忽略投资时间的选择，坚持按照既定的目标方针进行买卖。在这种投资计划模式下，一个等级单位实际上就是一个投资信号，它告诉你，何时可以买进或者卖出。但是采用等级投资计划模式的投资者，一个必须具备的基本条件是要有较大数量的资金，并且还要灵活运用，不必"死扣"等级单位，在某种情况下，可以根据市场上价格涨落幅度和持续时间，适当加大等级档次。

▶ 2. 均价成本式

在各种方式投资计划模式中，最为证券投资者所推崇并广泛采纳的是均价成本投资计划模式，采用这一方法必须注意选择具有长期投资价值的股票，而且最好是市场波动比较明显的股票，其具体方法是，在预定的一段时间内（如半年或 1 年）用一样的数目的资金定期买进股票，当股价上涨时，可买的数量相应减少；股价下跌时，买进的数量相应增多，这样，在一般情况下，可以使用平均买进低于市价水平。该模式属于中、长期投资所采用的方式，时间过短，不易体现其"均价"的优越性。它的主要特点是风险小，安全性高。对于一个投资者来说，由于是以同样量的资金来购买股票，当股价较高时，只能买进少量的股票；而在股价较低时，则可以买进较多股票，因而其每股平均成本要比市场低。但这种投资模式也有不足，当市场股价波动幅度较小并呈下降趋势时，若仍采取此法投资，就可能会发生亏损，并且对于一般的投资者而言，由于缺少一定数量的自由资金，也很难做到定期、定额的持续买进。

▶ 3. 固定金额投资计划模式

固定投资金额计划模式，是指投资者把投资于股票的金额固定在一个水平上，不论股价上升或下降，都要保证持股数量在这一固定金额水平上，它的具体方法：①同时投资于股票和债券。②确定持有股票的数量有一个固定金额水平，如0.5万元或1万元等。③在固定金额的基础上计划一个百分比，股价上涨幅度超过这个百分比时，则抛售部分股票，购买债券；反之，当股价下跌幅度超过该百分比时，就卖出债券，买进股票。以保持固定金额持有水平。如某投资者拥有资金1万元，计划买进股票7 000元，并保持这个水平，其余3 000元购买债券，并确定当股价上涨炒股固定金额的20%时就抛售部分股票，并转购债券；当股价跌幅达到固定金额的10%，就出售债券，购进股票。那么该投资者只需要注意：如果股价上涨，使其持有股票市价总额达到8 400元时，他就应该抛出1 400元价值的股票并转购债券；反之，当持有股票的市价总额下降到6 300元时，他就要卖出700元的债券来购进股票。总之，该投资者始终保持股票价值为7 000元左右，上涨不超过其20%，下跌则不少于它的10%。

▶ 4. 固定比率投资计划模式

固定比率投资计划模式是由固定金额投资计划模式改进的，后来者的操作与调整仅仅是为了保持固定金额，缺乏与市场价格相适应的有机联系，而前者则注意到了股票与债券在市场方面所占的比例关系，因而它的核心内容是把持有的股票金额与债券金额确定在一个固定的比率水平上。

▶ 5. 变动比率投资计划模式

变动比率投资模式又称常值变化定式。它是将投资对象分为两组：一组是富有进取性、成长性而颇具风险的股票；另一组则是防守性、安全性的债券。在这两组之间的投资比率是可以变动的，根据整个市场行情的变化而随之变化。这一计划模式内容复杂，灵活多变，富有弹性，也比较难以掌握，关键是如何确定与调整比率。一般是根据长时期的股价统计资料，计划"中央价值"，以此求得一个"正常价值"，并以此作为调整比率的依据。这种方式的不足之处是对于初涉股市的新手来说较难操作。

三、证券投资的组合模式

证券市场既给人以获利的机会，同时也存在各种风险。下面介绍几种常用的证券投资组合模式。

▶ 1. 三分法投资组合模式

在西方一些国家(如美国)投资者进行投资时，通常比较流行"三分法"。所谓三分法投资组合模式，就是将资金1/3存于银行以备不时之需；1/3购买债券、股票等有价证券；1/3购置房屋、土地等不动产。在有价证券投资方面，美国人一般也是采取三分法来运用资金。一部分资金投资于普通股票，另一部分资金作为预备金或准备金，以备机动运用。一般来讲，购买债券，其收入比较固定，可能不会有发大财、获大利的机会，但比较安全可靠。在美国，债券种类特别多，一般投资人手头都拥有部分安全可靠的债券。而购买股票，特别是成长性的股票，不但可以获得优厚的股息收入，而且有时市场价格会有意想不到的升高，从而给投资者带来差价收入，因而成长型股票特别受欢迎。在我国，人们可以将资金的1/3用于购置房地产，1/3投资于安全性高的债券，1/3投资股票和基金。只要按一定的比例恰当分配手中的财产，就能抓住机会迅速积累致富。

▶ 2. 不同时间、地点、企业的分散投资组合模式

这种组合模式主要包括以下几方面。

（1）企业种类的分散。不要集中买同一行业企业的股票和债券，以免遇到行业不景气，从而使投资人遭受重大损失。

（2）企业单位的分散。即不要把全部资金集中购买某一企业的证券，即使企业有较好的业绩也要适当分散。

（3）投资时间上的分散。投资债券时可在不同时间里分几次购买，投资股票前要先了解一下派息时间，投资者可按派息时间岔开选择投资。因为按照惯例，派息股票前股价都会升高，即使你买的股票因利率、物价等变动而在这一时间遭受公共风险，你还可能期待到另一时间派息的股票上获利。

（4）投资区域的分散。各地的企业会受市场、税收、法律、政策诸多方面因素的影响产生不同的效果，从而使股票、债券的价格出现地区差异，分开投资便可获得不同水平上的收益。

▶ 3. 按风险等级和获利大小最佳组合模式

虽说风险不可避免，但对一个投资者来说，选购各种证券时会遇到的多大的风险，是可以根据证券的信用等级和其他有关方法加以判别和测算的，而投资的报酬率根据有关公式也是可以计算出来的。通常最理想的投资组合模式就是投资人测定自己希望得到的投资报酬和所能承担的投资风险等级，然后选择一个最合适的组合。例如，投资者希望得到的投资报酬是10%，那么，在报酬为10%的市场上市的证券中，选择风险等级最低的品种；如果投资者能承担的风险率为10%，那么在那些风险等级的证券中，尽量选择投资报酬率高的品种。

▶ 4. 按长线、中线、短信投资划分的比例组合模式

长线投资是指买进证券以后不立即转让，而是长期持有以便享受优厚的收益，持有时间一般在半年以上，其对象主要是目前财务状况好又有发展前景的公司股票或收益高的债券。中线投资指的是购进证券后几个月内转让，投资对象时估计几个月内可能提供较好地赢利的证券。短线投资是指购进证券后几天内转售，以获取短期的证券价格波动的差价收益。一个投资者应把自己的资金按上述三种情况，分别用于长线投资、中线投资、短线投资。用于长线投资的那部分一定要沉得住气，要明白你的目的是在较长时间内等待优厚的收益，千万不要因股价稍有上升就轻易抛出。而用于短线投资的资金，投资者思想上应有所准备，搞得好可大获其利，搞不好部分损失也在所不惜。

知识链接

炒股需要记住的几条股训

一、尊重市场趋势的运行规律。当市场整体趋势向下时，虽然可能有极少数个股可以逆势飘红，但大多数个股将是随大势下行，即使暂时抗跌的股，也不能保证它们将来没有

补跌的可能。当趋势恶化时，要远离市场，不要试图负隅顽抗。

二、投资失误要及时止损。如果不及时止损，不但会进一步扩大亏损面，给将来的解套增加难度。而且，也不会有充足的资金在低位反复波段操作，更不可能在低位补仓，即使行情好转，也无法使自己取得资金大幅度增值的好成绩。

三、转变理念，低位摊平后，不必强求一定要保本卖出。许多投资者在低位摊平后，不到保本价坚决不卖出，结果白白浪费了很多获利的机会。而且，大盘如果继续下跌，则很容易将摊平的股票也一起套住，反而使自己更加被动。

四、波段操作为主。股市中直线上涨的大牛市行情和瀑布式跳水的大熊市行情都比较少见，更多的时候，股价处于一种涨多了会跌，跌多了会涨的境地中，因此，采用波段操作的获利机会远远大于一买就捂，总想捂出一匹大黑马的操作方式。

五、应用蚕食策略解套。一次解决不了的目标，可以分成多次解决。如果投资者在熊市中的亏损面较大，一次无法完全解套获利的，可以分成多次交易，反复运用波段操作，逐渐降低持仓成本，直至最终达到扭亏为盈的目标。

任务二 证券投资的技巧

一、证券投资风险

在证券市场中，投资者的最终目标是获取收益，而在时间顺序上，获取收益相对于资金投入存在着一定的滞后性。同时，由于受到未来诸多客观因素（如经济、政治事件、国际关系、政策变动、气候、行业景气程度、市场活跃水平以及上市公司经营业绩等）的影响，因此投资者的收益将成为一个未知数。投资者根据历史的经验和现时的数据对未来的形势进行判断和预测，从而形成对未来收益的估计和预期，即预期收益。

然而，正是由于上述不确定性因素的客观存在，并影响和作用于证券市场，使得投资者的实际收益往往和预期收益产生偏差。这种偏差可能使投资者得到高于预期的收益，也可能导致投资者获得低于预期的收益甚至亏损。另外，现实收益与预期收益之间偏差与风险成正比例关系，偏差越大、风险越大，偏差越小、风险也越小。

综上所述，我们将证券投资风险概括为，在一定时期内，由于受多种客观因素（包括政治、经济、政策、国际关系、上市公司等）变动的影响，而引发证券市场价格的波动，并导致投资者的实际收益与预期收益产生偏差，而这种相对于预期收益的偏差就是证券投资风险。

证券投资风险包括债券投资风险和股票投资风险。对于债券市场来说，债券的市场价格以及实际收益率受许多因素影响，这些因素的变化，都有可能使投资者的实际利益发生变化，从而使投资行为产生各种风险。债券投资者的投资风险主要包括利率风险、购买力风险、信用风险、收回风险、突发事件风险、税收风险和政策风险。对于股票市场来说，投资者在追求投资收益的同时，也必然同时面对投资风险。所谓风险，一般的理解是指遭受各种损失的可能性。股票投资的风险则是指实际获得的收益低于预期的收益的可能性。造成实际收益低于预期收益的原因是股息的减少和股票价格的非预期变动。

影响收益变动的各种力量构成风险的要素。某些影响是公司外部的，其影响波及绝大部分股票；还有一些影响是公司内部的，它们在很大程度上是可以控制的。在投资中，那些不可控的、外部的并且影响广泛的力量是系统风险的来源,而那些可控的、依产业或企业各异的内部因素则是非系统风险的来源。

▶ 1. 系统风险

系统风险是指总收益变动中由影响所有股票价格的因素造成的那一部分。经济的、政治的和社会的变动是系统风险的根源,它们的影响使几乎所有的股票以同样的方式一起运动。

系统风险主要包括购买力风险、利率风险、汇率风险、宏观经济风险、社会与政治风险与市场风险。

▶ 2. 非系统风险

非系统风险是总风险中对一个公司或一个行业是独一无二的那部分风险。管理能力、消费偏好、罢工之类的因素造成一个公司利润的非系统变动。非系统因素基本独立于那些影响整个股票市场的因素,由于这些因素影响的是一个公司或一个行业,因此只能一个公司一个行业地研究它们。因非系统风险仅涉及某个公司或某个行业的股票,所以,投资者可以通过审慎的投资选择来减少甚至避免非系统风险。非系统风险主要包括金融风险、经营风险、流动性风险和操作性风险。

二、投资者具备的素质

▶ 1. 心理素质

(1)不能利欲熏心、贪心过重,不能心急。

(2)投资者要有耐心。

(3)要有自信。自信来自知识和经验,不要投资于自己不懂的行业或企业。

(4)果断。

(5)谦逊、不自负。在股票市场中,不要过于自负。在股市中,没有绝对的赢家,也没有百分之百的输家。因此,投资者要懂得骄兵必败的道理。

(6)认错的勇气。一旦证明投资方向错误时,应尽快放弃原先的看法,保持实力,握有资本,伺机再入。

(7)要能独立思考,不要因他人而轻易动摇。如果没有充分的信息,就不要做决定。一旦做出决定,就不要动摇。

综上所述,具有以下特点的人不适合证券投资:心胸狭窄、嫉妒心理重、极端自私的人;绝对精明、不愿意失去任何一个机会,精明而不高明的人;有事不如意而耿耿于怀,自命清高、不合群的人;爱出风头、目中无人,说话滔滔不绝、自认才高八斗的人;容易激动、经常后悔,上涨时手舞足蹈、下跌时垂头丧气的人;希望买进就涨、卖出就下跌,为了5毛钱而耿耿于怀的人;看到他人赚钱而去证券市场赚钱的人;不能容忍亏损、输钱后睡不好觉,下跌深套后不关心的人;没有主见、根据股评家的评论买卖,不愿意自己研究的人。

▶ 2. 专业素质

(1)要掌握证券投资的基本理论。

(2)能熟练运用基本分析和技术分析。

(3)掌握证券投资的基本流程和操作技巧。

(4)学会使用有效的股市分析软件。目前市场上的股票分析软件很多,投资者应结合自己的使用习惯,选择一种自己比较熟悉,适合自己的软件。

（5）学会资金管理。投资者应结合自己投入资金的量，选择投资组合，并在投资过程中设置好止损位。

3. 身体素质

证券投资其实是一项浩大的系统工程，投资者除了应具备一定的心理素质外，还要有过硬的身体素质。身体素质很差的人不宜炒股。股市风云变幻莫测，暴涨暴跌常常对股民的心理造成一定的冲击，如果身体素质较差，尤其患有心脏病、脑血管病、高血压等病的人，最好不要介入股市。

三、证券投资操作技巧

在证券中，投资者的目的是在尽可能降低风险的情况下增加收益，但投资者的目的能否实现，最终取决于他们在投资操作上所具有的基本技巧。下面介绍一些主要的投资操作技巧。

1. 顺势投资法

顺势投资法是指在股票市场中，散户由于资金不足、消息闭塞，不能像大户那样操纵股票市场，只好跟着大户左右的股势或股价走，做个"顺风客"，跟着股价的趋势进行买进卖出。这种办法虽捞不到大利，也不会吃大亏。投资者采用此法时，必须注意两点：首先，虽说是"顺风客"，但也得分析一下股市的大趋势，只有当股价已形成中期或长期涨跌趋势时，投资者才有机会顺势购进或售出股票，而且以做多种交易为宜；其次，要常注意和尽量提早发现行情的变动趋势，先下手为强，趁大户还未动作时，抢先购进售出。

2. "拨档子"操作法

所谓"拨档子"就是投资者卖出自己所持有的股票，等价位下降以后再补回来。投资者"拨档子"并非看坏后市，也并非真正获利了结，真实目的是希望趁价位高时，先行卖出，以便自己赚自己的一段差价。通常"拨档子"卖出与买入之间，相隔时间不会太长，最短时期的可能只有一两天，最长也不过一两个月，这是多头降低成本，保持实力的操作模式之一。股票投资的大户也常使用"拨档子"模式对股票的进出做出技术性的调整。"拨档子"有两种操作方法：一是行情上涨一段后卖出、回调后补进的"挺升行进间拨档"，这是多头在推动行情上升时，见价位已涨不少，或者遇到沉重的压力，就自行卖出，使股价略为回跌来化解上升阻力，以便于行情再度上升。二是行情下跌时，投资者趁价位仍高时卖出，等股价跌价后再买回的"滑降行进间拨档"，这是套牢的多头或多头自知实力不如空头时，在股价跌价尚未跌低之前先行卖出，等股价跌落之后再买回反攻。

3. 分批买进卖出法

股票投资者都希望在买进股票时买到最低点，在卖出股票时卖到最高点。然而，买到最低价与卖到最高价却是极其不容易的事。以往的经验告诉我们，基于人性的弱点，往往在股价回头下跌到可以进场买入时，投资者大多会认为还会下跌，错失大好买进机会，等股价探底成功，反转上扬时，结果良机一误再误，钱未赚到，后悔不已，最后会鬼使神差买在最高点，追高吃套。在股价上涨到应该可以脱手获利了结之时，投资者大多会认为还会上涨，想卖最高价，于是错失一个个获利了结的时机，等股价下滑，想要卖，已经被紧紧套住，不忍出手，但最后会在莫名的恐惧下在最低点卖出。

4. 保本投资法

采用保本投资法，首先要正确估计自己的"本"，这里所指的"本"并不是投资者用于购买股票的金额，而是投资者主观认为在最坏的情况下不愿被损失的那部分金额，即处于停止损失点的基本金额。保本投资法是股票投资避免血本耗尽的一种操作方法。此种方法适用于经济前景欠明朗，股价走势与实质因素显著脱节，行情变化难以捉摸时的股票投资。采用保本投资法最重要的不在于买进的决策，而在于卖出的决策。保本投资法最重要的是获利卖出点和停止损失点的选定。获利卖出点是指股票投资人在获得一定数额投资利润时，毅然卖出的那一点，这个时候的卖出，不一定是将所有持股一口气统统卖光，而是卖出其所保"本"的一部分。停止损失点是当行情下跌到只剩下股票投资人心目中的"本"时，即卖出，以保住其最起码的"本"。简单地说，就是股票投资人在行情下跌到一定比例时，全身而退以免蒙受过分亏损的做法。停止损失点是为了预防行情下跌而制定的，主要的功能在于避免投资损失过大。特别要注意的是，当股市看涨时，确定"本"的卖出点后，不要贪得无厌，延误时机，也不要股价刚上涨到某一个确定点时，就统统把股票抛售一空，因为行情很可能还要继续看涨。

▶ 5. 金字塔式投资法

金字塔式投资法是西方国家股票市场投机商使用的一种股票投资方法，其原则有两条：一是越买越少，二是越卖越多。越买越少，其意思是，当股市开始回升，预计未来相当长时间股价处于不断上升趋势时，投资者应趁股价尚低时，将投资资金分批投入市场，并随着股价的增长，购买数量越来越少，形成一个金字塔。这种金字塔式买入法有两点好处：①如果市场预测准确，股价一直处于上升趋势，那么据此投入资金购买股票，会增加投资者的收益，这与其他投资方法相比，可能是失去了赢利更多的机会，但毕竟还是赚取了差价收入。②由于股市行情多变，并不会总如人愿。假如投资者第二次或第三次买进后，股价下跌了，但由于他第二次或第三次买入的数量少，其损失会少些，可见，金字塔式买入法是增加获利机会而又尽可能减少风险的一种购买股票的方法。所谓"越卖越多"是指当股价上升到某一高位时，投资者应毫不犹豫的分批卖出，如果觉得价格还会升高，应该随着价格逐渐升高，采用先少后多的办法分批出售。这种方法称倒金字塔式卖出法。它是一种既能把握更大机会，又能减少风险的好办法。

▶ 6. 摊平操作法

所谓摊平操作法，就是摊平成本的一种股票操作法。它是指在投资者买进股票后，由于股价下跌，手中持股形成亏损状态，当股价再度跌落一段以后，投资者再用低价买进一些冲抵成本的操作模式。摊平操作法主要有逐次等数买进摊平法和倍数买进摊平法两种。逐次等数买进摊平法，即当第一次买进股票后被高位套牢，等股价下跌到一定程度后，分次买进与第一次数额相等的股票。用这种操作法，在第一次投资时，必须严格控制只能投入部分资金，以便留存剩余资金做以后的等数摊平之用。倍数买进摊平法，即在第一次买进股票之后，如果行情下跌，再加倍或加数倍买进股票，以便摊平，倍数买进摊平，可以买两次或三次，分别称为两次加倍买进摊平和三次加倍买进摊平。

▶ 7. 渔翁撒网法

在短期股票投资中，许多股票价格的变化趋向很不明显，投资者难以筛选出有利可图的投资对象。因此，有人认为最好是买进各种股票，等到某种股票价格上涨到有利可图时就出售该种股票。如果整个股票市场出现价格上涨或牛市，投资者可以相继抛售手中的各种股票，以获得较高的利润，即使是出现整个股市下跌，也必然会有某些强势股，这样可以以强抵弱，减少风险损失，这种投资组合模式称为渔翁撒网法。其主要特征是投资期限短，以分散投资的模式来尽量取得较高的利润，避免单项选择不当的巨大损失，但是过早卖出升价股票也会减少收入。因此这种方法有很大的局限性，虽然想稳中求好，但往往还有可能出现相反的结果。

▶ 8. 反向投资法

反向投资法的前提是摸清大众投资者的心理,在大众投资错误的基础上人买我卖、人卖我买、人热我冷、人冷我热。在一般情况下,股民大多盲目跟风。投资者要想获得较高的收益,除必须综合分析多种因素,如发行公司的财务状况、获利能力、资产负债情况、市场情况等外,最重要的是要在投资大众未认识到某种股票的收益预期增长时,抢先一步买入;或在大家未认识到某种股票的收益预期下降时,抢先一步卖出。如果等到公众知道股价会上涨时再买,或等到公众知道股价将会下跌时再卖,这样就已经迟了。

▶ 9. 杠铃投资法

杠铃投资法是因以图表表示的形状如两头大、中间小的杠铃而得此名。它是指投资者把资金集中投放于短期和长期证券上,而相应减少对中期证券投资的一种保持证券头寸的方法。投资于长期证券的优点是收益回报率高,证券增值和资本损失较小;缺点是投资缺乏流动性和灵活性,不能满足投资者临时变现的要求;投资于短期证券的优点是具有高度的灵活性和流动性,便于投资者变现,但收益回报率一般较低,鉴于上述两个方面的投资特征,杠铃投资法集中资金把长、短期证券结合在一起,在一定程度克服了两者缺点,发挥了各自的优点。

▶ 10. "博傻主义"投资法

"博傻主义"投资法是指投资者预测某种股票将持续上涨一段时间,不惜大胆地以高价买入,而在价格更高时以高价卖出,或者投资者预测某种股票将持续下跌,因此在低价位卖出,然后再以更低价位补进的一种投资方法。该方法是以假定自己是一个"傻子"为前提,颇有大智若愚的意味,并且认为总会有比自己还傻的"傻子",故此才敢采取这种以傻赢的方法来获取利润。很明显,如果投资者判断失误,在股价高涨买股票,而后又无法再以更高的价格卖出,就会遭受很大的损失。如果投资者在下跌时售出自己的股票,而又没有以比之更低的价格可以购回时,投资者的损失也是不可忽视的。

▶ 11. 涨时重势、跌时重质投资法

涨时重势、跌时重质是指在上升行情时选股主要是着重该股的气势,下跌行情时选股主要是着重该股的本质。在下跌时,选股要着重这些本质好一些的股票。所谓本质好的股票是指经营能力好,偿债能力强,获利多的绩优股。事实证明,在下跌行情时选购这些股票,通常都表现出抗跌性强,跌幅较浅,而且一旦行情反转向上时,涨幅较大,所以说"跌时要重质"。在人气凝聚的上升行情中,若注意力仍然集中在公司的本质和业绩上,比较容易错失机会,此时,选股一定要注意以下几点:①主力介入已深股票;②股性一直较活跃的股票;③跌幅已深,盘整已久的股票;④股票常有轮涨的现象,须注意久盘未涨的股票。

▶ 12. 股票箱操作方法

把压力线与支撑线用直线连接起来,即成为长方形的股票箱。有经验的短线高手,在确认压力线与支撑线之后,即在股票箱内上下来回操作,当股价上升到压力线时就卖出,当股价下跌到支撑线时就回补。压力线与支撑线通常是一体的两个面,压力会变成支撑,支撑也会转化成压力。当压力被突破之后,上涨一段再回跌时,原来的压力线就变成支撑线了。相反,当支撑线被跌破后,下跌一段再回升,原来的支撑线就会变成压力线了。需要注意的是,倘若股价有效突破压力线或支撑线时,股价即上升或下跌到另一个股票箱了。投资者应在新的股票箱被确认之后,才可在新的股票箱内上下来回进行操作。

▶ 13. 循迹操作法

作为一个完整的上升行情，一般可分为初升段、主升段、末升段三段，等末升段来临之前，也就是上升行情即将结束之日。在末升段来临时，一般会发生下列现象。

（1）由问题股当头上涨。在初升段与主升段时，投资者一般比较理性，都会挑选本质佳、形象好的绩优股，到了末升段，由于绩优股涨幅已高，一些获利差、形象坏的问题股，因股价便宜相反成为抢手货，变成带领大盘上涨的股票。

（2）股价全面飙升。在上升行情初升段与主升段，股价呈现缓和上涨，持久不衰。到了末升段，因投资者总是买进而造成全面飙升，而且其成交量将接近或突破以往的最高记录。

（3）股价全面上涨，但成交量随着萎缩。在飙升过程中，若成交量继续放大，这表示换手积极，资金仍在股市中，倘若股价全面上场，而成交量随着萎缩，固然可能是由于投资人惜售心理造成的，但是无量上升的结果，必然是无量下跌，这表示末段上升行情已经来到。

（4）当专家屡次跌破眼镜，看不懂行情时，这表示大盘的行情用基本面与技术面来分析均告失败，股价全由人气与信心在支撑，则表示行情即将结束了。

（5）管理层出面干涉。通常管理层在初升段与主升段时，大都不会采取干预行动。到了末升段，眼看股价飙升得太离谱，会出现一系列的干预行动。

四、证券投资风险控制

怎样在实际操作中进行风险控制，从而实现成功的操作很重要。下面，系统地介绍如何控制风险。

▶ 1. 慎重选择买卖时机

必须从战略角度，从大的背景考虑进场与离场时机。历史证明成功人士是那些在大行情到来之前建仓，并能够在大级别调整前离场的人。从风险管理的角度来看，控制证券投资风险最好的方法是预防，是要确定好的买卖点，起决定性胜负的应该是这样的买卖时机。

▶ 2. 回避风险

回避风险是指事先预测风险产生的可能程度，判断导致其实现的条件和因素，在行动中尽可能地驾驭它或改变行动方向以避开它。证券投资新手尤其应该注意回避投资风险问题，具体可以采取以下措施。

（1）当判断了股价进入高价圈，随时有转向跌落的可能时，应卖出手中股票，等待新的投资时机。

（2）当股票处于盘整阶段，难以判断股价将向上突破还是向下突破时，应卖出手中股票，等待新的投资时机。

（3）当多次投资失误，难以做出冷静判断时，应暂时放弃投资活动，进行一下身心调整。

（4）当对某种股票的性质、特点、发行公司状况、市场供求状况没有一定了解时，不要急忙购进。

（5）将部分投资资金作为准备金，其目的有二：一是等待更好的投资时机，当时机来到时，准备金追加进去，以增强获利能力；二是作为投资失利的补充，一旦预测失误投资受损，将准备金补充进去，仍保持一定投资规模。

(6) 不碰过冷或过热的股票。过分冷门的股票虽然价格低，但价格不易波动，上涨乏力，成交量小，变现困难，购入后长期持有，本身就是个损失，所以不宜购买过冷的股票。过热的股票，价格涨跌猛烈，成交量大，一般投资者很难把握准买卖时机，搞得不好，损失会很大，所以，轻易不要购买。

▶ 3. 及时止损

停损并不是控制风险的最优方法，但是停损又是必须的，没有停损，就像一辆车没有刹车一样，是很危险的，常用的停损方法如下。

(1) 定额止损法。这是最简单的止损方法，指将亏损额设置为一个固定的比例，一旦亏损大于该比例就及时平仓。它一般适用于两类投资者：一是刚入市的投资者；二是风险较大市场（如期货市场）中的投资者。定额止损的强制作用比较明显，投资者无须过分依赖对行情的判断。

止损比例的设定是定额止损的关键。定额止损的比例由两个数据构成：一是投资者能够承受的最大亏损。这一比例因投资者心态、经济承受能力等不同而不同，同时也与投资者的盈利预期有关。二是交易品种的随机波动。这是指在没有外界因素影响时，市场交易群体行为导致的价格无序波动。定额止损比例的设定是在这两个数据里寻找一个平衡点。这是一个动态的过程，投资者应根据经验来设定这个比例。一旦止损比例设定，投资者可以避免被无谓的随机波动震出局。

(2) 技术止损法。较为复杂一些的是技术止损法。它是将止损设置与技术分析相结合，剔除市场的随机波动之后，在关键的技术位设定止损单，从而避免亏损的进一步扩大。这一方法要求投资者有较强的技术分析能力和自制力。例如，在上升通道的下轨买入后，等待上升趋势的结束再平仓，并将止损位设在相对可靠的平均移动线附近。就沪市而言，大盘指数上行时，5日均线可维持短线趋势，20日或30日均线将维持中长线的趋势。一旦上升行情开始后，可在5日均线处介入而将止损设在20日均线附近，既可享受阶段上升行情所带来的大部分利润，又可在头部形成时及时脱身，确保利润。在上升行情的初期，5日均线和20日均线相距很小，即使看错行情，在20日均线附近止损，亏损也不会太大。

再如，市场进入盘整阶段（盘局）后，通常出现箱形或收敛三角形态，价格与中期均线（一般为10～20日线）的乖离率逐渐缩小。此时投资者可以在技术上的最大乖离率处介入，并将止损位设在盘局的最大乖离率处。这样可以低进高出，获取差价。一旦价格对中期均线的乖离率重新放大，则意味着盘局已经结束。此时价格若转入跌势，投资者应果断离场。盘局是相对单边市而言的。盘局初期，市场人心不稳，震荡较大，交易者可以大胆介入。盘局后期则应将止损范围适当缩小，提高保险系数。

(3) 无条件止损法。不计成本，夺路而逃的止损称为无条件止损。当市场的基本面发生了根本性转折时，投资者应摒弃任何幻想，不计成本地杀出，以求保存实力，择机再战。基本面的变化往往是难以扭转的。基本面恶化时，投资者应当机立断，砍仓出局。

设立停损应当提前设立，执行时要严格按计划执行，执行后如果发生错误也不应当后悔，因为许多重大的损失常发生于犹豫不决而坐失停损良机，在停损后应当休息，要反省和总结经验，不要急于杀入。

▶ 4. 套期保值

当预计市场要下跌，可以卖出股票指数期货，将受益锁定，假如：每份股票指数期货价格＝50×股票指数。现指数为10 000点，拥有市值1 000万元，B系数为1的股票投资组合,当预计大盘要下跌时,可以卖出 20 份股票指数期货,当股票指数从 10 000 点跌到 8 000 点,现货市值损失 200 万元,而在股票指数期货上赚了 $20 \times 50 \times 2000 = 200$(万元),相当于没有损失。如果买错了股票指数期货,股票市场上涨,在股票指数期货上损失了,但是在现货市场上却赚了,还是把收益锁定了。

▶ 5. 防范年报风险

从预防年报风险角度讲,为了做好盈利预测,投资人应通过资料的系统收集,对上市公司的经营状况进行跟踪,也可以通过对证券投资咨询机构、券商研究中心的研究报告进行综合,还可以到商场上看上市公司的产品是否畅销,有能力的也可以到公司现场考察。

▶ 6. 通过投资技巧规避风险

投资者可以通过采用一定的投资技巧,如应用金字塔、倒金字塔操作法,板块联动法,固定比例投资法等进行操作,规避风险。证券投资是一种组合投资,因此在精心投资时应该将个人的资产进行合理安排。

▶ 7. 总结投资战绩,进行品种结构调整

虽然我们可以运用历史资料以及预测构建我们的最优证券投资组合,但是仍然可能出现不理想的状况,此时应当根据实际情况进行调整,保留强势品种,淘汰劣势品种。还应该不断总结投资失败的经验,寻找克服错误的策略,在实践过程中不断丰富我们的投资经验,并且上升到理论来指导我们的投资实践。

证券投资过程中的风险控制是一个全过程的风险控制,我们应该建立起自己的投资的风险防范体系,建立起自己的定量化风险控制测度指标,从投资前—投资过程中—投资后的评估对整个过程进行风险控制,投资前的风险控制有买卖时机的研判、投资价值的测算、投资计划与投资组合、年报风险预防等;投资过程中的风险控制有价值的测算、贝塔系数的跟踪、停损策略等;投资后的风险控制有投资评估以及品质调整、寻找对冲品种锁定盈利等。

知识链接

一个老人带着自己的笼子去捉火鸡,他只要在笼子里撒上诱饵并躲在很远的地方安静地等待,在火鸡被诱进笼子达到最佳数量的时候把牵引机关的细绳轻轻一拉就可收获。某天,有 12 只火鸡进了笼子,过了一会儿其中一只吃饱了跑了出去。"早知道刚才就应该拉绳子!"老人说道,"哎,再等一会吧,或许刚才那只还会再跑回来。"过了一会儿,又有 2 只火鸡吃饱了跑出去了。老人后悔了,"再多捉一只,我一定收手。"结果越来越多的火鸡吃饱了并离开了笼子,他还是不愿放弃他多捉一只的期盼。因为曾经有 12 只进笼,少于 5 只他不愿回家。最后只有 1 只火鸡待在笼子里面了,"哎!要么全部跑光,要么再回来一只我才肯罢休。"结果落单的那只火鸡也吃饱了找同伴去了,老人只能空手而归。

这是奥尼尔引用佛瑞德·凯利讲给投资人的一个故事,它反映了这个市场中一般投资人的心态。在这个市场中每个人都会犯错误,即使一个优秀的投资人也不可能在任何时候都能够做出正确的决策,更关键的是要在犯错时使自己的损失额降到最低水平。巴菲特也告诉人们两个类似的准则:准则一:永远不要赔钱;准则二:永远不要忘了准则一。令人难以置信的是,国际上最成功的几个投资人几乎都在遵守同样的准则。

闯关考验

一、名词解释

计划模式　　组合模式　　顺势投资法　　"拨档子"操作法
保本投资法　　金字塔式投资法　　反向投资法　　杠铃投资法

二、选择题

1. 现代证券组合理论是由美国经济学家（　　）在其著名论文《证券组合选择》中提出的。

　　A. 马柯威茨　　　　B. 夏普　　　　C. 林特　　　　D. 罗尔

2. 根据马柯威茨的证券组合理论，投资者将不会选择（　　）的组合作为投资对象。

　　A. 期望收益率18%、标准差32%　　B. 期望收益率12%、标准差16%
　　C. 期望收益率11%、标准差20%　　D. 期望收益率8%、标准差11%

3. 在以期望收益率为纵轴、标准差为横轴的坐标系中，如果两种证券的结合线为一条直线，则表明这两种证券（　　）。

　　A. 完全负相关　　B. 完全正相关　　C. 部分相关　　D. 不相关

4. 如果给定一组证券，那么对于一个特定的投资者来说，最优证券组合应当位于（　　）。

　　A. 他的无差异曲线族中任意一条曲线上
　　B. 他的无差异曲线族与该组证券所对应的有效边缘的切点处
　　C. 他的无差异曲线族中位置最高的一条曲线上
　　D. 该组证券所对应的一条有效边缘上的任意一点

三、简答题

1. 做股票投资时，投资者面临的主要风险有哪些？
2. 你认为作为投资者应具备哪些基本素质？

项目十 金融衍生工具
Chapter 10

>>> **学习目标**

1. 理解金融衍生品的概念、特征及基本功能。
2. 理解期货交易的概念、特征与分类，熟悉期货交易机制。
3. 理解期权的概念和分类，熟悉看涨期权和看跌期权的计算。
4. 了解我国权证的相关知识。
5. 了解金融衍生品的最新发展趋势。
6. 掌握金融期货套期保值的交易策略。
7. 能够进行金融期权与金融期货的比较分析。

>>> **问题导入**

在股市中一般只能先买后卖，当股市处于整体下跌当中，投资者有没有方法规避风险？

>>> **情景写实**

衍生工具的起源

历史上最早的衍生工具交易产生于1848年的美国重要粮食交易市场——芝加哥市。

芝加哥在美国大豆和玉米主产区，周围有五个大的湖畔，土地肥沃，适合种植粮食，同时芝加哥市又紧靠美国中西部地区的大片平原，是美国粮食主产区。秋收以后，农民将收获的大豆和玉米等粮食都运到芝加哥市销售，又从这里运到全国和全世界。芝加哥市很快就成为美国重要的粮食市场。

但在1848年以前，科学技术和交通并不发达，粮食的供给、运输和仓储等方面非常落后。每年粮食收获季节，粮食大量集中上市，但量贩的囤粮数量有限，当时还没有发明汽车，运输完全靠船和马车，难以将大量的粮食运走。量贩只能根据能力采购，所以更多的粮食卖不出去，粮食价格往往会大幅下跌，很多农民粮食销不出去发霉腐烂，只好倾倒到湖里。而到了春季，粮贩和加工商又开始大量地购买粮食，粮食价格又会出现大涨。粮食价格每年播种和秋收的季节都这样大幅上涨和下跌，使农民和粮食商都遭受损失。

人们开始想办法利用远期合同的形式来解决问题。当农民将谷物种下时，他们担心当谷物收割时，由于集中上市，价格会大幅下跌，同时谷物商担心来年春天谷价会大幅上涨，而自己又缺乏资金在谷物集中上市时收购足够多的粮食，因此农民和谷物商约定，不论将来价格如何变化，谷物商都按照双方协商的价格向农民收购粮食，这个约定使得农民和谷物商都规避了未来价格波动的风险。

衍生工具与普通金融工具相比，具有跨期性、杠杆性、联动性和高风险性。

任务一 金融衍生工具概述

20世纪70年代以来，衍生产品市场的快速崛起成为市场经济史中最引人注目的事件之一。过去，通常把市场区分为商品（劳务）市场和金融市场，进而根据金融市场工具的期限特征把金融市场分为货币市场和资本市场。衍生产品的普及改变了整个市场结构：它们连接起传统的商品市场和金融市场，并深刻地改变了金融市场与商品市场的截然划分；衍生产品的期限可以从几天扩展至数十年，已经很难将其简单地归入货币市场或是资本市场；其杠杆交易特征撬动了巨大的交易量，它们无穷的派生能力使所有的现货交易都相形见绌；衍生工具最令人着迷的地方还在于其强大的构造特性，不但可以用衍生工具合成新的衍生产品，还可以复制出几乎所有的基础产品。它们所具有的这种不可思议的能力已经改变了"基础产品决定衍生工具"的传统思维模式，使基础产品与衍生产品之间的关系成为不折不扣的"鸡与蛋孰先孰后"的不解之谜。

2007年10月以来，起源于美国的信贷危机波及全球金融市场，并进而将全球经济带入下滑轨道。美联储估计原本仅约1 000亿美元规模的美国次级贷款何以最终波及大量金融机构，最终放大为一场"海啸"呢？很多人将其归咎于金融衍生产品的泛滥和难以估值、无法约束。早在2002年，巴菲特就在其致股东信中断言衍生产品是"魔鬼""定时炸弹"，甚至是"大规模杀伤武器"。

要论衍生产品功过，还是要坚持一分为二的辩证立场。衍生产品所具有的灵活方便、设计精巧、高效率等特征的确是风险管理和金融投资的利器，不能因为引致金融"海啸"就彻底否定它，对它的研究和运用都还需要进一步深化；同时，也必须看到，对微观个体分散风险有利的衍生工具并没有从根本上消除金融风险的源头，反而可能引起风险总量的净增长，在特定条件下就可能酝酿出巨大的金融灾难。因此，强化对金融衍生产品的政府监管、信息披露以及市场参与者的自律将是必要之举。

一、金融衍生工具的分类

随着金融创新的发展，金融衍生工具经过衍生再衍生、组合再组合的螺旋式发展，品种不断增加。根据基础工具的种类的不同，金融衍生工具有不同的分类。

（一）按照产品形态分类

根据产品形态，金融衍生工具可分为独立衍生工具和嵌入式衍生工具。

▶ 1. 独立衍生工具

独立衍生工具指本身即为独立存在的金融合约，如期权合约、期货合约或者互换交易合约等。衍生工具包括远期合同、期货合同、互换和期权，以及具有远期合同、期货合同、互换和期权中一种或一种以上特征的工具。衍生工具具有下列特征：

(1) 其价值随特定利率、金融工具价格、商品价格、汇率、价格指数、费率指数、信用等级、信用指数或其他类似变量的变动而变动，变量为非金融变量的，该变量与合同的任一方不存在特定关系。

(2) 不要求初始净投资，或与对市场情况变化有类似反应的其他类型合同相比，要求很少的初始净投资。

(3) 在未来某一日期结算。

▶ 2. 嵌入式衍生工具

嵌入式衍生工具指嵌入非衍生合同(主合同)中的衍生金融工具，该衍生工具使主合同的部分或全部现金流量将按照特定利率、金融工具价格、汇率、价格或利率指数、信用等级或信用指数，或类似变量的变动而发生调整，如目前公司债券条款中包含的赎回条款、返售条款、转股条款、重设条款等。

(二) 按照金融衍生工具自身交易方法分类

▶ 1. 金融远期

金融远期指合约双方同意在未来日期按照协定价格交换金融资产的合约。金融远期合约规定了将来交换的资产、交换的日期、交换的价格和数量，合约条款因合约双方的需要不同而不同。金融远期合约主要有远期利率协议、远期外汇合约、远期股票合约等。

▶ 2. 金融期货

金融期货指买卖双方在有组织的交易所内以公开竞价的形式达成的，在将来某一特定时间交收标准数量特定金融工具的协议，主要包括货币期货、利率期货和股权类期货3种。

▶ 3. 金融期权

金融期权指合约双方按约定价格，在约定日期内就是否买卖某种金融工具所达成的契约，包括现货期权和期货期权两大类，每类又可分为很多种类。

▶ 4. 金融互换

金融互换指两个或两个以上的当事人按共同商定的条件，在约定的时间内交换一定支付款项的金融交易，主要有货币互换和利率互换两类。

这4类衍生工具中，金融远期合约是其他三种衍生工具的始祖，其他衍生工具均可以认为是金融远期合约的延伸或变形。这种分类是最基本、最常见的分类。

知识链接

我国的期货交易所

我国现在有四个期货交易所，即上海期货交易所、大连商品交易所、郑州商品交易所和中国金融期货交易所。其中，上海期货交易所的交易品种主要有铜、铝、锌、燃油，还有黄金、橡胶。大连期货交易所的品种主要有大豆、玉米、豆油、棕榈、塑料。郑州期货交易所交易的主要品种有硬麦、棉花、白糖、菜油、强麦。

(三) 按照基础工具种类的不同分类

▶ 1. 股权式衍生工具

股权式衍生工具指以股票或股票指数为基础工具的金融衍生工具，主要包括股票期货、股票期权、股票指数期货、股票指数期权以及上述合约的混合交易合约。

▶ 2. 货币衍生工具

货币衍生工具指以各种货币作为基础工具的金融衍生工具，主要包括远期外汇合约、货币期货、货币期权、货币互换以及上述合约的混合交易合约。

▶ 3. 利率衍生工具

利率衍生工具指以利率或利率的载体为基础工具的金融衍生工具，主要包括远期利率协议、利率期货、利率期权、利率互换以及上述合约的混合交易合约。

（四）按照金融衍生工具交易性质的不同分类

▶ 1. 远期类工具

在这类交易中，交易双方均负有在将来某一日期按一定条件进行交易的权利与义务，双方的风险收益是对称的。属于这一类的有远期合约（包括远期外汇合约、远期利率协议等）、期货合约（包括货币期货、利率期货、股票指数期货等）、互换合约（包括货币互换、利率互换等）。

▶ 2. 选择权类工具

在这类交易中，合约的买方有权根据市场情况选择是否履行合约，换句话说，合约的买方拥有不执行合约的权利，而合约的卖方则负有在买方履行合约时执行合约的义务。因此，双方的权利、义务以及风险收益是不对称的。属于这一类的有期权合约（包括货币期权、利率期权、股票期权、股票指数期权等），另有期权的变通形式——认股权证（包括非抵押认股权证和备兑认股证）、可转换债券、利率上限、利率下限、利率上下限等。

值得一提的是，上述分类并不是一成不变的。随着金融衍生工具日新月异的发展，上述的分类界限正在模糊，由2种、3种甚至更多不同种类的衍生工具及其他金融工具，经过变化、组合以及合成这几种方式创造出来的再衍生工具和合成衍生工具正在出现，使衍生工具的传统分类模糊难辨。例如，由期货和期权合约组成的期货期权，由期权和互换合成的互换期权，由远期和互换合成的远期互换等。

（五）按照金融衍生工具交易场所的不同分类

▶ 1. 交易所交易的衍生工具

这是指在有组织的交易所上市交易的衍生工具，如在股票交易所交易的股票期权产品，在期货交易所和专门的期权交易所交易的各类期货合约、期权合约等。

▶ 2. 场外交易市场（OTC）交易的衍生工具

这是指通过各种通信方式，不通过集中的交易所，实行分散的、一对一交易的衍生工具，如金融机构之间、金融机构与大规模交易者之间进行的各类互换交易和信用衍生产品交易。从近年来的发展来看，这类衍生产品的交易量逐年增大，已经超过交易所市场的交易额，市场流动性也得到增强，还发展出专业化的交易商。

二、金融衍生工具的产生与发展动因

20世纪70年代以后，随着布雷顿森林体系的解体和世界性石油危机的发生，金融环境发生很大变化，利率、汇率和通货膨胀呈现极不稳定和高度易变的状况，使金融市场价格风险大增。宏观经济环境的变化使金融机构的原有经营模式和业务种类失去市场，同时又给它们创造了开发新业务的机会和巨大的发展空间。与此同时，计算机与通信技术的长足发展及金融理论的突破促使金融机构的创新能力突飞猛进，而创新成本却日益降低。在强大的外部需求召唤下，在美好的盈利前景吸引下，金融机构通过大量的创新活动冲破来自内外部的各种制约，导致全球金融领域发生了一场至今仍在继续的广泛而深刻的变革：形形色色的新业务、新市场、新机构风起云涌，不仅改变了金融总量和结构，而且还对金融体制发起了猛烈的冲击，对货币政策和宏观调控提出了严峻挑战，导致国际金融市场动荡不定，国际金融新秩序有待形成。

（一）避险

20 世纪 70 年代以来，随着美元的不断贬值，布雷顿森林体系崩溃，国际货币制度由固定汇率制走向浮动汇率制。1973 年和 1978 年两次石油危机使西方国家经济陷于滞胀，为对付通货膨胀，美国不得不运用利率工具，这又使金融市场的利率波动剧烈。利率的升降会引起证券价格的反方向变化，并直接影响投资者的收益。面对利市、汇市、债市、股市发生的前所未有的波动，市场风险急剧放大，迫使商业银行、投资机构、企业寻找可以规避市场风险、进行套期保值的金融工具，金融期货、期权等金融衍生工具便应运而生。

（二）20 世纪 80 年代以来的金融自由化

金融自由化理论是美国经济学家罗纳德·麦金农和爱德华·肖在 20 世纪 70 年代，针对当时发展中国家普遍存在的金融市场不完全、资本市场严重扭曲和患有政府对金融的"干预综合征"，影响经济发展的状况首次提出的。

金融自由化也称"金融深化"，是"金融抑制"的对称，是指政府或有关监管当局对限制金融体系的现行法令、规则、条例及行政管制予以取消或放松，以形成一个较宽松、自由、更符合市场运行机制的新的金融体制。金融自由化理论主张改革金融制度，改革政府对金融的过度干预，放松对金融机构和金融市场的限制，增强国内的筹资功能以改变对外资的过度依赖，放松对利率和汇率的管制使之市场化，从而使利率能反映资金供求，汇率能反映外汇供求，促进国内储蓄率的提高，最终达到抑制通货膨胀，刺激经济增长的目的。金融自由化的主要方面，如利率自由化、合业经营、业务范围自由化、金融机构准入自由、资本自由流动等都有引发金融脆弱性的可能。

（三）金融机构的利润驱动

金融机构通过金融衍生工具的设计开发以及担任中介，显著地推进了金融衍生工具的发展。金融中介机构积极参与金融衍生工具的发展主要有两方面原因。

（1）在金融机构进行资产负债管理的背景下，金融衍生工具业务属于表外业务，既不影响资产负债表状况，又能带来手续费等收入。1988 年国际清算银行（BIS）制定的《巴塞尔协议》规定：开展国际业务的银行必须将其资本对加权风险资产的比率维持在 8% 以上，其中核心资本至少为总资本的 50%。这一要求促使各国银行大力拓展表外业务，相继开发了既能增进收益、又不扩大资产规模的金融衍生工具，如期权、互换、远期利率协议等。

（2）金融机构可以利用自身在金融衍生工具方面的优势，直接进行自营交易，扩大利润来源。为此，金融衍生工具市场吸引了为数众多的金融机构。但是，由于越来越多的金融机构尤其是商业银行介入了金融衍生工具交易，引起了监管机构的高度关注，目前新的《巴塞尔协议Ⅱ》对国际性商业银行从事金融衍生工具业务也规定了资本金要求。

（四）新技术革命提供了物质基础与手段

金融衍生产品价格变动与基础资产之间的紧密关系、价格计算以及交易策略的高度复杂性对计算机、网络技术、通信技术提出了非常苛刻的要求。相关领域科技发展的日新月异，极大地便利了衍生产品市场的各类参与者，市场规模和交易效率均显著提高。

金融衍生工具极强的派生能力和高度的杠杆性使其发展速度十分惊人，根据国际清算银行的金融衍生产品统计报告（BIS，2011 年 3 月），截至 2010 年 9 月，全球商业银行持有的各类现货资产总数为 349 062 亿美元，而同期交易所交易的未平仓期货合约金额达到 223 156 亿美元（2010 年 12 月底数据），发行在外的期权合约金额达到 456 159 亿美元

（2010年12月底数据），OTC交易的金融衍生产品名义金额达到5 826 550亿美元。后3类之和达到商业银行现货资产数额的18.6倍，衍生产品名义金额平均年增长近20%。考虑到商业银行在整个金融行业内的显著地位，可以毫不夸张地说，目前基础金融产品与衍生工具之间已经形成了倒金字塔结构，单位基础产品所支撑的衍生工具数量越来越大。

任务二　金融远期合约

一、金融远期合约概述

（一）金融远期合约的定义

金融远期合约是指交易双方约定在未来的某一确定时间，按照事先商定的价格（如汇率、利率或股票价格等），以预先确定的方式买卖一定数量的某种金融资产的合约。

合约中规定在将来买入标的物的一方称为多方，在未来卖出标的物的一方称为空方，合约中规定的未来买卖标的物的价格称为交割价格。如果信息是对称的，而且合约双方对未来的预期相同，那么合约双方所选择的交割价格应使合约的价值在签署合约时等于零。这意味着无须成本就可处于远期合约多头或空头状态。

人们把使得远期合约价值为零的交割价格称为远期价格。这个远期价格显然是理论价格，它与远期合约在实际交易中形成的实际价格（即双方签约时所确定的交割价格）并不一定相等。但是，一旦理论价格与实际价格不相等，就会出现套利机会。若交割价格高于远期价格，套利者就可以通过买入标的资产现货、卖出远期并等待交割来获取无风险利润，从而促使现货价格上升、交割价格下降，直至套利机会消失；若交割价格低于远期价格，套利者就可以通过卖空标的资产现货、买入远期来获取无风险利润，从而促使现货价格下降，交割价格上升，直至套利机会消失。此时，远期理论价格等于交割价格。

一般来说，价格总是围绕着价值波动的，而远期价格跟远期价值却相差很大。例如，当远期价格等于交割价格时，远期价值为零。其原因在于远期价格指的是远期合约中标的物的远期价格，它是跟标的物的现货价格紧密相连的，而远期价值则是指远期合约本身的价值，它是由远期实际价格与远期理论价格的差距决定的。在合约签署时，若交割价格等于远期理论价格，则此时合约价值为零。但随着时间推移，远期理论价格有可能改变，而原有合约的交割价格则不可能改变，因此原有合约的价值就可能不再为零。

（二）金融远期合约的种类

根据基础资产划分，常见的金融远期合约包括四大类。

▶ 1. 远期股票合约

远期股票合约是指在将来某一特定日期按特定价格交付一定数量单个股票或"一篮子"股票的协议。

▶ 2. 远期债权合约

债权类资产的远期合约主要包括定期存款单、短期债券、长期债券、商业票据等固定收益证券的远期合约。

▶ 3. 远期利率协议

远期利率协议是指买卖双方同意在未来一定时间（清算日），以商定的名义本金和期限为基础，分别以合同利率和参考利率计算的利息的金融合约。其中，远期利率协议的买方支付以合同利率计算的利息，卖方支付以参考利率计算的利息。

▶ 4. 远期外汇协议

远期外汇协议是指交易双方约定在将来某一时间按约定的远期汇率买卖一定金额的某种外汇的合约。

（三）金融远期合约的特征

金融远期合约作为场外交易的衍生工具，与场内交易的期货、期权等衍生工具比较，具有以下特征：

（1）未规范化、标准化，一般在场外交易，不易流动。

（2）买卖双方易发生违约问题，从合约签订到交割期间不能直接看出履约情况，风险较大。

（3）在合约到期之前并无现金流。

（4）合约到期必须交割，不可实行反向对冲操作来平仓。

（四）金融远期合约的优缺点

远期合约是适应规避现货交易风险的需要而产生的。相对于封建社会自给自足的状态而言，现货交易是人类的一大进步。通过交易，双方均可获得好处，但现货交易的最大缺点在于无法规避价格风险。一个农场主的命运完全掌握在他的农作物收割时农作物现货市场价格。如果在播种时就能确定农作物收割时卖出的价格，农场主就可安心致力于农作物的生产了。远期合约正是适应这种需要而产生的。远期合约是非标准化合约，因此它不在交易所交易，而是在金融机构之间或金融机构与客户之间通过谈判后签署远期合约。已有的远期合约也可以在场外市场交易。在签署远期合约之前，双方可以就交割地点、交割时间、交割价格、合约规模、标的物的品质等细节进行谈判，以便尽量满足双方的需要。因此远期合约跟后面将要介绍的期货合约相比，灵活性较大，这是远期合约的主要优点。

远期合约也有明显的缺点：首先，由于远期合约没有固定的、集中的交易场所，不利于信息交流和传递，不利于形成统一的市场价格，市场效率较低。其次，由于每份远期合约千差万别，这就给远期合约的流通造成较大不便，因此远期合约的流动性较差。最后，远期合约的履约没有保证。当价格变动对一方有利时，但对方有可能无力或无诚意履行合约，因此远期合约的违约风险较高。

二、远期利率协议

远期利率协议简称 FRA，从使用者角度来看，远期利率协议是双方希望对未来利率走势进行保值或投机所签订的一种协议。保值者要对未来利率风险进行防范，投机者虽然面临利率风险，但指望从未来的利率变化中获利。实际上，远期利率协议的买方相当于名义借款人，而卖方则相当于名义贷款人，双方签订远期利率协议，相当于同意从未来某一商定日期开始，按协定利率借贷一笔数额、期限、币种确定的名义本金。只是双方在清算日时，并不实际交换本金，而是根据协议利率和参照利率之间的差额及名义本金额，由交易一方支付给另一方结算金。

（一）远期利率协议的功能

远期利率协议最重要的功能在于通过固定将来实际交付的利率以避免利率变动风险。签订 FRA 后，不管市场利率如何波动，协议双方将来收付资金的成本或收益总是固定在合同利率水平上。例如，当参照利率上升时，表明协议购以买方的资金成本加大，但由于可以从协议出售方得到参照利率与协议利率的差价，正好可弥补其加大了的资金成本，而协议出售方则固定了资金收益。反之,则反理。

另外,由于远期利率协议交易的本金不用交付,利率是按差额结算的,所以资金流动量较小,这就给银行提供了一种管理利率风险而无须通过大规模的同业拆放来改变其资产负债结构的有效工具,这对于增加资本比例、改善银行业务的资产收益率十分有益。

与金融期货、金融期权等场内交易相比,由于远期利率协议具有简便、灵活、不需支付保证金等特点,因此更能充分满足交易双方的特殊需求。与此同时,由于远期利率协议是场外交易,故存在信用风险和流动性风险,其信用风险和流动性风险也较场内交易的金融期货合约要大,但其市场风险较金融期货小,因为它最后实际支付的只是利差而非本金。

(二) 远期利率协议交易

▶ 1. 远期利率协议的报价

远期利率协议常常以 LIBOR 为参照利率,其报价一般由银行报出。如银行报出"美元3V6V10.03-9.99",说明美元 FRA 3 个月后起息,再过 6 个月结束;10.03 和 9.99 分别为银行卖价和买价,表示银行愿以 10.03% 的利率卖出,以 9.99% 的利率买进 FRA。

▶ 2. 远期利率协议的运用

远期利率协议的主要优势是交割日时不需实际收付本金,只是用 LIBOR 将利率协议期第一天确定的利率与该日前两个营业日时的 LIBOR 之间的利息差额贴现为现值,据此进行交割。远期利率协议项下的交易方分为买方和卖方。所谓卖方,即为根据协议在交割日形式上支出交易本金的一方;买方则指于交割日形式上收入交易本金的一方。市场上通常每笔交易金额为 1 000 万～2 000 万美元,协议期限以 3 个月和 6 个月为主,也有 1 个月期至 1 年期的交易期限。

远期利率协议运用的原则是:未来时间里持有大额负债的银行,在面临利率上升、负债成本增加的风险时,必须买进远期利率协议;未来期间拥有大笔资产的银行,在面临利率下降、收益减少的风险时,必须卖出远期利率协议。运用远期利率协议可以实施利率风险管理。

知识链接

假设甲银行根据其经营计划在 3 个月后需向某银行拆进一笔 1 000 万美元,期限 3 个月的资金,该银行预测在短期内利率可能在目前 7.5%(年利率)的基础上上升,从而将增加其利息支出,增大筹资成本。为了降低资金成本,甲银行采取通过远期利率协议交易将其在未来的利息成本固定下来。甲银行的操作是,按 3 个月期年利率 7.5% 的即期利率买进 1 000 万美元的远期利率协议,交易期限为 3 个月。3 个月后,果真同预测一样,LIBOR 上升为 8.5%,这个时候,甲银行采取了如下交易将利息成本固定下来。

(1) 轧平远期利率协议头寸,即按 3 个月后远期利率协议交割日当天的伦敦同业拆放利率,卖出 3 个月期 1 000 万美元远期利率协议。由于利率上升,甲银行取得利差:

$$结算金 = \frac{(8.5\% - 7.5\%) \times 10\,000\,000 \times \frac{90}{360}}{1 + 8.5\% \times \frac{90}{360}} = 24\,479.8(美元)$$

(2) 按交割日 LIBOR 8.5% 取得 3 个月期美元贷款 9 975 520.2 美元(10 000 000 - 24 479.8)。由于甲银行已从远期利率协议中取得了 24 479.8 美元的收益,因而,它只需取得 9 975 520.2 美元的贷款，即可满足借款 1 000 万美元的需要。由此可以计算出甲银行此笔借款利息支出：

借款利息支出＝(10 000 000－24 479.8)8.5％×90÷360＝211 979.8(美元)

远期利率协议所得为 24 479.8 美元。

最终利息支出＝211 979.8－24 479.8＝187 500(美元)

$$年利率 = \frac{187\ 500 \times 4}{9\ 975\ 520.2} = 7.5\%$$

由此可以看出，甲银行通过远期利率协议交易，在 LIBOR 上升的情况下，仍将其利率固定到原来的水平，从而避免了因利率支出增多、增大筹资成本的风险。

三、远期外汇合约

(一) 远期外汇合约的定义

远期外汇合约是指双方约定在将来某一时间按约定的远期汇率买卖一定金额的某种外汇的合约。交易双方在签订合同时就确定好将来进行交割的远期汇率，到时不论汇价如何变化，都应按此汇率交割。在交割时，名义本金并未交割，而只交割合同中规定的远期汇率与当时的即期汇率之间的差额。

按照远期的开始时期划分，远期外汇合约又分为直接远期外汇合约和远期外汇综合协议。前者的远期期限是直接从现在开始算的，而后者的远期期限是从未来的某个时点开始算的，因此实际上是远期的远期外汇合约。如 1×4 远期外汇综合协议是指从起算日之后的一个月(结算日)开始计算的为期 3 个月的远期外汇综合协议。

▶ 1. 远期汇率

远期汇率是指两种货币在未来某一日期交割的买卖价格。

远期汇率的标价方法有两种：一种是直接标出远期汇率的实际价格；另一种是报出远期汇率与即期汇率的差价，即远期差价，也称远期汇水。升水是远期汇率高于即期汇率时的差额；贴水是远期汇率低于即期汇率时的差额。若远期汇率与即期汇率相等，那么就称为平价。就两种货币而言，一种货币的升水必然是另一种货币的贴水。

在不同的汇率标价方式下，远期汇率的计算方法不同。直接标价法下，远期汇率为即期汇率＋升水，或即期汇率－贴水。间接标价法下，远期汇率为即期汇率－升水，或即期汇率＋贴水。

▶ 2. 远期外汇综合协议

远期外汇综合协议是指双方约定买方在结算日按照合同中规定的结算日直接远期汇率用第二货币向卖方买入一定名义金额的原货币，然后在到期日再按合同中规定的到期日直接远期汇率把一定名义金额原货币出售给卖方的协议。从该定义可以看出，远期外汇综合协议实际上是名义上的远期对远期掉期交易，之所以是名义上的，是因为后者涉及全部资金的实际流动，因此必须满足相应的法定准备金的要求，而前者不需全部资金的实际流动，双方只要在结算日结算市场汇率变动给双方带来的盈亏即可。

知识链接

英国进口商的套期保值

某英国进口商达成一笔玉米交易，合同约定 6 个月后支付 300 万美元。为避免 6 个月以后美元兑英镑的即期汇率上升，使公司兑换成本增加，此进口商与外汇银行签订一份美元远期合约,即买入6个月远期美元。这样,公司可以在贸易合同签订后,立即锁定英镑和美元的换汇成本,将6个月后汇率变动的不确定性变为确定不变,从而无论到期日汇率如何变化,英国进口商支付的英镑数量都完全锁定。

(二) 远期外汇交易

远期外汇交易又称期汇交易,是指买卖外汇的双方先签订合同,规定买卖外汇的数量、汇率和未来交割外汇的时间,到了规定的交割日期买卖双方再按合同规定办理货币收付的外汇交易。在签订合同时,除交纳10%的保证金外,不发生任何资金的转移。

远期交易的期限有1个月、3个月、6个月和1年等几种,其中3个月最为普遍。远期交易很少超过1年,因为期限越长,交易的不确定性越大。

▶ 1. 远期外汇交易的目的

人们进行期汇交易的具体目的是多方面的,但不外乎是套期保值、平衡头寸和投机的动机,具体包括以下几方面。

(1) 进出口商和外币资金借贷者为避免商业或金融交易遭受汇率变动的风险而进行期汇买卖。在国际贸易中,自买卖合同签订到贷款清算之间有相当一段时间,在这段时间内,进出口商可能因计价货币的汇率变动而遭受损失,为避免汇率风险,进出口商可预先向银行买入或卖出远期外汇,到支付或收进货款时,就可按原先约定的汇率来办理交割。

同样地,拥有外币的债权人和债务人可能在到期收回或偿还资金时因外汇汇率变动而遭受损失,因此,他们也可在贷出或借入资金时,相应卖出或买入相同期限、相当金额的期汇,以防范外汇风险。

(2) 外汇银行为平衡其远期外汇头寸而进行期汇买卖。进出口商和顾客为避免外汇风险而进行期汇交易,实质上就是把汇率变动的风险转嫁给外汇银行。外汇银行为满足客户要求而进行期汇交易时,难免会出现同一货币同一种交割期限或不同交割期限的超买或超卖,这样,银行就处于汇率变动的风险之中。为此,银行就要设法把它的外汇头寸予以平衡,即将不同期限不同货币头寸的余缺进行抛售或补进,由此求得期汇头寸的平衡。

(3) 外汇投机者为谋取投机利润而进行期汇买卖。在浮动汇率制下,汇率的频繁剧烈波动会给外汇投机者进行外汇投机创造有利的条件。所谓外汇投机是指根据对汇率变动的预期,有意保持某种外汇的多头或空头,希望从汇率变动中赚取利润的行为。外汇投机既可以在现汇市场上进行又可以在期汇市场上进行。两者的区别在于,在现汇市场上进行投机时,由于现汇交易要求立即进行交割,投机者手中必须持有足够的现金或外汇。而期汇交易只需缴纳少量保证金,无须付现汇,到期轧抵,计算盈亏,因此,不必持有巨额资金就可进行交易。所以,期汇投机较容易,成交额也较大,但风险较高。

▶ 2. 远期外汇交易方式

(1) 固定交割日的远期交易,即交易双方事先约定在未来某个确定的日期办理货币收付的远期外汇交易。这是一种较常用的远期外汇交易方式,但它缺乏灵活性和机动性。因为在现实中外汇买卖者(如进出口商)往往事先并不知道外汇收入和支出的准确时间,因此,他们往往希望与银行约定在未来的一段期限中的某一天办理货币收付,这时就需采用择期交易方式,即选择交割日的交易。

(2) 选择交割日的远期交易指主动请求交易的一方可在成交日的第3天起至约定的期限内的任何一个营业日,要求交易的另一方按照双方事先约定的远期汇率办理货币收付的远期外汇交易。确定择期交割日的方法有两种。

① 事先把交割期限固定在两个具体日期之间。例如,某出口商在2015年10月13日

成交一笔出口交易，预期 3 个月内收到货款。这样，该出口商马上在外汇市场上卖出一笔 3 个月的远期外汇，并约定择期日期为 10 月 17 日至 12 月 17 日，该出口商便可在这段时间内的任何一天随时将收到的外汇卖给银行。

② 事先把交割期限固定在不同月份之间。如上例中，出口商可视其需要，将交割期限规定为第一个月、第二个月、第三个月中的任意两个月或择期 3 个月。

由于择期交易在交割日上对顾客较为有利，因此，银行在择期交易中使用的是对顾客较不利的汇率，也就是说，银行将选择从择期开始到结束期间最不利于顾客的汇率作为择期远期交易的汇率。

▶ 3. 掉期交易

掉期交易又称时间套汇，是指同时买进和卖出相同金额的某种外汇但买与卖的交割期限不同的一种外汇交易，进行掉期交易的目的也在于避免汇率变动的风险。掉期交易可分为以下三种形式。

(1) 即期对远期，即在买进或卖出一笔现汇的同时，卖出或买进相同金额该种货币的期汇。期汇的交割期限大都为 1 星期、1 个月、2 个月、3 个月和 6 个月。这是掉期交易中最常见的一种形式。

知识链接

假设某日一美国投资者在现汇市场上以 £1＝US1.950 0 的汇价卖出 195 万美元，买入 100 万英镑，到英国进行投资，期限 6 个月，为避免投资期满时英镑汇率的下跌，同时在期汇市场上卖出 6 个月期 100 万英镑（这里忽略不计利息）。若 6 个月期汇汇率为 £1＝US1.945 0，则 100 万英镑可换回 194.5 万美元，195－194.5＝0.5(万美元)，即为掉期保值成本。

(2) 明日对次日，即在买进或卖出一笔现汇的同时，卖出或买进同种货币的另一笔即期交易，但两笔即期交易交割日不同，一笔是在成交后的第二个营业日（明日）交割，另一笔反向交易是在成交后第 3 个营业日（次日）交割。这种掉期交易主要用于银行同业的隔夜资金拆借。

(3) 远期对远期，指同时买进并卖出两笔相同金额、同种货币、不同交割期限的远期外汇。这种掉期形式多为转口贸易中的中间商所使用。

任务三　期货交易

一、期货交易的定义、特征、功能

期货交易是指交易双方在集中性的市场以公开竞价的方式所进行的期货合约的交易。

(一) 期货市场的基本特征

▶ 1. 期货市场具有专门的交易场所

期货交易是在专门的期货交易所内进行的，一般不允许场外交易。期货交易所不仅为期货交易者提供了一个专门的交易场所，提供了进行期货交易所必需的各种设备和服务，而且还为期货交易制定了严密的规章制度，使得期货市场成为一个组织化、规范化程度很高的市场，同时，它还为所有在期货交易所内达成的交易提供财务上和合约履行方面的担保。这是期货交易区别于现货即期交易和现货远期交易的一个重要方面。由于期货交易所内汇集了众多的买方和卖方，并对交易行为进行规范，为交易提供担保，这就为期货合约的买卖创造了有利条件，既使得交易者寻找交易对手比较容易，也使得交易者不必担心交易的安全性而专心于期货合约的买卖，从而使得期货交易所内买卖合约的活动比较频繁，大大提高了市场流动性。

▶ **2. 期货市场的交易对象是标准化的期货合约**

期货交易买卖的标的是标准化的期货合约，现代期货市场的产生正是以标准化期货合约的出现为标志的，这也是期货交易区别于现货远期合约交易的又一个重要方面。正是鉴于现货远期合约交易的非标准化特征，所以在期货交易产生之初，期货交易所即为期货交易制定了标准化的期货合约，这在期货市场发展史上是一个重要的里程碑。期货合约的数量、等级、交割时间、交割地点等条款都是标准化的。合约中唯一的变量是价格。标准化期货合约的出现既简化了交易手续，降低了交易成本，又防止了因交易双方对合约条款的不同理解而可能出现的争议和纠纷。同时，由于期货合约是标准化的，这就为合约持有者今后进一步转让该合约创造了便利条件。

▶ **3. 适合进行期货交易的期货商品具有特殊性**

期货市场自身的特点决定了并非所有的商品都适合进行期货交易，大多数适合进行现货即期和远期合约交易的商品并不适合进行期货交易。一般而言，期货商品上市的条件主要有以下几方面。

（1）商品可以被保存相当长的时间而不易变质损坏，以保持现货市场和期货市场之间的流动性。

（2）商品的品质等级可以进行明确的划分和评价，能被公众认可，以保证期货合约的标准化。

（3）商品的生产量、交易量和消费量足够大，以保证单个或少数参与交易者无法操纵市场。

（4）商品的价格波动较为频繁，以保证套期保值目的和投机目的的实现。商品的未来市场供求关系和动向不容易估计，以保证存在交易对象。

▶ **4. 期货交易是通过买卖双方公开竞价的方式进行的**

在期货交易中，期货合约的买卖是由代表众多的买方和卖方的经纪人在交易所内通过公开喊价或计算机自动撮合的方式达成的。期货市场是一个公开、公平、公正和竞争的场所，由于期货交易和期货市场的这种特征，就使得期货市场上的期货价格能够较为准确地反映出现货市场上真实的供求状况及其变动趋势。

▶ **5. 期货市场实行保证金制度**

在期货市场进行交易需要缴纳一定数量的履约保证金（一般为成交金额的5%～15%），并且在交易的过程中需要维持一个最低的履约保证金水平，随着期货合约交割期的临近，保证金水平会不断提高，这种做法的目的是给期货合约的履行提供一种财务担保，也就是说，如果交易者未能将其所持有的期货合约在合约到期前进行对冲平仓，那么就必须在合约到期后根据合约的规定进行实物交割。保证金制度对于期货交易来说是至关重要的，它增加了期货交易的安全性，使得期货交易所和结算所能够为在交易所内达成并经结算所结算的期货交易提供履约担保。

▶ **6. 期货市场是一种高风险、高回报的市场**

期货交易是一种保证金交易，投入5%～15%的资金就可以从事100%的交易，正是由于这种杠杆原理，决定了期货交易是一种高风险，同时也是一种高回报的交易。投入一定数量的资金，交易有可能获得数倍甚至数十倍于这笔资金的收益，同时也面临着数倍甚至数十倍于这笔资金的投资风险。然而，也正是由于期货市场的这种高风险、高回报的特点，吸引着越来越多的投资者源源不断地加入到期货交易中来。

▶ 7. 期货交易是一种不以实物商品的交割为目的的交易

交易者进行期货交易的目的有两种：套期保值或者进行投机。期货交易的这两种特定的目的决定了期货交易是一种不以实物商品的交割为目的的交易。期货交易中最后进行实物交割的比例很小，一般只有1%~3%，绝大多数的期货交易者都以对冲平仓的方式了结交易。

（二）期货交易的功能

▶ 1. 风险转移功能

风险转移是期货交易最基本的经济功能。在日常经济活动中，市场主体常面临商品价格、利率、汇率和证券价格的变动（统称为价格风险），所谓风险转移就是将市场上变化的风险从不愿承担风险的人身上转移到愿意承担风险的人身上。有了期货交易后，生产经营者就可利用套期保值交易把价格风险转移出去，以实现规避风险的目的。

套期保值是指在现货市场某一笔交易的基础上，在期货市场上做一笔价值相当、期限相同但方向相反的交易，以期保值。套期保值规避价格波动风险的经济原理是某一特定商品的期货价格和现货价格应该是共同受相同的经济因素的影响和制约的，也就是说，两者价格的走势具有趋同性。现货价格上升，期货价格也会上升，相反情况是很少的；而且，当期货合约临近交割时，现货价格与期货价格的差叫作基差，也往往接近于零，否则会引起套利机会。所以，保值者只要在期货市场建立一种与其现货市场相反的部位，则在市场价格发生变动时，在一个市场遭受损失必然在另一个市场获利，以获利弥补损失，达到保值的目的。期货的套期保值分为两种形式：多头（买进）套期保值和空头（卖出）套期保值。

▶ 2. 价格发现功能

价格发现是期货交易的另一个重要功能。价格发现也叫价格形成，是指大量的买者和卖者通过竞争性的叫价而后造成的市场货币价格，它反映了人们对利率、汇率和股指等变化和收益曲线的预测及对目前供求状况和价格关系的综合看法；这种竞争性的价格一旦形成并被记录下来，通过现代化的通信手段迅速传到世界各地，就会形成世界性的价格。

二、期货合约

期货合约是期货交易的买卖对象或标的物，是由期货交易所统一制定的，规定了某一特定的时间和地点交割一定数量和质量商品的标准化合约。期货价格则是通过公开竞价而达成的。

期货交易中的头寸是指多头或空头。当合约的一方同意在将来某个确定的日期以某个确定的价格购买标的资产时，就称这一方为多头；另一方同意在同样的日期以同样的价格出售该标的资产，就称这一方为空头。换句话说，购买期货合约的一方被称为是持有期货多头头寸的投资者；出售期货合约的一方就被称为是持有期货空头头寸的投资者。无论投资者的初始交易是购买还是出售期货合约，都称这一行为是开仓；无论投资者是持有多头头寸，还是空头头寸，都把这一行为叫作持仓。投资者在持仓的过程中会根据市场价格发生的波动决定是否有必要将持仓合约在合约到期以前转让给其他交易者，若持仓者在到期日之前改变他已有的头寸，在市场上买卖与自己合约品种、数量相同但方向相反的期货，就称这一交易行为是期货合约的对冲交易。期货合约的对冲是期货交易平仓方式中的一种，平仓的另一种方式是期货合约到期时进行实物交割。

（一）期货合约的标准化

从期货合约的基本要素中可以清楚地看到，期货合约最显著的特征就是合约的标准化。期货合约的标准化主要体现在以下几个方面。

1. 合约标的品质的标准化

合约标的品质不同，则价格也不同。由于同类产品的产地或生产厂家不同，其产品的品质也不一定相同。为了使期货合约的买卖和转让能正常进行，首先必须对相关标的的品质进行标准化，制定相关标的品质的统一标准，以避免交易中产生品质纠纷。同时，还制定了非标准品的质量贴水规定，使得所有交易者进行买卖对象完全是统一的标准合约，没有品质差异。合约标的品质的标准化促进了合约的转让买卖，增大了交易市场的流动性。

2. 合约标的计量的标准化

在一份期货合约中，合约标的的计量单位和交易数量都有其标准化规定，以避免由于合约的买卖和转让交易频繁且交易量大所带来的结算和统计的不便。

3. 交割月份的标准化

期货合约按交割月份来划分。交易所必须指定在交割月份中可以进行交割的确切时期。对于许多期货合约来说，交割时期是整个交割月。交割月份随合约的不同而不同，由交易所根据客户的需要进行选择。在任何给定的时间，交易的合约包括最近交割月的合约和一系列随后交割月的合约。由交易所指定特定月份合约开始交易的时刻，交易所同时也对给定合约的最后交易日做了规定。最后交易日是允许期货合约买卖平仓的最后一日，通常是最后交割日的前几天。

4. 交割地点（仓库）的标准化

交易所必须指定商品期货合约的交割地点（仓库），这对可能存在较大的运输费用的商品期货尤为重要。当指定几个交割地点（仓库）时，空头方收取的价款有时会根据选择的交割地点进行调整。

（二）期货合约的内容

期货合约是一种在规范的交易所内进行交易的标准化合约，在合约中对有关交易的标的、合约规模、交割时间、标价方法等都有标准化的条款，同时它也是一种大众化的公共约定。一张期货合约通常包括以下基本内容。

1. 期货品种

期货品种是指具有期货标的性能，并经过批准允许作为进入交易所进行期货买卖的品种，也叫"上市品种"。根据品种的不同，期货一般可分为商品期货和金融期货两类。

2. 交易单位

交易单位是指交易所对每一份期货合约所规定的交易数量。在进行期货交易时，人们只需买进或卖出这一标准数量的某一整数倍，即买进或卖出多少份（俗称"手"）这样的期货合约，以简化期货交易的计算。但是，这也在一定程度上限制了人们根据自己的实际需要确定交易数量的余地。

3. 质量标准

质量标准是指某一商品具有代表性的标准品级。对于商品期货来讲，由于商品的规格、质量等存在差异，所以交易所一般要对期货加以规定。对于金融期货来讲，由于不存在品质的差异,所以交易所除对一些特殊的金融期货合约进行必要规定外,一般不进行其他具体规定。

▶ 4. 最小变动价位

最小变动价位也叫最小价格波动,一个刻度是指某一商品报价单位在每一次报价时所允许的最小价格变动量。有了最小变动价位的规定,竞价双方就都有了标准,在相同的价格上就可以成交。

▶ 5. 每日价格波动限制

每日价格波动限制是指为了防止过度投机而带来的暴涨暴跌,交易所对大多数的期货合约所规定的每天价格相对于上一日结算价可以波动的最大限度。如果价格变化超过这一幅度,交易就自动停止,这种限制一般也称为"每日停板额限制"。

▶ 6. 合约月份

合约月份是指期货合约到期交收实物的月份。在金融期货交易中,除少数合约有特殊规定外,绝大多数合约的交收月份都定为每年有 4~6 个交割月份。

▶ 7. 交易时间

交易时间是指交易所规定的各种合约在每一交易日可以进行交易的具体时间。不同的交易所可以规定不同的交易时间,在同一个交易所,不同的合约也可以有不同的交易时间。

▶ 8. 最后交易日

最后交易日是指由交易所规定的各种合约停止交易的最后截止时间。在期货交易中,绝大多数成交的合约都是通过对冲交易结清的,如果持仓者到最后交易日仍不进行对冲交易,那就必须通过交接实物或结算现金来结清。

▶ 9. 交割条款

交割条款是指由交易所规定的各种期货合约因到期未平仓而进行实际交割的各项条款,包括交割日、交割方式及交割地点等。

三、期货交易规则

期货交易规则主要包括保证金制度、涨跌停板制度、持仓限额制度、强行平仓制度、大户报告制度、每日无负债结算制度、实物交割制度、风险准备金制度和信息披露制度。

▶ 1. 保证金制度

如果两个投资者相互间直接接触并同意在将来某时刻按某一特定的价格交易一项资产,这就存在明显的风险。一方面投资者可能会后悔该项交易,极力想毁约;另一方面,该投资者也可能没有财力来保证该项协议的实施。为了有效防止交易者因市场价格被动而导致的违约给结算公司带来损失,交易所建立了保证金制度。因此,凡参与期货交易的投资者,无论买方还是卖方,都必须按规定缴纳"保证金"。当投资者进入交易后,经纪人会要求投资者建立一个保证金账户,以供存放保证金。初始保证金是指签约成交每一份新期货合约时,买卖双方都必须向交易所缴纳存入其保证金账户的保证金。初始保证金按照合约价值的一定比率来计算,它是确保交易者履约的财力担保金,而不是交易中的定金或交易者应付价款的一部分。当合约履约后,原持仓人注销这份合约时,该合约相关的已交交易保证金在结算时予以全数退还,不计利息。若违约,则违约一方的保证金被收缴,用来冲抵违约所造成的损失,包括价格波动所带来的损失和应付违约罚金,这也被称为违约方必须付出的违约成本。

根据价格波动的一般波动幅度和结算制度，保证金比率为合约价值的5％～15％。这一比率由经纪人确定，但不得低于结算公司为此规定的最低标准。这就是说，在合约成交的下一个交易日，价格的波动幅度不会超过5％～15％，所缴纳的初始保证金足以抵偿价格不利波动时所带来的账面亏损。

▶ 2. 涨跌停板制度

涨跌停板制度包括涨停板和跌停板两种。它是指为了防止过度投机而带来的暴涨暴跌，交易所对大多数的期货合约所规定的每天价格相对于上一日结算价可以波动的最大限度。如果价格变化超过这一幅度，交易就自动停止。不过，当价格波动较大时，也可适当调整期货合约的价格波动限制。在某一交易的期货合约中，需列明每日停板额，它是根据合约的交易日结算价加上或减去一定比例的金额计算出来的，交易者不得在确定的停板价格之外进行交易。

▶ 3. 持仓限额制度

持仓限额制度指交易所规定会员或客户可以持有的，按单边计算的某一合约持仓的最大数额。如果同一客户在不同会员处开仓交易，则要将该客户在各账户下的持仓合并计算。

▶ 4. 强行平仓制度

强行平仓制度是与持仓限额制度和涨跌停板制度等相互配合的风险管理制度。当交易所会员或客户的交易保证金不足且并未在规定时间补足，或当会员或客户的持仓量超出规定的限额，或当会员或客户违规时，交易所为了防止风险进一步扩大，将对其持有的未平仓合约进行强制性平仓处理，这就是强行平仓制度。

▶ 5. 大户报告制度

大户报告制度是与限仓制度紧密相关的另一个控制交易风险，防止大户操纵行为的制度。期货交易所建立限仓制度后，当会员或客户某品种持仓合约的投机头寸达到交易所对其规定的投机头寸持仓限额的80％以上时，必须向交易所申报。申报的内容包括客户的开户情况、交易情况、资金来源和交易动机等，便于交易所审查大户是否有过度投机和操纵市场行为以及大户的交易风险情况。

▶ 6. 每日无负债结算制度

初始保证金存入保证金账户后，随着期货价格的变化，期货合约的价格也在变化。这样，与市场价格相比，投资者未结清的期货合约就出现了账面盈亏，因而在每个交易日结束后，结算公司将根据当日的结算价格（一般为收盘价）对投资者未结清的合约进行重新估价，确定当日的盈亏水平，同时调整投资者的保证金账户的余额，这就是所谓的每日结算制度，或称为盯市。在这里，交易所规定了交易者在其保证金账户中所必须保有的最低余额的保证金水平，也就是维持保证金。维持保证金通常为初始保证金的75％左右。

若根据市场价格计算出的保证金账户中余额低于维持保证金水平，则经纪人会要求投资者再存入一笔保证金，使之达到初始保证金水平，这就是追加保证金。

所以，追加保证金是指交易者在持仓期间因价格变动而发生了亏损，使其保证金账户的余额减少到规定的维持保证金以下时所必须补交的保证金。若客户不及时存入追加保证金，则经纪人将予以强行平仓。

▶ 7. 实物交割制度

虽然大多数期货交易者并不将其头寸保持到期，但如果一个头寸在其到期前没有被对冲，就需要对合同进行交割以平仓。交割分为实物交割或现金结算两种形式。实物交割是指交易者按已列交割期的持仓合约的内容进行实物商品的交收的履约行为。一些金融期货，如标的物为股票指数的期货，是以现金结算的。

▶ 8. 风险准备金制度

风险准备金制度是指期货交易所从自己收取的会员交易手续费中提取一定比例的资金作为确保交易所担保履约的备付金的制度。交易所风险准备金的设立目的是为维护期货市场正常运转而提供财务担保和弥补因不可预见的风险带来的亏损。

▶ 9. 信息披露制度

交易所按即时、每日、每周、每月向会员、投资者和社会公众提供期货交易信息。内容涉及各种价格、成交量、成交金额、持仓量、仓单数、申请交割数以及交割仓库库容情况等。

四、期货交易的种类

（一）商品期货

从19世纪中叶现代意义上的期货交易产生到20世纪70年代，农产品期货一直在期货市场中居于主导地位，同时新的期货品种也在不断涌现。随着农产品生产和流通规模的扩大，除了小麦、玉米、大米等谷物以外，棉花、咖啡、白糖等经济作物，生猪、活牛等畜产品，木材、天然橡胶等林产品也陆续在期货市场上市交易。19世纪下半叶，伦敦金属交易所(LME)开金属期货交易的先河，先后推出铜、锡、铅、锌等期货品种。伦敦金属交易所和纽约商品交易所(COMEX)已成为目前世界主要的金属期货交易所。

20世纪70年代初发生的石油危机给世界石油市场带来巨大冲击，石油等能源产品价格剧烈波动，直接导致了能源期货的产生。纽约商业交易所(NYMEX)已成为目前世界最具有影响力的能源期货交易所，上市的品种有原油、汽油、取暖油、天然气、电力等。

截至2014年10月18日，经中国证监会的批准，国内可以上市交易的期货商品有以下种类。

（1）上海期货交易所：螺纹、热卷、线材、铜、铝、锌、铅、天然橡胶、燃油、黄金、钢材、白银、热轧卷板、沥青。

（2）大连商品交易所：大豆、豆粕、豆油、塑料、棕榈油、玉米、PVC、焦炭、焦煤、铁矿石、纤板、聚丙烯、鸡蛋、胶版、粳稻。

（3）郑州商品交易所：小麦、棉花、白糖、PTA、菜籽油、早籼稻、甲醇、玻璃、菜籽、菜粕、动力煤、锰铁、硅铁。

（二）金融期货

20世纪70年代，布雷顿森林体系解体，浮动汇率制取代了固定汇率制，世界金融体制发生了重大变化。随着汇率和利率的剧烈波动，市场对风险管理工具的需要变得越来越迫切。商品期货的发展为金融期货交易的产生发挥了示范效应，期货业将商品期货交易的原理应用于金融市场，金融期货应运而生。

按基础工具划分，金融期货主要有3种类型：外汇期货、利率期货和股权类期货。另外，芝加哥期货交易所(CBOT)还开设有互换的期货，芝加哥商业交易所(CME)开设有消费者物价指数期货和房地产价格指数期货。

▶ 1. 外汇期货

外汇期货又被称为"货币期货"，是以外汇为基础工具的期货合约，是金融期货中最先产生的品种，主要用于规避外汇风险。

外汇期货交易自1972年在芝加哥商业交易所所属的国际货币市场（IMM）率先推出后得到了迅速发展。以芝加哥商业交易所为例，上市品种不仅包括以美元标价的外币期货合约（如欧元期货、日元期货、瑞士法郎期货、英镑期货等），还包括外币对外币的交叉汇率期货（如欧元对日元、欧元对英镑、欧元对瑞士法郎等），以及芝加哥商业交易所自行开发的美元指数期货。2005年，芝加哥商业交易所推出了以美元、日元、欧元报价和现金结算的人民币期货及期货期权交易，但是，由于人民币汇率并未完全实现市场化，这些产品的交易并不活跃。

▶ 2. 利率期货

利率期货是继外汇期货之后产生的又一个金融期货类别，其基础资产是一定数量的与利率相关的某种金融工具，主要是各类固定收益金融工具。利率期货主要是为了规避利率风险而产生的。固定利率有价证券的价格受到现行利率和预期利率的影响，价格变化与利率变化一般呈反向关系。

1975年10月，利率期货产生于美国芝加哥期货交易所，虽然比外汇期货晚了3年，但其发展速度与应用范围都远较外汇期货来得迅速和广泛。利率期货品种主要如下。

（1）债券期货。以国债期货为主的债券期货是各主要交易所最重要的利率期货品种，我国曾经短暂开展过国债期货交易试点。1992年12月18日，上海证券交易所开办国债期货交易，并于1993年10月25日向社会公众开放，此后，深圳证券交易所、北京商品交易所也向社会推出了国债期货交易。国债期货推出后，受到市场的广泛欢迎，但是，由于现货市场所存在的固有缺陷以及期货交易规则的不完善，引发了以"3·27国债期货事件"为代表的大量风险事件，造成市场秩序紊乱。1995年5月17日，中国证监会决定暂停国债期货试点，至今仍未恢复。

（2）主要参考利率期货。在国际金融市场上存在若干重要的参考利率，它们是市场利率水平的重要指标，同时也是金融机构制定利率政策和设计金融工具的主要依据。除国债利率外，常见的参考利率包括伦敦银行间同业拆放利率、香港银行间同业拆放利率、欧洲美元定期存款单利率、联邦基金利率等。

▶ 3. 股权类期货

股权类期货是以单只股票、股票组合或者股票价格指数为基础资产的期货合约。

（1）股票价格指数期货。股票价格指数期货是以股票价格指数为基础变量的期货交易，是为适应人们控制股市风险，尤其是系统性风险的需要而产生的。股票价格指数期货的交易单位等于基础指数的数值与交易所规定的每点价值的乘积，采用现金结算。

1982年，美国堪萨斯期货交易所（KCBT）首先推出价值线指数期货，此后全球股票价格指数期货品种不断涌现，几乎覆盖了所有的基准指数。其中，比较重要的有芝加哥商业交易所的标准普尔股票价格指数期货系列、纽约期货交易所的纽约证券交易所综合指数期货系列、芝加哥期货交易所的道琼斯指数期货系列、伦敦国际金融期权期货交易所的富时100种股票价格指数期货系列、新加坡期货交易所的日经225指数期货、中国香港交易所的恒生指数期货、中国台湾证券交易所的台湾股票指数期货等。

（2）单只股票期货。单只股票期货是以单只股票作为基础工具的期货，买卖双方约定，以约定的价格在合约到期日买卖规定数量的股票。事实上，股票期货均实行现金交割，买卖双方只需要按规定的合约乘数乘以价差，盈亏以现金方式进行交割。为防止操纵市场行为，并不是所有上市交易的股票均有期货交易，交易所通常会选取流通盘较大、交易比较活跃的股票推出相应的期货合约,并且对投资者的持仓数量进行限制。以中国香港交易所为例,目前有38只上市股票共40种期货合约在交易。

(3) 股票组合的期货。股票组合的期货是金融期货中最新的一类,是以标准化的股票组合为基础资产的金融期货,芝加哥商业交易所基于美国证券交易所ETF以及基于总回报资产合约(TRAKRS)的期货最具代表性。目前,有3只交易所交易基金的期货在芝加哥商业交易所上市交易。

知识链接

中国金融期货交易所与沪深300股指期货

中国金融期货交易所于2006年9月8日在上海成立,是经国务院同意、中国证监会批准,由上海期货交易所、郑州商品交易所、大连商品交易所、上海证券交易所和深圳证券交易所共同发起设立的中国首家公司制交易所,注册资本为人民币5亿元。股东大会是公司的权力机构,公司设董事会,对股东大会负责,并行使股东大会授予的权力。

中国金融期货交易所实行结算会员制度,会员分为结算会员和非结算会员,结算会员按照业务范围分为交易结算会员、全面结算会员和特别结算会员。截至2011年1月底,中国金融期货交易所拥有会员137家,其中全面结算会员15家、交易结算会员61家、交易会员61家。2010年1月12日,中国证监会批复同意中国金融期货交易所组织股票指数期货交易;2010年4月16日,首份合约正式上市交易。至2010年年末,全年成交合约45 873 295手,成交金额410 699亿元,已成为中国和全球最大的单个衍生产品合约之一。

沪深300股指期货合约内容如表10-1所示。

表10-1 沪深300股指期货合约表

合 约 项 目	具 体 内 容
合约标的	沪深300指数
合约乘数	每点300元
报价单位	指数点
最小变动价位	0.2点
合约月份	当月、下月及随后两个季月
交易时间	上午:9:15—11:30,下午:13:00—15:15
最后交易日交易时间	上午:9:15—11:30,下午:13:00—15:00
每日价格最大波动限制	上一个交易日结算价的±10%
最低交易保证金	合约价值的12%
最后交易日	合约到期月份的第3个周五,遇国家法定假日顺延
交割日期	同最后交易日
交割方式	现金交割
交易代码	IF
上市交易所	中国金融期货交易所

五、期货交易策略

（一）套期保值交易

套期保值是指在现货市场某一笔交易的基础上，在期货市场上做一笔价值相当、期限相同但方向相反的交易，以期保值。

▶ 1. 套期保值的两个基本原理

套期保值之所以能够达到规避价格风险的目的，其基本原理有两个。

（1）同一品种的商品，其期货价格与现货价格受到相同因素的影响和制约，虽然波动幅度会有不同，但其价格的变动趋势和方向有一致性。保值者在期货市市场上建立了与现货市场相反的头寸，则无论市场价格朝哪一方向变动，均可避免风险，实现保值。不过，在套期保值中，保值者一般只能做到保值，而不能获利。因为保值者在一个市场上获得的利润将被另一市场的损失所抵销。

（2）随着期货合约到期日的临近，期货价格和现货价格逐渐聚合，在到期日，基差接近于零，两价格大致相等。

▶ 2. 套期保值的分类

由于期货品种很多，这些品种的生产者、加工者、经营者、相关的储运商和贸易商都可以在必要时利用期货市场保值，所以，按保值的性质和目的的不同，又可以分为以下四类。

（1）存货保值。有存货的交易者关心的是存货的价格在将来不会贬值，并且能体现出持有成本，包括仓储费用、保险费用、存货占用的资金利息等，于是他将会关注期货价格比现货价格高出的部分是否可以弥补持有成本。例如，某储运商购入小麦，欲储存 3 个月后再售出获利，则其今后的保本销售价大致等于购买小麦的成本和 3 个月的持有成本，该储运商可以利用期货市场进行空头套期保值以达到保值目的。

（2）经营保值。对于贸易商、经销商、加工商等中间商来说，其现货市场的经营是稳定且有连续性的，他们面临的是双重的风险，既要担心以后购进商品时价格上涨，又要害怕以后卖出商品时价格下跌，所以，他们有时做多头保值，有时做空头保值，以保证其中间利润（如加工利润、贸易差额等）的实现。

（3）选择保值。选择保值是指现货交易者在适当的时候进行价格投机的交易，是否保值取决于交易者对未来的价格预期。一些大公司通常要进行全额保值，但有时却根据价格预期进行保值或不进行全额保值。在价格低时，敢于进行价格投机，在价格越高，波动越大时，越是会进行严格的保值。选择保值者所做出的保值与否的决定代表着人们对价格变化的态度，有助于增强期货市场的价格发现功能，而经营保值者和存货保值者都遵循相等且相反的原则，对价格发现的贡献有限。

（4）预期保值。预期保值是以预期价格为基础进行的保值交易，保值者在初次建立期货头寸时，没有相应的存货或有效的合同与之对应，它只是作为以后进行的现货贸易合同的一个暂时替代交易，以抓住眼下有利的价格。预期保值通常有以下几种情况：①加工商在没有签订成品售出合同时，买进期货合约以确保以后的原材料供应；②生产者在产品产出之前就在期货市场上卖出相应的期货合约，以保证产品卖出好价钱；③贸易商在尚未签订买卖合同之前，在期货市场上预先买进或卖出相关的期货合约。

▶ 3. 套期保值的操作

（1）空头套期保值。空头套期保值是指在现货市场处于多头的情况下在期货市场做一笔相应的空头交易，以避免现货价格变动的风险。相关商品的空头情况意味着套期保值者交割相关商品有固定期货价格的承诺，或相关商品有很高的价格关联关系。空头套期保值一般适用于持有商品的交易商担心商品价格下跌的情况，以及适用于预测资产的未来销售。

知识链接

某年8月5日，某证券商买进面值总额为1亿美元的3个月期美国国库券，买进价格为93美元（以IMM指数表示价格，IIM指数＝100－贴现率），并准备在3天后将这批国库券售出。为防止这3天内市场利率上升导致国库券价格下跌而遭受损失，该证券商便在买进国库券现货的同时卖出相同面值的国库券期货，以期保值，如表10-2所示。

表10-2 证券商买进卖出示意

日期	现货市场	期货市场
8月5日	以93美元的价格买进面值总额为1亿美元的3个月期国库券，共支付价款98 250 000美元	以92.6美元的价格卖出100张9月份到期的国库券期货合约，总值为98 150 000美元
8月8日	以92.4美元的价格卖出面值为1亿美元的3个月期国库券，共收取价款98 100 000美元	以92美元的价格买入平仓100张9月份到期的国库券期货合约，总值为98 000 000美元
损益	－150 000美元	＋150 000美元

（2）多头套期保值。多头套期保值是指在现货市场处于空头的情况下，在期货市场做一笔相应的多头交易，以避免现货价格变动的风险。多头套期保值通常适用于类似这样的场合：投资者准备在将来某一时刻购买商品却担心商品涨价，或者某投资者在资产上做空头时，可用多头套期保值策略进行风险管理。

知识链接

某年7月20日，某基金经理预计在8月底可收到总额为1 200 000美元的款项，并准备用这笔款项购买A公司股票和B公司股票。但由于资金将在一个多月以后才能取得，如果届时这两种股票的市场价格上涨，那么他用这笔款项只能购得较少的股票。为避免这一可能的损失，他决定用主要市场指数期货做多头套期保值。

假设在7月20日，A公司股票的市场价格为每股25美元，B公司股票的市场价格为每股15美元，如以当天市场价格购买，用1 200 000美元可买到这两种股票各30 000股，同时9月主要市场指数期货价格为478美元。8月31日，A公司股票的市场价格已经涨为每股30美元，B公司股票的市场价格也涨为每股18美元，这样，美元购买预期的股数需支付1 440 000美元，此时9月主要市场指数期货价格已升至574美元，其过程如表10-3所示。

表 10-3 某基金经理估计股票价格

日期	现货市场	期货市场
7月20日	预期8月31日收到1 200 000美元,买入A公司和B公司的股票,当天市场价为:A公司25美元,B公司15美元。按此价格可分别购买30 000股A公司和B公司的股票	买入10张9月主要市场指数期货价格为478美元,合约价值为478×250×10=1 195 000(美元)
8月31日	收到1 200 000美元,由于股票价格上涨,A公司股票涨至30美元,B公司股票涨至18美元,仍想分别购入30 000股股票,需要支付1 440 000美元	卖出平仓10张9月主要市场指数期货价格为574美元,合约价值为574×250×10=1 435 000(美元)
损益	资金缺口240 000美元	获利240 000美元

(二)投机、套利交易

期货交易一向被认为是投机意识十足的投资工具,由于这种交易采取保证金方式,吸引了大量只想赚取价差,根本没有套期保值需求的投资者。一般来说,人们把在期货市场上进行的广义的投机可以分为两类:一类是正常的单项式投机,即普通的买空卖空活动,纯粹利用单个期货品种价格的波动进行的投机交易;另一类是利用期货合约之间、现货和期货之间反常的价格关系进行的投机,也就是套利交易。

▶ 1. 单项式投机

单项式投机是指人们根据自己对金融期货市场的价格变动趋势的预测,通过看涨时买进,看跌时卖出而获利的交易行为。

根据投机者持仓时间的长短,投机分为一般头寸投机、当日投机和逐小利投机。一般头寸投机者持仓时间较长,以多种期货为对象,利用较长时间的价差来获利,交易量较大。当日投机者只进行当天平仓期货交易,交易对象为他们认为有利可图的各种期货,希望利用较大差价获利。逐小利投机者是随时买进或卖出,赚取很小的差价,交易频繁,往往一天内买卖合约数次,其交易期货品种较为单一,但交易量一般较大,对增强市场流动性具有十分重要的意义。按具体的操作手法不同,投机可分为多头投机和空头投机。

知识链接

11月2日,CBOT主要市场指数期货的市场价格为472美元,某投机者预期该指数期货的价格将下跌,于是以472美元的价格卖出20张12月份到期的主要市场指数期货合约。这样,在合约到期前,该投机者将面临3种不同的情况:市场价格下跌至456美元、市场价格不变和市场价格上涨至488美元。

(1) 若市场价格下跌至456美元,他可获利(472−456)×250×20=80 000(美元)。

(2) 若市场价格不变,该投机者将既无盈利也无损失。

(3) 若市场价格上涨至488美元,他将损失(472−488)×250×20=80 000(美元)。

▶ 2. 套利交易

套利是指人们利用暂时存在的不合理的价格关系,通过同时买进和卖出相同或相关的商品或期货合约,以赚取其中的价差收益的交易行为。套利的实质是对不同的合约(包括现货)的价差进行投机,分别建立正反两方向的头寸,这两种合约的联动性很强,所以套利的原理与套期保值的原理很相似。

(1) 期现套利。期现套利是指在期货市场和现货市场间套利。若期货价格较高,则卖出期货的同时买进现货到期货市场交割;当期货价格偏低时,买入期货在期货市场上进行实物交割,接受商品,再将它转到现货市场上卖出获利。这种套利通常在即将到期的期货合约上进行。大量的期现套利有助于期货价格的合理回归。

期现套利一般仅涉及现货商人。因为涉及期货、现货两个市场,如果实物交割,还要占用大量的资金,且需要有相应的现货供、销渠道来买进或卖出现货。这样的条件一般投机者不具备,所以一般的投机者很少在即将到期的合约上操作。而期现套利者却最关注进入交割月份的期货合约品种,只要基差足够大,超过预期投机成本,套利者就会入市,最终再根据市场情况灵活选择在期货市场平仓或是进行实物交割。

(2) 跨期套利。跨期套利是指在同一交易所同时买进和卖出同一品种的不同交割月份的期货合约,以便在未来两合约价差变动于己有利时再对冲获利。跨期套利在套利交易中最为常见,有3种最主要的交易形式:买近卖远套利、卖近买远套利和蝶式套利。

(3) 跨市套利。跨市套利是指在两个不同的期货交易所同时买进和卖出同一品种同一交割月份的期货合约,以便在未来两合约价差变动于己有利时再对冲获利。跨市套利的风险及操作难度都比跨期套利更大,因为它涉及不同的交易所,交易者必须同时考虑两个市场的情形和影响因素。有时,虽然是同一品种,但各交易所的交易规则、交割等级、最后交易日、交割期的规定都有差异;期货市场上的流动性也不一样。若是做不同国家的跨市套利,还要考虑汇率变动的影响,如果对汇率的变动估计不足或估计错误,则投资者将面临严重的汇率风险,所以必须全面考虑各种因素,才能使套利取得成功。因此在国外,一般大的投资基金、投资银行才进行跨市套利交易。

(4) 跨品种套利。跨品种套利是指在同一交易所同时买进和卖出同一交割月份不同品种的期货合约,选择的两种不同合约应在价格变动上有较强的联动性。跨品种套利可以分为相关商品套利和可转换性商品套利两种形式。

任务四 期权交易

期权的萌芽形式已有几百年的历史。较早的期权交易主要用于实物商品房地产和贵金属业务,都是现货期权。20世纪20年代,美国出现了股票的期权交易,但由于浓厚的投机色彩而不为多数人所接受。金融期权是在20世纪70年代以来新发展起来的又一种新的金融交易形式。自产生以来,它就得到了飞速发展。尤其是在金融风险管理中,它更是一种颇受投资者欢迎的套期保值的新工具。

一、期权的定义

期权又称选择权,实质上是一种权利的有偿使用,当期权购买者支付给期权出售者一定的期权费后,赋予购买者在规定期限内按双方约定的价格购买或出售一定数量某种金融资产权利的合约。

从期权交易的定义中可以看出,它包含3层意思。

(1) 选择权的内涵是一定时间、一定价格和一定数量的选择权,超过了这些限度就超出期权的交易范围。

(2) 选择权实质上是权利而不是义务,一旦期权购买者购买了某项期权合约,即拥有了该合约所规定的权利,既可以执行也可以放弃,并且不必承担必须买进或卖出的义务。

(3) 期权交易成立的媒介是期权费,只有买方愿意让渡的期权费与卖方所能接受的期权价格相等时,交易才能成立。

二、期权交易的合约要素

期权交易的买方通过付出一笔较小的权利费用得到一种权利,在期权有效期内,若标的物价格朝有利于期权买方的方向变化,买方可以选择履约,即按协定价格执行买或卖的权利;在期权合约的有效期内,期权也可以转让;超过有效期,合约失效,买主的权利随之作废,卖主的义务也被解除。

通过上述对期权交易的描述可以看出,期权合约的主要要素如下。

▶ 1. 期权的买方

购买期权的一方,即支付期权费,获得权利的一方,也称期权的多头方。在金融期权交易中,期权购买者可在期权合约所规定的某一特定的时间,以事先确定的价格向期权卖方买进或卖出一定数量的某种金融商品或金融期货合约。在期权合约所规定的时间内或期权合约所规定的某一特定的履约日,期权的买方既可以执行所拥有的这一权利,也可以放弃这一权利。

▶ 2. 期权的卖方

出售期权的一方获得期权费,因而承担着在规定的时间内履行该期权合约的义务。期权的卖方也称为期权的空头方。在金融期权交易中,期权的卖方应在期权合约所规定的时间内或期权合约所规定的某一特定履约日,只要期权购买方要求执行期权,期权卖方就必须无条件地履行期权合约所规定的义务。

▶ 3. 协定价格

协定价格也称敲定价格或执行价格,是指期权合约所规定的、期权买方在行使权利时所实际执行的价格,即在金融期权交易中,协定价格是指期权购买者买卖事先确定标的资产(或期货合约)的交易价格。这一价格一旦确定,则在期权有效期内,无论期权标的物的市场价格上升到什么程度或下降到什么程度,只要期权购买者要求执行期权,期权出售者就必须以协定价格履行他必须履行的义务。

▶ 4. 期权费

期权是一种权利的交易,期权费就是这一权利的价格。所谓期权费,又称为权利金、期权价格或保险费,是指期权买方为获取期权合约所赋予的权利而向期权卖方支付的费用。这一费用一旦支付,则不管期权购买者是否执行期权均不予退回。它是期权合约中唯一的变量,其大小取决于期权合约的性质、到期月份及敲定价格等各种因素。

▶ 5. 通知日

当期权买方要求履行标的物(或期货合约)的交货时,必须在预先确定的交货和提运日之前的某一天通知卖方,以便让卖方做好准备,这一天就是通知日。

▶ 6. 到期日

到期日也称履行日,在这一天,一个预先作了声明的期权合约必须履行交货。通常对于期货期权来说,期权的到期日应先于其标的资产——期货合约的最后交易日。

知识链接

场内的标准期权合约报价行情如表 10-4 所示。

表 10-4　场内的标准期权合约报价行情

合约份数	标的物	期权到期日	协定价格	买权	期权费
3	IBM	NOV	400	Call	Premium15

其含义是，3 份 IBM 公司的协定价格为 400 的 11 月份到期的买权股票期权，期权费为 15。

三、期权的类型

金融期权的分类标准有很多，按不同的标准可以划分为不同的类型。

（一）按期权买者的权利划分

按期权买者的权利可分为看涨期权、看跌期权和双向期权。

▶ 1. 看涨期权

看涨期权是指赋予期权的购买者在预先规定的时间以执行价格从期权出售者手中买入一定数量的金融工具的权利的合约。为取得这种买的权利，期权购买者需要在购买期权时支付给期权出售者一定的期权费。因为它是人们预期某种标的资产的未来价格上涨时购买的期权，所以被称为看涨期权。

▶ 2. 看跌期权

看跌期权是指期权购买者拥有一种权利，在预先规定的时间以协定价格向期权出售者卖出规定的金融工具。为取得这种卖的权利，期权购买者需要在购买期权时支付给期权出售者一定的期权费。因为它是人们预期某种标的资产的未来价格下跌时购买的期权，所以被称为看跌期权。

▶ 3. 双向期权

双向期权又称为双重期权，是指期权购买方向期权出售方支付了一定的期权费之后，在期权合约有效期内，按事先商定的协定价格，双向期权出售方既买了某种期货合约的看涨期权，又出售了该期货合约的看跌期权。简言之，就是期权买方在同时以等价购买等量的同一期货合约的看涨期权和看跌期权。显然，购买双向期权的期权费要高于只购买单向期权的期权费，但是双向期权的获利机会和可能性也要高于单向期权。当买方预测相关期货合约的价格会有较大幅度的变动，但无论价格如何变动，只要价格大幅上涨时执行看涨期权，价格大幅下跌时执行看跌期权，均可获利。因为无论相关期货合约的价格是高于还是低于协定价格，只要期货合约价格与协定价格之差大于向期权卖方所支付的期权费，期权买方就会盈利；相反，双向期权的出售方预测相关期货合约的价格不会发生较大幅度的波动，可以出售双向期权以获得更多的期权费。双向期权同样可以转让，只要期权费上涨对购买者有利，就可以直接卖掉期权，获取期权费价格差。

（二）按期权买者执行期权的时限划分

按期权买者执行期权的时限可分为欧式期权和美式期权。欧式期权是指期权的购买者只有在期权到期日才能执行期权(行使买进或卖出标的资产的权利)，既不能提前也不能推迟。若提前，期权出售者可以拒绝履约；若推迟，期权将被作废。而美式期权则允许期权购买者在期权到期前的任何时间执行期权。美式期权的购买者既可以在期权到期日这一天行使期权，也可以在期权到期之前的任何一个营业日执行期权。当然，超过到期日，美式期权也同样被作废。不难看出，对期权购买者来说，美式期权比欧式期权更为有利。因为买进这种期权后，它可以在期权有效期内根据市场价格的变化和自己的实际需要比较灵活而主动地选择履约时间。相反，对期权出售者来说，美式期权比欧式期权使他承担着更大的风险，他必须随时为履约做好准备。因此，在其他情况一定时，美式期权的期权费通常比欧式期权的期权费要高一些。

从上面的分析可以看出，所谓的欧式期权和美式期权实际上并没有任何地理位置上的含义，而只是对期权购买者执行期权的时间有着不同的规定。

（三）按协定价格与标的物市场价格的关系不同划分

按协定价格与标的物市场价格的关系不同，可以将期权分为实值期权、平值期权和虚值期权。实值期权是指如果期权立即执行，买方具有正的现金流；平值期权是指如果期权立即执行，买方的现金流为零；虚值期权是指如果期权立即执行，买方具有负的现金流。三者之间的关系如表10-5所示。

表10-5　实值期权、平值期权、虚值期权的对应关系

	看涨期权	看跌期权
实值期权	市场价格＞协定价格	市场价格＜协定价格
平均期权	市场价格＝协定价格	市场价格＝协定价格
虚值期权	市场价格＜协定价格	市场价格＞协定价格

实值、平值、虚值描述的是期权在有效期的某个时点上的状态，随着时间的变化，同一期权的状态也会不断变化。有时是实值期权，有时是平值期权，有时变成虚值期权。

（四）按交易场所不同划分

按交易场所不同划分，期权可分为交易所交易期权和柜台式期权。交易所交易期权是指一种标准化的期权，它有正式规定的数量，在交易所大厅中以正规的方式进行交易。柜台式期权是指期权的出卖者为满足某一购买者特定的需求而产生的，它并不在交易大厅中进行，因此也被称为场外交易市场。场外交易市场交易规模非常大。

（五）根据标的物的性质划分

根据标的物的性质划分，期权可以分为现货期权和期货期权两类。现货期权是指以各种金融工具本身作为期权合约之标的物的期权，如各种股票期权、股票指数期权、外汇期权、债券期权等。期货期权是指以各种金融期货合约作为期权合约之标的物的期权，如各种外汇期货期权、利率期货期权及股票指数期货期权等。

金融期权之所以分为现货期权和期货期权是因为这两类期权在具体的交易规则、交易策略以及定价原理等方面都有很大的区别，而且这两类期权通常有不同的主管机关加以分别管理。

四、权证

权证是基础证券发行人或其以外的第三人（发行人）发行的，约定持有人在规定期间内或特定到期日有权按约定价格向发行人购买或出售标的证券，或以现金结算方式收取结算差价的有价证券。从产品属性来看，权证是一种期权类金融衍生产品。权证与交易所交易期权的主要区别在于，交易所挂牌交易的期权是交易所制定的标准化合约，具有同一基础

资产、不同行权价格和行权时间的多个期权形成期权系列进行交易；而权证则是权证发行人发行的合约，发行人作为权利的授予者承担全部责任。

（一）权证分类

根据各种分类标准可以把权证分为不同的类型。

▶ 1. 按基础资产分类

根据权证行权的基础资产或标的资产，可将权证分为股权类权证、债权类权证以及其他权证。目前我国证券市场推出的权证均为股权类权证，其标的资产可以是单只股票或股票组合（如ETF）。以下所介绍的权证均指股权类权证。

▶ 2. 按基础资产的来源分类

根据权证行权所买卖的标的股票来源不同，权证分为认股权证和备兑权证。

认股权证也被称为股本权证，一般由基础证券的发行人发行，行权时上市公司增发新股售予认股权证的持有人。20世纪90年代初，我国证券市场曾经出现过的飞乐、宝安等上市公司发行的认股权证以及配股权证、转配股权证就属于认股权证。

备兑权证通常由投资银行发行，备兑权证所认兑的股票不是新发行的股票，而是已在市场上流通的股票，不会增加股份公司的股本。

▶ 3. 按持有人权利分类

按照持有人权利的性质不同，权证分为认购权证和认沽权证。前者实质上属于看涨期权，其持有人有权按规定价格购买基础资产；后者属于看跌期权，其持有人有权按规定价格卖出基础资产。

▶ 4. 按行权的时间分类

按照权证持有人行权的时间不同，可以将权证分为美式权证、欧式权证、百慕大式权证等类别。美式权证可以在权证失效日之前任何交易日行权；欧式权证仅可以在失效日当日行权；百慕大式权证则可在失效日之前一段规定时间内行权。

▶ 5. 按权证的内在价值分类

按权证的内在价值，可以将权证分为平价权证、价内权证和价外权证，其原理与期权相同。

（二）权证要素

权证包括权证类别、标的、行权价格、存续时间、行权日期、行权结算方式、行权比例等要素。

▶ 1. 权证类别

权证类别即标明该权证属认购权证或认沽权证。

▶ 2. 标的

权证的标的物种类涵盖股票、债券、外币、指数、商品或其他金融工具，其中股票权证的标的可以是单一股票或是"一篮子"股票组合。

▶ 3. 行权价格

行权价格是发行人发行权证时所约定的、权证持有人向发行人购买或出售标的证券的价格。若标的证券在发行后有除息、除权等事项，通常要对认股权证的认股价格进行调整。

▶ 4. 存续时间

权证的存续时间即权证的有效期，超过有效期，认股权自动失效。目前，上海证券交易所、深圳证券交易所均规定，权证自上市之日起存续时间为 6 个月以上 24 个月以下。

▶ 5. 行权日期

行权日期指权证持有人有权行使权利的日期。

▶ 6. 行权结算方式

行权结算方式分为证券给付结算方式和现金结算方式两种。前者指权证持有人行权时，发行人有义务按照行权价格向权证持有人出售或购买标的证券；后者指权证持有人行权时，发行人按照约定向权证持有人支付行权价格与标的证券结算价格之间的差额。

▶ 7. 行权比例

行权比例指单位权证可以购买或出售的标的证券数量。目前上海证券交易所和深圳证券交易所规定，标的证券发生除权的，行权比例应作相应调整，除息时则不作调整。

（三）权证发行、上市与交易

上海证券交易所和深圳证券交易所均对权证的发行、上市和交易进行了具体规定。

▶ 1. 权证的发行

由标的证券发行人以外的第三人发行并上市的权证，发行人应按照下列规定之一提供履约担保。

（1）通过专用账户提供并维持足够数量的标的证券或现金，作为履约担保。

履约担保的标的证券数量＝权证上市数量×行权比例×担保系数

履约担保的现金金额＝权证上市数量×行权价格×行权比例×担保系数

其中，担保系数由交易所发布并适时调整。

（2）提供经交易所认可的机构作为履约的不可撤销的连带责任保证人。

▶ 2. 权证的上市和交易

上海证券交易所和深圳证券交易所对权证的上市资格标准不尽相同，但均对标的股票的流通股份市值、标的股票交易的活跃性、权证存量、权证持有人数量、权证存续期等做出要求。

目前，权证交易实行 T＋0 回转交易。

任务五 金融互换

一、金融互换的定义

按照国际清算银行(BIS)的定义，金融互换是买卖双方在一定时间内交换一系列现金流的合约。具体来说，金融互换是指两个（或两个以上）当事人按照商定的条件，在约定的时间内交换不同金融工具的一系列支付款项或收入款项的合约。

互换是一种按需定制的交易方式。互换的双方既可以选择交易额的大小，也可以选择期限的长短。只要互换双方愿意，从互换内容到互换形式都可以完全按需要来设计，由此而形成的互换交易可以完全满足客户的特定需求。

金融互换最基本的形式如下。

（1）一种货币与另一种货币之间的互换。

（2）同一货币的浮动利率与固定利率互换。

（3）不同货币的固定利率与固定利率互换。

(4) 不同货币固定利率与浮动利率互换。
(5) 不同货币的浮动利率与浮动利率的互换。
(6) 同一货币的浮动利率与浮动利率的互换等。

二、金融互换市场的起源和发展

金融互换是20世纪80年代在平行贷款和背对背贷款的基础上发展起来的，但它们之间既有联系又有区别。

▶ 1. 平行贷款

20世纪70年代初，由于国际收支恶化，英国实行外汇管制并采取了对外投资扣税的办法，以控制资金的外流。于是一些银行为满足企业逃避外汇管制的需求，推出了平行贷款：两个母公司分别在国内向对方公司在本国境内的子公司提供金额相当的本币贷款，并承诺在指定的到期日各自归还所借货币。例如，英国母公司向美国母公司在英国境内的子公司贷款，美国母公司相对应地贷款给英国母公司在美国境内的子公司。平行贷款既可满足双方子公司的融资需要，又可逃避外汇管理，因此深受欢迎。但平行贷款存在信用风险问题，这是因为平行贷款包含两个独立的贷款协议，它们分别具有法律效力，其权利、义务不相联系，当一方出现违约时，另一方仍不能解除履约义务。这种融资方式的主要优点是可以绕开外汇管制的限制，不会发生跨国界的资金转移。但运用这种方式融资需要有两个母公司、两个子公司，而且双方需要融资的数额相同，并且都愿意承担所包含的信贷风险。

▶ 2. 背对背贷款

背对背贷款是为了解决平行贷款中的信用风险问题而产生的。它是指两个国家的公司相互直接贷款，贷款币种不同但币值相等，贷款到期日相同，各自支付利息，到期各自偿还原借款货币。

背对背贷款尽管有两笔贷款，但只签订一个贷款协议，协议中明确，若一方违约，另一方有权抵消应尽的义务。这就大大降低了信用风险，向货币互换大大迈进一步。但是，背对背贷款涉及跨国借贷问题存在外汇管制问题。因此，背对背贷款只是在1979年英国取消外汇管制后才作为一种金融创新工具而出现。

背对背贷款虽然已非常接近现代货币互换，但两者仍有本质的区别。前者是一种借贷行为，在法律上会产生新的资产和负债(双方互为对方的债权人和债务人)；而后者则是不同货币间负债或资产的互换，是一种表外业务，并不产生新的资产与负债，因而也就不改变一个公司原有的资产负债结构。这也是互换交易之所以受到人们青睐并得以飞速发展的重要原因。

▶ 3. 金融互换产生的理论基础

金融互换产生的理论基础是比较优势理论。该理论是英国著名经济学家大卫·李嘉图提出的。他认为，在两国都能产生两种产品，且一国在这两种产品的生产上均处于有利地位，而另一国均处于不利地位的条件下，如果前者专门生产优势较大的产品，后者专门生产劣势较小(具有比较优势)的产品，那么通过专业化分工和国际贸易，双方仍能从中获益。

互换交易正是利用交易双方在筹资成本上的比较优势而进行的。具体而言，互换产生的条件可以归纳为两个方面：①交易双方对对方的资产或负债均有需求；②双方在这两种资产或负债中存在比较优势。

世界上的首次金融互换

世界上的首次金融互换发生在1981年世界银行和IBM之间，世界银行需要用瑞士法郎或德国马克这类绝对利率水平较低的货币进行负债管理。与此同时，IBM公司则希望筹集美元资金以便同其美元资产相匹配，避免汇率风险。由于世界银行在欧洲债券市场上信誉卓著，筹集美元资金的成本低于IBM公司，而IBM公司发行瑞士法郎债券的筹资成本低于世界银行。在存在比较优势的情况下，世界银行和IBM公司分别筹集自己具有优势的资金，并通过互换，获得自己需要的资金，从而降低了筹资成本。

三、金融互换交易合约的内容

典型的互换交易合约通常包括以下几个方面的内容。

▶ 1. 交易双方

交易双方是指相互交换货币或利率的双方交易者，而金融互换的交易双方有时也是两个以上的交易者参加的同一笔互换交易，如果交易双方都是国内的交易者，称为国内互换；如果交易双方是不同国家的交易者，则称为跨国互换。

▶ 2. 合约金额

由于交易者参与互换市场的目的是从事融资、投资或财务管理，因而每一笔互换交易的金额都比较大，一般在1亿美元或10亿美元以上，或者是等值的其他国家的货币。

▶ 3. 互换的货币

理论上互换的货币可以是任何国家或地区的货币，但进入互换市场并经常使用的货币则是世界最主要的可自由兑换的货币，如美元、欧元、瑞士法郎、英镑、日元、加元、澳元、新加坡元、港币等。

▶ 4. 互换的利率

目前，进入互换市场的利率包括固定利率、伦敦银行同业拆放利率、存单利率、银行承兑票据利率、优惠利率、商业票据利率、国库券利率、零利息债券利率等。

▶ 5. 合约到期日

互换交易通常是外汇市场、期货市场上不能提供中长期合同时才使用，因而其到期日的期限长，一般均为中长期的。

▶ 6. 互换价格

利率互换价格是由与固定利率、浮动利率和信用级别相关的市场条件决定的；而货币互换价格由交易双方协商确定，但通常能反映两国货币的利率水平，主要由政府债券利率作为参考的依据。此外，货币互换价格还受到政府改革目标、交易者对流动性的要求、通货膨胀预期，以及互换双方的信用级别等的影响。

▶ 7. 权利义务

互换双方根据合约的签订来明确各自的权利义务，并在合约到期日承担相互交换利息或货币的义务，同时也获得收到对方支付利息或货币的权利。

▶ 8. 价差

价差表现为中介买卖价的差异。美元利率互换的价差通常为5~10个基点，货币互换的价差则不固定，价差的多少一般视信用风险而定。

▶ 9. 其他费用

其他费用主要指互换市场的中介者因安排客户的互换交易，对互换形式、价格提供咨询等获取的收入，如法律费、交换费、咨询费、监督执行合约费等。

四、金融互换的种类

金融互换的发展历史虽然较短，但品种不断创新。除了传统的货币互换和利率互换外，各种新的金融互换品种不断涌现。

（一）利率互换

利率互换是指双方同意在未来的一定期限内，根据同种货币的同样的名义本金交换现金流，其中一方的现金根据浮动利率计算出来，而另一方的现金流根据固定利率计算。互换的期限通常在2年以上，有的甚至在15年以上。双方进行利率互换的主要原因是双方在固定利率和浮动利率市场上具有比较优势。由于利率互换只交换利息差额，因此信用风险很小。

（二）货币互换

货币互换是将一种货币的本金和固定利息与另一货币的等价本金和固定利息进行交换。货币互换的主要原因是双方在各自国家中的金融市场上具有比较优势。由于货币互换涉及本金互换，因此当汇率变动很大时，双方将面临一定的信用风险。当然这种风险比单纯的贷款风险小得多。

（三）其他互换

从最普遍的意义来说，互换实际上是现金流的交换。由于计算或确定现金流的方法有很多，因此互换的种类也很多。除了上述最常见的利率互换和货币互换外，其他主要的互换品种如下。

▶ 1. 交叉货币利率互换

交叉货币利率互换是利率互换和货币互换的结合。它是以一种货币的固定利息交换另一种货币的浮动汇率。标准的交叉货币互换与利率互换相似；互换双方的货币不相向；到期需要交换本金；在生效日本金可交换也可不交换；互换双方既可以是固定利率互换，也可以是浮动利率互换，或者是浮动利率与固定利率互换。

▶ 2. 增长型互换、减少型互换和滑道型互换

在标准的互换中，名义本金是不变的，而在这三种互换中，名义本金是可变的，即可以在互换期内按照预定方式变化。其中增长型互换的名义本金在开始时较小，而后随着时间的推移逐渐增大。减少型互换则正好相反，其名义本金随时间的推移逐渐由大变小。近年来，互换市场又出现了一种特殊的减少型互换，即指数化本金互换。指数化本金互换，其名义本金的减少幅度取决于利率水平，利率越低，名义本金减少幅度越大。滑道型互换的名义本金则在互换期内时而增大，时而变小。

增长型互换比较适合借款额在项目期内逐渐增长的情形，如建筑工程融资。减少型互换则比较适合以发行债券来融资的借款方。就项目融资来看，初期借款可能逐渐增加，此后，随着对承包者的阶段性支付的累积，借款额会逐渐减少。因此可以考虑采用滑道型互换与各地借款本金相对应。

▶ 3. 基础互换

在普通的利率互换中，互换一方是固定利率，另一方是浮动利率。而在基础互换中，双方都是浮动利率，只是两种浮动利率的参照利率不同，通常一方的浮动利率与某一时期

的伦敦银行同业拆放利率挂钩，而另一方的浮动利率则与另一类市场利率相联系，如商业票据利率、存款证利率或联邦基金利率等。例如，某公司通过商业票据的滚动发行筹集资金，并将筹得的资金投资于收益率为伦敦银行同业拆放利率的资产，那么一笔基础互换交易就可以防范或消除由于采用不同利率而产生的收入流与支出流不相吻合的风险。或者，发行商业票据的公司可能希望锁定借款成本，那么，该公司可以将基础互换与普通互换相结合；先把浮动商业票据利率转化成浮动伦敦银行同业拆放利率，再把伦敦银行同业拆放利率转变成固定利率。

▶ **4. 议价互换**

大多数互换的初始定价是公平合理的，不存在有利于交易一方而不利于交易另一方的问题，也就是说没有必要从互换一开始就由交易一方向另一方支付利息差。然而在议价互换交易中，固定利率不同于市场的标准利率，因此，交易一方必须向另一方进行补偿。议价互换的应用价值在于：当借款方发行浮动利率债券筹资，并希望利用互换既能将浮动利率债券转换成固定利率债券，又能支付发行债券的前端费用时，就可以设计一份议价互换。借款方（债券发行公司）收取一笔初始资金和定期浮动利息，同时以略高于普通互换市场利率的固定利率支付利息。高出固定利率边际额可以在互换期内将发行债券前端费用有效地加以分摊。

▶ **5. 边际互换**

边际互换所采用的浮动利率是在 LIBOR 基础上再加上或减去一个边际额，而不是直接用伦敦银行同业拆放利率本身，因此把它称为边际互换。一个按伦敦银行同业拆放利率 LBOR＋50 个基点筹资的借款人当然希望能从互换中获得伦敦银行同业拆放利率 LIBOR＋50 个基点的利率，而不仅仅是伦敦银行同业拆放利率，否则浮动利率的现金流量就不一致。因此，边际互换的结果类似于普通互换中对固定利率加上一个边际额。例如，一个普通互换是 7.00％的固定利率对伦敦银行同业拆放利率，则与此相应的边际互换的报价可能就是 7.50％的固定利率对伦敦银行同业拆放利率 LIBOR＋50 个基点。只有当互换双方天数计算惯例或付息次数各不相同时，如固定利率方以（实际天数/365）计算，而浮动利率方以 30/360 计算，边际互换与普通互换的结果才会出现差异。

任务六　其他衍生工具

一、存托凭证

（一）存托凭证的定义

存托凭证（depositary receipts，DR）是指在一国证券市场流通的代表外国公司有价证券的可转让凭证。存托凭证一般代表外国公司股票，有时也代表债券。存托凭证也被称为"预托凭证"，是指在一国（个）证券市场上流通的代表另一国（个）证券市场上流通的证券的证券。

存托凭证首先由 J.P. 摩根首创。1927 年，美国投资者看好英国百货业公司塞尔弗里奇公司的股票，由于地域的关系，这些美国投资者要投资该股票很不方便。当时的 J.P. 摩根就设立了一种美国存托凭证（ADR），使持有塞尔弗里奇公司股票的投资者可以把塞尔弗里奇公司股票交给摩根指定的在美国与英国都有分支机构的一家银行，再由这家银行发给各投资者美国存托凭证。这种存托凭证可以在美国的证券市场上流通，原来持有塞尔弗里奇公司股票的投资者就不必再跑到英国抛售该股票；同时要投资塞尔弗里奇公司股票的投资者也不必再到英国股票交易所去购买塞尔弗里奇公司股票，可以在美国证券交易所购买该股票的美国存托凭证。每当塞尔弗里奇公司进行配股或者分红等事宜，发行美国存托凭证的银行在英国的分支机构都会帮助美国投资者进行配股或者分红。这样美国投资者就省去了到英国去配股及分红的麻烦。

美国存托凭证出现后，各国根据情况相继推出了适合本国的存托凭证，比如全球存托凭证（GDR）、国际存托凭证（IDR）。目前我国也开始酝酿推出中国存托凭证（CDR），即在我国内地发行的代表境外或者我国香港证券市场上某一种证券的证券。

（二）美国存托凭证的有关业务机构

参与美国存托凭证发行与交易的中介机构包括存券银行、托管银行和中央存托公司。

▶ **1. 存券银行**

存券银行作为 ADR 的发行人和 ADR 的市场中介，为 ADR 的投资者提供所需的一切服务。

（1）作为 ADR 的发行人，存券银行在 ADR 基础证券的发行国安排托管银行，当基础证券被解入托管账户后，立即向投资者发出 ADR。ADR 被取消时，指令托管银行把基础证券重新投入当地市场。

（2）在 ADR 交易过程中，存券银行负责 ADR 的注册和过户，安排 ADR 在存券信托公司的保管和清算，及时通知托管银行变更股东或债券持有人的登记资料，并与经纪人保持经常联系，保证 ADR 交易的顺利进行。同时，存券银行还要向 ADR 的持有者派发美元红利或利息，代理 ADR 持有者行使投票权等股东权益。

（3）存券银行为 ADR 持有者和基础证券发行人提供信息和咨询服务。作为 ADR 持有者、发行公司的代理者和咨询者，存券银行向 ADR 持有者提供基础证券发行人及 ADR 的市场信息，解答投资者的询问；向基础证券发行人提供 ADR 持有者及 ADR 市场信息，帮助发行人建立和改进 ADR 计划，特别是提供法律、会计、审计等方面的咨询和代理服务；协调 ADR 持有者和发行公司的一切事宜，并确保发行公司符合法律要求。

▶ **2. 托管银行**

托管银行是由存券银行在基础证券发行国安排的银行，它通常是存券银行在当地的分行、附属行或代理行。托管银行负责保管 ADR 所代表的基础证券；根据存券银行的指令领取红利或利息，用于再投资或汇回 ADR 发行国；向存券银行提供当地市场信息。

▶ **3. 中央存托公司**

中央存托公司是指美国证券中央保管和清算机构，负责 ADR 的保管和清算。美国证券中央保管和清算机构的成员为金融机构，如证券经纪公司、自营商、银行、信托投资公司、清算公司等，其他机构和个人也可以通过与以上成员建立托管或清算代理关系间接地参加证券中央保管和清算机构。

（三）美国存托凭证的种类

按照基础证券发行人是否参与存托凭证的发行，美国存托凭证可分为无担保的存托凭证和有担保的存托凭证。

▶ **1. 无担保的存托凭证**

无担保的存托凭证由一家或多家银行根据市场的需求发行，基础证券发行人不参与，存券协议只规定存券银行与存托凭证持有者之间的权利义务关系。无担保的存托凭证目前已很少应用。

2. 有担保的存托凭证

有担保的存托凭证由基础证券发行人的承销商委托一家存券银行发行。承销商、存券银行和托管银行三方签署存券协议。协议内容包括存托凭证与基础证券的关系，存托凭证持有者的权利，存托凭证的转让、清偿、红利或利息的支付以及协议三方的权利义务等。采用有担保的存托凭证，发行公司可以自由选择存券银行。

有担保的存托凭证分为一、二、三级公开募集存托凭证和美国144A规则下的私募存托凭证。这4种有担保的存托凭证各有其不同的特点和运作惯例，美国的相关法律也对其有不同的要求。简言之，一级存托凭证允许外国公司无须改变现行的报告制度就可以享受公开交易证券的好处；想在一家美国交易所上市的外国公司可采用二级存托凭证；如果要在美国市场上筹集资本，则须采用三级存托凭证。存托凭证的级别越高，所反映的美国证券交易委员会（SEC）登记要求也越高，对投资者的吸引力就越大。

（四）存托凭证在中国的发展

1. 我国公司发行的存托凭证

我国公司发行的存托凭证涵盖了以下几种主要种类。

发行一级存托凭证的国内企业主要分两类：一类是含B股的国内上市公司，如氯碱化工、二纺机、轮胎橡胶和深深房，这些公司是我国上市公司早期在海外发行存托凭证的试点；另一类主要是在我国香港上市的内地公司，如青岛啤酒和平安保险等，这些公司在发行存托凭证时都以发行H股作为发行存托凭证的基础；另外，2004年12月，在新加坡交易所上市的双威通讯也以一级存托凭证方式发行了存托凭证。

2004年以前，只有在中国香港上市的中华汽车发行过二级存托凭证；进入2004年后，随着中国网络科技类公司海外上市速度加快，二级存托凭证成为中国网络股进入NASDAQ的主要形式。

发行三级存托凭证的公司均在我国香港交易所上市，而且发行存托凭证的模式基本相同，即在我国香港交易所发行上市的同时，将一部分股份转换为存托凭证在纽约股票交易所上市，这样不仅实现在我国香港和美国同时上市融资的目的，而且简化了上市手续，节约了交易费用。

144A私募存托凭证由于对发行人监管的要求最低，而且发行手续简单，所以早期寻求境外上市的境内企业使用得较多。但由于投资者数量有限，而且在柜台市场交易不利于提高企业知名度，所以近年来较少使用。

2. 我国公司发行存托凭证的阶段和行业特征

截至2006年年底，中国企业发行存托凭证的家数达到69家，发行存托凭证73种。将这段时间的发展分为四个阶段介绍。

（1）1993—1995年，中国企业在美国发行存托凭证。1993年7月，上海石化以存托凭证方式在纽约证券交易所挂牌上市，开了中国公司在美国证券市场上市的先河。随后还有马钢、仪化化纤等4家国内公司以私募方式在美国上市。此外还有深深房、二纺机、氯碱化工等含B股的上市公司作为试点发行在场外交易的不具备融资功能的一级存托凭证。在短短3年内，共有14家中国公司在华尔街相继登场，迈出了我国公司走向海外证券市场的第一步。

（2）1996—1998年，基础设施类存托凭证渐成主流。从1996年开始，发行存托凭证公司的类型开始转变，传统制造业公司比重有所下降，取而代之的是以基础设施和公用事业为主的公司。这些公司涉及航空、铁路、公路、电力等领域，如华能电力、东方航空、南方航空和广深铁路等，而且发行三级存托凭证的比重大大增加。这批存托凭证的购买者多为机构投资者，有利于提升中国企业在海外的知名度，并有利于保持证券价格的稳定。1998年3月—2000年3月，美国证券市场对中国存托凭证发行的大门紧闭长达两年。

（3）2000—2001年，高科技公司及大型国有企业成功上市。从1999年开始，随着全球新经济的兴起，高科技公司开始在各国的二板市场上大放异彩。中国证监会曾发布《关于企业申请境外上市有关问题的通知》，以此为政策依托，以中华网为代表的互联网公司和以中国移动为代表的通信类公司在美国的主板和二板市场成功上市。在此期间，中国联通和网易通过三级存托凭证分别在纽约证券交易所和NASDAQ挂牌上市，可以说是顺应了国际证券市场的趋势。

这一阶段的另一重要特征就是内地大型国有企业在我国香港和美国两地上市，做法是将部分H股转为存托凭证在纽约证券交易所上市；我国石油天然气行业的三大巨头——中石油、中石化、中海油均已成功登陆美国证券市场。加入世贸组织后，能源、钢铁等关系国计民生的重要行业必然受到外资的猛烈冲击，亟须壮大自身实力，参与全球竞争。此时，大型国企通过发行存托凭证进入美国证券市场意义深远。

（4）2002年以来，中国企业存托凭证发行出现分化现象。一方面是大型国有企业，如中国电信、中国人寿、平安保险、中芯国际等继续保持海外上市(柜)的势头；另一方面大量民营企业，如百度、阿里巴巴、京东等成功上市。

二、资产证券化与证券化产品

资产证券化是以特定资产组合或特定现金流为支持，发行可交易证券的一种融资形式。自1970年美国的政府国民抵押协会首次发行以抵押贷款组合为基础资产的抵押支持证券-房贷转付证券，完成首笔资产证券化交易以来，资产证券化逐渐成为一种被广泛采用的金融创新工具而得到迅猛发展。

在此基础上，现在又衍生出证券化产品。证券化产品即在资产证券化过程中发行的以资产池为基础的证券。通过资产证券化，将流动性较低的资产（如银行贷款、应收账款、房地产等）转化为具有较高流动性的可交易证券，提高了基础资产的流动性，便于投资者进行投资；还可以改变发起人的资产结构，改善资产质量，加快发起人资金周转。

（一）资产证券化的种类与范围

▶ 1. 根据基础资产分类

根据证券化的基础资产不同，可以将资产证券分为不动产证券化、应收账款证券化、信贷资产证券化、未来收益证券化（如高速公路收费）、债券组合证券化等类别。

▶ 2. 根据资产证券化的地域分类

根据资产证券化发起人、发行人和投资者所属地域不同，可将资产证券分为境内资产证券化和离岸资产证券化。国内融资方通过在国外的特殊目的机构(SPV)或结构化投资机构(SIV)在国际市场上以资产证券化的方式向国外投资者融资被称为离岸资产证券化；融资方通过境内SPV在境内市场融资则被称为境内资产证券化。

▶ 3. 根据证券化产品的属性分类

根据证券化产品的金融属性不同，可以分为股权型证券化、债券型证券化和混合型证券化。

值得注意的是,尽管资产证券化的历史不长,但相关证券化产品的种类层出不穷,名称也千变万化。最早的证券化产品以商业银行房地产按揭贷款为支持,故被称为按揭支持证券(MBS)。随着可供证券化操作的基础产品越来越多,出现了资产支持证。再后来,由于混合型证券(具有股权和债权性质)越来越多,干脆用CDOs(collateralized debt obligations)概念代指证券化产品,并细分为CLOs、CMOs、CBOs等产品。最近几年,还采用金融工程方法,利用信用衍生产品构造出合成CDOs。

(二) 资产证券化的有关当事人

资产证券化交易比较复杂,涉及的当事人较多,一般而言,下列当事人在证券化过程中具有重要作用。

▶ 1. 发起人

发起人也被称为原始权益人,是证券化基础资产的原始所有者,通常是金融机构或大型工商企业。

▶ 2. 特定目的机构或特定目的受托人

这是指接受发起人转让的资产,或受发起人委托持有资产,并以该资产为基础发行证券化产品的机构。选择特定目的机构或受托人时,通常要求满足所谓破产隔离条件,即发起人破产对其不产生影响。

▶ 3. 资金和资产存管机构

为保证资金和基础资产的安全,特定目的机构通常聘请信誉良好的金融机构进行资金和资产的托管。

▶ 4. 信用增级机构

此类机构负责提升证券化产品的行业等级,为此要向特定目的机构收取相应费用,并在证券违约时承担赔偿责任。有些证券化交易中并不需要外部增级机构,而是采用超额抵押等方法进行内部增级。

▶ 5. 信用评级机构

如果发行的证券化产品属于债券,发行前必须经过评级机构进行评级。

▶ 6. 承销人

承销人是指负责证券设计和发行承销的投资银行。金额较大,可能会组成承销团。

▶ 7. 证券化产品投资者

证券化产品投资者即证券化产品发行后的持有人。

除上述当事人外,证券化交易还可能需要金融机构充当服务人,服务人负责对资产池中的现金流进行日常管理,通常可由发起人兼任。

(三) 美国次级贷款及相关证券化产品危机

一直以来,贷款尤其是住房按揭贷款证券化在整个资产证券化产品市场具有重要地位,截至2007年1月,美国按揭贷款支持的证券化产品总额达到5.7万亿美元。

在美国,住房抵押贷款大致可以分为5类:①优级贷款对象为消费者信用评分最高的个人(信用分数在660分以上),月供占收入比例不高于40%及首付20%以上;②Alt-A贷款对象为信用评分较高但信用记录较弱的个人,如自雇以及无法提供收入证明的个人;③次级贷款对象为信用分数较差的个人,尤其信用评分低于620分,月供占收入比例较高或记录欠佳,首付低于20%;④住房权益贷款对已经抵押过的房产,若房产总价扣减净值后仍有余额,可以申请再抵押;⑤机构担保贷款指经由Fannie Mae、Gennie Mae、Freddie

Mac 等政府住房按揭贷款支持机构担保的贷款。

1995 年以来，由于美国房地产价格持续上涨，同时贷款利率相对较低，导致金融机构大量发行次级按揭贷款。到 2007 年年初，这类贷款大约为 1.2 万亿美元，占全部按揭贷款的 14% 左右。

按揭贷款经结构性投资工具（SIVs）打包，并据此发行不同等级的按揭支持证券（MBS），这些按揭支持证券的信用评级从 AAA 级、BBB 级一直到权益级均有。一些金融机构再设立 SIVs，购买 MBS 形成资产池，进行下一步的证券化操作，形成所谓 MBSCDOs 或 ABS CDOs，同样，这些 CDOs 产品也要经过评级，等级仍然从 AAA 级到权益级。这个过程可以一直继续下去，在 CDOs 的基础上不断发展出新的 CDOs。对于低等级 CDOs 的投资人而言，其收益取决于资产池所产生的现金流在偿付所有优先等级债券持有人之后的"剩余"，风险相对比较大，但同时杠杆率也比较大，如果作为最原始基础资产的按揭贷款不出现大量违约，收益就比较可观；反之，若基础资产池出现恶化，则层层叠叠不断衍生的 CDOs 将面临越来越大的风险。

从 2005 年起，美国利率水平开始逐步提高，房价从 2006 年起出现回落，贷款不良率开始上升，进而导致证券化资产质量恶化，相关金融机构出现巨额亏损。其中，短期融资工具获取资金并以此投资于 CDOs 产品的机构受害尤其巨大。有关次贷危机损失的估计数不断翻新，若干金融机构受到牵连，甚至有的已经面临破产危机。次贷危机将成为一段时期内影响全球金融稳定的最主要最危险的根源之一。

（四）中国资产证券化的发展

中国内地资产证券化起步于 20 世纪 90 年代初，但发展历经坎坷，对国内证券市场产生的影响较小。1992 年，三亚市开发建设总公司以三亚市丹州小区 800 亩土地为发行标的物，土地每亩折价 25 万元（17 万元为征地成本，5 万元为开发费用，3 万元为利润），发行总金额为 2 亿元的三亚地产投资券，预售地产开发后的销售权益，首开房地产证券化之先河。1996 年 8 月，珠海市人民政府在开曼群岛注册了珠海市高速公路有限公司，以当地机动车的管理费及外地过境机动车所缴纳的过路费作为支持，根据美国证券法律的 144A 规则发行总额为 2 亿美元的资产担保债券（其中一部分是年利率为 9.125% 的 10 年期优先级债券，发行量是 8 500 万美元；另一部分是年利率为 11.5% 的 12 年期的次级债券，发行量为 11 500 万美元）。随后，国内高速公路建设不同程度地引入了证券化融资设计，据不完全统计，国内有 20 余省、直辖市、自治区高速公路建设采用了证券化融资方案。此外，以中集集团为代表的大型企业还成功开展了应收账款证券化交易。从这些交易的结构来看，多数采用了离岸证券化方式，因此较少受到国内证券市场的关注。

2005 年被称为中国资产证券化元年，信贷资产证券化和房地产证券化取得新的进展，引起国内外广泛关注。2005 年 4 月，中国人民银行、中国银监会发布《信贷资产证券化试点管理办法》，将信贷资产证券化明确定义为"银行业金融机构作为发起机构，将信贷资产信托给受托机构，由受托机构以资产支持证券的形式向投资机构发行受益证券，以该财产所产生的现金支付资产支持证券收益的结构性融资活动"。中国银监会于同年 11 月发布了《金融机构信贷资产证券化监督管理办法》；同时，国家税务总局等机构也出台了与信贷资产证券化相关的法规。2005 年 12 月，作为资产证券化试点银行，中国建设银行和国家开发银行分别以个人住房抵押贷款和信贷资产为支持，在银行间市场发行了第一期资产证券化产品。2005 年 12 月 21 日，内地第一只房地产投资信托基金——广州越秀房地产投资信托基金正式在香港交易所上市挂牌。2006 年以来，我国资产证券化业务表现出下列特点。

1. 参与主体范围逐步扩大

从发起主体来看，目前已涵盖政策性银行、国有商业银行、股份制商业银行、汽车金融公司、资产管理公司以及其他非金融领域。在投资主体方面，我国资产支持证券的投资者结构也日渐多元化。以信贷资产证券化为例，在我国信贷资产支持证券最初的持有人结构整体上比较集中，商业银行占比超过70%，银行互持现象明显。而随着近年来债券市场的快速发展，各类投资者对创新产品的认知和接受程度也有所提高。信贷资产支持证券的投资者范围也逐步扩展至国有商业银行、股份制商业银行、城市商业银行、城乡信用社、财务公司、证券公司、证券投资基金、社会保障基金等。

2. 产品种类日益丰富，基础资产范围逐步扩大

我国资产证券化产品目前主要有三类：一是由银监会审批发起机构资质、人民银行主管发行的信贷资产支持证券；二是由中国银行间市场交易商协会主管的资产支持票据；三是由证监会主管、主要以专项资产管理计划为特殊目的载体的企业资产支持证券。其中，信贷资产支持证券规模最大，其次为企业资产支持证券，资产支持票据规模最小。截至2014年上半年，我国信贷资产支持证券余额为960.07亿元，占我国资产证券化存量的74%；券商专项资产管理计划余额为212.5亿元，占比16%；资产支持票据余额为129.3亿元，占比10%。

在相关产品日益丰富的同时，基础资产池中基础资产的种类不断丰富，目前已经涵盖一般中长期贷款、个人住房抵押贷款、汽车贷款、中小企业贷款和不良贷款五大类。监管部门于2012年5月下发的《关于进一步扩大信贷资产证券化试点有关事项的通知》鼓励选择符合条件的国家重大基础设施项目贷款、涉农贷款、中小企业贷款、经清理合规的地方政府融资平台公司贷款、节能减排贷款、战略性新兴产业贷款、文化创意产业贷款、保障性安居工程贷款、汽车贷款等多元化信贷资产作为基础资产。

3. 制度框架逐步完善

我国资产证券化主要依照"边试点，边立法"的原则逐步推进。经过试点，相关管理制度已逐步完善，其中以信贷资产证券化的制度框架最为成熟。试点过程中，人民银行、银监会等相关监管部门陆续制定颁布了《信贷资产证券化试点管理办法》等多项部门规章，涉及业务操作、入池资产抵押权变更登记、会计处理、资本风险计提、税收征管政策等多个方面，为我国信贷资产证券化业务的稳步开展提供了制度保障。危机之后，国内监管部门在吸取危机教训的基础上对相关管理制度予以了进一步完善：一是审慎选择入池资产；二是改进和完善证券化信用评级管理，引入双评级并鼓励采用投资人付费模式评级机构的评级结果；三是进一步加强信息披露；四是对发起机构探索实施一定比例的风险自留；五是鼓励扩大投资者范围，降低银行业金融机构对资产支持证券的互持比例。

三、结构化金融衍生产品

结构化金融衍生产品是运用金融工程结构化方法，将若干种基础金融商品和金融衍生产品相结合设计出的新型金融产品。目前最为流行的结构化金融衍生产品主要是由商业银行开发的各类结构化理财产品以及在交易所市场上市交易的各类结构化票据，它们通常与某种金融价格相联系，其投资收益随该价格的变化而变化。

目前，我国国内尚无交易所交易的结构化产品，但是，很多商业银行均通过柜台销售各类"挂钩理财产品"。这些理财产品的预期收益与某种利率、汇率或者黄金、股票、能源价格相联系，通过事先约定的计算公式进行计算。

由于结构化金融衍生产品挂钩的基础资产具有不同的风险特征，嵌入式衍生产品的种类、结构各异，导致结构化产品的收益与风险出现非常大的差异。同时，由于这类产品结构复杂，难以为普通投资者所掌握，通常监管机构和行业自律组织均要求金融机构在销售时格外当心，防止错误地销售给不具备风险承受能力的客户。

知识链接

某投资者在某私人银行开户，先后存入近200万美元。银行在电话中向客户推荐"打折股票"——金融衍生产品累算远期交易（FA）。

该产品要求客户在1年内，每天以合约当日股价的79.6%折扣购买1 000股中国铝业股票，两周交割一次。FA合约在中国铝业股票涨到合约当日股价103%后中止，但保证向客户按照约定价格最少提供4个星期的股票。假如股票价格跌破79.6%折扣价时，投资者就必须每天双倍购买中国铝业股票，即2 000股。

2007年10月12日通话当日，银行为投资者确定以当天中国铝业股价为依据，其合约行使价为每股19.535 6港元。就在合约执行几天后，中国铝业股价掉头向下，一年内跌幅高达87%。到合约最后一个交易日2008年10月10日时，中国铝业的股价仅为3.29港元，远超同期港股跌幅，致使该投资者以每天2 000股的速度，在1年内以19.535 6港元的价位总共买入了约50万股中国铝业，其资产以平均每天3万多港元的速度蒸发。

当投资者表示凑钱有困难时，该私人银行称可以提供贷款。2008年10月10日合约结束，投资者向银行贷款375万港元，而此时他账户里的股票、票据市值约500万港元。然而10月24日以及27日，港股连续两天大跌，中国铝业股价最低跌到1.9港元，投资者账户股票市值缩水至不够贷款数额，从而被银行强行斩仓偿还贷款。最后，投资者的千万资产全部消失殆尽，还倒欠银行贷款23万港元。

闯关考验

一、名词解释

期货合约　　期货交易　　远期交易　　双向交易　　对冲机制　　保证金交易制度
看涨期权　　看跌期权　　认股权证　　认沽权证　　备兑权证　　套期保值

二、选择题

1. 两个或两个以上的当事人按共同商定的条件在约定的时间内定期交换现金流的金融交易，称为（　　）。
   A. 金融期权　　　B. 金融期货　　　C. 金融互换　　　D. 结构化金融衍生工具
2. 目前我国各家商业银行推广的（　　）是结构化金融衍生工具的典型代表。
   A. 资产结构化理财产品　　　　B. 利率结构化理财产品
   C. 挂钩不同标的资产的理财产品　　　D. 股权结构化理财产品
3. 金融衍生工具的价格取决于（　　）价格变动的派生产品。
   A. 基础金融产品　　B. 股票市场　　　C. 外汇市场　　　D. 债券市场
4. 关于金融衍生工具的特征，下列说法错误的是（　　）。
   A. 不要求初始净投资，或与对市场情况变化有类似反应的其他类型合同相比，要求很少的初始净投资
   B. 一般在当期结算
   C. 其价值随特定利率、金融工具价格、商品价格、汇率、价格指数、费率指数、信

用等级、信用指数或其他类似变量的变动而变动，变量为非金融变量的，该变量与合同的任一方不存在特定关系

  D. 在未来某一日期结算

  5. 投资者进行金融衍生工具交易时，要想获得交易的成功，必须对利率、汇率、股价等因素的未来趋势做出判断，这是衍生工具的(　　)所决定的。

  A. 跨期性　　　　B. 杠杆性　　　　C. 风险性　　　　D. 投机性

三、简答题

1. 与基础工具相比，金融衍生工具具有哪些特点？
2. 金融远期合约的种类有哪些？
3. 期货套期保值与投机的根本区别是什么？
4. 期权的种类有哪些？

项目十一 Chapter 11 证券市场监管

>>> **学习目标**

1. 掌握证券市场监管理论依据、监管要素和监管模式。
2. 了解证券市场监管相关法律、法规调整范围、宗旨和主要内容。
3. 熟悉证券市场的行政监管和自律管理。
4. 掌握证券发行的审核制度，对证券交易所、场外交易市场、证券发行公司和证券交易行为的管理和对证券公司的监管。
5. 能够熟练运用不同的风险防范方法。
6. 能够分析开放条件下，我国证券市场监管的机遇与挑战。

>>> **问题导入**

上市公司的投资者当中，持有时间最长的投资者、持有满一年的投资者和所有的投资者，谁能得到上市公司分配的股票和现金？

>>> **情景写实**

"5·30事件"

"我可以计算天体运行的轨道，却无法计算人性的疯狂"，这是牛顿1720年炒股赔钱后的哀叹。那一年，牛顿买了一只南海公司的股票，不过只涨了一点就卖了，可卖了以后继续"疯涨"，心痒痒的牛顿又高价介入，结果刚买后股票崩盘，赔了2万多英镑。

287年后的2007年，人性的疯狂又在中国上演，全民炒股似乎预示着一个新赚钱时代的到来。炒股高烧几近疯狂，冲动的菜鸟说："我不知道股票是个啥玩意，但我知道要把钱投进去就能生息。"这个时候，只要有钱，买了就能涨，似乎过去那些所谓的K线分析都失去了意义。

2007年5月30日，财政部宣布自当日起上调证券（股票）印花税税率，由0.1%调整为0.3%。市场随之震荡，跌势异常凶猛。

从5月30日到6月1日，A股市场"惨烈"收场，大盘跌幅8%，个股跌得很惨，累计跌幅超过交易所规定的"异动"标准，并且发布异动警示的股票达到820只；下跌家数、点数以及当周成交量，双双刷新纪录。

6月4日，两市超过半数的股票跌停；6月5日，上证探到了本轮下跌的底部3 404点，沪深两市在盘中只有25只股票是红盘，1 000多只股票"撞板跌停"。

证券市场发展初期，多数政府会使用政策手段来干预市场，一旦出现政策风险，几乎所有的证券都会受到影响。

任务一　证券市场监管概述

一、证券市场监管的理论依据

20世纪30年代爆发的经济危机使自由放任的市场经济受到沉重打击，使人们开始认识到市场机制本身存在的缺陷。市场失灵引发的严重危害使人们不得不试图寻找一种新的力量以弥补市场机制的不足，在这样的情况下，政府规制开始兴起。

（一）监管的理论依据

政府监管，或称政府规制，通常可以用来特指市场经济国家的政府为克服"市场失灵"而采取的种种有法律依据的规律或制约经济活动的行为。政府规制的产生是市场经济发展的必然结果。古典经济学主张，市场机制会自动调节资源配置，引导社会达到福利的最大化，经济发展是市场机制自发调节的结果，在此过程中，政府只是充当"守夜人"的角色，对市场采取自由放任的政策，因此，管得最少的政府被认为是最好的政府。按照西方经济学理论，市场机制要充分发挥作用必须满足几个条件：①市场上存在大量的买者和卖者，他们都不能影响市场价格，只是价格接受者；②市场经济的活动主体以平等的身份参与市场竞争；③市场信息是完备的，参与者可以根据充分的市场信息做出最大化其利益的选择。然而，这种理想的完全竞争市场只是一种假设，20世纪30年代影响整个世界的经济危机使自由放任的市场经济受到沉重打击，也使人们开始认识到市场机制本身存在的缺陷。市场失灵引发的严重危害使人们不得不试图寻找一种新的力量以弥补市场机制的不足，在这样的情况下，政府微观规制开始兴起。由此可见，政府规制产生的直接基础是市场失灵的出现，市场失灵一般表现为自然垄断、外部性、信息不对称等。在这些情况下，市场机制无法自发实现资源最优配置，不能产生良好绩效，因此需要通过政府规制纠正这种情形。

▶ 1. 自然垄断与政府规制

在完全竞争市场条件下，企业在边际收益等于边际成本处实现生产者均衡，资源配置最优。但是，自由竞争的发展必然导致垄断，而缺乏规制的垄断会导致资源的浪费和社会福利损失。垄断分为两种情况：一种是竞争性行业中的垄断，从各国实践上看这种类型的垄断多采用反垄断法进行控制和调节；另一种是自然垄断，由技术经济特征决定了由一个或少数几个企业生产满足全部市场需求更具有合理性，而这在实现规模经济和范围经济的同时对效率和公平都会产生极大的负面影响。政府对自然垄断行业规制的目的一方面要限制行业新的竞争者进入，避免造成过度竞争和资源浪费；另一方面要调节市场价格，避免垄断厂商为了追求高额垄断利润而制定过高的价格，扭曲分配效率，损害社会福利。

2. 外部性与政府规制

所谓外部性，是指当市场价格不能够反映生产的边际社会成本而出现市场失灵。这也就是说，如果某种商品的生产和消费所产生的效应给其他人带来影响时，就会出现外部经济效果，即外部性。按照影响不同，外部性会有两种情况：积极的影响称为外部经济；相反，如果是消极的、坏的影响，就称为外部不经济。环境污染问题是造成外部不经济的典型例子，如河流上游的化工厂排放没有经处理的工业废水，其中的有毒有害物质使河流受到污染影响了水质，从而使下游养鱼场产量降低，养鱼场受到的损失就是外部不经济。这种外部不经济是私人成本小于社会成本造成的，当外部不经济的消极影响不能通过市场价格机制反映出来时，就会引起价格扭曲，使得外部不经济的产品生产过多，从而引发市场失灵，导致资源配置偏离帕累托最优状态，最终造成经济效率的损失。

3. 信息不对称与政府规制

信息不对称是指交易双方对所拥有的关于交易对象的信息是不对等的，一方往往比另一方掌握了更多和更充分的信息。在这种情形下，一方出于追逐自身利益的目的往往利用信息优势使得另一方处于不利的地位，从而导致资源配置无法达到帕累托最优状态。施蒂格勒于1961年发表的《信息经济学》首次对信息的价值进行研究，对信息的供给和需求进行了成本收益分析，对当代经济学的发展产生了重大影响。随后，阿克洛夫在对旧车市场的研究中提出，市场交易双方之间的信息不对称会影响到价格机制的作用，损害资源配置效率，从而导致市场失灵。信息不对称问题一经提出就受到经济学家的广泛关注。信息不对称按照不对称发生的时间分为两种类型，发生在签约之前的称为逆向选择，发生在签约之后的称为道德风险。无论哪一种信息不对称都会导致资源配置的无效率，使经济活动偏离帕累托最优状态。

在市场经济运行过程中，由于信息不对称的广泛存在，多数情况下生产者比消费者占有较多的信息，处于信息优势地位。例如在食品药品卫生安全、医院医疗服务、产品质量等领域，产品和服务的生产者同消费者相比能够掌握更多的信息，如食品或药品的副作用，所以有可能凭借信息优势隐瞒产品的质量风险，而大多数普通消费者往往缺乏专业知识，所以难以辨别产品质量好坏。一旦生产者缺少必要约束，很容易放松对产品质量的要求，借助信息优势来掩盖产品质量缺陷，这种行为会给消费者带来更多的安全风险和健康危害，侵害消费者的权益。这时，为了保证社会公众的安全，政府应当采用适当的法律或行政手段，通过立法规定产品质量和服务的标准，明确生产者有义务向消费者提供的信息，或者由政府提供充分的信息。

（二）证券市场监管的必要性

政府规制并不是解决市场失灵问题的唯一出路，但政府规制解决市场失灵问题上有某些独特优势，表现为两个方面。

1. 政府具有强制性权力

政府具有强制性权力，可以命令市场交易主体披露某些重要信息，采取措施防止意外事件的发生，向生产者颁布许可证，设定准入条件等。

（1）政府具有征税权，比如对于在生产过程中造成环境污染企业，受害者往往没有权力对其生产经营活动进行直接的干预或监督，更不能对其进行罚款或征税，而政府却可以通过征税对其污染活动进行限制和管理。

（2）政府具有禁止权，能够禁止某些经济行为，而市场经济直接参与者除非得到国家的特许权，否则是没有权力干涉其他经济主体行为的。例如，在自然垄断行业中，为了限制行业竞争者数量过多造成过度竞争，政府可以实行进入规制，而行业内既存企业没有权力这样做。

（3）政府具有惩罚权，与私人合约相比，政府能对某些干扰和破坏市场经济的行为进行惩罚。例如，对于生产假冒伪劣产品，侵害消费者利益的企业，政府可以依法对其进行罚款，或追究相关责任人的责任。现代市场经济的运行事实上是依赖于政治制度的各种强制性权力，国家运用这些权力直接提供某些基本的服务或间接创造出安全稳定的市场经济环境，为建立良好的市场经济秩序提供保障。

▶ 2. 某些情况下政府规制在克服市场失灵上更节约成本

当危害发生时，受害程度不容易估计或涉及人数众多而容易导致搭便车行为，或者因协调困难而难以采取集体行动时，政府规制更有效率。

此外，金融行业本身的特点也使政府监管不可或缺。金融业是信息不对称相对严重的行业，投资决策不仅取决于投资的预期回报率，同时也取决于风险的大小，因此信息在金融交易中有更大的价值。融资者拥有更多的私人信息，在金融交易中相对于投资者处于有利地位，政府规制如进入规制、价格规制、资本充足性规制等，会使信息的显示更加真实，这样就降低了信息成本，减少可能发生的逆向选择和道德风险，充分保护广大投资者的利益。

二、证券市场监管要素

（一）证券市场监管目标

证券市场监管的总体目标是建立一个高效率的证券市场，保障广大投资者的投资权益，保障证券市场合法交易活动，维护证券市场正常秩序，发挥证券市场资源配置的作用，促进社会经济的繁荣与稳定。具体目标又包括以下几个方面。

（1）促进全社会金融资源的配置与政府目标相一致，从而提高整个社会资金的配置效率。

（2）消除因证券市场和证券产品本身的原因而给某些市场参与者带来的交易的不公平。

（3）克服超出个别机构承受能力的、涉及整个证券业或者宏观经济的系统性风险。

（4）促进整个证券业的公平竞争。

（二）证券市场监管的作用

有效的证券市场管理能够克服证券市场自身的诸多缺陷，并对社会和经济的发展具有多方面的影响和促进作用，这主要体现在以下几点。

（1）证券市场管理有助于避免或消除证券发行市场的蓄意欺诈和交易市场的垄断行市、操纵交易、哄抬价格和盲目投机等多种弊端，以保证证券发行和交易活动的顺利进行。这实际上也是现代证券管理产生的最直接原因。

（2）证券市场管理有利于保护广大投资者的权力和利益。投资者是证券市场的支撑者，没有投资者，证券市场就无从谈起。投资者参与证券市场是以取得某项权利和收益为目的的，如投资者购买股票，要求参与公司管理和获取股息、红利收益，购买公司债券，要求在债券到期时还本付息，如果公司破产也有要求按一定程序进行清偿的权利，这些都需要有法律保障。否则，投资者便可能因权益受损而失去投资意愿，证券市场就难以发展。证券市场管理的目的之一就是有效地维护投资者权益，如在证券发行中规定的"公开原则"便有利于投资者充分了解证券发行者的资信与证券的收益与风险，从而能够比较正确地做出投资决策，合理地选择投资对象。

（3）证券市场管理有利于维护证券发行与交易市场的正常营业秩序，能够促进证券市场筹资、融资功能的发挥。高效率的证券市场有利于促进国民储蓄向工业等经济部门的顺利流动，方便和加速企业的筹资、融资活动，促进生产性资源的合理分配和有效使用，从而促进国民经济的发展。

（4）证券市场管理能够保障证券交易所以及证券公司、信托投资机构等市场中介机构忠实有效地为客户服务。通过证券立法与监管能够有效地规范证券交易所执行严格的交易制度和程序，保证市场中介机构在证券发行、证券交易中合理地行使媒体职能，发挥媒介作用。

（5）证券市场管理有利于稳定证券市场的行市，增强投资者信心，促进资本的合理流动，这不仅促进了证券市场的健康成长，也能推动金融业、商业和其他行业，以及社会福利事业的顺利发展。

(三) 证券市场监管的原则

尽管各国证券市场管理的方式、方法存在着差异，但在实施管理过程中一般都要遵循以下基本原则。

▶ 1. 合法原则

一切证券的发行、交易及其他相关行为都必须符合国家法律、法规和宏观经济政策的要求，禁止非法发行证券和非法的、以各种不正当手段从事的证券交易活动，牟取暴利。

▶ 2. 公开原则

证券市场的主管机关必须根据筹资人和投资人双方的要求，公布与证券市场交易活动有关的信息和文件资料；企业发行证券时，必须公布发行企业的发行章程或发行说明书，实行企业财务公开；当证券上市时，必须连续公布上市公司的财务及其经营状况，定期向公众公布公司的财务及经营报告、各种财务会计报表，以便投资者得到充分的信息，合理投资。

▶ 3. 公平原则

证券交易双方处于相互平等的地位，公平交易，禁止哄骗、欺诈等行为。例如，禁止以某种手段欺骗交易对手和社会公众；禁止捏造事实或隐瞒、遗漏关于证券交易的重要事实；禁止编造关于证券发行与交易的虚假消息，散布影响交易程序和市场行情的流言蜚语；禁止蒙骗等不正当手段劝说公众买进或卖出；禁止内部人员利用特殊地位获取暴利等。

▶ 4. 公正原则

证券主管机关在审批证券发行、证券上市和经营证券业务的机构时，在制定规章制度及其执行时，都必须站在公正的立场上秉公办事；起草文件、鉴证报表及各种参与证券发行、交易者，都必须站在公正的立场上，反映真实情况，不得有隐瞒、虚假、欺诈等误导行为，以保证证券交易活动的正常进行，保护各方的合法权益。

▶ 5. 自愿原则

证券市场的一切交易活动必须遵循市场的原则和筹资人与投资人双方的需要进行，不允许以行政干预人为地制造证券交易，证券发行时不能强行摊派，在证券交易时不能依靠行政权力强买强卖，必须充分地由投资者根据自己的意愿和投资偏好进行证券投资选择，任何人无权干涉；任何人及单位也都无权强迫哪个单位发行证券。同时，任何证券商也不得违背客户意思或未获授权买卖证券或胁迫强制买卖证券。

▶ 6. 国家监管和自我管理相结合原则

国家监管和自我管理相结合是证券市场管理的基本指导思想，也是其总体管理原则。一方面，国家政府及其管理机构必须制定证券管理法规，规范和监管证券市场，这是管好证券市场的基本前提；另一方面，要加强证券从业者的自我约束、自我教育、自我管理，这是管好证券市场的基础保证。

知识链接

安然公司事件与萨班斯法案

1. 安然公司倒闭

安然公司曾经是叱咤风云的"能源帝国"，2000年总收入高达1 000亿美元，名列《财富》杂志"美国500强"中的第七，掌控着美国20%的电能和天然气交易，是华尔街竞相追捧的宠儿，安然股票是所有的证券评级机构都强力推荐的绩优股。

2001年年初，一家短期投资机构老板吉姆·切欧斯公开对安然的盈利模式表示了怀疑。他注意到，作为安然的首席执行官，斯基林一直在抛出手中的安然股票，而他不断宣称安然的股票会从当时的70美元左右升至126美元。而且按照美国法律规定，公司董事会成员如果没有离开董事会，就不能抛出手中持有的公司股票。这引发了人们对安然的怀疑，并开始追及安然真正的盈利情况和现金流向。到了8月中旬，人们对于安然的疑问越来越多，并最终导致了股价下跌。8月9日，安然股价已经从年初的80美元左右跌到了42美元。

2001年10月16日，安然公司公布该年度第三季度的财务报告，宣布公司亏损总计达6.18亿美元，引起投资者、媒体和管理层的广泛关注，从此拉开了安然事件的序幕。

随后，美国证券交易委员会对安然及其合伙公司展开调查，要求公司自动提交某些交易的细节内容，美林和标准普尔公司调低了对安然的信用评级。不久，安然被迫承认做了假账，自1997年以来，安然虚报盈利共计达到6亿美元。

11月28日，标准普尔将安然债务评级调低至"垃圾债券"级。

11月30日，安然股价跌至0.26美元，市值由峰值时的800亿美元跌至2亿美元。

2001年12月2日，安然公司正式向破产法院申请破产保护，破产清单所列资产达498亿美元，成为当时美国历史上最大的破产企业。2002年1月15日，纽约证券交易所正式宣布，将安然公司股票从道琼斯工业平均指数成分股中除名，并停止安然股票的相关交易。至此，安然大厦完全崩溃。短短两个月，能源巨擘安然公司轰然倒地。

2. 安达信诚信危机

创立于1913年、总部设在芝加哥的安达信是全球五大会计师事务所之一，它代理着美国2 300家上市公司的审计业务，占美国上市公司总数的17%，在全球84个国家设有390个分公司。

安达信作为安然公司财务报告长达16年的审计者，既没审计出安然虚报利润，也没发现其巨额债务。而2002年1月10日，安达信公开承认销毁了与安然审计有关的档案。很快，安然公司丑闻转化为审计丑闻。按照美国法律，股市投资人可以对安达信在财务审计时未尽职责提起诉讼，如果法庭判定指控成立，安达信将不得不为他们的损失做出赔偿。

2001年12月，安达信会计师事务所因卷入安然公司丑闻而遭到解体。安达信会计师事务所执照上缴后，美国安达信会计师事务所被安永会计师事务所收购，而中国香港部分则并入普华永道会计师事务所。

3. 萨班斯法案的出台

美国相继爆出的造假事件严重挫伤了美国经济恢复的元气，重创了投资者和社会公众的信心，引起美国政府和国会的高度重视。《萨班斯-奥克斯利法案》，即《萨班斯法案》，就是在这样的背景下出台的。法案有两处内容最为引人注目。

(1) 改进公司治理结构，强化内部控制与责任。明确公司管理层责任，要求管理层及时评估内部控制、进行财务报告，同时加大对公司管理层及白领犯罪的刑事责任。

(2) 强化审计师的独立性及监督。法案要求，建立一个独立机构来监督上市公司审计、审计师定期轮换、全面修订会计准则、制定关于公司审计委员会成员构成的标准并独立负责审计师的提名、对审计师提供咨询服务进行限制等。

证券市场监管是保护投资者权益的有效方式，只有这样，才便于投资者充分了解证券发行人的资信、证券的收益和风险状况，从而使投资者能够比较正确地选择投资对象。

三、证券市场监管模式

证券市场监管模式是指证券管理机构的设置、管理权限的划分所构成的制度。由于历史的原因和各国的具体情况不同，世界各国对证券管理所持的态度、制定的法律和采取的管理方法都存在着一定的差异，从而形成了不同的监管模式。

(一) 证券市场监管模式

综观世界各国证券市场管理体制，大体上可分为三种模式。

▶ 1. 集中立法管理型模式

在这种模式下，政府积极参与证券市场管理，重视发挥国家证券主管机关对证券市场的统一管理作用，往往拥有强大的证券管理机构，政府充分授权，具有强大的威力。世界上大部分国家属此类型，如美国、日本、法国、加拿大、韩国、新加坡、马来西亚、菲律宾、印度、巴基斯坦、埃及、土耳其、以色列等国。美国是这种模式的典型代表，故又称美国模式。

▶ 2. 自律管理型模式

在这种模式下，政府对证券市场的干预较少，政府也不设立专门的证券管理机构。证券和管理完全由证券交易所及证券交易商会等民间组织自行管理，强调证券业者自我约束、发挥自我管理的作用。世界上的一些国家和地区，如英国、德国、意大利、荷兰、中国香港等大体属于这一类型。英国是这一类型的典型代表，故也称英国模式。

▶ 3. 分级管理型模式

除了上述两大基本模式外，目前还有一种普遍运用的模式，即分级管理模式。这类模式又分为二级管理模式和三级管理模式两种。二级管理是指政府和自律机构相结合的管理；三级管理是指中央和地方两级政府加上自律机构相结合的管理。分级管理一般采取两种方式进行：一是政府和自律机构分别对证券进行管理，形成官方和民间的权力分配和制衡；二是中央和地方分别对证券进行管理，形成政府间、政府与民间的权力分配和制衡。

目前，世界上绝大多数国家和地区都开始采取分级管理模式，如美国、法国、意大利和中国香港都逐步向二级、三级管理模式靠拢。这主要是因为完全由政府行政部门对证券管理的模式不利于市场的发展,事实上,离开证券业者的自我约束、自我管理的基础,政府再强大的管理机构也难以奏效;而完全由行业公会自律管理又容易形成行业垄断和利益集团,也不利于证券市场的规范化和顺利发展。

(二)证券市场监管机构

证券市场管理机构的设置取决于证券市场管理体制。由于各个国家和地区管理体制模式不同,证券管理机构也千差万别,但从总体上看,主要由政府监管机构、证券发行机构、证券交易机构、证券投资机构等构成。

▶ 1. 政府监管机构

政府监管机构分为专管证券的管理机构和兼管证券的管理机构两类,前者典型的是美国的联邦证券交易管理委员会,后者如日本的大藏省证券局、英国的英格兰银行。

▶ 2. 证券发行机构

证券发行机构一般有财政部门,金融组织控制的证券商如投资银行,金融公司或财务公司、证券公司,持股公司和工商大企业等。目前,不少国家都有由经营证券业务的金融机构联合组成的证券业协会(或证券同业公会)。

▶ 3. 证券交易机构

证券交易机构主要是指证券交易所。证券交易所是一种封闭性的组织市场,必须具备一定资格的经纪人才可进入。目前,发达国家和地区的证券交易所大多采取会员组织形式,发展中国家大都采取公司组织形式。

▶ 4. 证券投资机构

证券投资机构指专门从事集中社会公众资金投资于各种行业的证券,以降低或分散投资风险和提高投资收益的专业性机构,主要有各种证券投资公司、各种信托机构、各种保险公司,以及各种基金管理公司。

上述各类证券管理机构,除政府监管机构外,都属于自律性监管机构。

由于监管模式不同,各类证券管理机构在不同国家和地区的证券市场管理中的地位和作用也不同。

以集中立法管理为特征的美国,采取专业性主管机构即证券交易管理委员会来管理证券市场。美国证券交易管理委员会是一个独立的、统一管理全国证券活动的联邦管理机构。该机构由5名委员组成,所有委员由总统任命,参议院批准,任期5年,直接对国会负责,其管理范围包括证券发行、证券交易(场内交易和场外交易)、投资银行、证券商及其他市场参与者,并对下属的联邦证券交易所和全国证券交易商协会实施监督和指导。联邦证券交易所是一个半管理、半经营机构,管理的主要对象是全国的各个证券交易所,即场内交易;全国证券交易商协会是一个全权管理场外交易活动的非营利组织。

日本的证券管理机构与美国相似,它原来没有证券管理委员会,之后改由大藏省证券局负责证券管理,同时另设证券顾问委员会负责重大政策研究咨询。

以自律管理为主的英国,政府没有设立专门的证券管理机构,英格兰银行仅基于金融政策的需要拥有对超过一定数额证券发行的审批权;贸易部兼管证券发行的登记事务。英国的证券市场主要由证券交易商协会、收购与合并问题专门小组和证券业理事会3个机构组成的自我管理系统进行自律管理。证券交易商协会是由证券交易所内的经纪商和交易商组成的,主要管理伦敦及其他交易所内的业务;收购与合并问题专门小组由参加"伦敦城工作小组"的9个专业协会发起组成,主要从事有关企业、公司收购合并等问题的管理;

证券业理事会主要负责制定、解释和推行有关证券发行、交易的各项规章制度,该组织是英国证券自我管制的核心机构。

香港证券管理属于英国自律模式,证券监管机构主要是1986年成立的联合证券交易所。联合证券交易所采取自我管理的运行形式,所有一切组织、管理及运行都受制于联合证券交易所的有关条例、章程、规则等。

(三)中国证券市场监管体系

我国证券市场实行以政府监管为主,自律为辅的监管体系。这一监管体制随着证券市场的发展,经历了从地方监管到中央监管、从分散监管到集中监管的过程,大致可分为两个阶段。

第一阶段从20世纪80年代初期到20世纪90年代中期,证券市场处于区域性试点阶段。这一时期证券市场的监管主要由地方政府负责,上海、深圳分别颁布了有关股份公司和证券交易的地方性法规,建立了地方证券市场监管机构,中央政府只是进行宏观指导和协调。

第二阶段从1992年开始。这一年在全国范围内进行股票发行和上市试点,证券市场开始成为全国性市场。与此相适应,证券市场的监管也由地方管理为主改为中央集中监管。同年,成立了国务院证券委员会和中国证券监督管理委员会,负责对全国证券市场进行统一监管。1998年,国务院决定撤销国务院证券委员会,其工作改由中国证券监督管理委员会承担,并决定中国证券监督管理委员会对地方证管部门实行垂直领导,从而形成了集中统一的监管体系。

我国证券市场监管体系由中国证券监督管理委员会和其派出机构证券监管办公室组成。中国证券监督管理委员会是国务院直属机构,是全国证券、期货市场的主管部门,按照国务院授权履行行政管理职能,依照法律、法规对全国证券、期货业进行集中统一监管。

我国的证券市场管理体系十分重视民间机构和证券行业自律管理的作用。注册会计师及会计师协会、律师及律师事务所作为独立的法人组织,依据国家的法律和规章,根据各自的职责对证券市场实行社会监督。1991年8月28日成立的中国证券业协会是我国证券发展史上第一个全国性的行业自律管理组织,它根据党和国家有关政策、规划,对中国证券业的发展进行规划设计,拟定自律性管理制度,加强行业管理,协调会员关系,增进本行业与国家有关部门的联系。证券交易所依据国家法律、规章和国际通行原则,对会员实行自律性管理和约束。

熔 断 机 制

熔断机制,也叫自动停盘机制,是指当股指波幅达到规定的熔断点时,交易所为控制风险采取的暂停交易措施。具体来说是对某一合约在达到涨跌停板之前,设置一个熔断价格,使合约买卖报价在一段时间内只能在这一价格范围内交易的机制。

2015年12月4日,上交所、深交所、中金所正式发布指数熔断相关规定,熔断基准指数为沪深300指数,采用5%和7%两档阈值。于2016年1月1日起正式实施,并于2016年1月8日暂停。为维护市场平稳运行,经中国证监会批准,上海证券交易所决定自2016年1月8日起暂停实施《上海证券交易所交易规则》第四章第五节规定的"指数熔断"机制。

1. 产生缘由

熔断机制最早起源于美国,美国的芝加哥商业交易所曾在 1982 年对标普 500 指数期货合约实行过日交易价格为 3% 的价格限制。但这一规定在 1983 年被废除,而到 1987 年出现了股灾,才使人们重新考虑实施价格限制制度。

相关资料显示,1987 年 10 月 19 日,纽约股票市场爆发了史上最大的一次崩盘事件,道琼斯工业指数一天之内重挫 508.32 点,跌幅达 22.6%,由于没有熔断机制和涨跌幅限制,许多百万富翁一夜之间沦为贫民,这一天也被美国金融界称为"黑色星期一"。

在"黑色星期一"发生一周年后的 1988 年 10 月 19 日,美国商品期货交易委员会与证券交易委员会批准了纽约股票交易所和芝加哥商业交易所的熔断机制。根据美国的相关规定,当标普指数在短时间内下跌幅度达到 7% 时,美国所有证券市场交易均将暂停 15 分钟。

2015 年 6 月,中国股市出现了一次"股灾",股市仅用了两个月从 5 178 点一路下跌至 2 850 点,下跌幅度达 45%。引起股票市场价格波动的因素涉及公开与非公开的信息、投资者的过度反应等,为了抑制投资者可能产生的羊群效应,抑制追涨杀跌,降低股票市场的波动,使得投资者有充分的时间可以传播信息和反馈信息,使得信息的不对称性与价格的不确定性有所降低,从而防止价格的剧烈波动。中国证监会开始酝酿出台熔断机制。

2. 机制推出

沪深 300 指数期货合约的熔断价格为前一交易日结算价的正负 5%,当市场价格触及 5%,熔断机制启动。在随后的五分钟内,买卖申报价格只能在 5% 之内,并继续成交。超过 5% 的申报会被拒绝。十分钟后,价格限制放大到 7%。设置熔断机制的目的是让投资者在价格发生突然变化的时候有一个冷静期,防止作出过度反应。

2015 年 9 月 6 日,中国证监会负责人以答新华社记者问的形式发表谈话,表示要把稳定市场、修复市场和建设市场有机结合起来。负责人称,目前股市泡沫和风险已得到相当程度的释放。今后当市场剧烈异常波动、可能引发系统性风险时,证金公司仍将继续以多种形式发挥维稳作用。

证监会负责人晚间答记者问时表示,证监会将研究制定实施指数熔断机制。

证监会负责人表示,股市涨跌有其自身运行规律,一般情况下政府不干预,但在股市发生剧烈异常波动、可能引发系统性风险时,政府绝不会坐视不管,将及时果断采取多种措施稳定股市。

2015 年 9 月 7 日,上海证券交易所、深圳证券交易所和中国金融期货交易所发布征求意见通知,拟在保留现有个股涨跌幅制度前提下,引入指数熔断机制。

经有关部门同意,2015 年 12 月 4 日正式发布指数熔断相关规定,并将于 2016 年 1 月 1 日起正式实施。

3. 历次熔断

2016 年 1 月 4 日,A 股遇到史上首次"熔断"。早盘,两市双双低开,随后沪指一度跳水大跌,跌破 3 500 点与 3 400 点,各大板块纷纷下挫。午后,沪深 300 指数在开盘之后继续下跌,并于 13 点 13 分超过 5%,引发熔断,三家交易所暂停交易 15 分钟,恢复交易之后,沪深 300 指数继续下跌,并于 13 点 34 分触及 7% 的关口,三个交易所暂停交易至收市。

2016 年 1 月 7 日,早盘 9 点 42 分,沪深 300 指数跌幅扩大至 5%,再度触发熔断线,两市在 9 点 57 分恢复交易。开盘后，仅 3 分钟，沪深 300 指数再度快速探底，最大跌幅 7.21%，二度熔断触及阈值。这是 2016 年以来的第二次提前收盘，同时也创造了休市最快纪录。

4. 暂停实施

2016 年 1 月 7 日晚间，上海证券交易所、深圳证券交易所、中国金融期货交易所发布通知，为维护市场稳定运行，经证监会同意，自 1 月 8 日起暂停实施指数熔断机制。

证监会新闻发言人邓舸对此表示，引入指数熔断机制的主要目的是为市场提供"冷静期"，避免或减少大幅波动情况下的匆忙决策，保护投资者特别是中小投资者的合法权益，抑制程序化交易的助涨助跌效应，为应对技术或操作风险提供应急处置时间。

邓舸表示，熔断机制不是市场大跌的主因，但从近两次实际熔断情况来看，没有达到预期效果，而熔断机制又有一定"磁吸效应"，即在接近熔断阈值时部分投资者提前交易，导致股指加速触碰熔断阈值，起了助跌的作用。权衡利弊，负面影响大于正面效应，因此，为维护市场稳定，证监会决定暂停熔断机制。

任务二　证券市场监管法律法规

为了加强证券市场监管，许多国家都制定和颁布证券法律、法规，将证券市场活动纳入规范化、程序化的法制管理之中。中国证券市场监管的法律法规分为四个层次。第一个层次是指由全国人民代表大会或全国人民代表大会常务委员会制定并颁布的法律。第二个层次是指由国务院制定并颁布的行政法规。第三个层次是指由证券监管部门和相关部门制定的部门规章及规范性文件。第四个层次是指由证券交易所、中国证券业协会及中国证券登记结算有限公司制定的自律性规则。

一、证券市场监管法律

(一)《中华人民共和国证券法》

《中华人民共和国证券法》(以下简称《证券法》)于 1998 年 12 月 29 日第九届全国人民代表大会常务委员会第六次会议通过，于 1999 年 7 月 1 日实施。2005 年 10 月 27 日第十届全国人民代表大会常务委员会第十八次会议对原《证券法》进行了全面修订，并于 2006 年 1 月 1 日起生效。

《证券法》的实施范围涵盖了在中国境内的股票、公司债券和国务院依法认定的其他证券的发行、交易和监管，其核心旨在保护投资者的合法权益，维护社会经济秩序和社会公共利益。

《证券法》共 12 章，分别为总则、证券发行、证券交易、上市公司的收购、证券交易所、证券公司、证券登记结算机构、证券服务机构、证券业协会、证券监督管理机构、法律责任和附则。

(二)《中华人民共和国公司法》

《中华人民共和国公司法》(以下简称《公司法》)于 1993 年 12 月 29 日由第八届全国人民代表大会常务委员会第五次会议通过，于 1994 年 7 月 1 日起实施。2005 年 10 月 27 日第十届全国人民代表大会常务委员会第十八次会议再次进行较全面的修订，并于 2006 年 1 月 1 日起施行。

《公司法》的实施范围包括股份有限公司和有限责任公司，其核心旨在保护公司、股东和债权人的合法权益，维护社会经济秩序。《公司法》确立了我国公司的法律地位及其设立、组织、运行和终止等过程的基本法律准则。

《公司法》共分13章219条，对在中国境内有限责任公司的设立和组织机构，股份有限公司的设立和组织机构，股份有限公司的股份发行和转让，公司债券，公司财务和会计，公司合并和分立，公司破产、解散和清算，外国公司的分支机构，法律责任等内容制定了相应的法律条款。

（三）《中华人民共和国证券投资基金法》

《中华人民共和国证券投资基金法》（以下简称《证券投资基金法》）经2003年10月28日第十届全国人民代表大会常务委员会第五次会议通过，并于2004年6月1日起正式实施。

《证券投资基金法》的实施范围是证券投资基金的发行、交易、管理、托管等活动，规范证券投资基金活动，促进证券投资基金和证券市场的健康发展。

《证券投资基金法》分为12章103条，包括总则，基金管理人，基金托管人，基金的募集，基金份额的交易，基金份额的申购与赎回，基金的运作与信息披露，基金合同的变更、终止与基金财产清算，基金份额持有人权利及其行使，监督管理，法律责任及附则。

（四）《中华人民共和国刑法》对证券犯罪的规定

《中华人民共和国刑法》于1979年7月1日第五届全国人民代表大会第二次会议通过并实施。第十届全国人民代表大会常务委员会第二十二次会议于2006年6月29日通过《中华人民共和国刑法修正案（六）》。2009年2月28日第十一届全国人民代表大会常务委员会第七次会议通过《中华人民共和国刑法修正案（七）》。关于证券犯罪或与证券有关的主要规定如下。

(1) 欺诈发行股票、债券罪。在招股说明书、认股书、公司、企业债券募集办法中隐瞒重要事实或者编造重大虚假内容，发行股票或者公司、企业债券，数额巨大、后果严重或者有其他严重情节的，处5年以下有期徒刑或者拘役，并处或者单处非法募集资金金额1%以上5%以下罚金。单位犯本款罪的，对单位判处罚金，并对其直接负责的主管人员和其他直接责任人员处5年以下有期徒刑或者拘役（第160条）。

(2) 提供虚假财务会计报告罪。依法负有信息披露义务的公司、企业向股东和社会公众提供虚假的或者隐瞒重要事实的财务会计报告，或者对依法应当披露的其他重要信息不按照规定披露，严重损害股东或者其他人利益，或者有其他严重情节的，对其直接负责的主管人员和其他直接责任人员，处3年以下有期徒刑或者拘役，并处或者单处2万元以上20万元以下罚金（第161条）。

(3) 上市公司的董事、监事、高级管理人员违背对公司的忠实义务，利用职务便利，操纵上市公司从事下列行为之一，致使上市公司利益遭受重大损失的，处3年以下有期徒刑或者拘役，并处或者单处罚金；致使上市公司利益遭受特别重大损失的，处3年以上7年以下有期徒刑，并处罚金：无偿向其他单位或者个人提供资金、商品、服务或者其他资产的；以明显不公平的条件，提供或者接受资金、商品、服务或者其他资产的；向明显不具有清偿能力的单位或者个人提供资金、商品、服务或者其他资产的；为明显不具有清偿能力的单位或者个人提供担保，或者无正当理由为其他单位或者个人提供担保的；无正当理由放弃债权、承担债务的；采用其他方式损害上市公司利益的。上市公司的控股股东或者实际控制人,指使上市公司董事、监事、高级管理人员实施前款行为的,依照前款的规定处罚。

(4) 以欺骗手段取得银行或者其他金融机构贷款、票据承兑、信用证、保函等,给银行或者其他金融机构造成重大损失或者有其他严重情节的,处3年以下有期徒刑或者拘役,并处或者单处罚金;给银行或者其他金融机构造成特别重大损失或者有其他特别严重情节的,处3年以上7年以下有期徒刑,并处罚金。单位犯前款罪的,对单位判处罚金,并对其直接负责的主管人员和其他直接责任人员,依照前款的规定处罚(第175条)。

(5) 非法发行股票和公司、企业债券罪,指未经国家有关主管部门批准,非法发行股票或者公司、企业债券,数额巨大、后果严重或者有其他严重情节的,处5年以下有期徒刑或者拘役,并处或者单处非法募集资金金额1%以上5%以下罚金。单位犯前款罪的,对单位判处罚金,并对其直接负责的主管人员和其他直接责任人员处5年以下有期徒刑或者拘役(第179条)。

(6) 内幕交易、泄露内幕信息罪。证券、期货交易内幕信息的知情人员或者非法获取证券、期货交易内幕信息的人员,在涉及证券的发行,证券、期货交易或者其他对证券、期货交易价格有重大影响的信息尚未公开前,买入或者卖出该证券,或者从事与该内幕信息有关的期货交易,或者泄露该信息,或者明示、暗示他人从事上述交易活动。

(7) 编造并传播影响证券交易虚假信息罪、诱骗他人买卖证券罪。编造并且传播影响证券、期货交易的虚假信息,扰乱证券、期货交易市场,造成严重后果的,处5年以下有期徒刑或者拘役,并处或者单处1万元以上10万元以下罚金。证券交易所、期货交易所、证券公司、期货经纪公司的从业人员,证券业协会、期货业协会或者证券、期货监督管理部门的工作人员,故意提供虚假信息或者伪造、变造、销毁交易记录,诱骗投资者买卖证券、期货合约,造成严重后果的,处5年以下有期徒刑或者拘役,并处或者单处1万元以上10万元以下罚金;情节特别恶劣的,处5年以上10年以下有期徒刑,并处2万元以上20万元以下罚金。

(8) 操纵证券市场罪。有下列情形之一,操纵证券、期货市场,情节严重的,处5年以下有期徒刑或者拘役,并处或者单处罚金;情节特别严重的,处5年以上10年以下有期徒刑,并处罚金:单独或者合谋,集中资金优势、持股或者持仓优势或者利用信息优势联合或者连续买卖,操纵证券、期货交易价格或者证券、期货交易量的;与他人串通,以事先约定的时间、价格和方式相互进行证券、期货交易,影响证券、期货交易价格或者证券、期货交易量的;在自己实际控制的账户之间进行证券交易,或者以自己为交易对象,自买自卖期货合约,影响证券、期货交易价格或者证券、期货交易量的;以其他方法操纵证券、期货市场的。

(9) 商业银行、证券交易所、期货交易所、证券公司、期货经纪公司、保险公司或者其他金融机构,违背受托义务,擅自运用客户资金或者其他委托、信托的财产,情节严重的对单位判处罚金,并对其直接负责的主管人员和其他直接责任人员,处3年以下有期徒刑或者拘役,并处3万元以上30万元以下罚金;情节特别严重的,处3年以上10年以下有期徒刑,并处5万元以上50万元以下罚金。社会保障基金管理机构、住房公积金管理机构等公众资金管理机构,以及保险公司、保险资产管理公司、证券投资基金管理公司,违反国家规定运用资金的,对其直接负责的主管人员和其他直接责任人员,依照前款的规定处罚(第185条)。

(10) 明知是毒品犯罪、黑社会性质的组织犯罪、恐怖活动犯罪、走私犯罪、贪污贿赂犯罪、破坏金融管理秩序犯罪、金融诈骗犯罪的所得及其产生的收益,为掩饰、隐瞒其来源和性质,有下列行为之一的,没收实施以上犯罪的所得及其产生的收益,处5年以下有期徒刑或者拘役,并处或者单处洗钱数额5%以上20%以下罚金;情节严重的,处5年以上10年以下有期徒刑,并处洗钱数额5%以上20%以下罚金:提供资金账户的;协助将财产转换为现金、金融票据、有价证券的;通过转账或者其他结算方式协助资金转移的;协助将资金汇往境外的;以其他方法掩饰、隐瞒犯罪所得及其收益的来源和性质的(第191条)。

知识链接

中国证券监督管理委员会

中国证券监督管理委员会(以下简称证监会)为国务院直属正部级事业单位,依照法律、法规和国务院授权,统一监督管理全国证券期货市场,维护证券期货市场秩序,保障其合法运行。根据《证券法》第14条规定,中国证监会还设有股票发行审核委员会,委员由中国证监会专业人员和所聘请的会外有关专家担任。中国证监会在省、自治区、直辖市和计划单列市设立证券监管局,以及上海、深圳证券监管专员办事处。改革开放以来,随着中国证券市场的发展,建立集中统一的市场监管体制势在必行。1992年10月,国务院证券委员会和中国证券监督管理委员会宣告成立,标志着中国证券市场统一监管体制开始形成。

▶ 1. 基本职能

(1)建立统一的证券期货监管体系,按规定对证券期货监管机构实行垂直管理。

(2)加强对证券期货业的监管,强化对证券期货交易所、上市公司、证券期货经营机构、证券投资基金管理公司、证券期货投资咨询机构和从事证券期货中介业务的其他机构的监管,提高信息披露质量。

(3)加强对证券期货市场金融风险的防范和化解工作。

(4)负责组织拟定有关证券市场的法律、法规草案,研究制定有关证券市场的方针、政策和规章;制定证券市场发展规划和年度计划;指导、协调、监督和检查各地区、各有关部门与证券市场有关的事项;对期货市场试点工作进行指导、规划和协调。

(5)统一监管证券业。

▶ 2. 主要职责

(1)研究和拟定证券期货市场的方针政策、发展规划,起草证券期货市场的有关法律、法规,制定证券期货市场的有关规章。

(2)统一管理证券期货市场,按规定对证券期货监管机构实行垂直领导。

(3)监督股票、可转换债券、证券投资基金的发行、交易、托管和清算,批准企业债券的上市,监管上市国债和企业债券的交易活动。

(4)监管境内期货合约上市、交易和清算,按规定监督境内机构从事境外期货业务。

(5)监管上市公司及其有信息披露义务股东的证券市场行为。

(6)管理证券期货交易所,按规定管理证券期货交易所的高级管理人员,归口管理证券业协会。

(7)监管证券期货经营机构、证券投资基金管理公司、证券登记清算公司、期货清算机构、证券期货投资咨询机构,与中国人民银行共同审批基金托管机构的资格并监管其基金托管业务，制定上述机构高级管理人员任职资格的管理办法并组织实施，负责证券期货从业人员的资格管理。

（8）监管境内企业直接或间接到境外发行股票、上市，监管境内机构到境外设立证券机构，监督境外机构到境内设立证券机构、从事证券业务。

（9）监管证券期货信息传播活动，负责证券期货市场的统计与信息资源管理。

（10）会同有关部门审批律师事务所、会计师事务所、资产评估机构及其成员从事证券期货中介业务的资格并监管其相关的业务活动。

（11）依法对证券期货违法行为进行调查、处罚。

（12）归口管理证券期货行业的对外交往和国际合作事务。

（13）国务院交办的其他事项。

二、证券监管的行政法规

现行的证券行政法规主要有《证券公司监督管理条例》《证券公司风险处置条例》等。

（一）《证券公司监督管理条例》

为了加强对证券公司的监督管理，规范证券公司的行为，防范证券公司的风险，保护投资者的合法权益和社会公共利益，促进证券业健康发展，根据《公司法》和《证券法》制定《证券公司监督管理条例》，并于2008年6月1日颁布施行，共计8章97条，包括总则、证券公司的设立与变更、组织机构、业务规则与风险控制、客户资产的保护、监管措施、法律责任和附则。

（二）《证券公司风险处置条例》

为了控制和化解证券公司风险，保护投资者合法权益和社会公共利益，保障证券业健康发展，根据《证券法》和《中华人民共和国企业破产法》（以下简称《企业破产法》）制定《证券公司风险处置条例》（以下简称《处置条例》），于2008年4月23日公布并施行。

▶1. 指导思想和基本原则

为总结近年来证券公司风险处置过程中好的措施和成功经验，立足现实需要，同时考虑将来的发展趋势，进一步健全和完善证券公司市场退出机制，巩固证券公司综合治理的成果，促进证券市场健康稳定发展，制定《证券公司风险处置条例》，基本原则如下。

（1）化解证券市场风险，保障证券交易正常运行，促进证券业健康发展。

（2）保护投资者合法权益和社会公共利益，维护社会稳定。

（3）细化、落实《证券法》和《企业破产法》，完善证券公司市场退出法律制度。

（4）严肃市场法纪，惩处违法违规的证券公司和责任人。

▶2. 处置证券公司风险的具体措施

（1）停业整顿。停业整顿是自我整改的一种处置措施。

（2）托管、接管。托管、接管是无自我整改能力，需要借助外力进行整顿的一种处置措施。

（3）行政重组。行政重组是出现重大风险，但财务信息真实、完整，省级人民政府或者有关方面予以支持，有可行的重组计划的证券公司向中国证监会申请进行行政重组。

（4）撤销。撤销是对经停业整顿、托管、接管或者行政重组在规定期限内仍达不到正常经营条件的证券公司采取的市场退出措施。

▶3. 保护客户及债权人合法权益的规定

略。

▶4.《处置条例》和《企业破产法》衔接

2007年6月1日实施的《企业破产法》第134条规定，金融机构破产可由国务院制定具体的实施办法。

证券公司被依法撤销、关闭时，有《企业破产法》第2条规定情形的，行政清理工作完成后，中国证监会或者其委托的行政清理组可以申请对被撤销、关闭的证券公司进行破产清算。证券公司或者其债权人提出破产清算申请，不需要动用证券投资者保护基金的，中国证监会在批准破产清算前撤销其证券业务许可，证券公司停止经营证券业务，并安置客户；需要动用证券投资者保护基金的，中国证监会对证券公司做出撤销决定，进行行政清理。

中国证监会可以直接向人民法院申请对证券公司进行重整；经中国证监会批准，证券公司或者其债权人也可以向人民法院提出重整申请。重整不成的，由人民法院裁定证券公司破产，并组织破产清算；人民法院认为需要行政清理的，按规定进行行政清理。证券公司实施重整或者破产清算的，中国证监会可以向人民法院推荐管理人人选；证券公司实施重整的，重整计划涉及需中国证监会批准事项的，如变更业务范围、主要股东、公司形式，公司合并、分立等，应当报经中国证监会批准。

三、部门规章及规范性文件

(一)《证券发行与承销管理办法》

为了规范证券发行与承销行为，保护投资者的合法权益，根据《中华人民共和国证券法》和《中华人民共和国公司法》，制定《证券发行与承销管理办法》，于2006年9月19日起施行。

▶1. 首次公开发行股票询价的调整和补充

首次公开发行股票应当通过向询价对象询价的方式确定股票发行价格。对在深圳证券交易所中小企业板上市的公司，规定可以通过初步询价直接定价，在主板市场上市的公司必须经过初步询价和累计投票询价两个阶段定价。对目前网下累计投标与网上申购分步进行的机制进行调整，规定网下申购与网上申购同步进行。

所有询价对象均可自主选择是否参与初步询价，主承销商不得拒绝询价对象参与初步询价；只有参与初步询价的询价对象才能参与网下申购。首次公开发行股票的公司发行规模在4亿股以上的，可以向战略投资者配售股票，可以采用超额配售选择权机制。主承销商应当在询价时向询价对象提供投资价值研究报告。

▶2. 对证券发售的规定

首次公开发行股票数量在4亿股以上的，可以向战略投资者配售股票。战略投资者不得参与首次公开发行股票的初步询价和累计投标询价，并应当承诺获得本次配售的股票持有期限不少于12个月。

公开发行股票数量少于4亿股的，配售数量不超过本次发行总量的20%；公开发行股票量在4亿股以上的，配售数量不超过向战略投资者配售后剩余发行数量的50%。

询价对象应当为其管理的股票配售对象分别指定资金账户和证券账户，专门用于累计投标询价和网下配售。

(二)《证券公司融资融券业务试点管理办法》

《证券公司融资融券业务试点管理办法》(以下简称《办法》)于2006年6月30日由中国证券监督管理委员会公布;根据2011年10月26日中国证券监督管理委员会《关于修改〈证券公司融资融券业务试点管理办法〉的决定》修订。该《办法》分总则、业务许可、业务规则、债券担保、权益处理、监督管理和附则,共7章48条,于2006年8月1日起施行。

▶ 1. 试点条件

(1)经营证券经纪业务已满3年的创新试点类证券公司。

(2)公司治理健全,内部控制有效,能有效识别、控制和防范业务经营风险和内部管理风险。

(3)公司及其董事、监事、高级管理人员最近两年内未因违法违规经营受到行政处罚和刑事处罚,且不存在因涉嫌违法违规正被中国证监会立案调查或者正处于整改期间。

(4)财务状况良好,最近两年各项风险控制指标持续符合规定,最近6个月净资本均在12亿元以上。

(5)客户资产安全、完整,客户交易结算资金已实现第三方存管。

(6)对交易、清算、客户账户和风险监控集中管理,对历史遗留的不规范账户已设定标识并集中监控。

(7)已制定切实可行的融资融券业务试点实施方案和内部管理制度,具备开展融资融券业务试点所需的专业人员、技术系统、资金和证券。

▶ 2. 业务规则

(1)证券公司以自己的名义在证券登记结算机构分别开立融券专用证券账户、客户信用交易担保证券账户、信用交易证券交收账户和信用交易资金交收账户。

(2)证券公司以自己的名义在商业银行分别开立融资专用资金账户和客户信用交易担保资金账户。

(3)证券公司在向客户融资融券前,应当办理客户征信,了解客户的身份、财产与收入状况、证券投资经验和风险偏好,并以书面和电子方式予以记载、保存;同时与客户签订载入中国证券业协会规定的必备条款的融资融券合同。客户只能与一家证券公司签订融资融券合同,向一家证券公司融入资金和证券,客户只能开立一个信用资金账户。

(4)证券公司向客户融资只能使用融资专用资金账户内的资金;向客户融券只能使用融券专用证券账户内的证券。

(5)客户融资买入证券的,应当以卖券还款或者直接还款的方式偿还向证券公司融入的资金;客户融券卖出的,应当以买券还券或者直接还券的方式偿还向证券公司融入的证券。

(6)客户融资买入或者融券卖出的证券暂停交易,且交易恢复日在融资融券债务到期日之后的,融资融券的期限顺延。融资融券合同另有约定的,从其约定。

(7)客户融资买入或者融券卖出的证券预定终止交易,且最后交易日在融资融券债务到期日之前的,融资融券的期限缩短至最后交易日的前一交易日。融资融券合同另有约定的,从其约定。

▶ 3. 债权担保

(1)证券公司向客户融资融券,应当向客户收取一定比例的保证金。保证金可以证券冲抵。

(2) 证券公司应当将收取的保证金以及客户融资买入的全部证券和融券卖出所得全部价款,分别存放在客户信用交易担保证券账户和客户信用交易担保资金账户,作为对该客户融资融券所生债权的担保物。

(3) 证券公司应当逐日计算客户交存的担保物价值与其所欠债务的比例。当该比例低于最低维持担保比例时,应当通知客户在一定的期限内补缴差额。客户未能按期缴足差额或者到期未偿还债务的,证券公司应当立即按照约定处分其担保物。

(4) 客户交存的担保物价值与其债务的比例超过证券交易所规定水平的,客户可以按照证券交易所的规定和融资融券合同的约定提取担保物。

(5) 司法机关依法对客户信用证券账户或者信用资金账户记载的权益采取财产保全或者强制执行措施的,证券公司应当处分担保物,实现因向客户融资融券所生债权,并协助司法机关执行。

▶ 4. 权益处理

证券公司通过客户信用交易担保证券账户持有的股票不计入其自有股票,证券公司无须因账户内股票数量的变动而履行相应的信息报告、披露或者要约收购义务。

▶ 5. 监督管理

(1) 证券交易所应当按照业务规则采取措施,对融资融券交易的指令进行前端检查,对买卖证券的种类、融券卖出的价格等违反规定的交易指令予以拒绝。

(2) 证券登记结算机构应当按照业务规则,对与融资融券交易有关的证券划转和证券公司信用交易资金交收账户内的资金划转情况进行监督。

(3) 负责客户信用资金存管的商业银行应当按照客户信用资金存管协议的约定,对证券公司违反规定的资金划拨指令予以拒绝;发现异常情况的,应当要求证券公司做出说明,并向中国证监会及该公司注册地证监会派出机构报告。

(4) 证券公司应当按照证券交易所的规定,在每日收市后向其报告当日客户融资融券交易的有关信息。

(三)《首次公开发行股票并在创业板上市管理暂行办法》

《首次公开发行股票并在创业板上市管理暂行办法》(以下简称《暂行办法》)是为了规范首次公开发行股票并在创业板上市的行为,促进自主创新企业及其他成长型创业企业的发展,保护投资者的合法权益,维护社会公共利益,根据《证券法》《公司法》制定,2009年1月21日中国证监会第249次主席办公会议审议通过,于2009年5月1日起施行。

《暂行办法》共8条,对立法原则和适用范围等进行了规定。

▶ 1. 发行条件

发行人申请首次公开发行股票必须满足持续经营时限、连续盈利、净资产及股本总额的有关规定。发行人足额缴纳注册资本,发行人的主要资产不存在重大权属纠纷;发行人的股权清晰,控股股东和受控股股东、实际控制人支配的股东所持发行人的股份不存在重大权属纠纷。公司经营符合国家产业政策及环境保护政策。发行人资产完整,业务及人员、财务、机构独立,内部控制制度健全有效,具有完整的业务体系和直接面向市场独立经营的能力。与控股股东、实际控制人及其控制的其他企业间不存在同业竞争,以及严重影响公司独立性或者显失公允的关联交易。

▶ 2. 发行程序

首先,由发行人董事会就股票发行的具体方案、募集资金使用的可行性及其他必须明确的事项做出决议,并提请股东大会批准;其次,发行人股东大会就本次发行股票做出决议;最后,由发行人按照中国证监会有关规定制作申请文件,由保荐人保荐并向中国证监会申报。

特别规定,保荐人保荐发行人发行股票并在创业板上市,应当对发行人的成长性进行尽职调查和审慎判断并出具专项意见。发行人为自主创新企业的,还应当在专项意见中说明发行人的自主创新能力。

▶ 3. 信息披露

发行人及其全体董事、监事和高级管理人员,发行人的控股股东、实际控制人以及保荐人及其保荐代表人应当保证招股说明书内容真实、准确、完整。招股说明书的有效期为6个月。

《暂行办法》规定,申请文件受理后、发行审核委员会审核前,发行人应当在中国证监会网站预先披露招股说明书(申报稿),发行人及与本次发行有关的当事人不得以广告、说明会等方式为公开发行股票进行宣传。发行人可在公司网站刊登招股说明书(申报稿),所披露的内容应当一致,且不得早于在中国证监会网站发布的时间;预先披露的招股说明书(申报稿)不能含有股票发行价格信息。

(四)《证券市场禁入规定》

《证券市场禁入规定》(以下简称《禁入规定》)将适用范围扩大至发行人、上市公司、券商等的控股股东、实际控制人及其董事、监事。《禁入规定》称,对于发行人、上市公司、证券公司以及基金公司、证券服务机构的控股股东、实际控制人以及实际控制人的董事、监事、高级管理人员7类人员存在的违规行为,证监会可以根据情节的严重程度采取证券市场禁入措施。《禁入规定》共13条,2006年3月7日中国证监会第173次主席办公会议审议通过,于2006年7月10日起施行。

▶ 1. 基本原则

中国证监会对违反法律、行政法规或者中国证监会有关规定的有关责任人员,根据情节严重的程度,采取证券市场禁入措施。行政处罚以事实为依据,遵循公开、公平、公正的原则。被中国证监会采取证券市场禁入措施的人员,中国证监会将通过中国证监会网站或指定媒体向社会公布,并记入被认定为证券市场禁入者的诚信档案。

▶ 2. 适用范围

《禁入规定》的适用范围:①发行人、上市公司的董事、监事、高级管理人员,其他信息披露义务人或者其他信息披露义务人的董事、监事、高级管理人员;②发行人、上市公司的控股股东、实际控制人或者发行人、上市公司控股股东、实际控制人的董事、监事、高级管理人员;③证券公司的董事、监事、高级管理人员及其内设业务部门负责人、分支机构负责人或者其他证券从业人员;④证券公司的控股股东、实际控制人或者证券公司控股股东、实际控制人的董事、监事、高级管理人员;⑤证券服务机构的董事、监事、高级管理人员等从事证券服务业务的人员和证券服务机构的实际控制人或者证券服务机构实际控制人的董事、监事、高级管理人员;⑥证券投资基金管理人、证券投资基金托管人的董事、监事、高级管理人员及其内设业务部门、分支机构负责人或者其他证券投资基金从业人员;⑦中国证监会认定的其他违反法律、行政法规或者中国证监会有关规定的有关责任人员。

▶ 3. 市场禁入措施的类型

违反法律、行政法规或者中国证监会有关规定,情节严重的,可以对有关责任人员采取 3～5 年的证券市场禁入措施；行为恶劣、严重扰乱证券市场秩序、严重损害投资者利益或者在重大违法活动中起主要作用等情节较为严重的，可以对有关责任人员采取 5～10 年的证券市场禁入措施。

有下列情形之一的，可以对有关责任人员采取终身的证券市场禁入措施：①严重违反法律、行政法规或者中国证监会有关规定，构成犯罪的；②违反法律、行政法规或者中国证监会有关规定，行为特别恶劣，严重扰乱证券市场秩序并造成严重社会影响，或者致使投资者利益遭受特别严重损害的；③组织、策划、领导或者实施重大违反法律、行政法规或者中国证监会有关规定的活动的；④其他违反法律、行政法规或者中国证监会有关规定，情节特别严重的。

有下列情形之一的，可以对有关责任人员从轻、减轻或者免予采取证券市场禁入措施：①主动消除或者减轻违法行为危害后果的；②配合查处违法行为有立功表现的；③受他人指使、胁迫有违法行为，且能主动交代违法行为的；④其他可以从轻、减轻或者免予采取证券市场禁入措施的。

任务三　证券市场监管的内容

证券市场监管的内容主要包括证券发行监管、证券交易监管和对证券公司的监管。这里分别予以介绍。

一、证券发行监管

（一）证券发行的审核制度

世界各国对证券发行的管理都是通过审核制度来实现的。审核制度主要有两种：注册制（所谓的"公开原则"）和核准制（或称特许制），前者以美国联邦证券法为代表；后者以美国部分州的证券法以及欧洲大陆各国的公司法为代表。这两种制度并不是完全对立的，有时可以互相补充，事实上多数国家也综合运用这两种制度，只是着重点不同而已。

▶ 1. 注册制

注册制是证券发行人在发行证券之前，首先必须按照法律规定申请注册。将证券发行以及与证券发行有关的一切信息公布于众，并要求所提供的信息具有真实性、可靠性，如果发行者公布的资料内容有虚伪或遗漏，发行者要负法律上的刑事或民事责任。只要满足了上述条件，这种证券就可以公开上市发行。因此，注册制实质上是一种发行证券的公司的财务公布制度，其目的在于使投资者在投资前能够据此判断该证券有无投资价值，以便投资决策。

▶ 2. 核准制

核准制与注册制的不同之处在于，在发行证券时，不仅要公开真实情况，而且要求证券发行者将每笔证券发行报请主管机关批准。在实行证券发行核准制的国家中，一般都规定出若干证券发行的具体条件，经主管部门审查许可，证券方可发行。这些具体条件主要包括：①发行公司的营业性质和管理人员的资格能力；②发行公司的资本结构是否健全合理；③发行人所得报酬是否合理；④公开的资料是否充分、真实；⑤事业有无合理的成功机会等。只有符合这些"实质管理"条例的发行公司才可以在证券市场上发行证券，进行直接筹资。

实行核准制是因为在公开原则下是以投资者能够看懂《公开说明书》为前提的，但实际上，许多普通投资并不具备这种能力，因而投资仍然具有一定的盲目性，容易导致上当受骗，蒙受损失。

但也应指出，完全依赖实质管理的原则也有缺陷，因为这种做法有可能导致公众产生错误的安全感，因此，除明显性欺诈发行的情况以外，该原则的应用是有限的。有鉴于此，现在许多国家的法律都倾向于对两种不同原则加以综合运用，以达到保护投资者利益和促进企业融资的目的。

（二）证券发行注册的内容

无论是实行注册制还是核准制，发行者在发行债券之前均要向证券管理机关办理发行申报注册手续。

证券发行注册，美国的做法比较有代表性。美国实行双重注册制度，即证券发行公司既要在证券交易管理委员会注册，也要在证券上市的那家证券交易所注册。两者注册程序和内容大体相同。这里主要介绍在证券交易管理委员会注册的情况。

申请发行注册的证券发行公司必须从证券交易管理委员会领取并填写《证券注册申请书》。申请书由三部分组成。

第一部分是发行说明书，对公司情况进行一般介绍，包括发行目的、发行条件、公司的历史和经营事业的情况以及同业竞争情况，公司近5年的资产、负债总额及其变化情况，产品销售额及其变化趋势，盈利和分红水平，公司资本结构，公司发行证券数额，公司债务的清偿情况等。

第二部分是公司财务的详细报表和统计资料，包括发行公司的资产负债表和损益表等财务报表；申请上市发行证券的票面价格、期限、预计收益等情况以及该证券和发行公司其他证券的关系；公司经营报告等。

第三部分是各种证券发行情况的证明材料，包括发行公司聘请独立经营的会计师事务所对上述报表或报告进行全面的核实说明，这种说明具有法律上的公证性质；由法律机构出具的、证明发行合法化的书面意见副本；承销合同副本、信托合同副本等。在美国还有一部分证券享受发行注册豁免，主要类型如下。

（1）财政部发行的国库券、政府公债和其他联邦政府机构发行的债券，以及一部分经证券交易管理委员会批准后州政府发行的地方市政债券。

（2）私募证券，即采用非公开发行方法发行的证券。

（3）商业票据，即由大公司、大企业发行的短期借款票据。

（4）银行发行的股票、债券。

（5）公司、企业在州内发行的证券。

（6）其他小额股票、债券。

（三）证券注册发行责任

根据美国证券法，如果证券发行者在注册申报书中有谎报、漏报本公司的情况，并蒙骗主管机关使发行注册生效，有价证券购买者有权提出诉讼，并对以下当事人追究民事责任：证券发行者；承购并分售证券的投资银行；参与"证券注册申报书"起草与审定，并在其上签章证明属实的会计师、工程师及其他专家。如经法庭调查属实，则上述所列各方必须承担经济赔偿责任。

二、证券交易监管

证券交易的管理包括对证券交易所的管理、对场外交易市场的管理、对证券发行公司的交易管理和对证券交易行为的管理。

（一）证券交易所的管理

证券交易所是进行证券交易的最重要的市场，是证券流通市场的核心，因此，各国都对证券交易所实行严格的管理。

▶ 1. 证券交易所设立方式

各国对证券交易所的设立所规定的制度有所不同，一般采用3种不同的管理方式。

（1）特许制，如日本等。在日本设立证券交易所必须经大藏省的特许，大藏省对证券交易所的规章制度有核批权，如果认为不当，可命令交易所修改。世界上大部分国家采取特许制。

（2）登记制，如美国等。美国《证券交易法》规定，证券交易所除因交易量过少，经证券交易管理委员会豁免者外，都必须依法登记，同时提交注册书和其他有关文件，证券交易管理委员会确认交易所的组织、规章制度符合法律规定，则准许注册设立。

（3）承认制，如英国等。英国对证券交易所的管理以"自律"为原则，因此，政府没有专门审批交易所的机构，而只要得到证券交易所协会的承认即可，但必须提供遵守证券交易规章制度的保证及交易所本身的规则。

▶ 2. 证券交易所的日常监督管理

许多国家的证券交易法都规定，证券主管机关对证券交易有检查、监督管理权，如美国的证券交易管理委员会、日本的大藏省都对证券交易所派驻监督官员，检查监督的事项主要有：①审查交易所的章程、细则和决议的内容，看其是否合法；②对交易所进行定期的检查或要求其定期提交规定的营业与财务报告；③在交易所有违法行为，妨害公共利益，或扰乱社会秩序时，主管当局可给予警告、令其停业，甚至解散的处分。

▶ 3. 证券交易所的自我管理

证券交易所也要发挥自律的功能进行自我管理。各国证券交易所都有自己的规章制度，包括章程、业务规则和会员管理办法等。这些规章制度对证券交易所的工作人员、交易所会员及其所进行的活动起到有效的约束和调节作用。

（二）场外交易市场的管理

场外交易市场没有固定的组织形式，进行交易的证券种类和数量众多，交易地点分散，参加交易的证券商、投资人数量巨大，因而场外交易市场的管理困难较大问题较多。对场外交易市场的管理主要有如下两种方法。

▶ 1. 组成证券商同业公会进行自律

例如，美国的证券交易法规定：①证券商应组成协会进行自律；②证券商协会对其会员所经营业务的种类及地区应予以限制，并向证券交易管理委员会办理登记；③证券商协会的章程应当注意防止欺诈与操纵市场的行为，提倡公正交易的原则，限制过分的利润、佣金及其他收费；④应保护投资者与公共利益，消除自由公开市场上的障碍等。

▶ 2. 政府对场外交易市场制定管理制度

例如，美国证券交易法规定：①在场外交易市场交易的公司资产额在100万美元以上、股东在 500 人以上应向证券交易管理委员会注册；②在州与州之间进行场外交易业务的证券商也必须向证券交易管理委员会注册；③全国证券商协会主要管理证券场外交易，该协会制定各种管理规则，防止虚伪、操纵市场的行为，加强公平交易和商业道德，监督收取不正当手续费，以保护投资者的利益，对违反者开除会籍或课以罚金。此外，还制定有关证券商之间股价确认的规则，对场外交易价格进行管理。

（三）证券发行公司的交易管理

下面以美国为例说明证券发行公司的证券交易管理。

（1）实行证券发行公司的交易注册制度。美国证券交易法规定，任何公司，只要其发行的证券在联邦交易所进行公开交易，都必须向证券交易管理委员会进行交易注册登记；在场外交易市场上交易的证券，如前所述，凡资产总额超过 100 万美元或股东人数超过 500 人以上的公司，都必须向证券交易管理委员会注册登记，后来为了简化手续，1982 年改为总资产超过 300 万美元的发行公司必须向证券交易管理委员会注册登记，总资产不足 300 万美元的发行公司可享受场外交易注册登记。

（2）进行交易注册后，证券发行公司必须按证券交易管理委员会的要求填写和递交反映该公司资产、负债、盈利等财务状况的统计表格和财务报告。

（3）当证券交易管理委员会发现发行公司定期提供的公司财务信息不完整、不真实时，根据情节有权对公司正在流通中的证券发出暂停交易命令。

（4）因发行公司漏报、谎报公司财务状况，导致证券交易各方承受经济损失时，证券发行公司必须承担民事责任。发行公司蓄意谎报公司情况的，对主要当事人按触犯刑法处理。

（5）为了防止证券发行公司内部人员利用职权便利和外界无法获取的资讯操纵交易市场牟取暴利，美国等许多国家还规定，凡是证券发行公司内部人员对公司证券进行个人交易者，必须向证券管理机构进行证券交易的个人注册，并向证券管理机构报告其证券买进、卖出情况，包括证券买卖数量、价格、附加条件以及成交的时间、地点等。

（四）证券交易行为的管理

在美国的证券交易市场中，由证券交易管理委员会维持交易市场的交易秩序，并对证券交易市场上所有的参加者实行交易行为管理。交易行为管理包括反垄断、反欺诈、反假冒和反内部沟通等内容。

▶ 1. 反垄断条款

反垄断条款的核心问题是禁止证券交易市场上垄断证券价格的行为，制止哄抬或哄压证券价格，制止一切故意造成证券价格波动的证券买卖。反垄断条款主要有三条：第一条是禁止交易者为了影响市场行情而进行的不转移证券所有权的买空卖空；第二条是禁止交易者为影响市场行情而连续以高价买入或以低价卖出某种证券的行为；第三条是禁止交易者为影响市场行情与他人共谋，以约定价格大量买进或卖出某种证券的行为。

▶ 2. 反欺诈、反假冒条款

反欺诈、反假冒条款的核心是禁止证券交易过程中的欺诈、假冒或其他蓄意损害交易对手的行为。主要内容有四条：第一条是禁止在证券市场上无实际成交意思，但空报价格，欺骗交易对手；第二条是禁止编造和散布影响市场交易秩序和市场行情的谎言；第三条是禁止向交易对手和公众提供有关证券发行和证券交易的虚假信息；第四条是禁止采取蒙骗、威吓等不正当手段劝说或强迫公众买进或卖出证券。

▶ 3. 反内部沟通条款

反内部核心问题是禁止公司的内部人员或关系户利用公职之便在证券交易中牟利。为此，采取三条处理原则：①透露未公布信息者，要承担民事责任；②通过内部信息在证券交易中得到好处者，以及凭借内部信息，在交易中欺骗交易对手，损害了交易对手利益者，必须承担民事责任；③内部沟通的存在，使证券买卖双方在客观上获得的信息不均等，因而证券交易是在不公平条件下完成的，属于不公平交易，受损失的一方有权向透露未公布信息的当事人和利用内部信息从事证券交易的当事人索赔经济损失。

三、对证券公司的监管

证券公司是经过主管机关批准的经营证券发行和流通等业务的专业机构。在证券市场上，证券的发行和交易一般都是通过证券公司这一中介进行的。证券公司根据其业务性质的不同，可分为证券承销商、证券自营商和证券经纪商三种。对证券公司的监管是证券市场监管的重要内容。

（一）证券公司的设立资格

依据各国立法，一般对证券公司的设立采取特许制和登记制两种。特许制以日本为代表，在日本，凡是经营证券的证券公司都必须先向大藏省申请，按不同的经营业务获得不同的特许。只有获得特许执照方可营业，非证券公司不得经营证券业务以及相关的其他业务。登记制以美国为代表，在美国，凡是经营证券业务的证券公司都必须向证券交易管理委员会登记注册。但是，无论采取哪种形式，都必须符合规定的条件，主要有：①证券公司应有的最低资本额；②交纳足够的营业保证金；③具有良好的信誉；④证券公司及其从业人员具有从事证券业务的知识、经验；⑤从业人员必须经过严格的考试、审查、录用。

（二）证券承销商的行为规范

证券承销商是证券发行市场上经营承销业务的中介机构。以美国为例，对承销商的行为规范主要有：①禁止商业银行参与公司证券的承销，以防止商业银行利用其证券附属部门及存款进行投机牟利；②承销商对公开说明书的虚伪、遗漏负一定的民事责任，如证明确已尽到义务，可免除责任；③承销合同及承销商报酬情况必须予以公开；④承销商在承销期间从事稳定价格的行为（如为防止或延缓证券在公开市场上价格下跌而购买证券行为），必须依据证券交易管理委员会的规定，事先报告，否则是违法行为。

（三）证券自营商的行为规范

证券自营商即证券交易商，是在证券交易市场中为自己买入卖出证券的证券商。自营商的行为规范主要有：①自营商必须按规定的业务范围从事经营活动；②自营商必须按实际资本额的一定百分比提存营业保证金；③自营商的账册、业务及财务状况要报送主管机关审核；④自营商不得进行操纵性买卖；⑤自营商在证券交易所内卖出证券成交后，应逐笔将卖出的证券提交证券交易所办理交割，不得以当天买进的同类证券相抵消；⑥自营商不得在同一交易期内对同一证券接受委托买卖和自营买卖；⑦自营商购买证券时的出价如果与场外顾客相同，尽管自营商叫价较早，订单较大，仍应以顾客优先。

（四）证券经纪商的规范

证券经纪商即证券经纪人或佣金经纪人，是在证券市场上专门进行代客买卖证券，充当交易媒介收取佣金的证券商。证券经纪商的行为规范主要有：①经营范围主要限于在交易市场上代理客户买卖证券。如要经营自营买卖、承销业务、投资咨询等其他业务，须经主管机关批准；②必须按实收资本的一定百分比缴存营业保证金；③代客买卖证券，首先必须签订买卖证券委托契约，并对委托人一切委托事宜有严守秘密的义务；④未经客户委托，不得代客户买卖；⑤代客户买卖应坚持公平交易原则，禁止任何欺诈不法行为，不得做欺诈性的推销牟利，在接受客户"全权委托"时，不得利用客户的账户做不必要的反复买卖，从中赚取佣金；⑥交易时必须经过竞价程序，不得直接用一买一卖抵销的方式来进行交易；⑦如果兼做自营商，在买卖证券时，要表明该交易是自营买卖还是代客买卖等。

(五) 对证券公司的监督与惩罚

对证券公司实施监督与管理的最主要部门是证券主管机关，如日本的大藏省、美国的证券交易管理委员会。此外，证券交易所及证券商同业公会对证券商也有自律的作用。为了保护广大投资者及公众利益，主管机关可随时要求证券商出示有关其财务与营业的报告资料。如果发现如下情况：①证券公司的行为有不合法或不合有关规定的事项；②对顾客有欺诈及违反义务的行为；③证券公司的财务状况恶化；④证券公司负责人或其业务具有法定的消极条件，以及不依法令的要求保持各项必要的记录，则证券主管机关有权命令其纠正或限期改善，并视实际情况对证券商给予警告、短期停业，直至撤销营业执照的处分。如果发现证券从业人员有违法行为，证券主管机关有权视其情节轻重予以警告、短期或长期禁止其为任何证券商所聘任或雇用的处分。

闯关考验

一、名词解释

监管　　外部性　　信息不对称

二、选择题

1. 2005年10月27日第十届全国人民代表大会常务委员会第十八次会议修订，新《证券法》于（　　）起生效。
   A. 2006年12月1日
   B. 2006年1月1日
   C. 2006年5月1日
   D. 2006年10月1日

2. （　　）的成立标志着建立全国集中、统一的证券登记结算体制的组织构架已经基本形成。
   A. 中央证券登记结算有限责任公司
   B. 深圳证券登记结算公司
   C. 上海证券登记结算公司
   D. 中国证券登记结算有限责任公司

3. 由（　　）直接为投资者开立资金结算账户。
   A. 证券登记结算公司　　　　B. 中国证券业协会
   C. 证券交易所　　　　　　　D. 证券公司

4. 中国证券结算制度是根据（　　）的原则设计。
   A. 即时交付　　　　　　　　B. 集中交付
   C. 货银对付　　　　　　　　D. 货银交付

5. 下面不属于国际证监会组织公布的证券监管目标的是（　　）。
A. 降低非系统性风险　　　　　　　B. 保证证券市场的公平、效率和透明
C. 保护投资者　　　　　　　　　　D. 降低系统性风险

三、简答题

1. 证券市场监管模式有哪些？
2. 与中国证券市场监管相关的法律有哪些？
3. 证券交易所的设立方式有哪些？
4. 对证券公司的设立资格有哪些规定？

参 考 文 献

[1] 张元萍. 金融衍生工具教程[M]. 北京：首都经济贸易大学出版社，2007.
[2] 王军旗. 证券投资理论与实务[M]. 2版. 北京：中国人民大学出版社，2007.
[3] 李曜. 证券投资基金学[M]. 3版. 北京：清华大学出版社，2008.
[4] 韩德宗，朱晋. 证券投资学原理[M]. 北京：机械工业出版社，2008.
[5] 中国证券业协会. 证券市场基础知识[M]. 北京：中国金融出版社，2012.
[6] 中国证券业协会. 证券发行与承销[M]. 北京：中国金融出版社，2012.
[7] 中国证券业协会. 证券投资分析[M]. 北京：中国金融出版社，2012.
[8] 中国证券业协会. 证券交易[M]. 北京：中国金融出版社，2012.
[9] 中国证券业协会. 证券投资基金[M]. 北京：中国金融出版社，2012.
[10] 中国证监会. 证券发行上市审核工作手册[M]. 北京：中国财政经济出版社，2014.
[11] 宋建平. 证券投资学[M]. 2版. 上海：上海人民出版社，2012.
[12] 陈奇琦. 证券投资学[M]. 北京：中国原子能出版社，2015.
[13] 桂鉴霞. 证券投资学[M]. 成都：西南财经大学出版社，2011.
[14] 陈月生. 证券投资理论与实务[M]. 北京：教育科学出版社，2013.
[15] 谢百三. 证券投资学[M]. 北京：清华大学出版社，2005.
[16] 吴晓求. 证券投资学[M]. 4版. 北京：中国人民大学出版社，2015.
[17] 束景虹. 证券投资分析[M]. 北京：对外经济贸易大学出版社，2008.
[18] 赖家元，周文. 证券投资学[M]. 武汉：华中科技大学出版社，2007.
[19] [美]法博齐. 金融市场与金融机构基础[M]. 4版. 北京：机械工业出版社，2011.
[20] [美]墨菲. 金融市场技术分析[M]. 北京：地震出版社，2010.
[21] [美]博迪. 投资学[M]. 9版. 北京：机械工业出版社，2014.

教师服务

感谢您选用清华大学出版社的教材！为了更好地服务教学，我们为授课教师提供本书的教学辅助资源，以及本学科重点教材信息。请您扫码获取。

》教辅获取

本书教辅资源，授课教师扫码获取

》样书赠送

财政与金融类重点教材，教师扫码获取样书

 清华大学出版社

E-mail: tupfuwu@163.com
电话：010-83470332 / 83470142
地址：北京市海淀区双清路学研大厦 B 座 509

网址：http://www.tup.com.cn/
传真：8610-83470107
邮编：100084